Joachim Ringelnatz
Mein Leben bis zum Kriege

Ringelnatz, Joachim: Mein Leben bis zum Kriege
Hamburg, SEVERUS Verlag 2013

ISBN: 978-3-86347-514-7
Druck: SEVERUS Verlag, Hamburg, 2013

Der SEVERUS Verlag ist ein Imprint der Diplomica Verlag GmbH.

Bibliografische Information der Deutschen Nationalbibliothek:
Die Deutsche Nationalbibliothek verzeichnet diese Publikation in der Deutschen Nationalbibliografie; detaillierte bibliografische Daten sind im Internet über http://dnb.d-nb.de abrufbar.

© **SEVERUS Verlag**
http://www.severus-verlag.de, Hamburg 2013
Printed in Germany
Alle Rechte vorbehalten.

Der SEVERUS Verlag übernimmt keine juristische Verantwortung oder irgendeine Haftung für evtl. fehlerhafte Angaben und deren Folgen.

Joachim Ringelnatz

Mein Leben bis zum Kriege

MIX
Papier aus verantwortungsvollen Quellen
Paper from responsible sources
FSC® C105338

Inhalt

Frühestes 7
An der Alten Elster 8
Unsere Spiele daheim 12
Unsere Dienstmädchen 15
Des Jahres Feste 19
In der Volksschule 20
Gymnasium 21
Meine Onkels 33
Auf der Presse 38
Mein Schiffsjungentagebuch 53
   1. Kapitel – »Elli« ahoi! 55
   2. Kapitel – In See 67
   3. Kapitel – Auf hoher See 76
   4. Kapitel – Westindien in Sicht 87
   5. Kapitel – Ankunft in Belize 99
   6. Kapitel – Amerika und kein Urlaub 107
   7. Kapitel – Flucht 122
   8. Kapitel – Wieder eingefangen 130
   9. Kapitel – Schwere Tage 143
   10. Kapitel – Klar zum Ankerlichten 153
   11. Kapitel – Heimfahrt und Hunger 164
   12. Kapitel – Hurra, Europa! 179
Stellungslos 191
Auf der »Florida« 203
»Das Abenteuer um Wilberforce« – I.Teil 208
Seefahrten 225
Einjährig-Freiwilliger 243
Kaufmannslehrling und Kommis 254
»Das Abenteuer um Wilberforce« – (Schluß) 267
München und Buchhalter 283

Hausdichter im Simplizissimus 292
Tabakhaus zum Hausdichter 302
Einflußreiche neue Freunde 310
Halswigshof 324
Bilderlingshof 344
Klein-Oels 356
Der Rote Münchhausen 386
Eisenach und Lauenstein 391
München vor dem Kriege 401

Frühestes

Ein Dienstmädchen trug mich auf dem Arm oder führte mich an der Hand. Es war noch jemand dabei. Wir standen am Rande eines trostlos schlammfarbenen Wassers, das in die Straße eingedrungen war und – wenn mein Kleinkindergehirn recht verstand – immer höher stieg. Und der Himmel war gewittergelb. So schlimm, so trostlos war das!

Das Dienstmädchen machte mich offenbar gern gruseln. Denn andermal zog sie mich auf einem Friedhof trotz meines weinenden und schreienden Protestes vor ein Kreuz, an das ein großer, schreckeneinflößender, nackter Mann genagelt war.

Das ist meine am weitesten zurückreichende Erinnerung.

Von den Eltern oder Geschwistern erfuhr ich später kleine Geschichtchen. Man fand mich, der ich eben gehen gelernt hatte, auf dem Außensims eines hohen Fensters stehend, und ich jubelte: »Sonne! Sonne!« – Wenig später war ich einmal verschwunden. Der beste Freund meines Vaters brachte mich wieder. Er hatte mich mitten auf dem weit entlegenen Marktplatz angetroffen. Aber das wurde mir, wie gesagt, erst später berichtet. Ich kann es nicht nachprüfen und kann auch damit nichts für meine Selbstbetrachtung anfangen.

Von dem, worauf ich mich besinne, was ich noch weiß, zurückgedacht: Hat alles seine Frucht gebracht. So oder so.

An der Alten Elster

An der Stelle, wo wir wohnten, floß die Alte Elster zwischen zerklüfteten Abhängen trüb und ernst dahin. Unsere Straße säumte ihr linkes Ufer und hieß danach »An der Alten Elster«.

Von unserem hohen Stockwerk aus hatten wir über den Fluß hinweg einen weiten Ausblick. Da waren – für uns Kinder unermeßliche – blumige Wiesen. Ich sah über diesem Gelände einen Fallschirmabsprung aus einem Freiballon. Der Schirm entfaltete sich nicht. Aus den Gesprächen erwachsener Leute entnahm ich dann, daß der kühne Springer ein Bein gebrochen hätte. Hinter der Wiese parallel zum Fluß eine Chaussee mit gleichmäßigen Bäumen. Um eine gewisse Stunde schritt dort eine lange Reihe von gleich aussehenden Bauersfrauen mit Tragkörben vorbei. Wie Tillergirls. Berta machte mich lachend darauf aufmerksam, daß diese Weiber plötzlich alle wie auf Kommando stillstanden und Pipi machten. Ich verstand Berta nicht ganz.

Noch weiter im Hintergrund lag die Sporthalle. Ich sah sie abbrennen. Berta hatte mich dazu geweckt.

An der Alten Elster spielte meine Kindheit, spielten drei Geschwister: meine zwei Jahre ältere Schwester, mein vier Jahre älterer Bruder und ich. Die Altersunterschiede waren derzeit belanglos. Wir hatten unsere Freunde und Freundinnen. Auch das Geschlecht spielte keine Rolle. Es waren verwahrloste Armeleutekinder unter uns. Wir hatten auch Feinde und führten erbitterte und unbedacht gefährliche Schlachten mit ihnen. Die von der Fregestraße waren besonders rohes Pack.

Abgesehen von den allgemeinen, überlieferten Kinderspielen unternahmen wir, was Großstadtkindern nach gegebenen dürftigen Gelegenheiten einfällt. Ein Lastwagen – ohne Pferde, ohne Kutscher – wurde erklettert. Eins von uns machte sich an der

Bremse zu schaffen. Wie schrien wir, als der Wagen plötzlich ins Rollen geriet! Ein schimpfender Riese brachte ihn endlich zum Stehen.

Beim Soldatenspiel trugen die Ruhmreichsten von uns schwere Metallschilde, geflochten aus den Blechstreifen vom Abfall einer Blechfabrik. Wir kamen mit Beulen, Blut und Teerflecken bedeckt nach Hause und wurden bestraft oder gescholten. Gescholten auch dann zum Beispiel, als Ottilie und ich eines Tages der Mutter freudestrahlend ein totes Huhn brachten, ein Strandgut, das wir mit Aufregung und Lebensgefahr aus dem Wasser geborgen hatten. Mit Ottilie hatte ich eine Geheimsprache: die Mongseberrongsprache. Mongseberrong hieß bei uns Stachelbeere. Was wir aber weiter in dieser Sprache redeten, war purer, unverständlicher Quatsch und wurde nur vor anderen Kindern gequasselt, um uns als Ausländer sächsisch wichtig zu tun. – Wir drangen in fremde Hausflure ein, durchstreiften forschend wunderreiche Kellergänge. Weil uns niemand so ernst nahm, um einzuschreiten, stolperte meine Schwester in der Düsterheit und fiel in einen Korb mit Harzer Käse. – Wir fanden ausgespuckte Pflaumenkerne im Hof, knackten sie mit unseren Stiefelabsätzen auf und aßen die blausäurigen Kerne. Unsere empfindlichen Eltern verübelten uns diesen Sport. – Bei manchen Spielen gebrauchten wir Metallstücke, Tonkugeln, Holzpflöckchen und anderes. Aber fremdartiges Material reizte unsere Neugier am meisten. – Wir kamen zu spät, mit bösem Gewissen, nach irgend etwas abscheulich stinkend, heim ins Elterngericht.

Für mich war der größte Eindruck der Fluß mit seiner Uferromantik. Zwischen den Löchern und dem wirren Gestrüpp der steilen Abhänge kletternd, kämpfend, forschend, erlebte ich die Abenteuer meiner Sehnsucht voraus. Der Fluß trug seltsame Gegenstände vorbei. Am andern Ufer war eine Pferdeschwemme. Es war ein spannendes Schauspiel, wenn dort Rosse ins

Wasser geritten oder geführt wurden. Einmal, zweimal trieben dort Leichen an. Noch unheimlicher waren die hohen alten Pappeln an unserem Ufer. Die hohen Pappeln mit ihrem zitternden und schillernden Blättermillionen-Gewoge. Im Sturme neigten sie sich so beängstigend tief hin und her, als drohten sie, jeden Moment auf uns hereinzubrechen. Sie rauschten unsagbar unheimlich in meine einsame Kinderphantasie.

Wenn der kleine, verwachsene Brotmann zu meinen Eltern kam, erhielt er von uns die angesammelten Knochenreste für den mageren Hund, der sein Wägelchen ziehen half. Vom Fenster aus sahen wir dann zu, wie das Brotmännchen sich auf das Holzgeländer unter die Pappeln setzte und die für seinen Hund bestimmten Knochen erst selber noch einmal gründlich abnagte.

Wo die Pappelallee endete, stand hinter einem verstachelten Zaun zwischen wucherndem Unkraut ein fahles, totes Haus. Unter uns Kindern war die Überzeugung verbreitet, daß dort Jack hauste. Der berüchtigte Jack, von dem wir sangen:

Seht einmal, dort sitzt er,
Jack, der Bauchaufschlitzer.
Holte sich ein Weibchen,
Schnitt ihm auf das Leibchen,
Holt sich Lung' und Leber raus,
Machte sich ein Frühstück draus.

Ich habe ein Ölbild gemalt, dem ich den Titel »Am Fluß« gab. Und mein Rowohlt-Buch »Flugzeuggedanken« enthält ein Gedicht: »An der Alten Elster«:

Wenn die Pappeln an dem Uferhange
Schrecklich sich im Sturme bogen,

Hu, wie war mir kleinem Kinde bange! –

Drohend gelb ist unten Fluß gezogen.

Jenseits, an der Pferdeschwemme,
Zog einmal ein Mann mit einer Stange
Eine Leiche an das Land.
Meine Butterbemme
Biß ein Hund mir aus der Hand. –
O wie war mir bange,
Als der große Hund plötzlich neben mir stand!

Längs des steilen Abhangs waren
Büsche, Höhlen, Übergangsgefahren. –

Dumme abenteuerliche Spiele ließen
Mich nach niemand anvertrauten Träumen
Allzuoft und allzulange
Schulzeit, Gunst und Förderndes versäumen. –
Hulewind beugte die Pappelriesen.
O wie war mir bange!

Pappeln, Hang und Fluß, wo dieses Kind
Soviel heimlichstes Erleben hatte,
Sind nicht mehr. Mir spiegelt dort der glatte
Asphalt Wolken, wie sie heute sind.

Beide Arbeiten entstanden 1929, beide entkeimt aus den Erinnerungen an meine Kindheit an der Alten Elster, sechsunddreißig Jahre und länger zurück.

Unsere Spiele daheim

 Man ließ uns viel ohne Aufsicht im Freien. Gott weiß, wo ich mich umhertrieb. Aber ich kam weit herum und sammelte verwundert kleine Erfahrungen.

Wenn aber das Wetter oder ein Machtwort der Eltern uns zwang, zu Hause zu bleiben, dann waren wir schon selbständig genug, uns miteinander oder einzeln zu beschäftigen. Es gab glücklicherweise damals in solchen Bürgerkreisen noch nicht viel und nicht so vollkommenes Kinderspielzeug wie heute. Das wenige, was der Weihnachtsmann vereint mit Großmama und einem wohlhabenden Onkel uns brachten – etwa ein Tivoli-Spiel, eine Gliederpuppe oder ein Brummkreisel aus Blech – das ging heiter schnell entzwei. Erst das Experimentieren mit den Trümmern schuf wahres, weil schöpferisches Vergnügen. Das Wrack des Tivoli-Spieles fuhr noch herrlich in der Badewanne zur See. Die Gliederpuppe (das ist jetzt pure Lüge von mir, aber es hätte so sein können), also die Gliederpuppe wurde, weil das meiste davon abhanden gekommen war, immer wieder von neuem begraben; mit Zeremonien, die nicht auf Erlebnis basieren konnten. Begräbnisspiel.

Und in dem Kreisel (das ist nun wieder wirklich wahr), in dem Kreisel, den ich neugierig und mit großer Anstrengung oben geöffnet hatte und der seitdem nicht mehr brummte, kochte ich über einem Spiritusflämmchen: – Petroleum. Wollte wissen, was daraus entstünde. In mir steckte ein alchimistisches Genie, vielleicht von einer weitverzweigten Verwandschaft mit dem Porzellanmacher Böttger her. Der Kreisel erhitzte sich. Ich war im Begriff – – Leider kam meine Mutter hinzu, sah, daß ich dieses chemische Experiment auf dem Fensterbrett unter schön gebauschten Tüllgardinen vornahm. Und verdarb mir die ganze Überraschung.

Meine Bleisoldaten liebte ich heiß. Besonders die schlichten und die im Kampfe beschädigten, nie die prunkvollen. In den großen Schlachten, die ich aufstellte und aufführte, war ich ernsthaft darauf bedacht, gerecht zu entscheiden. Ich stellte die Parteien im Handgemenge durcheinander. Leicht explodierende Bomben (gebogene Korsettstäbchen aus Fischbein, mit einem Fädchen haardünn gesichert) verteilte ich unter sie, und dann warf ich meine Geschosse (Stanniolkapseln) blindlings von weitem hinein. Derart gerecht war auch meine Kampfübung, in der ich mich persönlich einsetzte. Auf meinem Spieltisch türmte ich hoch und kipplig mehrere Stühle übereinander. Dann stürmte ich mit geschlossenen Augen, wild um mich schlagend und aufheulend, in diesen gefährlichen Aufbau hinein, der über mir zusammenbrach. Aus diesem Feld der Ehre ging ich zwar stets als Sieger hervor, aber ich war stolz, wenn ich eine Beule oder gar eine Schramme davontrug. Und ich wußte, daß ich zum Beispiel mir ein Auge hätte einstoßen können. Ich schien zum Kriegsmann geboren.

Wie harmlos dagegen waren die Spiele mit Ottilie.

»Klavierstunde.« Das Klavier war die abgeräumte Marmorplatte eines Waschtisches. Darauf hämmerten wir vierhändig mit unseren Fingern und schmetterten Melodien dazu. Aber das war nur Nebensache. Das Wichtige dabei war die Treppe, die zum Waschtisch führte: alle Stühle, Tisch, Bank, Fußbänkchen in geschwungener Linie dahinführend aufgestellt. Diesen Weg zu beschreiten, war etwas, was uns ergötzte. Warum wohl? Wo lag der Schlüssel zu dieser verrückten Idee?

Ganz durchsichtig dagegen folgendes, oft stundenlang wiederholtes Spiel:

Ottilie kauerte unter dem kleinen Tisch. Ich ging auf dem Tisch mit lauten Trampelschritten hin und her. Ottilie klopfte an.

Ich: »Herein!«

Ottilie krabbelte unterm Tisch hervor: »Guten Tag, Herr Müller!«

Ich: »Guten Tag, Frau Meier!«

Ottilie: »Verzeihen Sie, ich muß mich beschweren über den furchtbaren Lärm.«

Ich: »Verzeihen Sie, es soll nicht wieder vorkommen.«

Das Spiel war aus, begann abermals, nur daß Ottilie jetzt auf der Tischplatte wohnte und ich darunter.

Künstlerische Sachen begannen. Ich malte Bildchen, ich dichtete Verschen und Prosa. Schließlich ein ganzes, illustriertes Büchlein zum Geburtstag meines Vaters.

Wir stellten nach Guckkastenerfahrung ein Panorama zusammen. Die Petroleumlampe durchleuchtete einen Hintergrund, auf den ich eine schöne Polarlandschaft gemalt hatte. Rosa, grün. Davor stand plastisch auf blauem Papier-Eis und Watteschnee ein kleiner Holzschlitten, der aus Holzstäbchen und Bindfaden angefertigt war. Ottilie arrangierte den Zuschauerraum, holte die Eltern als Publikum herbei und überreichte die Eintrittskarten. Dann klingelte sie und zog den Vorhang auf.

Meine Eltern sprachen sich sehr anerkennend aus, und Vater schenkte uns ein paar Pfennige für Kirschen.

Solche und ähnliche Theatervorstellungen gaben wir nun öfters. Da wir uns aber immer weniger Mühe dabei gaben, weil es uns mehr auf Vaters Kirschengeld ankam, so erklärte Papa eines Tages mit einer ironischen Bemerkung diesen Erwerbszweig ein für allemal für erloschen.

Wir verfielen auf ein ehrlicheres, wenn auch mühevolleres Unternehmen. Unser Fußboden bestand aus gestrichenen Bohlen. Mit der Zeit waren zwischen den Bohlen Ritzen entstanden, in die sich Staub und Kleindreck verlor. Nun lagen wir drei Geschwister der Länge nach auf dem Bauche und kratzten und schnippsten mit Stricknadeln aus den Ritzen heraus, was da seit Jahren sich angesammelt hatte. Knöpfe, Stecknadeln, Nähnadeln, Haarnadeln, aufregend ein Pfennig, Perlen, hurra ein Groschen, vor allem aber viel wolliger und stäubender Schmutz.

Es regte sich bei mir auch eine gewisse Neigung für Mystisches. Ich tat vor meinen Geschwistern geheimnisvoll mit einer Art von Hausgeist. Dieser Geist war äußerlich in einem Holzknauf auf einem bestimmten Pfosten meines Bettes verkörpert, und er hieß Pinko. Was es für eine innere Bewandtnis mit ihm hatte, verriet ich nie. Ich verrate es auch jetzt nicht.

Unsere Dienstmädchen

Vermutlich hingen unsere Dienstmädchen nicht sonderlich an uns Kindern, wenigstens nicht an mir. Wir waren wild und unordentlich. Meine Ungezogenheiten, mein Trotz und meine Hosen gaben den Dienstboten allzu häufig Anlaß zu Klagen.

Apropos Hosen. Ich war so weit gediehen, daß meine Geschicklichkeit und mein Schamgefühl es ablehnten, mir noch ferner die Hosenklappe von Fanny schließen zu lassen. Aber der Besuch des Klos ohne sie war für mich etwas Schreckliches. Denn ich glaubte an böse Geister, und gerade in der Einsamkeit jener schmalen, düsteren Zelle empfand ich peinigende Furcht. Während meines eiligen Aufenthaltes dort suchte ich das unsichtbare Gespenst durch verlogen freundliche Worte oder Gedanken zu beschwichtigen. In dem Moment aber, da ich das Lokal verlassen und die Sicherheit des Korridors erreicht hatte, schmetterte ich die Tür hinter mir zu und rief dem bösen Geist noch ein höhnisches Schimpfwort nach. Immer das gleiche: »Dumm bist du!«

Das fiel meinen Eltern mit der Zeit auf. Sie lockten die Bewandtnis aus mir heraus. Das Klosett hieß von da an bei uns der »Dummbiste«.

Tante Kunze hatte wieder, wie alljährlich, zum Nikolaus drei Wachsstöcke und drei Pfefferkuchen für uns drei Kinder gesandt. In der Nacht wachte ich auf und sah ein Gespenst.

»Ottilie!« rief ich leise und entsetzt. »Siehst du das Gespenst?«

Ottilie antwortete nicht. Aber ich sah das Gespenst deutlich trotz der Dunkelheit. Es war weiß und wallte nach rechts und dann nach links und dann in der Richtung nach Ottiliens Bett. Ich schloß die Augen vor Angst. Als ich sie wieder öffnete, war die böse Erscheinung verschwunden.

»Ottilie«, rief ich nun lauter, »hast du das Gespenst gesehen?«

Ottilie sagte nach einiger Zeit flüsternd: »Ja! Ich habe Angst. Sei ganz still!«

Am nächsten Morgen fehlte auf meinem Teller der Pfefferkuchen von Tante Kunze.

Tür zuschmettern! – Ich war wirklich ein besonders trotziger Junge, zumal meiner Mutter gegenüber, vielleicht weil die auch solch harten Kopf besaß. Hatte ich mich über sie geärgert, weil sie einen Ärger über mich ausgelassen hatte, so ging ich plötzlich aus dem Zimmer und schmetterte die Tür hinter mir zu. Ich hörte die kleine nervöse Person bei dem Knall aufschreien. Ich wußte: Jetzt kommt sie. Ich wartete auf dem Gang. Sie stürzte heraus, griff nach Vaters resolutem Ziegenhainer und schlug damit wütend hinten auf mich ein. Ich stand steif, stolz, unbeweglich still, wie ein Indianer aus dem herrlichen Lederstrumpf. Bis Mutter von mir abließ. Ich glaube, sie lächelte, denn sie hatte wohl etwas Sinn für Humor oder mindestens für Komik. Heute fahre ich selber aus der Haut, wenn ich Türen schmettern höre.

Einen gleichen passiven männlichen Sieg glaubte ich davonzutragen, wenn ich nach einem Gekränktsein mittags schweigsam zwar Suppe und Fleischgericht mitaß, aber dann, als das Dessert aufgetischt wurde, mich erhob und, auf diesen leckersten Teil des Menüs verzichtend, die Stube verließ. Meine Eltern reagierten darauf sehr vernünftig, sie lachten nur.

Anna sang, wenn meine Eltern abwesend waren, ganz hingegeben. Sie sang so laut, daß im oberen und unteren Stockwerk geklopft wurde. Sie sang nach der Melodie »Seht ihr drei Rosse vor dem Wagen« ein Lied mit dem ergreifenden Refrain:

Ich will mein Haupt auf Schienen legen,
Dieweil der Zug von Breslau kam.

Eins von unseren Mädchen war mit einem Droschkenkutscher verlobt. Als dieser einmal mit seiner Braut und einer Innungsgesellschaft einen Ausflug unternahm, erhielt ich die Erlaubnis mitzureisen.

Ich werde in meinen Schilderungen nicht korrekt chronologisch bleiben können, sondern manchmal vorgreifen oder zurückgreifen. Aber diese Fahrt von etwa 15 Droschken, besetzt mit Droschkenkutscherbräuten, muß weit zurückliegen. Das Dienstmädchen hatte mich wohl mitgenommen, um meinen Eltern eine Gefälligkeit zu erweisen, denn die waren für die damalige Zeit immer herzlich und verständnisvoll dem Personal gegenüber. Bei der Droschkenfahrt war ich blödes Kind wahrscheinlich der frei vergnügten, primitiven Gesellschaft etwas im Wege. Mir klingt von dieser Partie noch eine Bemerkung nach, ungefähr so: »Gebt dem Bengel recht viel Kuchen zu fressen, der ist Feines gewöhnt.« – Das stimmte gar nicht einmal. Wir kriegten alltags zum Kaffee keine Butter aufs Brot.

Man hielt uns an, im Haushalt und sonstens mitzuhelfen. Ich durfte sogar manchmal im Atelier meines Vaters mittun. Papa war damals Musterzeichner. Er entwarf Muster zu Tapeten. Und er hatte zwei Gehilfen. Er hätte damals mehr haben können, denn es war seine Glanzzeit. Aber er war nicht der Mann, das pekuniär auszuwerten. Wir hatten damals sogar zwei Dienstmädchen.

Die Gehilfen waren über das Selbstverständliche der Situation hinaus sehr lieb zu mir. Einer ließ mich stets auf seinen Schultern reiten, wenn er vom Atelier über den Hof nach unsrer Wohnung ging. Er erlaubte mir auch, mich vor seiner Staffelei bäuchlings auf einen Drehstuhl zu legen. Ich spielte dann Karussell, indem ich mich so im Kreise drehen ließ.

Sehr geehrt fühlte ich mich, wenn ich die Linien eines auf Pauspapier gezeichneten Musters mit Stecknadeln nachstechen durfte. Zu Küchenarbeiten brachte uns Mutter, indem sie an unseren Ehrgeiz appellierte oder uns als Belohnung Topfschleckereien verhieß. Sie war eine hervorragend gute Köchin, die nicht nur ihre heimatliche, ostpreußische Küche beherrschte. Wir halfen in der Küche begeistert. Wir kauften ein. Wir wiegten Petersilie. Wir wuschen auf, trockneten ab. Wir putzten, schabten, schuppten, schälten, weinten über geriebenen Zwiebeln, schnitten uns in den Daumen und lernten allerhand. Ob wir dabei die Dienstmädchen entlasteten oder ihnen hinderlich waren, weiß ich nicht.

Ich weiß vieles nicht mehr. Es scheint mir ein Gluck zu sein, wenn man vieles vergißt. Denn sonst wurde man vor Erlebtem nichts Neues mehr erleben.

Berta war ein schönes, sehr energisches Mädchen. Ich glaube, ihretwegen gab es zwischen meinen Eltern eine Zeitlang heftige Auseinandersetzungen. Die wurden zwar im Nebenzimmer geführt. Aber wir horten aus dem Unverständlichen doch das Wesentliche heraus und waren über dieses, wenn auch nur kurze Zerwürfnis zwischen Vater und Mutter sehr unglücklich. Ich besinne mich, daß ich dazukam, als meine Mutter sich aus dem Fenster stürzen wollte, und daß ich aufschluchzend ihre Füße umklammerte.

Berta wurde entlassen. Später machte sie sich als Löwenbändigerin einen großen Namen. Der Höhepunkt ihrer Schaunummer war, wenn sie ihren Kopf in den Rachen eines Löwen hielt. Dabei soll sie eines Tages umgekommen sein. Cläre Heliot nannte sie sich als Artistin. Sie oder ein anderes robustes Dienstmädchen war es, der ich einmal, als meine Eltern nicht daheim waren, plötzlich an die Beine griff. Meine Männlichkeit war erwacht und brachte mir sofort eine schallende Ohrfeige ein.

Des Jahres Feste

Aber das ist ja überall nahezu das gleiche. Zum Geburtstag wurde man beschenkt und genoß besondere Nachsicht, besondere Aufmerksamkeiten.

Ostern legte der Osterhase, legten später Eltern, Tanten und Großmama Eier in immer größeren Formaten.

Pfingsten spielte keine sonderliche Rolle, da mein Vater ein Mann in freiem Beruf war.

Der Weihnachtsbescherung gingen besondere intime, überlieferte oder eingeführte Gebrauche, Scherzchen und Sentimentalitäten voraus, und ebensolche familiär geheiligte Brauche folgten. Es liegt mir fern, mich darüber lustig zu machen. Ich will nur hier auf das in allen Variationen so oft geschilderte Thema nicht weiter eingehen. Weihnachten war auch uns Kindern in jedem Jahr das Fest der Seligkeit, der Herzlichkeit, der Anhänglichkeit, des Reichtums, des Glücks.

Und zu Silvester kriegten wir Pfannkuchen, durften Punsch trinken und um Mitternacht leicht angeheitert am offenen Fenster lauschen. Draußen, drunten läuteten die Glocken, rief man »Prost Neujahr«, knallte Feuerwerk. Auch wir durften einmal mutig, als wär's was, aus dem Fenster brüllen: »Prost Neujahr!«

In der Volksschule

Wenn ich träume, dann immer Schlimmes, das heißt Beängstigendes, Quälendes. Trostlos und hilflos erlebe ich in dem Zustand unlogische, peinvolle Situationen. Meistens leide ich darin als Soldat unter Vorgesetzten oder als Schüler unter Lehrern.

Mein erster Schultag – in der Vierten Bürgerschule in Leipzig – war durch eine übliche große Zuckertüte versüßt. Der zählt also nicht mit.

Ich lernte das Abc und »Summ summ summ, Bienchen summ herum« und anderes Fundamentale. Aber ich lernte gewiß nicht leicht. Denn bald bekam ich Nachhilfestunden bei einem Lehrer, dem ich im Vorzimmer gebogene Stecknadeln ins Ledersofa einbohrte. Allerdings mehr, um einem zweiten Nachhilfebedürftigen zu imponieren, als um den Lehrer zu schädigen.

Wie abscheulich faßt sich Kreide an! Wie häßlich nimmt sie sich, trocken verwischt, auf einem schwarzen Brett aus. Wie stechend empörend kann ein Schieferstift auf einer Schiefertafel quietschen.

Aber ein Schwamm ist schön. Wenn er naß, richtig naß ist. Und noch schöner ist eine dunkle Schwammdose aus poliertem Holz, zumal sie sich zu hundert nicht aufoktroyierten Spielereien verwenden läßt. Wundersam sind alte, abgenutzte Schulpulte. Ihre Maserung, ihre Tintenflecke und Astlöcher gaben mir die erste, vielleicht einschneidendste Anregung zu meinen Malerei betreffenden Wünschen. Imposant ist ein neuer Schulranzen aus Seehundsfell. Daß die, die sich an ihn gewöhnen und ihn gar tragen müssen, seine Vorzüge allmählich vergessen und ihn gelegentlich ohne Bedenken als Wurfgeschoß benutzen, das bestätigt ein natürliches Gesetz.

Schwer ist das Einleben in Pünktlichkeit. Bedrückend ist jede ungütige, unbegriffene Überlegenheit. Und häßlich, niederträchtig ist ein Rohrstock, wenn er sadistisch einwillig oder kleinhirnig jähzornig als Strafmittel gebraucht wird. Uns schlug man damals in gewissen Fällen mit dem Lineal auf die spitz hinzuhaltenden Fingernägel. Tat schauderhaft weh.

Beneidenswert, nie wiederkommend ist der rechenkunstlose, schnell vergessende, unbesonnen zugreifende, freinaschende Taumel unserer jüngsten Gehzeit und Lernzeit.

Schon in der Bürgerschule wurden wir Kleinen in Klassen-, Rassen- und Massenkämpfe verwickelt. Schulen fochten gegen Schulen. Kinder einer Gegend schlugen sich mit solchen einer andern Gegend.

Einmal raste ich, von einer Überzahl roher, steinewerfender Feinde verfolgt, atemlos durch die Waldstraße. Ich prallte dabei gegen einen Erwachsenen, der dort mit einem anderen Herrn im Gespräch stand, mich nun erschreckt auffing und gleich erkannte. Es war ein Lehrer, nicht meiner, aber an meiner Schule. Außerdem schriftstellerte er, wie ich von meinem Vater mit Interesse vernommen hatte. Als ich befragt von meiner Flucht und meinen Verfolgern erzählte, streichelte er mich und sagte etwas zu seinem Bekannten, worin die Worte vorkamen »Da läuft solch Kind wie ein gehetztes Reh«.

Gymnasium

Ich kam auf das Königliche Staatsgymnasium, wo mein Bruder bereits eine höhere Klasse besuchte. Nicht lange hielt die Freude über eine grüne Mütze mit silberner Litze an. Das große, ernste Schulgebäude und der finstere Rektor im zerknitterten Frack flößten mir gleicherweise Schrecken ein. Nun brach das grausige Latein über mich herein; und andere Fächer, vorgetragen, eingepaukt und abgefragt von respektfordernden Dunkelmenschen, vor denen mein Herz sich von Anfang an verschloß. Der einzige interessante Mann schien mir der Turnlehrer Dr. Gasch. Weil er eine Nase aus Hühnerfleisch hatte, von einem Duell her.

Unter den Mitschülern lernte ich gute und lustige Kameraden kennen, mit denen ich Fußball spielte, Tauschgeschäfte betrieb oder gegen die Zöglinge des Thomasgymnasiums zu Felde zog.

Damals trug ich lange blonde Locken. Da ich mit einem dunklen Sammetanzug und weißem Spitzenkragen bekleidet war, sah ich wohl recht nett aus. Aber wegen der langen Haare wurde ich oft gehänselt. Man zog mich im Scherz und im Ernst daran. Schließlich legten die Lehrer meinen Eltern nahe, mir diese auffallende und unmännliche Schönheit kürzen zu lassen, was denn auch zu meiner Befriedigung geschah.

Ach, das Lernen fiel so schwer. Draußen gab es Schlittschuhbahnen und im Sommer eine moderne, freie Schwimmanstalt. Dort konnte man von hohen und höheren Sprungbrettern, sogar von einer Schaukel abspringen. Oder man ließ sich auf dem heißen Asphalt von der Sonne bräunen. Wenn man dazu sich ein Blatt auf die Brust legte und es stundenlang in Geduld ertrug, dann hatte man hinterher auf der dunklen Haut ein helles Muster. Herr Wallwitz, mein Schwimmlehrer, packte mich rauh und norddeutsch an. Er stieß mich, wenn ich nicht springen wollte, ohne weiteres ins Wasser. Und ließ mein Mut nach, so gab er die Leine locker, daß ich tüchtig Wasser schluckte und spuckte und verwirrte mich nachher noch durch seinen kühlen, treffsicheren Spott.

Dem Restaurateur der Schwimmanstalt durfte ich an Hochbetriebstagen beim Verkaufen von Würstchen helfen. Dabei entwendete ich einmal Kleingeld aus der Kasse. Das wurde nie entdeckt und betraf auch nur eine Wenigkeit. Aber mein Gewissen blieb lange davon bedrückt.

Ich schaute einer Feuersbrunst zu. Mehrere Lagerschuppen brannten lichterloh. Ursache war: Das Stroh von Eierkisten hatte sich entzündet.

Die Menschenmenge, in der ich stand, war nur durch ein schmales Flüßchen von dem Brandherd getrennt. Wir sahen, wie drüben Arbeiter die Gelegenheit benutzten, um sich Eier beiseite zu schaffen. Als ihnen das nicht mehr möglich war, fingen sie an, die rohen Eier über das Flüßchen auf uns Neugierige zu werfen. Jeder Treffer gab selbstverständlich großes Hallo. Aber wir blieben alle tapfer stehen. Wen's trifft, den trifft's. Es war wie in einer Schlacht.

Ich schrieb eine kleine Humoreske in sächsischem Dialekt, »Änne Heringsgeschichte«. Vermutlich überfeilte mein Vater die Sache noch etwas. Die »Fliegenden Blätter« oder die »Meggendorfer Blätter« druckten das Dichtwerk und zahlten zwanzig Mark dafür.

Das war meine erste Publikation und war mein erstes Honorar. Die Stunden im Gymnasium vergingen so unsagbar freudlos, langsam. Trotzdem ich eine Fülle von Unter-der-Bank-Spielen ersann und hinter dem Rucken des Vordermanns stets eine Sonderbeschäftigung oder Privatlektüre hatte. Mein liebstes Buch war »Der Waldläufer«.

Ich stibitzte meinem Nachbarn das Frühstücksbrot, eine Klappstulle. Zwischen die beiden Brothälften legte ich Papier, das ich dann, so weit es überragte, abschnitt. Worauf ich das Brot zurücklegte, um mich in der Pause zu amüsieren, wenn jener Junge sich während des Kauens Papierstücke aus dem Munde zog.

Keines der Lehrfächer regte mich an. Ich war in allen schlecht. Sogar im deutschen Aufsatz, für den ich durch meinen schriftstellernden Vater mehr mitbekommen hatte als die andern Knaben. Im Zeichnen versagte ich völlig. Ich brachte es nicht fertig, ein einigermaßen sauberes Quadrat zu zeichnen. Fortan durfte ich die allgemeinen Zeichenübungen nicht mehr mitmachen, sondern mußte mich wahrend des Unterrichts unbeteiligt auf eine Sonderbank setzen, wo es mir überlassen blieb, einen häßlichen Gipsdackel abzuzeichnen. Hundertmal habe ich ihn gezeichnet. Er wurde immer unkenntlicher.

Auch der Gesangslehrer wußte nichts mit mir anzufangen. Denn ich hatte mir an dem Tage des Tauchaschen Jahrmarktes als halbnackter Gassensioux den Kehlkopf ein für allemal kaputt geschrien. – Es kam vor, daß Schüler aus den elterlichen Garten Sträuße mitbrachten und einem Lehrer überreichten. Um meinen Musikdirektor zu versöhnen, brachte ich auch ihm einmal ein Bukett mit, das ich unterwegs eilig in den städtischen Anlagen gepflückt hatte. Da es aber nach der weit herbstlichen Jahreszeit nur aus blütenlosen Strauchzweigen und kahlen Kräutern bestand, warf es der Lehrer aus dem Fenster, verprügelte mich noch einmal, und von da an war ich vom Gesangunterricht dispensiert, bekam allerdings durch ein Versehen in den Jahreszeugnissen immer eine 1 in diesem Fach.

Auf dem Fleischerplatz standen zur Zeit der Messe aufregende Schaubuden. Hinter einem Gitter sah man einen Gefangenen in Ketten, der unermüdlich eine Tretmühle bewegte. Unter einem zähnefletschenden Baren hob und senkte sich der zerfleischte Busen einer Frau. Eine Portion Eis mit Pappteller und Blechlöffel kostete fünf Pfennige. Türkischer Honig war noch preiswerter. Auf dem Karussell galt es, im Vorbeifahren nach einem vorgehaltenen Ring zu haschen, der eine Freifahrt garantierte.

In der Schule war's trostlos. Schönschrift und Orthographie brachten mich zur Verzweiflung. Kein Lehrer mochte mich leiden. Meine Hefte waren schmierig. Glaubte ich mich unbeobachtet, so trieb ich Allotria. In den Pausen war ich nicht zu bändigen. Ich wurde verpetzt oder erwischt und immer wieder bestraft. Strafarbeiten, Nachsitzen, Arrest, schließlich Karzer. – Immer neue Lügen erfand ich, um den Eltern das zu verbergen und mein verspätetes Heimkommen zu rechtfertigen. Aber direkte Briefe oder persönliche Rücksprachen brachten alles an den Tag, und die halbjährlichen Zensuren klagten in einer düsteren Sprache.

»– – Leider mußten wir sogar einem der Schüler im Betragen eine Fünf erteilen –« sagte der Rektor in seiner feierlichen Aktusrede zu Ostern. Ich hatte der Rede nicht zugehört, aber als der Rex an jene Bemerkung meinen Namen knüpfte und in der Totenstille der Aula sich auf einmal ein paar hundert Menschen nach mir umsahen, versteckte ich schnell und verlegen etwas, worin ich gelesen hatte. Die Fünf im Betragen konnte auf irgendein ehrenrühriges Vergehen deuten. Man beglaubigte mir, daß zwar so etwas nicht vorläge, daß aber die Unsumme von kleinen Untaten und – – –

Mich drückte immer ein schlechtes Gewissen, wenn ich zur Schule ging oder von der Schule kam. An einem Wintermittag hatte ich mit anderen Schülern eine Strafstunde absolviert und verließ das Gymnasium. Neben mir lief mein auch betroffener Freund Martin Fischer die Treppe hinab. Vor der Schule war der schmutzige Schnee zu hohen Haufen zusammengeschaufelt. Fischer und ich schwiegen, uns war nicht wohl zumut. Aber unverabredet stürzten wir uns, unten angelangt, beide gleichzeitig mit dem Kopf voran in einen Schneehaufen. Als wir mit Schnee und Dreck bedeckt wieder auftauchten, ergab sich eine lustige Erklärung. Unabhängig voneinander waren wir beide auf denselben Gedanken verfallen: zu Hause lieber sagen »Schneeballschlacht« als »Nachsitzen müssen«.

Meine Eltern hatten inzwischen die Wohnung an der Alten Elster aufgegeben und hübsche Parterreräume in der Poniatowskistraße gemietet. Eine Glasveranda gehörte dazu und ein Garten mit einem Springbrunnen.

Ein Springbrunnen war immer schön, bleibt immer schön, für Kinder in der Stadt eine unerschöpfliche Quelle der Unterhaltung. Zwei hohe Kastanien standen im Garten. Die eine mußte abgesägt werden, weil sie zu viel Licht wegnahm. Es war ein aufregendes Schauspiel, als sie stürzte und dabei mit den äußersten Ausläufern ihrer Krone unsere Fenster streifte. – In den Türrahmen der Gartenlaube hängten wir eine Hängematte als Schaukel auf. Ich verhakte mich mit den Zähnen darin, als ich meiner Schwester im Haschen nachlief. Meine Vorderzähne standen nach oben. Aber der Zahnarzt renkte das schnell wieder ein. Ich war ja so jung. – Einen schattigen, armseligen Winkel neben der Verandatreppe überließ man mir auf meine Bitte als Privatbeet. Selbst der Efeu gedieh dort nur spärlich, und trotz aller Mühe brachte ich nicht mehr als eine Kartoffel zum Keimen. – Auch meine tiefen Grabungen dort nach verborgenen Schätzen und Altertümern blieben ohne Erfolg. Es war ein geheimnisvoll lockender Trieb in mir, etwas zu entdecken, etwas zu erfinden, etwas zu finden.

Mitunter fand ich auch etwas, ein Goldkettchen, andermal einen Spazierstock. Einmal sogar einen zusammengerollten Teppich. Der war aber so groß und schwer, daß ich ihn nur mit Hilfe von zwei Kameraden keuchend nach Hause brachte. Und dann setzte Mutter zu meiner höchsten und ehrlichen Entrüstung durch, daß wir dieses wertvolle Stück wieder nach dem Hofdurchgang zurückschleppten, wo ich es gefunden hatte.

Bei meinen alchimistischen Versuchen brachte ich elektrischen Strom aus Wolfgangs Trockenbatterie und angerußte Glasscherben mit Urin in Verbindung. Das Resultat war: kleine aufsteigende Bläschen. Und im übrigen wie immer Flecken und Schaden an Kleidern und Möbeln.

Auf der anderen Seite unseres Hauses führte ein Weg zu dem Fluß Elster. Dort war der Anlegeplatz für einen, nein, für den einzigen Vergnügungsdampfer von Leipzig. Und zwar an der Stelle, wo Marschall Poniatowski 1813 ertrank. Der Dampfer war immerhin so groß, daß er in dem schmalen Fluß nie wenden, sondern nur vor- und rückwärts fahren konnte. Auf diesem Dampfer mitzureisen, war mir höchste Wonne. Ich kannte bald das Schiffspersonal und fühlte mich sehr seemännisch, wenn ich an Sonntagen den einsteigenden Fahrgästen die Billetts abnehmen oder zur Abfahrt die Glocke schlagen durfte.

All das war so viel ergötzlicher als Schularbeiten. Ich bestand das erste Examen im Gymnasium nicht, mußte deshalb Sexta noch ein zweites Jahr durchmachen. Mein Vater ermahnte mich, erteilte mir Vorwürfe, redete, wie man so sagt »einmal vernünftig« mit mir, drohte. Half alles nichts. Ich war in diesen Angelegenheiten so scheu geworden, daß ich nur noch auf den Ton, nicht auf den Sinn der Worte hörte.

Bei festlichen Gelegenheiten führten meine Eltern den Gästen ein sehr seltenes Schaustück vor, das Vater einmal aus Paris mitgebracht hatte. Es war ein, mich deucht, nahezu lebensgroßer Pfau aus Metall, aber mit richtigem Pfauengefieder. Der wurde auf den Tisch gestellt und begann dann, wenn sein Uhrwerk aufgezogen war, sich anmutig zu bewegen. Nicht etwa gleichmäßig. O nein! Er trippelte ein paar Schritte vorwärts, blieb stehen, wendete sich plötzlich oder trat zurück, und auf einmal schlug er ein Rad. Über dieses kostbare Kunstwerk waren die Motten gekommen und hatten die Federn zerstört. Da eine Reparaturwerkstätte dafür in Leipzig nicht zu finden war, wurde der metallene Balg irgendwo verwahrt, wo ich ihn aufstöberte und entführte. Stundenlang lag ich in den nächsten Tagen unter meinem Bett und ging dort in der Verborgenheit mit einem Stemmeisen dem Vogel zu Leibe. Bis ich die zauberhafte Mechanik seines Inneren in Zahnräder, Rädchen, Spiralen, Achsen und Splitter zertrennt hatte. Mir ist, als wären Wolfgang und Ottilie dabei beteiligt gewesen, aber jedenfalls wurde ich von Mutter mit Recht als Hauptschuldiger dem Vater zugeführt. Es war das einzige Mal, daß mich mein Vater schlug. Sonst – zum Beispiel, als er dahinterkam, daß ich teure Lexika meines Bruders heimlich beim Antiquar verkauft und das Geld verjubelt hatte – war sein Verhalten ein anderes, obwohl von mir weit mehr gefürchtet. Ich wurde dann in sein Zimmer gerufen, wo er am Schreibtisch saß. Er begann mit strengen, sachlichen Worten, die, je zerknirschter sie mich machten, immer weicher wurden. Bis ich in Tränen ausbrach, worauf mein Vater seinen Klemmer verlor, meinen Kopf an seine stachlige Backe zog und sich selber Tränen aus den Augen wischte. Mit irgendeiner versöhnlichen und gütigen Betrachtung oder Ermahnung entließ er mich dann. – Wir Kinder liebten »Väterchen« über die Maßen. Ich konnte mir damals nicht vorstellen, daß ich einmal seinen Tod überwinden würde.

Wie kam ich nur dazu und warum konnte es niemand verhindern, daß ich in der Schule wie daheim so gar nicht gut tat, immer wieder auf Verbotenes aus war, alberne, eitle Streiche und sogar Roheiten beging? Wie war es möglich, daß ich zum Beispiel längere Zeit hindurch Tiere quälte? Nicht nur, wie die meisten Kinder tun, Maikäfer, Schmetterlinge in unzulängliche Gehäuse einsperrte und sie in plumper Behandlung lädierte oder fallen ließ. Ich riß Fliegen die Flügel aus. Entsetzlich grausam behandelte ich einen Kolbenkäfer aus dem Aquarium meines älteren und verständigeren Bruders. Ich legte den Käfer rücklings auf den äußeren Fenstersims und begoß ihn mit Schwefelsäure, von deren schrecklicher Wirkung ich unterrichtet war. Nie werde ich den Anblick vergessen, wie das Insekt vor Schmerz hochschnellte und vom Sims herab auf die Straße fiel. Aber auch damals schon überkam mich ein Grausen.

Es war keine Spur von sadistischen Gelüsten in mir. Aber warum quälte ich Tiere? Aus Wißbegierde? Ich spießte Libellen und Schmetterlinge auf, um eine Sammlung anzulegen, wie Onkel Wolfram das mustergültig tat. Aber ich handhabte diesen Sport mit unzureichenden Kenntnissen und Mitteln. Ich wollte Tiere konservieren, setzte eine kleine lebende Schleie in Spiritus, Brennspiritus, der sie rasch betäubte. Aber nachts ließ mir's keine Ruhe. Ich stand auf, entzündete ein Streichholz und beleuchtete das Einmachglas. Wie tief erschrak ich, als die Schleie plötzlich anfing, lebhaft mit dem Schwanz zu schlagen.

Ganz offensichtliche Gewinnsucht war es, wenn ich im Zoologischen Garten den Strauß oben fütterte und ihm unten gleichzeitig Federn ausrupfte. Oder wenn ich vergeblich das Stachelschwein heranzulocken suchte, um ihm einen Stachel auszureißen, aus dem ich mir einen Federhalter machen wollte. – Als ich einmal das Kamel, da es dicht am Gitter stand, in den Wanst zwickte, machte das Tier – wie um mir eine Lehre zu erteilen – eine geringe Bewegung, durch die mein Zeigefinger zwischen Gitterstab und Kamelbauch eingeklemmt wurde. Noch nicht schmerzhaft, aber immerhin so, daß ich eine Minute lang bedenklich gefangen war.

Die Ferien hatten uns in die Sommerfrische gebracht. Und ich zählte zehn Jahre, als mein Vater mich und meine ältern Geschwister in Frauenprießnitz in Thüringen taufen ließ. Bei dieser Zeremonie gebrauchte der Pastor eine Art Sahnenkännchen. Über dieses Kännchen und über den ungewöhnlich tief herabhängenden Hosenboden des Küsters brach ich in ein nicht zu unterdrückendes Lachen aus.

Ferien! Das Wort klang wie Freiheit. Vater nahm uns dann meist nach Thüringen mit. Durch dieses, sein engeres Heimatland, führte er uns in herrlichen Wanderungen. Er wußte dabei ebenso lustig wie spannend zu erzählen, und er kannte die Gegend und ihre Geschichte genau. Auch durften wir uns genügend allein umhertummeln, Wolf gang Steine sammelnd, ich Insekten, Schlangen und Eidechsen fangend, Ottilie Blumen und Beeren pflückend.

Das einzige Verlockende am Königlichen Staatsgymnasium waren Senfgurken, die der Pedell selber einlegte, und davon er uns gegen geringe Bezahlung verkaufte. Sie zergingen auf der Zunge wie Butter und schmeckten ungleich köstlicher als die gewohnten Mahlzeiten daheim. Obwohl Mutter, wie gesagt, sehr gut kochte. Mit Liebe kochte! Hatten wir Gäste zu Hause, so bekam sie in der Küche vor Eifer und Aufregung eine purpurrote Glanznase.

Wir Kinder mußten das essen, was die Eltern wählten und mußten im allgemeinen aufessen, was uns aufgelegt war. Wir hatten Lieblingsgerichte, die uns zum Geburtstag beschert wurden. Auf meinem Weihnachtswunschzettel stand einmal »Ich wünsche mir eine lederne Hose und ein Stück Butter«. Ich meinte eine Reithose. Die Butter, ein ganzes Pfund, erhielt ich, durfte sie aber nicht, wie ich das erträumt hatte, auf einmal aufessen.

Ich verabscheute Linsen. Einst hatte ich nachsitzen müssen und kam um eine Stunde zu spät heim. Nun sollte ich nachessen, und es gab Linsen. Da ich indessen allein im Zimmer war, verteilte ich das Gericht nach allen Seiten. Ein paar Löffel ins Ofenloch, ein paar Löffel hinters Büfett, ein paar zwischen die Sofapolster, und so fort. Auch die tiefen Schnitzereien an unserem eichenen Eßtisch boten Verstecke, um mittags unbeliebte Bissen via Serviette verschwinden zu lassen. Bob, der Dackel, war in dieser Beziehung auch stets auf unserer Seite.

Wir naschten selbstverständlich gern Süßigkeiten. Zu Ostern schenkte mir der reiche Onkel Karl einen Gigerlstock aus massiver Schokolade. Donnerwetter! – Kostbare Geschenke erhielten wir sonst nur von dem fernen Onkel Martin, der als Kapitän ein Schiff an der chinesischen Küste führte. – Freigebig waren unsere Eltern beide, und wir wurden es ebenfalls.

Ich wurde auch in der Quinta nicht versetzt, sondern mußte ein neues Jahr dort bleiben. Das hatte den einzigen Vorzug, daß ich von den neuen Klassengenossen zunächst als Älterer respektiert wurde. – Meine Zeugnisse verschlechterten sich.

Unter Führung des Lehrers unternahm unsere Klasse einen Tagesausflug nach Schkeuditz. In einem Gartenrestaurant kehrten wir ein. Dort stand ein Automat, der eine Henne darstellte, die für zehn Pfennige ein mit Bonbons gefülltes Ei legte. Ein Konpennäler von mir kam auf einen geschickten Betrug. Wenn man nämlich, nachdem der Groschen in den Schlitz gefallen war, hinten in die Henne griff und auf einen gewissen Schnapper drückte, dann konnte man noch gratis weitere Eier erlangen. Mehrere von uns Jungens hatten sich bereits derart bereichert, als ich erst von dem Trick erfuhr. Das wollte ich auch versuchen. Ich warf ein Groschenstück ein, drückte hinten auf den Schnapper. Weil aber ein anderer Schüler in diesem Moment an der Kurbel drehte, wurde mein Finger eingeklemmt, und ich war mit der Hand im Popo der Henne gefangen. Der Wirt mußte gerufen werden.

»Haben wir den Dieb endlich!« sagte er und versetzte mir eine Ohrfeige. »Wieviel Eier hast du denn schon herausgeholt?«

»Noch keins – ich wollte nur –«

Er gab mir Wehrlosem wieder eine Ohrfeige. »Wieviel?«

»Eins«, log ich, um nur loszukommen.

(Bums Ohrfeige.) »Wieviel?«

»Zwei.«

(Bums Ohrfeige.) »Wieviel?«

»Noch keins!« rief ich aufheulend. Darauf befreite mich der Wirt aus meiner Lage.

Eine gute Freundschaft verband mich mit dem Sohn des Universitätsrektors Sievers. Er konnte genau so ein gellendes Kriegsgeheul ausstoßen wie ich. Außerdem mußte ich ihm auf dem Schulweg spannende Geschichten erzählen, die ich immer improvisiert verlängerte, um Sievers recht lange zum Begleiter zu haben. Mein liebster Freund wurde Martin Fischer. Er hatte keinen Vater mehr. Seine Mutter war eine sarkastische Frau, die mich manchmal verspottete wegen meiner unmodischen Kleidung oder meiner krummen Beine. Fischer spielte hingegeben Geige. Mit ihm kam ich auch zu erstenmal in Gespräche über Erotik. Er hatte eine auffallend hübsche Schwester. Ich lobte sie und ihre Kleider vor ihm. Er lobte meine Schwester und deren Kleider, sodann schwärmten wir von Damenwäsche und sprachen uns derart allmählich immer intimer aus.

Mein Vater beschlagnahmte eine Sammlung von Ansichtskarten, die ich mir angelegt hatte und auf denen halbnackte Mädchen zu sehen waren. Er beschlagnahmte auch ein sehr aufregendes Buch, das ich von einem Freund eingetauscht hatte, und das den Titel trug »Der Frauenhandel in Wisconsin«. Nie habe ich das Buch wiedergesehen und suche es noch heute.

Das zweite Quintajahr ging zu Ende. Meine Aussichten waren hoffnungslos. Es ereignete sich ein Zwischenfall, der dem Faß den Boden ausschlug. Meine Eltern hatten mir ein Jahresabonnement für den Zoo geschenkt. Weil dieser Tiergarten direkt neben dem Gymnasium lag, benutzte ich alle Pausen, um hinüberzulaufen. Nun war dort seit einiger Zeit eine Völkerschau zu sehen, und zwar drei Samoaner mit dreiundzwanzig Samoanerinnen. Herrliche, stattliche Gestalten. Die Frauen trugen nur ein hemdartiges Gewand und steckten sich Blumen ins Haar.

Ich befand mich in den Pubertätsjahren und konnte mich an den bronzefarbenen, dunkelhaarigen Weibern nicht sattsehen. Da mein kleines Taschengeld für Geschenke nicht ausreichte, entwendete ich zu Hause nach und nach unseren gesamten Christbaumschmuck. Bald trugen alle dreiundzwanzig Insulanerinnen Glaskugeln, kleine Weihnachtsmänner, Schokoladeherzen und Zuckerfiguren, Wachsengel und Ketten im Haar. Sie dankten mir, indem sie mich anlächelten oder über mein blondes Haar strichen, was mich beseligte. Aber eine von ihnen erfüllte mir eines Tages meinen Wunsch, mir ein »H« auf den Unterarm einzustechen. Das geschah in der großen Unterrichtspause. Die dauerte eine Viertelstunde, das Tätowieren aber einundeinhalb Stunde. Es tat ein bißchen weh und kostete auch ein Tröpfchen Blut.

»Wo bist du gewäsen?« fragte der Lehrer, als ich unter atemloser und schadenfroher Spannung meiner Klassengenossen den Schulraum betrat. Ich wußte: Nun ist alles aus. Aufrecht ging ich an dem Lehrer vorbei an meinen Platz und sagte, jedes Wort stolz betonend: »Ich habe mich tätowieren lassen!«

Es war aus. Consilium abeundi.

Meine Onkels

Vaters Bruder war unser Onkel Karl. Er besaß eine Fabrik. Es ging ihm gut. Seine wohlhabend und gut erzogenen Kinder wurden uns immer wieder als Musterbeispiele hingestellt. Das waren Mädchen, apart und sicher wie ihre Mutter, die Tante Emmy. Nur daß wir vor deren kühler Liebenswürdigkeit nie zutraulich wurden. Onkel aber trat großgebend, breit, natürlich und lustig auf. – »Kinder«, sagte er, »als ich so alt war wie ihr jetzt, da habe ich euren Vater manchmal so lange gekitzelt, bis er seine Laubsäge, oder was ich gerade wünschte, mir schenkte. Er ist ja so kitzlig. Nun paßt auf: Wenn er jetzt hereinkommt, dann überfallt ihr ihn und piekst ihn so lange mit dem Zeigefinger in die Seiten, bis er euch eine Mark spendiert.« – Wir jubelten über diesen Einfall. Vater betrat die Stube. Wir stürzten auf ihn und piksten in seinen Bauch und seine Seiten. Er aber, der schon längst nicht mehr kitzlig war, verstand gar nicht, was wir wollten. Unsere Enttäuschung löste der Onkel doch noch in Freude auf. – Onkel Karl war ein stattlicher Mann. Er legte seine Nase zeitweilig nachts in Gips, um sie schöner zu formen. Ein Dienstmädchen verriet uns das.

Der Bruder meiner Mutter war Onkel Martin, der Kapitän in China, den wir vorläufig nur aus Bildern und Erzählungen kannten. Er sandte wertvolle Geschenke zu den Festen, Silberbecher, geschnitzte Waffen, alte Vasen und Holzschnitte. Mir goldene Manschettenknöpfe, die ich heute noch trage. Und eine goldene Schlipsnadel. Dann einen Spazierstock aus Ebenholz. Auch seine silberne Uhr, die ihm einmal ins Rote oder ins Gelbe – – in irgendein farbiges Meer gefallen war und die ein Taucher zufällig wiederfand.

Zu Weihnachten erhielt Ottilie von Onkel Martin entzückende, weiße, prachtvoll bestickte Seide für ein Kleid. Ich warf ein glühendes Streichholz auf den Stoff und hinderte meine Schwester gewaltsam, das zu entfernen. Auf ihr Gezeter sprangen Mutter und Bruder hinzu. Sie entdeckten, daß mein Streichholz ein angekohltes, aber längst ausgekohltes Zündholz war. An der Stelle, wo Verkohlt und Unverbrannt sich trafen, hatte ich einen schmalen roten Stanniolstreifen um das Hölzchen gewunden. Der wirkte in der Kerzenbeleuchtung wie Glut. Ich freute mich meiner kleinen Erfindung.

»Streichholz groß, Streichholz klein,
Armes Streichholz, ganz allein.«
(Alter Spielreim)

Den Onkel Fries in Marksuhl besuchten wir während der Sommerfrische. Er war ein rauher Weidmann, der selbst vor dem Kaiser, der gelegentlich bei ihm jagte, kein Blatt vor den Mund nahm. Zu dem herrlichen Gutshof gehörte ein alter gespenstischer Turm. Die Fledermäuse, die sich in dessen Gebälk aufhängten, brannte ein Knecht von Zeit zu Zeit am Tag, wenn sie schliefen, mit einer brennenden Kerze herunter. – Ich sah lebendig gerupfte Puten und Hühner ohne Kopf, die noch lange fürchterlich zuckten.

Auf einer der schönen Spazierfahrten, bei denen ein Jagdhund neben den Pferden herlief, warf der Onkel seinen Schlüsselbund ins Dickicht. Als wir auf der Rückfahrt in die Oberförsterei einbogen, rief Fries dem Jagdhund zu: »Such! Verloren!« Eine Stunde später brachte das Tier den Schlüsselbund an unseren Abendtisch im Garten. – Früchte gab's in Hülle und Fülle. Beim Einfahren des Korns hatte ich einmal auf einer Kreuzotter gesessen, was mir einen heldenhaften Nimbus verlieh.

Zuweilen ritt meine Mutter mit dem Onkel aus. Man mußte der kleinen Frau dann erst auf eine Kiste helfen, damit sie aufs Pferd kam.

Vom Onkel Hilgenfeld, Theologe in Jena, und von dessen Familie sind mir nur noch eine tiefe Baßstimme und Stachelbeeren in Erinnerung.

Und der Leipziger Professor und Prediger Georg Rietschel und seine Angehörigen traten für mich erst viel später in Erscheinung.

Wir hatten viele Nenn-Onkels.

Edwin Bormann, sächsischer Dialektdichter und wissenschaftlicher Verfechter der Idee, die Shakespeare-Dramen hätten eigentlich Bacon zum Verfasser. Onkel Bormann war in allem von einer unvergleichlichen, oft pedantischen Gewissenhaftigkeit, was mich sehr für seine Bacon-Theorie einnahm, über die ich im übrigen nichts Näheres wußte. Aber er schien mir andererseits nicht immer logisch. Sein Sohn, mein lieber Gespiele Fritz, erbat sich einmal 50 Pfennige, um sich ein Radrennen anzusehen. Sein Vater gab ihm die mit der Ermahnung, dann pünktlich heimzukommen. – Fritz kam pünktlich heim, berichtete exakt und anschaulich von dem Verlauf der einzelnen Rennfahrten, auch von dem entsetzlichen, tödlichen Sturz eines Fahrers. Worauf der Vater ihn übers Knie legte, gründlich verwichste und dabei ausrief: »Solch grausiges Schauspiel siehst du Rohling dir an!«

Bormanns besaßen ein eigenes Haus mit Garten in einem traulichen alten Winkel der Stadt. Mit ihren Kindern haben wir dort herrlich gespielt. Zwischen Suse und mir bestand eine eigens erdachte Begrüßung, der Hexenkuß, bei dem wir uns mit den Nasen berührten.

Julius Lohmeyer schrieb Kinderbücher und anderes und liebte Kinder. Dieser Onkel lebte in Berlin. Er war stets modisch gekleidet. Über seine katastrophale Zerstreutheit hörten wir immer neue Anekdoten oder erlebten sie mit. Einmal war er und waren wir bei einem anderen Onkel zu Gast, dem Zeichenlehrer und Katzenmaler Flinzer. Lohmeyer mußte die Gesellschaft frühzeitig verlassen, um den Zug noch zu erreichen. Alles drängte sich auf den Balkon, um dem Freunde Abschiedsgrüße nachzuwinken. Onkel Lohmeyer trug einen seidenhaarigen Zylinderhut, den ich schon einmal in unserem Vorraum zu Mutters Entsetzen ausführlich gegen den Strich gebürstet hatte. Mit diesem Hut winkte er nun der Gesellschaft zurück, als er eine Droschke bestieg. Er hatte aber gleichzeitig einen zweiten, versehentlich mitgenommenen Zylinderhut auf dem Kopf.

Auch der Anatom Wilhelm Roux war einer von meinen berühmten Nenn-Onkeln. Mit ihm kam ich aber kaum in Berührung. Es gab auch Freunde von Vater, die wir Kinder nicht mit Onkel anredeten.

Von Johannes Trojan wußte ich, daß er Sitzredakteur des »Kladderadatsch« war und für einen guten und witzigen Dichter galt. Ich konnte mich auch davon überzeugen, daß er viel von

Getränken und Pflanzen wußte und mit Kindern entzückend umzugehen verstand.

Der Dichter Victor Blüthgen schenkte meinen poetischen Anfängen freundliche Aufmerksamkeit und manches Lob. Deswegen gefiel er mir. Seiner Frau oder seiner Schwester oder, Gott weiß wem, trug ich zur Hochzeit als Page gekleidet die Schleppe. Da man mir aber Wein zu trinken gegeben hatte und ich übermüde war, trat ich mehrmals auf die Schleppe, worüber die Braut sehr unhold zu mir war.

Mein Vater war mit sehr viel merkwürdigen Zeitgenossen bekannt. Er suchte uns die Art und Bedeutung derselben klarzumachen, und es freute ihn sichtlich, wenn sich uns Gelegenheit bot, solche Leute persönlich kennenzulernen. Uns Kindern machte das nur selten Spaß. Meistens fühlten wir uns vor Respekt und Verlegenheit unglücklich, und es blieb uns auch nichts übrig, als blöde zu schweigen oder mit Ja und Nein zu antworten.

»Ich gehe jetzt auf einen Sprung in dieses Haus, um Moritz Busch zu besuchen«, sagte Papa und erklärte mir nochmals eilig, wer Moritz Busch war. Dann ließ er mich allein warten. Aber sehr bald kam er zurück und sagte: »Der alte Busch will dich sehen. Du kennst außerdem seine Nichte.«

Ich seine Nichte kennen?? Und da stand ich nun dem kleinen Herrn gegenüber, der der Eckermann Bismarcks gewesen war. Und ich wurde noch verdatterter, als ich in seiner Nichte ein Mädchen wiedererkannte, dem ich einmal auf der Eisbahn den Hof gemacht und ein Veilchensträußchen überreicht hatte. – Man quälte mich indessen nicht lange.

So zeigte uns Vater öfters berühmte oder originelle Menschen. Was er dazu sagte, war immer exakt gewußt und ohne Überhebung aus einer ganz bescheidenen Neutralität heraus gesprochen. Er selbst blieb gern im Schatten. Nur war ich leider viel zu unreif und abgelenkt, um solchen Ausführungen die Aufmerksamkeit zu schenken, deren sie wert waren.

Trotzdem ist mir von allen Gesprächen Vaters und von jeder Erzählung aus seiner Jugend, aus seiner Pariser Zeit, aus seinem Leben immer ein Pünktchen im Gedächtnis geblieben. Ich meine: Ich könnte heute daraus ein deutliches Bild zusammensetzen. Vaters Bild. Leider erst heute. Manchmal meine ich sogar, ich könnte daraus mein eigenes Bild zusammensetzen.

Auf der Presse

Frau Fischer nahm ihren Sohn vom Gymnasium fort und brachte ihn auf eine jener Drillschulen, die wir Presse nannten. Auch mich steckte man in ein solches Institut. Es hieß nach seinem Direktor »Tollersche Privat-Realschule«. In der Stadt war diese Schule berüchtigt.

Latein fiel weg. In den andern Fächern fand ich mich dort um einen Grad besser zurecht als im Gymnasium. Höchstens um einen Grad.

Am schwersten fiel mir die französische Sprache. Sächsisch gelehrt war sie wohl auch von einem Sachsen nicht zu lernen. »Schö nä ba, dü na ba, il na ba, nu nawong ba, wu nawä ...« Leider wußte ich mir für teures Geld ein für Schüler verbotenes und schwer zu erlangendes Buch zu verschaffen. Eine wörtliche Übersetzung des Lehrbuches von Plötz. Mit Hilfe dieses Schlüssels fertigte ich Hausübersetzungen an, die erstaunlich wenig Fehler aufwiesen. Mußte ich aber unter Aufsicht des Lehrers nach Diktat übersetzen, so entstand etwas, was von Fehlern wimmelte. Dieser Lehrer, er hieß Rochlitz, war ein graumelierter Herr. So wie er aussah, stellte ich mir damals einen Marquis vor. Er zeigte jedoch weit mehr Interesse für mich als ich für ihn.

Ich hatte mir angewöhnt, allzeit an den Fingernägeln zu kauen. Wenn ich während des französischen Unterrichts mich so recht innig und fernsinnend diesem Sport hingab, beschlich mich Rochlitz und schlug mir unversehens mit dem Lineal gehörig auf die Hand. Das half aber nur für kurze Zeit. Später mußte ich ihm vor Beginn jeder Stunde meine häßlich verstümmelten Fingerspitzen hinhalten, und er schmierte mir zum Gaudium der ganzen Klasse Ochsengalle darauf. Ochsengalle ist gelb und schmeckt bitter. Aber meine Leidenschaft nahm das mit in Kauf und gewöhnte sich rasch daran. Als man dieser üblen Angewohnheit von mir keine Aufmerksamkeit mehr schenkte, verlor sie sich von selber.

Rochlitz beschlich mich auch auf einem anderen Gebiete. Während der öden Schulstunden vertrieb ich mir die Zeit damit, mit Buntstift, ich glaube sogar mit Wasserfarben, Bilder zu malen. Feuersalamander, Reiter, rote Husaren oder sogar politische Bilder. Politisch deswegen, weil ich in ihnen irgend etwas Aufgeschnapptes oder dem Kladderadatsch Abgesehenes darzustellen versuchte. Etwa den großen Russischen Bären neben der zierlichen Französischen Marianne. Rochlitz beobachtete mich dann heimlich, und auf einmal sprang er zu mir und entriß mir das Bild. Zufällig immer dann, wenn es fertig war. Er sah stets von einer Bestrafung ab, und es war mir gleichgültig, daß ich das Bild nicht zurückerhielt.

Wie sollte dabei Französisch in mich kommen. Auch als mein Vater sich persönlich meiner annahm und mir daheim Unterricht erteilte, ergab sich nichts anderes als Peinlichkeiten. Ich gestand nicht, daß ich die Anfangsgründe nicht begriff, schämte mich zu sagen, daß ich gar nichts, rein gar nichts wußte. Und der Privatunterricht endete damit, daß mein Vater wieder den Klemmer verlor, mich an seine rauhe Backe drückte, und wir beide weinten.

Englisch fiel mir leicht, aber ich war völlig uninteressiert. – Dem Religionsunterricht mißtraute ich im Unterbewußtsein. – In Geographie war ich faul. – In Geschichte schwitzte ich Angst. – Naturbeschreibung hatte scheinbar nichts mit Natur zu tun. Naturlehre auch nicht. (Ich beschreibe diese Aufzählung nach einem Zensurenverzeichnis, das vor mir liegt. Den vorgedruckten Fächern sind handschriftlich Zensuren hinzugefügt.) – Zahlenrechnen fand ich entsetzlich. – Mathematik entsetzlich. – Für Freihandzeichnen zu unbegabt. – Geometrisches Zeichnen: Darüber spreche ich noch. – Schreiben ganz schlimm. – Gesang: nur ein Strich. – Turnen: Lehrer und Schüler sich gegenseitig nicht im klaren. – Alle übrigen Fächer kamen, weil sie fakultativ waren, für mich nicht in Betracht.

Im deutschen Aufsatz und in deutscher Grammatik unterrichtete der gestrenge Direktor selbst. – »Den besten Aufsatz haben geschrieben«, sagte er zu Beginn der Stunde und nannte dann die Namen der zwei oder drei Belobten. Da war ich häufig dabei. Und ich freute mich dann. Denn Vater hatte mir für die Zensur 1 eine Mark versprochen. Indessen bezog sich das »besten« nur allgemein auf den Aufsatz als solchen. Bei der nun folgenden Verlesung der Zensuren stellte sich heraus, daß ich die schlechteste erhalten hatte. Weil mein Aufsatz unerhört unorthographisch und unschön geschrieben, das Schreibheft außerdem durch Kleckse, einradierte Löcher sowie Fingerabdrücke total versaut war. Dabei entwarf ich manchmal heimlich Aufsätze für andere Schüler, wofür ich Bezahlung oder Geschenke annahm. Meine Glanzleistung hatte ich im ersten Tollerschen Schuljahr vollbracht, als ich aus meinem Heft ganz fließend einen Hausaufsatz vorlas, der gar nicht darin stand. Ein jüdischer Mitschüler, der auch keinen Aufsatz geschrieben hatte, versuchte, meine Frechheit nachzuahmen, geriet aber gleich ins Stocken und wurde bestraft.

Herr Toller war sehr gefürchtet. Nur wenige Schüler, und zwar die, die bei ihm in Privatpension lebten, bewegten sich freier vor ihm. Darunter war zufällig der Primus. Kurze Zeit nach meiner Aufnahme in die Realschule starb ein alter Lehrer, ein herzensguter, treuer, leider sehr kranker Mann. Ich habe auch etwas dazu beigetragen, ihn zu Tode zu quälen. Denn wir nutzten die Hilflosigkeit des Greises dazu aus, in seinen Stunden grausamen Unfug zu treiben. Und ich war auch bei Toller sehr bald der Haupthanswurst geworden.

Da auf eine solche Presse Jungens geschickt wurden, die von besseren Schulen abgestoßen waren, kann man sich denken, daß wir eine recht gemischte Rotte bildeten.

Unser weitaus genialster und intelligentester Schüler hieß Harich. Er hatte ein schön geschnittenes Gesicht und imponierte mir in allem. Besonders aber durch sein sicheres und unerschrockenes Verhalten bei einer fatalen Gelegenheit, da Rochlitz ihm eine obszöne Photographie abnahm. Rochlitz vertuschte diesen Vorfall.

Arthur Tausig war der Sohn eines Rabbiners. Er hatte als Jude viel unter unserem Spott zu leiden.

Als geistig unzurechnungsfähig wurde Bonz sehr bald zum Spott der ganzen Klasse. Mir erschien er nur ein bißchen verrückt. Und ich mochte ihn gerade darum leiden. Sein Vater war übrigens auch wie Harichs Vater ein hoher und geschätzter Beamter.

Der körperlich stärkste von uns hieß Lakorn, ein großer frühreifer Junge, ungeschlacht, aber höchst gutmütig und ehrlich. Wie ein brauner, junger Jagdhund war er. Er half abends seinem Vater, einem Kneipenwirt in der Vorstadt, beim Bedienen der Gäste und war dadurch schon mit den Schatten- und Sonnenseiten des Arbeiterstandes vertraut. Deshalb wurde er von einigen bürgerlichen Lehrern als feindliches Element gehaßt und sehr ungerecht behandelt. Als ich ihn einmal besuchte, war ich allerdings auch verblüfft darüber, wie vertraulich er mit seinem Vater stand, daß er ihm zum Beispiel lachend vor mir berichtete, ich hatte das harmlose Haus vis-à-vis für einen Puff gehalten.

Da war ein ganz kleiner, winziger Knirps unter uns. Den warfen Lakorn und Harich sich manchmal hin und her wie einen Fangball zu.

Es gab auch zwei schwere Jungens in dem Institut. Der eine unternahm eines Tages einen regelrechten Einbruch und stahl Gurken. Andermal, als er mit mir und noch zwei Knaben durch einen Wald ging und wir darüber klagten, daß wir gar kein Geld hatten, sagte er: »Einen Moment! Das verschaffe ich.« Lief uns voraus und trat nun – ärmlich gekleidet war er – mit gezogenem Hut an alle Passanten heran und bettelte sie an. Das Geld teilte er redlich mit uns.

Das andere mauvais sujet war ein sehr undurchsichtiger, wirklich übler Sohn eines sehr mysteriösen, wirklich üblen Besitzers einer Animierkneipe. Diese beiden Schüler spie die Schule im Laufe der Zeit aus, nach zwei für uns höchst sensationellen Ereignissen.

Am 28. März 1899 wurde ich in der Matthäikirche eingesegnet. In dem vorangegangenen Konfirmationsunterricht hatte ich mich auch schlecht betragen und besonders durch Juckpulver Ärgernis erregt.

Wieder verbrachten wir die großen Ferien in Tautenburg und Umgebung. Man zeigte uns Weimar, erzählte uns von Goethe, und Vater führte uns vom »Elefanten« auf den bunten Gemüsemarkt, um Sinn für künstlerisches Farbenverständnis und für volkstümliches Leben in uns zu wecken. In Jena aßen wir Kalbsnierenbraten in der »Sonne«. Papa erzählte vom Kämmerer-Karl und der Himmelsziege und zeigte uns die sieben Wunder der Stadt. Einmal wehte an der Zeise eine lange schwarze Trauerfahne. Jemand sagte, Bismarck wäre gestorben. Vater sah die Studenten unter jener Fahne lustig beim Frühschoppen kneipen und wurde plötzlich sehr traurig.

Nach heißen Wanderungen setzte Vater manchmal eine köstliche Bowle an. Er war als sachverständiger Bowlenbrauer weit bekannt. Er war auch ein feiner Kenner von Moselweinen. Bei einem Preisausschreiben des Trarbacher Kasinos gewann er mit einem Moselweinlied den ersten Preis von 500 Flaschen edelsten Mosel- und Saarweins. Das gab dann auserlesene Festlichkeiten bei uns, bei denen auch schon Gnadentröpfchen auf uns Kinder fielen. Schmeckte so gut auf den Tollerschen Schulstaub.

Von Schwester und Bruder war ich inzwischen naturgemäß mehr und mehr abgerückt. Ottilie war ein schöner, umschwärmter und koketter Backfisch geworden. Sie besuchte eine Tanzstunde mit Liebesflirt, der sich immer dramatischer gestaltete. Wolfgang widmete sich schon vorstudentlichen und wissenschaftlichen Interessen, besonders der Zoologie und der Steinkunde, sammelte Petrifakten und Briefmarken. Während meine Eltern ihre Anteilnahme mehr auf meine Geschwister und deren Bekannte verlegten, verbrachte ich meine Zeit frech und froh in meinem jüngeren, freieren und rauheren Freundeskreis. Das Erstrebenswerteste war mir damals etwa: mit diesen Freunden einen Stammtisch zu pflegen, wo man viel Bier zuprostend trank, dicke Zigarren rauchte und von Zeit zu Zeit eine allgemeine erschütternde Lache ausstieß. Wie ich das an vollbärtigen Spießern und Studenten so oft bewundert hatte. Unter den zirka fünfundzwanzig Schülern meiner Klasse fanden sich genügend zusammen, die diese meine Neigung nicht nur teilten, sondern von denen einige schon Überlegenheit mitbrachten. Sie konnten Billard und Skat spielen, verfügten über Kommentausdrücke und wußten sehr vorgeschrittene, schweinische Witze. Ein Stammtisch kam aber wegen Geldnot und Vorliebe zu Sahnenschnitten anfangs nur in kleinen Kakaostuben zustande, und auch nur vorübergehend. Er endigte meistens mit Schulkrach, Zank, Klatscherei.

An das heimliche Rauchen war ich längst gewöhnt. Es galt für männlich, durch die Lunge zu rauchen. Es galt auch für männlich, keine Schulmappe zu benutzen, sondern die Bücher unterm Arm zu tragen.

Meine Eltern waren nach dem Vorort Gohlis verzogen. Auf dem weiten Schulweg dahin steckte ich mir dreist eine Zigarre an. Ein fremder Herr trat auf mich zu, zog mir ein Buch unterm Arm weg, schlug es auf, las meinen Namen, gab es mir schweigend zurück und entfernte sich. Das war zweifellos ein Lehrer einer anderen Schule. Die mit mir gehenden Freunde meinten, ich würde nun wohl in der Nachmittagsstunde vom Direktor etwas zu hören kriegen. Ich war sehr bedruckst. Jedoch nicht lange. »Ihr werdet sehen, daß mir gar nichts passiert«, sagte ich. Denn schon hatte ich einen Plan gefaßt. Über Mittag kaufte ich mir in einem Laden für Scherzartikel eine Feuerwerkszigarre. Die rauchte ich in einem Keller ganz eilig so weit, bis sie explodierte. Den Rest löschte ich und verwahrte ihn in der Firmatüte. Das wollte ich vorzeigen. »Ich habe nur eine Scherzzigarre geraucht«, wollte ich sagen. Ich war stolz auf meinen Einfall.

Als ich nachmittags nach Schluß der Geographie zum Direktor gerufen wurde, lachte ich meinen Freunden siegesgewiß zu.

»Du hast geraucht!« brüllte mich Herr Toller an.

»Nein, Herr Direktor, ich habe nur eine Feuer –«

Weiter ließ mich der Direktor nicht reden. »Du Lausejunge! Zwei Stunden Arrest!« Dabei gab er mir links und rechts gewaltige Ohrfeigen und stieß mich zuletzt so heftig aus der Tür, daß ich durchaus nicht in Siegerstellung auf meine draußen wartenden Kameraden prallte.

Dannhäuser, der selber aussah wie ein Osterhase, bekam ein lebendes Kaninchen geschenkt, das ich nun besichtigen sollte. Er hatte es vorläufig in ein Goldfischglas gesteckt und auf das Glas einen schweren Deckel gesetzt. Als wir hinkamen, lüftete er diesen, beugte sich nieder und sagte: »Es scheint traurig zu sein, es läßt den Kopf hängen.« Ich trat prüfend näher und sagte ernst wie ein Arzt im Sterbezimmer: »Es ist erstickt.« Und hatte recht.

Linkes Eltern betrieben eine angesehene Fischhandlung. Ich durfte dort manchmal beim Verkaufen helfen und mußte dann auch Fische schlachten und ausnehmen. Linke trieb sich mit dem schlimmsten Gassenpack herum und war schon sehr gewieft. Er kannte den Jargon der Stromer und Schnapsbrüder und hatte dafür, doch auch für anderes, ein humorvolles Verständnis. Wir unterhielten uns ausgezeichnet miteinander. Durch ihn kam ich auch zu den Kindern einer Schornsteinfegerfamilie und verkehrte eine Zeitlang in deren Heim. Ich staunte, wie wohlerzogen, wie höflich und taktvoll diese Leute sich benahmen, ohne daß sie mehr gelernt hatten, als Leute des Handwerks damals lernten.

Am häufigsten besuchte ich Bodensteins. Drei Jungens, die alle zu Toller, aber in verschiedene Klassen gingen. Alle drei robust und gutmütig. Erwin war ein stiller, etwas schwachsinniger Mensch. Aber er half, wie seine Brüder, dem Vater tüchtig im Beruf. Eine große Weinhandlung und ein altrenommiertes Weinlokal, wo auch mein Vater allein oder mit dem Künstlerverein »Die Stalaktiten« gelegentlich hinkam. Der alte Bodenstein hatte sein Geschäft mit Fleiß und Umsicht sehr hochgebracht. Er war immer ernst und streng. Ich fürchtete ihn besonders, weil er mir sehr auf die Finger sah. Denn ich neigte dazu, seine Kinder allzuoft zu einer Flasche Wein anzuregen, die sie mit der Zeit dann heimlich heranschafften. Ich nutzte überhaupt die Wohlhabenheit dieser höchst anhänglichen Freunde zu viel aus. So daß mich der älteste, Adolph, eines Tages, als ich Erwin um ein paar Groschen anpumpen wollte, auf der Treppe eindrucksvoll und doch herzlich verdrosch. Dabei waren alle Bodensteins, auch die Mutter, gastfreie Menschen. Ich verlebte bei ihnen viele amüsante und ausgelassene Stunden. Zuweilen war dann ein gleichaltriger Knabe Namens Bruno Wille dabei. Der besuchte nur eine Volksschule und war ein Waisenkind. Er hatte sich aber autodidaktisch schon weitergehende Kenntnisse angeeignet und war von einem wissenschaftlichen Bildungsdrang beseelt. Er setzte es auch durch, daß wir – ein paar Mann hoch – einen höchst gelehrten Verein konstituierten, der allwöchentlich einmal zusammenkam. Umschichtig mußte dann jeder von uns einen Vortrag über ein selbst zu wählendes Thema halten. Dem schloß sich eine Diskussion an. Wir fühlten uns sehr würdig dabei. Der Verein hieß »Das Nachtlicht«.

Zu Hause benahm ich mich weniger würdig und ärgerte besonders meine Mutter. Oder sie mich. Manchmal nach einem Zank mit ihr murmelte ich drohende Worte vor mich hin, riß dabei im Kinderzimmer meine Kommodenschublade geräuschvoll immer wieder auf und zu und legte meine kleinen Habseligkeiten heraus, als gedächte ich, das Haus für immer zu verlassen. Packte auch Dinge zusammen, die eigentlich nicht ganz mein Besitz waren, wie beispielsweise Strümpfe. Und dann ärgerte ich mich, wenn niemand hinzukam und mich beschwichtigte. In einem dieser Fälle trat aber mein Vater zu mir und sagte kopfschüttelnd: »Junge, was hast du nur mit deiner Mutter?«

»Ich hasse sie!« rief ich theatralisch.

Mutter hatte mir auf meine Bitte hin ein altertümliches, herzförmiges Flakon aus Goldblech geschenkt. Das schenkte ich weiter an Maggy Porter, ein englisches Mädchen, das ich in X-dorf bei zwei Tanzstundenfreundinnen meiner Schwester kennenlernte. Ich hatte mich mit deutscher und sächsischer Bewunderung sofort in die Miß verschossen. Einige Tage später gaben meine Eltern einen Hausball für die Teilnehmer der Tanzstunde. Auch die zwei X-dorfer Freundinnen von Ottilie und auch Maggy Porter waren eingeladen. Am Tag danach vermißte meine Schwester ein hübsches, wenn auch nicht wertvolles Armband. Der Verdacht fiel auf mich. Mutter erinnerte sich an das Herzflakon und fragte mich mittags, ob ich das Armband etwa auch meiner Maggy geschenkt hätte. Ich schwieg beleidigt, legte nach dem Essen einen Zettel auf meinen Spieltisch mit der mysteriösen Aufschrift »Ich soll gestohlen haben« und ging davon. Bummelte, mich in ganz törichte Gedanken einbohrend, stundenlang ziellos durch die Straßen. Spät abends griff mich meine Mutter auf. Sie hatte den Zettel gefunden, in der Besorgnis, ich könnte mir ein Leid antun, mich bang gesucht und brachte mich nun schluchzend heim.

An sich kümmerte ich mich wenig um Ottiliens Liebeszauber und Tanzschwestern und Tanzbrüder. Von den jungen Herren imponierte mir einer, namens Swiderski, weil er ein bekannter Schachspieler war, der an öffentlichen Turnieren teilnahm. Und weil er einmal in der Schwimmanstalt mit mir von dem ganz hohen Gerüst ins Wasser springen wollte. Er sprang auch. Aber ich tat aus Feigheit nicht mit. Ferner war da Hermann Mitter, auch ein Verehrer Ottiliens, nicht so verwegen, aber immer lieb und gleichbleibend treu.

Wurde ich auch hin und wieder zu den Bällen dieser Tanzstunde zugezogen, so bestand meine Hauptbeziehung doch eigentlich darin, daß ich gelegentlich Verse für die Veranstaltungen schrieb und die Verse bebilderte.

Ein Fahrrad erhielt ich. Wunderbar! Brennabor! Dreihundert Mark! Bald waren Roß und Reiter verwachsen. Ich stieg aufs Rad, wenn ich einen Brief in den Postkasten werfen sollte, obwohl der Kasten neben unserem Haustor befestigt war. Ich radelte zur Schule. Ich machte weite Ausflüge im Rasetempo. Ich konnte im Fahren die kühngeschwungene Lenkstange loslassen oder mich auf den Sattel stellen. Ich konnte mit einem verwegenen Schwung nach vorn abspringen. Ich stürzte hundertmal, oft auf groteske, bedrohliche Weise. Stets ohne inneren Schaden zu nehmen. Ich fiel in Gewässer, überfuhr Hunde, prallte an Spaziergänger, konnte mein Fahrrad allein zerlegen und wieder zusammensetzen oder die Reifen flicken. Ich trainierte sogar auf der steilkurvigen Rennbahn. Ich war der Schrecken der Droschkenkutscher und Fußgänger. Ich klingelte wie ein Besessener. Heute würde ich mein radfahrendes Ich von damals, wenn es mir als fremd begegnete, anhalten und durchbleuen. Mein Traum war derzeit, ein Rennfahrer zu werden wie Robl oder Arend. Ich hatte mich einer Bande Rowdys zugesellt, die allabendlich im Rosental Wettrennen improvisierten und nur vom Radfahrsport und nur in Fachausdrücken redeten. Der angesehenste von diesen Halbstarken war ein Mechanikergehilfe, der schon zweimal an richtigen Rennen auf der Rennbahn in Merseburg teilgenommen hatte. Ich selber schlug einmal einen engeren Rekord, indem ich von Leipzig nach Halle – ich glaube in 75 Minuten – sauste. Leider war niemand Zeuge, und die, denen ich es erzählte, glaubten mir nicht oder interessierten sich nicht dafür.

Auch die Schule hatte kein Verständnis für meinen Sport oder doch nicht so viel, daß man mir dafür im Geistigen etwas nachsah. In der Turnstunde wurden zwar Ballspiele getrieben und Wettkämpfe veranstaltet. In der letzten Klasse erhielten wir sogar Florettunterricht. Aber das wurde alles so trottmäßig betrieben und war so langweilig. Daß ich, um diese Unterrichtsstunde zu beleben, eines Tages einen geborgten Photoapparat mitbrachte und sechzig Minuten lang damit manipulierte, um die malerisch um den Lehrer gruppierte Klasse zweimal zu knipsen. Dabei verstand ich gar nichts von der Kunst des Photographierens und hatte auch gar keine Platten mitbekommen. Später log ich, die Platten wären beim Entwickeln entzweigegangen. – Und die blanken Floretts, die wir mit soviel Stolz empfangen hatten, waren rostig geworden. Wir spießten Äpfel darauf und trieben sonsterlei Unfug damit.

Der dicke Oberlehrer Bartels mochte mich etwas leiden. Er war so auf treudeutsch, »Gut Holz« und »Wandern mit Gesang« eingestellt. Wir schenkten ihm zu einem Jubiläum eine Fahne, deren Stock aus einem vom Schulausflug heimgebrachten Eichenast gedrechselt war, und ich schrieb dazu ein Bartels verherrlichendes, patriotisches Gedicht. Seitdem hatte ich bei ihm einen Stein im Brett. Auch er war im Grunde nur ein egoistischer und seiner Bequemlichkeit lebender Pauker.

Ich habe dort und überhaupt nur einen Lehrer gehabt, der mir imponierte und an den ich mit aufrichtiger Hochachtung zurückdenke. Dr. Dörry, ein damals jüngerer Herr. Er unterrichtete in geometrischem Zeichnen. Ich habe stets Angst vor den Lehrern gehabt. Meine Frechheiten wagte ich nur in Abwesenheit der Lehrer. Dr. Dörry war zudem als ein Mann respektiert, der nicht mit sich spaßen ließ. Und dennoch – ich weiß noch heute nicht, was in mich gefahren war – hob ich eines Tages in seiner Stunde die Hand, und als er fragte: »Was willst du?« gab ich die deutliche Antwort: »Darf ich fünf Minuten lang in den Puff gehen?«

Die ganze Klasse erstarrte. Dr. Dörry blickte mich fest an, mir ist, als hätte er ganz flüchtig gelächelt. Dann zog er seine Uhr und sagte: »In fünf Minuten bist du zurück.« Ich ging hinaus.

Alle wußten, daß es wirklich ein Bordell in der Nähe gab. Ich war noch nie in einem Bordell gewesen. Und ich dachte auch nun nicht daran, dorthin zu gehen. Ich wartete unten mit Herzklopfen vor einer Uhr. Bis die fünf Minuten um waren. Dann meldete ich mich in der Klasse zurück, ging an meinen Platz. Dr. Dörry sagte nichts. Der Vorfall hatte keinerlei Folgen. Nur daß ich acht Tage später, übermütig gemacht, leider nochmals die Hand hob und dann fragte: »Herr Doktor, erlauben Sie, daß ich ein Stück Quarkkuchen essen gehe?«

Er sah mich wieder kurz und scharf an, aber diesmal ernster und bestimmt ohne Lächeln. Dann sagte er: »Gut. In fünf Minuten bist du zurück.«

Ich eilte hinaus, hatte ein noch schlimmeres Gewissen als bei dem ersten Fall, kaufte ein Stück Quarkkuchen, schlang es lustlos würgend hinunter und war pünktlich wieder auf meinem Platz. Auch diesmal erfolgte keine Rüge, keine Anzeige. Aber seitdem paßte ich auf. War bald der Beste, mindestens der begreifendste und begeistertste Schüler in Geometrie und liebte seitdem diesen Lehrer unsagbar. Nie wieder erlaubte ich mir ihm gegenüber eine Freiheit. Nur manchmal, wenn er mit langen Sätzen, drei Stufen auf einmal nehmend, die Schule verließ, bemühte ich mich, an seiner Seite ihm Schritt zu halten. O daß ich dem Dr. Dörry später nur einmal wieder begegnet wäre! Um ihm zu danken. Alle anderen Lehrer, die ich hatte, könnte ich heute kalt und unversöhnlich verprügeln. Meine ich.

Ich blieb in den drei Jahren bei Toller nicht sitzen, sondern schlüpfte immer noch eben so durch. Nach dem letzten Jahr, da man uns mit »Sie« anredete, kam das Hauptexamen, das Ziel. Ich hatte in letzter Stunde gebüffelt, war sehr abgespannt und in Sorge. Denn ich war unwissend wie eine Kanone.

Zum schriftlichen Examen trug ich in den Taschen, in der Unterhose und im Strumpf geheime Zettel zum Abschielen. Ich hatte mir Vokabeln und Zahlen auf die Manschetten und unter den Manschetten auf die nackte Haut geschrieben. Aber ich konnte alles das dann nicht verwerten. Man legte mir ganz andere Fragen vor. Meine Aussichten standen schlecht.

Das mündliche Examen vollzog sich feierlich im Gehrock und Beisein des Schulrats. Der von Toller begünstigte Primus wurde gefragt: »Wer war Iphigenie auf Tauris?« Er antwortete – eingepaukt und verwechselt – –: »Iphigenie war ein echtes deutsches Biederweib.« – Aber auch ich war höchst aufgeregt und gab die unsinnigsten Antworten, sprach dabei zag und stockend. So daß Oberlehrer Bartels einmal scheinbar sarkastisch, in Wirklichkeit aber in bester Absicht sagte: »Nun, was ist denn Ihnen? Sie sind ja so blaß. Sie pflegen doch sonst so lebendig zu sein.«

Ich bestand das Examen. Im März 1901. Der Primus fiel durch, was ich als eine Genugtuung empfand. Ich erhielt das Reifezeugnis mit der Berechtigung zum Einjährig-Freiwilligen-Militärdienst. Zu Hause wurde ich strahlend empfangen und gefeiert. Ich muß wohl selbst sehr glücklich gewesen sein und gefeiert haben. Und doch wohl nicht so glücklich, wie man meinen sollte. Denn ich weiß gar nicht mehr, wie sich das äußerte. Und von manchem anderen, ehrlicheren Glücklichsein blieben mir kleinste Details in Erinnerung.

Mein Schiffsjungentagebuch

Es stand lange bei mir fest: Ich wollte Seemann werden. Mein Vater sträubte sich keineswegs dagegen, sondern holte nur den Rat kluger und sachverständiger Leute ein, ließ mich aber selbst entscheiden. Alle Befragten rieten mir dringend ab, sogar und besonders der Kapitän Onkel Martin. Aber was besagte das einem beseelten Kinderwillen gegenüber.

Zu dem erfahrenen Weltreisenden Baron Schrenk schickte mich mein verschämter Vater nur, um mich über Sexualgefahren unterrichten zu lassen, worüber Vater nicht zu sprechen wagte. Auch ich nahm Schrenks Ermahnungen überschüchtern entgegen. – Vaters Zeit, meine Jugend.

Und ich ging zur See.

Während meiner ersten Reise als Schiffsjunge habe ich täglich Tagebuch geführt. Das Aufgeschriebene veröffentlichte ich später (1911) als Buch in einem Münchner Verlag. Der Verlag ist längst erloschen, das Buch nicht mehr im Handel. Deshalb schreibe ich es nachfolgend ab, wobei ich den Stil meiner Schriftstellerei von 1911 absichtlich beibehalten habe. Dagegen habe ich einiges fortgelassen und einiges hinzugefügt. Nur weniges änderte ich im Ausdruck. Es bleibt mein Tagebuch von 1911, gewidmet »Dem Kapitän Martin Engelhart«.

1. Kapitel
»Elli« ahoi!

Ich will da anfangen, wo ich meinem Vater noch einmal gute Nacht wünschte und wir beide uns über den Bettrand bogen, um einen Händedruck auszutauschen, der von Seiten meines Vaters wohl bedeutete: werde ein tüchtiger und glücklicher Mensch, und bei dem ich ihm ohne Worte die Versicherung gab, daß er sich nicht um mich zu sorgen brauche. Das war am Abend des 3. April 1901 in einem Hotelzimmer am Hamburger Hafen. Der Heuerbas Kerner, der mir für 400 Mark eine seemännische Ausrüstung geliefert und sich verpflichtet hatte, mich am nächsten Tage auf einem großen eisernen Segelschiff als Schiffsjungen unterzubringen, hatte uns im besagten Hotel einquartiert, und wir schienen gut dort aufgehoben. Wir waren morgens aus Leipzig angekommen und hatten gleich den Heuerbas aufgesucht.

Dieser Mann, der mir den Weg in die weite Welt zeigen sollte, war von kleiner, untersetzter Gestalt, hatte ein rundbackiges Gesicht, unstete Augen und kleine fette Hände. Er trug eine blaue Schirmmütze und hielt beständig eine Zigarre zwischen den Lippen, und zwar immer in der Mitte des Mundes, was ihm einen gewissen Ausdruck von Dummheit verlieh. Herr Kerner hatte einen kleinen Laden direkt am Hafen in einer Straße, die sich Stubbenhuk nannte. Er verkaufte Herrenkonfektionssachen vom Kragenknopf an bis zu ganzen Anzügen, aber weniger für gentlemen als für Arbeiter und besonders Seeleute; blaue Hemden und Blusen, blaue Mützen und blaue Tücher. Blau war die dort herrschende Farbe. In einer Ecke standen übereinander fünf oder sechs längliche gelbe Kisten, die wie Särge aussahen und die Kerner Seekisten nannte. Drei Stufen führten ins Hinterzimmer, einen kleinen Raum, der, wie ein dort stehender Schreibtisch verriet, als Kontor diente. Da oben wie unten hohe Regale mit aufgestapelten Kartons an den Wänden angebracht waren und unten auch noch ein langer Ladentisch stand, blieb nur noch ein schmaler Gang übrig, in dem sich beständig blaugekleidete Menschen herumdrückten.

Kerner empfing uns mit großem Eifer und erklärte gleich meinem Vater, daß mein Schiff leider in Le Havre bliebe und er mich nun erst mit anderen erfahrenen Seeleuten zusammen nach dort bringen ließe, wodurch er den vereinbarten Preis von 400 auf 450 Mark erhöhen müsse und dabei doch noch etwas einbüße. Er wußte meinem Vater jede Besorgnis auszureden und begann nun die für mich bestimmten Ausrüstungsgegenstände aufzuzählen, indem er sie, der Reihenfolge seines Prospektes entsprechend, auf dem Ladentisch ausbreitete. Ich sah mit großem Interesse zu. Da war zunächst ein Monkey-Jackett, eine dicke blaue Jacke mit Sammetkragen, die bei Seeleuten den Überzieher ersetzt, ferner ein Anzug mit zwei Reihen Knöpfen und eine Schirmmütze, wie sie Kerner selbst trug. Dann kamen in viertel oder halben Dutzenden wollene und leichtere Hemden, Unterzeug, bunte Taschentücher, Strümpfe und die mich hierauf am meisten interessierenden seemännischen Sachen, als ein Ölzeug mit Südwester, ein Paar Fausthandschuhe im Winter am Ruder zu tragen, ein paar Arbeitsjumper, ein Paket Tabak, Tabakspfeife, Streichhölzer, Soda, Seife und zuletzt ein dolchartiges Messer mit Scheide und Riemen. Das schien mir das Wertvollste an der ganzen Ausrüstung. Meine achtzehnjährige Phantasie malte sich dabei abenteuerliche, wilde Szenen an fernen Küsten aus, wo dieses Messer eine Hauptrolle spielte. Zum Schluß schleppte Kerner einen der gelben Särge herbei, packte alle diese Sachen hinein und deutete auf eine blau-weiß gestreifte Matratze, welche, um ein gleichfarbiges Keilkissen gewickelt, einer Riesenroulade gleich in einer Ecke stand. »Das ist deine Ausrüstung«, sagte er durch eine Handbewegung.

Sie schien in der Tat sowohl mir als auch meinem Vater eine sehr willkommene und preiswerte zu sein.

Es wurde nun verabredet, daß mein Vater noch einen Tag in Hamburg bleiben würde. Nach seiner Abreise sollte ich unter Kerners Aufsicht und auf seine Kosten so lange im Hotel wohnen, bis der Dampfer nach Le Havre abginge, der mich und einige meiner zukünftigen Kollegen bzw. Vorgesetzten zu dem großen eisernen Vollschiff »Elli« bringen würde.

Der letzte Tag des Zusammenseins mit meinem Papa war überaus freundlich verlaufen. Mein Vater hatte mir viel herzliche Wünsche und gute Ratschläge ans Herz gelegt, die am Abend in dem Moment, mit dem meine Erzählung begann, durch jenen Händedruck nochmals bekräftigt wurden. Wir schliefen gleich darauf ein oder waren wenigstens still. Es mag sein, daß mein rührend guter Vater in Gedanken an die Zukunft seines Jüngsten nicht gleich Schlaf fand. Ich jedenfalls konnte noch lange nicht einschlafen.

Die bald dumpfen, bald kreischenden Stimmen der Nebelhörner und Pfeifensignale, welche die Nacht durchzogen, waren eine neue, reizvolle Musik für mich, die in meinem unerfahrenen Gemüt ein berauschendes Gefühl, ein Ahnen von dem großen Treiben der Welt erzeugte.

Am andern Morgen brachte ich meinen Vater zur Bahn.

Das Schwere des Abschieds, das ich empfand, machte – wie gewöhnlich in solchem Alter – bald dem glücklichen Empfinden Platz, zum erstenmal ganz frei und auf sich selbst angewiesen zu sein.

Als ich bei Kerner vorsprach, empfing mich dieser mit einer auffallend plötzlichen Gleichgültigkeit. Mein dadurch gegen ihn hervorgerufenes Mißtrauen sollte bald weitere Nahrung finden.

Nach dem Mittagessen, das ich mit dem Hotelwirt und einem alten, griesgrämigen Kapitän einnahm, wurde gefragt, ob ich damit einverstanden wäre, daß man mich wo anders unterbrächte. Es wären zwei neue Gäste gekommen. Mein Zimmer sei das einzige mit zwei Betten, und überdies würde ich in meinem neuen Logis mit anderen Seeleuten Zusammensein.

Damit einverstanden, machte ich mich sogleich auf den Weg nach dem neuen Quartier.

Dieses befand sich im ersten Stock eines engen, morschen Hauses in einem Gäßchen des Hafenviertels. »Hermann Krahl« stand vor der Etagentür auf einem blinden Messingschild.

Ich wurde von irgend jemandem in ein Zimmer gewiesen, aus dem schon von weitem ein wüster Lärm drang. Noch wüster aber sah es in dem Raum selbst aus.

In einem länglichen Zimmer standen: ein roher Holztisch, eine ebensolche Bank und das ganz traurige Gerippe eines ehemaligen Kanapees ohne Überzug. Das war das ganze Mobiliar. Im übrigen fiel mir noch ein riesiger Panamahut von der Größe eines Wagenrades auf, der an der Wand hing, sowie ein junges, ausgestopftes Krokodil, das, auf dem Kopf stehend, wie ein Spazierstock in der Ecke lehnte.

Ein dicker Tabaknebel von süßlichem Geruch benahm mir fast den Atem, und in dieser Atmosphäre vollführten etwa vierzehn Jungens meines Alters und, wie ich, in blauer Schiffsjungenkleidung einen Heidenlärm.

Der Kaffee schien eben serviert zu sein. Wenigstens stand auf dem Tisch eine Anzahl wenig appetitlicher Blechbecher mit schwarzem Inhalt

Die blauen Jungen tranken das Getränk aber nicht, sondern sie setzten die gefüllten Becher vorsichtig ineinander bis zu einer hohen Säule. Dann schlug einer mit der flachen Hand auf den obersten Becher, so daß der Kaffee nach allen Seiten durch das

Zimmer spritzte, worauf die Jungen in ein schallendes Gelächter ausbrachen. In diesem Moment trat ein untersetzter Mann mit starkem Schnurrbart herein, der wie ein Arbeiter aussah. Er stotterte etwas von »Schweinerei« und »aus dem Hause werfen«, ergriff dann einen der Übeltäter und erteilte ihm gewaltige Ohrfeigen. Das schien hier aber nichts Ungewöhnliches zu sein, denn die andern nahmen fast keine Notiz davon.

Ich beobachtete, daß die Blauen den Bärtigen mit Papa anredeten und daß er der Herr des Hauses, Krahl, war.

Inzwischen hatte ich mich, etwas eingeschüchtert, meinen Kameraden genähert und wurde nun bald mit ihnen vertraut. Sie waren aus allen Windrichtungen zusammengekommen. Von Kerner, der sie ausgerüstet, erklärten sie einstimmig, daß er der größte Schwindler und Schuft auf Erden sei, daß er ganz unbrauchbare Ausrüstungen liefere, seine Jungen seinem Versprechen zuwider nur auf ganz kleine, schlechte Schiffe brächte und sie vorher oft monatelang in der liederlichen Herberge von Krahl warten ließe, wo man vor Hunger, Schmutz und Langeweile fast umkäme. In der Tat privatisierten einige der Blauen dort schon acht Monate und länger, natürlich auf eigene Kosten. Mehrere hatten auch schon Reisen mitgemacht und waren inzwischen zu Leichtmatrosen oder Matrosen avanciert. Sie genossen besonderes Ansehen bei den übrigen und waren sich dessen recht bewußt. Mich behandelten sie als Neuling und bedeuteten mir auf meine endlosen, wißbegierigen Fragen, ich solle mir mal nicht zu viel von der »christlichen Seefahrt« versprechen; ich würde sie, wie alle Binnenländer, sehr schnell satt bekommen und sollte lieber wieder nach Hause »zu Muttern« fahren. Sie ließen sich übrigens am Abend herab, mich in die »Feuchte Ecke«, eine Matrosenspelunke, mitzunehmen, wo sie auf meine Kosten, und ohne sich weiter um mich zu kümmern, zwei Stunden Billard spielten. Geld hatte keiner von den Krahlsjungen.

In dem Schlafzimmer, wo wir übernachteten, sah es übel aus. Da standen nebeneinander mehr oder weniger zerbrochene Betten, unordentlich, schmutzig und durchwühlt, denn die Jungen waren am Tage mit ihren Stiefeln darüber gelaufen.

Eigentlich gefiel mir diese wüste Wirtschaft anfangs. Sie schien mir ein interessanter Vorgeschmack von dem freien, tollen Leben, das ich mir von meinem Beruf erhoffte. Nur der Gedanke, daß ich am nächsten Tage vielleicht doch nicht wie versprochen an Bord kommen würde, stimmte mich traurig.

Am andern Morgen aber ließ mich Kerner in seinen Laden holen. Dort standen bei meinem Eintritt mehrere andere Schiffsjungen wartend umher und schimpften laut. Kerner nahm aber keine Notiz davon, sondern verhandelte sehr geschäftig mit einem Italiener.

Ein langer Herr mit einer Glatze schaffte meine Ausrüstungsgegenstände in eine Droschke, die draußen wartete. Darauf wandte sich Kerner zu mir, gab mir mit einem halb freundlichen, halb boshaften Lächeln die Hand, und nach diesem Abschied stieg ich mit dem Glatzkopf in die Droschke. Fort rasselten wir.

Über holpriges Pflaster ging's. Mir war sehr beklommen zumute, und die Lustigkeit des Herrn Schütt – so hieß mein Begleiter – konnte mich nicht anstecken. Sein Lächeln hatte etwas sehr Ironisches.

Bald kamen wir in das Freihafenviertel. Über Brücken hinweg. – Links und rechts zeigten sich die für Hamburg charakteristischen Fleete. Vor den langen Lagerhäusern standen große, eiserne Kräne. Arbeiter, Packer, Kutscher, Zollwächter waren überall lärmend beschäftigt.

Plattdeutsche Laute, Schimpfworte, Kommandos und Pfeifensignale drangen an mein Ohr. Aber alles, was ich sah, war mir fremd und abstoßend. Trotz des Lärms kam mir diese Umgebung so drückend schwül und so öde vor, daß ich – waren es die entmutigenden Reden meiner Krahlschen Kameraden oder ein gewisser Instinkt – ein Gefühl von zukünftigem Ärger und Enttäuschung hatte.

Nun hielten wir am Petersenkai vor einem Dampfer. Meine Sachen wurden an Bord gebracht, Schütt sagte mir Lebewohl, und dann stand ich allein auf dem französischen Schiff »Thérèse et Marie«.

Man wies mir einen Raum an, worin ich während der Überfahrt nach Le Havre wohnen sollte. Deutsche Matrosen, die mit mir auf die »Elli« kommen sollten, nahmen mich in Empfang und schafften meine Sachen in den Zwischenraum; so nannten sie den Ort, wo wir zwischen Kisten und Ballen, selbst Versandgütern gleich, einquartiert wurden. Dann nahmen sie mich mit an Land in eine Kneipe, wo man Bier aus Flaschen trank. Einer bezahlte eine Runde Bier, und ich verteilte dafür Zigarren.

Ich kam mir auf einmal recht männlich und stark vor, als ich so unter den derben Gestalten stand, ihre rohen Späße hörte und mich bemühte, es ihnen im Trinken möglichst gleich zu tun. Sie wollten sich über meinen hohen Stehkragen totlachen und zogen aus ihm den Schluß, daß ich von feinen Leuten wäre. Sie ließen sich auch von mir erzählen, wie ich auf den Gedanken gekommen sei, zur See zu gehen, und schütteten sich wieder aus vor Lachen, als sie hörten, daß ich Kerner 450 Mark habe zahlen müssen. Seitdem nannten sie mich nur noch den Vierhundertmarksjung. So trieben sie noch lange ihren Spaß mit mir und wiederholten mir alle das, was man mir bei Krahl gesagt hatte. Einer von ihnen, den die anderen Hermann nannten, ein kleiner schmächtiger Mensch, schien der Gebildetste zu sein und nahm sich auch meiner besonders freundlich an. Er war als Leichtmatrose für die »Elli« angeworben, hatte seine Eltern in Hamburg und unterhielt sich hochdeutsch mit mir. Die übrigen waren Matrosen bis auf einen, der den Rang eines Bootsmannes einnahm.

Auch Hermann riet mir, wieder nach Hause zu fahren. Das Wasser habe keine Balken. Ich wies seinen Rat zwar mit Entschiedenheit zurück, aber er hatte doch genügt, meine Stimmung bis unter Null zu bringen, und ach, es sollte noch schlechter kommen.

Wir gingen in See. Nachts lagen wir nebeneinander in wollene Decken eingehüllt im Zwischendeck, wohin man nur mittels einer Leiter gelangte. Da ich keinen Schlaf finden konnte, stand ich wieder auf und ging unruhig im ganzen Schiff umher, verwundert anstaunend und verwundert angestaunt. Schmutzig, schmierig, ölig war alles, was ich anfaßte oder sah. Auch für die französische Besatzung galt das. Das Klosett läßt sich überhaupt nicht beschreiben.

Am nächsten Mittag wurde uns eine Blechschüssel mit einer fetten, unappetitlichen Masse vorgesetzt. Ragout betitelt; aber keiner von uns konnte sie genießen, trotzdem wir alle furchtbar hungrig waren. Sonst erhielten wir während der dreitägigen Fahrt nichts zu essen. Ich war auf ein Paket Leipziger Schokolade angewiesen. Hundertmal lief ich zur Küche und schrie: »Manger! Manger!«, aber der Schiffskoch war weder durch Geld noch durch gute Worte zu erweichen.

Jahn, einer von unseren Matrosen, suchte auf andere Weise uns etwas zum Beißen zu verschaffen. Es roch im Zwischenraum stark nach Feigen. Jahn machte sich daran, eine der Kisten mit einem Taschenmesser anzubohren, während der Bootsmann an der Leiter »Schmiere« stand.

Es war anscheinend nicht leicht, mit dem kleinen Instrument durch das dicke Holz zu dringen, denn Jahn brauchte ziemlich lange Zeit dazu. Endlich war er aber doch durch und fing nun furchtbar zu fluchen an, weil er in der Kiste Seife vorfand. Dann enthielten andere Kisten auch Seife. Zu trinken bekamen wir reichlich. Wein in Gießkannen. So viel, daß wir ihn sogar zum Händewaschen benutzten.

Die erste Nacht auf See hat sich mir fest ins Gedächtnis eingeprägt; denn sie ließ mich gleich das bewegte Meer kennenlernen. Das Schiff rollte gewaltig hin und her, so daß ich mich überall festhalten mußte. Mir war nicht wohl zumut. Der Hunger, die entmutigenden Reden, die ich bisher gehört, der Spott und der rohe Ton meiner zukünftigen Bordgenossen hatten mich in eine elende Stimmung gebracht. Ich irrte ruhelos auf Deck umher, stieg eine eiserne Treppe empor, bog mich über das Geländer der Kommandobrücke und starrte auf die dunklen, brausenden Wogen hinab, die an dem Schiffe weißschäumend vorüberglitten. Vergeblich versuchte ich den Rhythmus festzustellen, der sie immer wieder mit dem gleichen, mächtigen Getöse formte und zerteilte.

Neben mir stand ein bärtiger Mann im schwarzen Ölmantel und betrachtete mich mit verwunderten, gefühllosen Blicken wie etwas ganz Fremdes, Unerklärliches. Am Steuer – oder Ruder, wie ich es später nennen lernte – stand ein zweiter Franzose. Seine ebenso erstaunten wie ernsten Blicke schienen mich zu fragen, warum ich nicht, wie meine Landsleute, schlafen ginge. Einmal richtete er auch ein paar Worte in seiner Sprache an mich, die ich aber nicht verstand. Dann stieg ich wieder ins Zwischendeck, und da ich noch immer keinen Schlaf finden konnte, begann ich meine Seekiste auszukramen, in der eine heillose Unordnung herrschte. Dabei entdeckte ich einen Brief, den mir mein Vater mit der Weisung gegeben hatte, ihn erst auf See zu öffnen. Er enthielt eine Menge Goldstücke, wie ich sie nie zuvor mein eigen genannt, und einen Brief in schlichten, herzlichen Worten, die mich zu Tränen rührten. Mein prächtiger Papa!

Endlich brach ein herrlicher Morgen an und brachte mir etwas frohere Stimmung. Die aufgehende Sonne gab der See eine klargrüne Färbung. Am Horizont zeigte sich ein blendend weißer, felsiger Küstenstreifen, der die brennende Sehnsucht in mir weckte, dort landen und umherstreifen zu können. Der freie, weite Himmel über mir trug dazu bei, das Bild freundlicher zu gestalten, und der Wind blies köstlich erfrischend. Jahn war der erste von uns Deutschen, der sich erhob. Er lachte mir zu, wusch sich in einem Eimer und begann dann, an Deck mit gleichmäßigen, schnellen Schritten auf und ab zu marschieren. Ich beobachtete ihn, wie er, trotzdem das Schiff von einer Seite auf die andere schwankte, doch eine schnurgerade Linie abschritt und dabei oft einen ganz unglaublich spitzen Winkel zum Deck bildete. Die französischen Matrosen, in liederlich-bunter, malerischer Tracht, mit wollenen Zipfelmützen, wie sie bei uns kleine Kinder tragen, standen in Gruppen schwatzend und lebhaft gestikulierend umher.

Mit ihnen befreundete ich mich bis zu einem gewissen Grade sehr schnell. Sie amüsierten sich anscheinend über mein Französisch. Große Schwierigkeiten machte es mir, ihnen den Begriff »Wurst« klarzumachen. Obgleich ich in der Zeichensprache mit dem Finger in der Luft ein höchst getreues Bild einer deutschen Leberwurst entwarf, lasen diese Franzosen doch alles mögliche andere daraus, wie Makkaroni, Gurken oder Aal.

Am Abend erblickten wir die zwei Leuchttürme von Le Havre auf einer steilen Felswand, deren grelles Weiß sich gegen den tiefblauen Himmel abhob. Es fiel mir auf, daß das bisher grasgrüne Wasser an einzelnen, merkwürdig scharf begrenzten Stellen eine blaue Färbung zeigte. Jahn und Bootsmann, die mich gern etwas aufzogen, meinten, das blaue Wasser rühre vom Atlantischen Meer, das grüne von der Nordsee her. Dann passierten wir in gewissen Abständen eiserne, aus dem Wasser herausragende Kegel. Hermann belehrte mich, daß das sogenannte Bojen seien, die den Schiffen als Wegweiser oder als Warnungszeichen dienten, während mir Jahn mit ernster Miene etwas von versunkenen Kirchtürmen vorredete.

Als wir die Felswand passierten, zeigte sich plötzlich in einer Bucht die Stadt Le Havre voll und ganz unseren Blicken. Erst jetzt gelang es mir, der ich halb verhungert war, vom Schiffskoch für fünfzig Pfennige eine ganz alte, harte Semmel zu erlangen.

Dann kam der Moment, wo wir landeten. Wir Deutschen packten unsere Sachen und machten uns auf die Suche nach der »Elli«. Der Bootsmann nahm die führende Stelle ein. Endlich entdeckten wir das eiserne Vollschiff, das wir suchten.

Es war allerdings kein Vollschiff und war auch nicht aus Eisen, sondern es war eine kleine, hölzerne Bark mit schwarz gestrichenem Rumpf.

Drei Masten ragten von ihr in die Höhe, die mit Stangen, Tauen und sonstigen schmutzigen, mir ganz fremden Gegenständen wie mit einem Spinnengewebe übersponnen war. Kein Mensch zeigte sich, und das Schiff wie der Kai, an dem es lag, machten einen öden, toten Eindruck. Am Hinterteil des sargähnlichen Baues stand mit goldenen Buchstaben der Name »Elli« und darunter der Heimatshafen des Schiffes »Oldersum«.

»Ein Ostfriese«, sagte der Bootsmann mit einer gewissen Verachtung, indem er dicht an die Bark herantrat. Dann legte er die Hand an den Mund und rief mit fürchterlicher Stimme: »Elli ahoi!«

Auf diesen Ruf hin traten zwei Männer aus der Kajüte. Der eine mußte wohl der Kapitän der »Elli« sein, ein kleiner, untersetzter, breitschultriger Mann mit rötlichem Vollbart, gutmütigem, aber festem Blick und schwankendem Gang.

»Hallo, seid ihr da«, rief er mit freundlicher, heller Stimme und schob eine hölzerne Pfeife aus dem rechten Mundwinkel in den linken. Der lange rothaarige Bootsmann warf seinen Kleidersack von den Schultern, grüßte auf recht einfältige, verlegene Art und sah aus wie ein dummer Junge. Dann stellte er uns vor. Der Begleiter des Kapitäns war der Steuermann, etwas größer als sein Kapitän, auch breitschultrig, und trug eine blaue Jacke mit breitem Kragen, die etwas Uniformmäßiges an sich hatte. Seine Erscheinung machte wie die des Kapitäns einen sehr sympathischen Eindruck auf mich.

Wir brachten unsere Habseligkeiten im Schiff unter. Hierauf glaubte ich nun zunächst aller meiner Verpflichtungen ledig zu sein und entfernte mich, ohne Erlaubnis einzuholen, mit dem seligen Gedanken, mir jetzt einmal in Ruhe ganz allein Frankreich anzusehen.

Mein erstes Bestreben war natürlich, meinen dreitägigen Hunger zu befriedigen. Ich sah mich in den Straßen nach etwas Wurst um, fand aber nirgends, was ich suchte. In den Schaufenstern, die ich mit Hast überflog, sah ich wohl bisweilen ganz kleine, verkrüppelte Dinger, die vielleicht ein wenig Anspruch auf den Namen Wurst hatten; aber die weißgrauen meterlangen Leberwürste, die in Deutschland mein Ideal gewesen, zeigten sich nirgends. So trat ich denn mit der Sicherheit und Verwegenheit, die ein volles Portemonnaie erzeugt, in den nächsten Krämerladen und erstand ein Stück Schweizerkäse, halb so groß wie mein Kopf. Diesen gigantischen Leckerbissen verspeiste ich auf offener Straße mit einem Löwenappetit und betrachtete dabei das lebhafte Straßentreiben.

Als sich mein schlimmster Hunger gelegt, betrat ich das »Grand Hôtel Saint François«, um einen Brief nach Hause zu schreiben. Ich bestellte Schreibzeug und Kaffee und bekam den Kaffee ohne Milch, aber mit einem Gläschen Kognak serviert, was ich abscheulich fand. Hier verfaßte ich ein Schreiben an meine Eltern, das ich selbst heute kaum noch entziffern kann. Dann kehrte ich zur »Elli« zurück.

Mein eigenmächtiges Davongehen wurde an Bord gerügt.

2. Kapitel
In See

Die Besatzung der »Elli« bestand insgesamt aus fünfzehn Mann. Da war also erstens Kapitän Pommer, von dessen Tracht nur ein knetbarer Rinaldo-Hut sowie zwei elegante, purpurrote Sammetpantoffeln hervorzuheben sind. Der Steuermann Karstens war erst kürzlich von der Papenburger Steuermannsschule gekommen. Er hatte früher wohl einmal ein Gymnasium gestreift und liebte es, mit gebildeten Brocken um sich zu werfen. Er schlief wie der Kapitän im hinteren Schiff, wo sich auch die Kammer für den Bootsmann befand.

Zu dem Personal gehörte erstens der Koch, ein ehemaliger Matrose von etwa zwanzig bis dreiundzwanzig Jahren. Er stammte, wie er mir bei Gelegenheit etwas verschämt erklärte, aus Sachsen. In dem Bestreben, seinen Heimatdialekt möglichst zu verleugnen, hatte er sich ein höchst lächerliches Gemisch von Platt und Hochdeutsch angewöhnt. Seine Küche, ein Raum von etwa 3 qm, bildete die eine Hälfte eines kleinen, hölzernen Häuschens, das in der Mitte des Schiffes auf Deck stand. Die andere Hälfte diente als Schlafkammer und Wohnung für den Koch und mich. Es befanden sich zwei Kojen darin, die übereinander lagen. Die obere, vorteilhaftere, hatte sich der Koch eingeräumt. Mir wurde die untere zugewiesen.

Vorn im Matrosenraum, oder wie die Seeleute sagen, im Logis, wohnte vorläufig auch der Bootsmann, der seinem Range nach die vermittelnde Stufe zwischen Kapitän oder Steuermann und der Mannschaft repräsentierte. Er war dabei nach oben ebenso schüchtern und devot wie nach unten anmaßend und roh. Im gleichen Range mit ihm stand der Segelmacher, der auch bei den Matrosen »vorn« logierte. Das war ein alter Norweger, der bereits 50 Jahre zur See gefahren war und alle Länder der Welt verschiedene Male gesehen hatte. Gleich den übrigen Matrosen war er kein großer Freund der Arbeit, aber was er tat, das verrichtete er mit großer Sorgfalt und mit der kaltblütigen Ruhe und Geschicklichkeit, die alten, erfahrenen Seeleuten eigen ist. Das harte, unfreundliche Leben, das hinter ihm lag, hatte ihn so griesgrämig gemacht, daß er uns allen höchst unangenehm war. Wenn er lachte, war man nie sicher, ob es Grimm oder Humor war, und mit dem gleichen Lächeln, mit dem er irgendeinen beißenden Witz losließ, warf er jemandem einen Gegenstand, den er gerade in der Hand hielt, an den Kopf. Außerdem soff er mörderlich. Er sprach fertig Norwegisch, Englisch, Deutsch und in betrunkenem Zustand ein aus diesen drei Sprachen zusammengesetztes Ragout.

Unter den Matrosen besaß die meiste Achtung Jahn, weil er sehr stark war, seine Arbeit gut verstand und der Roheste war. Ich glaube, er stammte aus einer Fischerfamilie, so daß ihm das schwere Seeleben etwas ganz Natürliches war. Sein trockener Witz und treffender Spott machten ihn unter den Kollegen gleichzeitig beliebt und gefürchtet. Gustav hieß ein großer, starker Ostpreuße aus der Tilsiter Gegend. Er hatte ein Paar riesenhafte Hände, arbeitete für drei und leistete Erstaunliches im Schlafen. Während unserer Überfahrt auf der »Thérèse et Marie« hatte er fast ununterbrochen geschlafen. Bei seiner ungeheuren Kraft war er doch glücklicherweise sehr gutmütig, und selbst, wenn er sich den Anschein gab, über etwas wütend zu sein, leuchtete ein gutmütiges Lächeln aus seinen runden Schweinsäuglein.

Dann schliefen vorn noch Willy, ein mit dem Kapitän verwandter Ostfriese, Matrose Paul und Hermann Klein, der zarte Leichtmatrose mit dem Mädchengesicht.

In Le Havre kam noch ein kleiner, dicker Franzose von etwa 15 Jahren an Bord, der gleich mir zur See wollte und als Schiffsjunge auf der »Elli« angemustert wurde. Er war aus guter Familie. Seine Mutter brachte ihn selbst an Bord. Ich hatte mich mit dem jungen Mann sehr schnell angefreundet. Er teilte mit mir einen großen Napfkuchen, den er von seiner Mutter mitbekam. Er mochte ihr wohl von unserer Freundschaft erzählt haben, denn die Dame drückte mir, als sie ihn einmal besuchte, freundlich die Hand und sagte, sie wünsche, daß ich ihrem Sohn ein guter Freund bleiben möchte, was ich verstand und worauf ich meinen französischen Kenntnissen durch ein sehr lautes »Oui, monsieur« Luft machte.

Der Kapitän bestimmte mich zunächst zum Kajütsteward. Als solchem fiel mir die Aufgabe zu, die Kajüte und die anstoßenden Kammern in Ordnung zu halten, das Essen aus der Kombüse zu holen und alle möglichen Dienste zu verrichten, die für das Achterschiff in Betracht kamen.

Napoleon, wie der Franzose von unseren Matrosen getauft war, wurde Decksjunge, das heißt, sein Wirkungskreis war das vordere und mittlere Deck und das Logis. Im letzteren hatte er die Backschaft für die Matrosen zu besorgen, Essen zu holen, Geschirr aufzuwaschen, auszufegen und so weiter.

An dem Tag, an welchem ich an Bord der »Elli« kam, erhielt ich abends die Erlaubnis, an Land zu gehen. Es hatte den ganzen Tag Bindfaden geregnet. Der Kai, an dem wir lagen, bot ein trübseliges Bild. Die gewaltigen, eisernen Kräne, nicht minder die schweren, schwarzen Waggons standen öde und verlassen da. Kein Mensch war weit und breit zu sehen, bis auf einen Zollbeamten, der die Kapuze seines Regenmantels tief ins Gesicht gezogen hatte. Er stand in einer Art Schilderhäuschen wie eine Statue. Ich hatte meinen blauen Seemannsanzug an und den Kernerschen Lederriemen mit dem Scheidemesser um.

So tappte ich schweren Ganges in die Stadt. Zunächst beschloß ich, meinen knurrenden Magen auf eine gute Manier zur Ruhe zu bringen.

Damals wußte ich noch nicht, welchen Ruf die Seeleute in den Hafenstädten genießen, sonst hätte ich wohl nicht in meinem derben Seemannskostüm ein so nobles Restaurant betreten. So aber tat ich das mit der unbefangensten Miene, und erst die zweifelhaften Blicke, mit denen mich Gäste und Kellner empfingen, und der Umstand, daß man mich im voraus das von mir bestellte Souper zu 6 Franken und eine Flasche teuren Weines bezahlen ließ, machte mir die Situation klarer. Als man aber sah, daß ich Geld besaß, bediente man mich sehr freundlich, und die Geschäftsführerin des Lokals knüpfte ein liebenswürdiges Gespräch mit mir an. Leider verstand ich auch nicht ein einziges Wort, aber ich lächelte, wenn sie lächelte, und ich nickte sehr ernst, wenn sie ernst wurde.

Mein Souper bestand aus zwölf Gängen, von denen nur einer meine Billigung fand, weil ich wußte, was er darstellte, Spinat mit Schinken. Aber der Wein war köstlich und brachte mich in vergnügte Stimmung. Ich setzte nun meine Studienreise durch Le Havre fort; da mich aber meine volle Börse zu dem Prinzip verleitete, möglichst wenig im Freien zu studieren, trat ich bald in das »Café Anglais« ein.

Hier schien der Treffpunkt einer höchst bedenklichen Demimonde zu sein, aber es waren sehr hübsche Damen, die ich hier kennenlernte. Schwarzhaarig, lebhaft, mit französischem Schick gekleidet und frisiert. Ich kam sehr bald mit der Gesellschaft ins Gespräch, denn ich war schon in dem Stadium des Benebeltseins angelangt, da man jede Schüchternheit verliert. Die Mädchen lachten über mein furchtbares Scheidemesser, das an meinem Leibriemen hing und auf das ich nicht wenig stolz war. Wir sprachen von Burenpolitik, und dann sangen wir gemeinsam, lachten und waren sehr vergnügt. Eine der Französinnen tauschte ihr Taschentuch mit dem meinen zum Andenken. Ich suchte der vielgerühmten deutschen Trinklust alle Ehre zu machen.

Die Nacht verlief wüst. »Voulez-vous tirer un coup?« hörte ich in den Gassen schreien, nach denen ich mich verschämt hingefragt hatte. Ein Ehemann bot mir mit ergreifender Großmut seine Frau Gemahlin für wenige Franken an, und ich fand in sehr üblen Häusern sehr saubere Zimmer mit sehr hoch geschichteten sauberen Betten.

Als ich um viereinhalb Uhr von irgendeiner polizeilichen Macht geleitet wieder an Bord kam, blutete meine Nase, war alles um mich herum betrunken, und ich wußte ungefähr, daß mir das Geld, welches ich nicht verjubelt hatte, von verschiedenen Seiten gestohlen war.

Um fünf Uhr mußte ich schon wieder meinen Dienst antreten. – Die Koje, die mir zugewiesen, war so klein, daß ich nur mit eingezogenen Beinen schlafen konnte. Jede Nacht fast bekam ich Beinkrämpfe.

Ich mußte morgens den Kapitän wecken, seine Kammer aufräumen und den Kajütentisch decken, an dem auch der Bootsmann und der Steuermann aßen. Unglaublich schien es mir anfangs, daß die Mannschaft Margarine statt Butter erhielt. Ich half mir heimlich mit Kapitänsbutter über diese Klippe und konnte mich überhaupt nicht über das Essen beklagen.

Meine Aufgabe war es auch, den Tisch abzuräumen, Geschirr aufzuwaschen, Gläser zu putzen, Staub zu wischen; kurz gesagt, ich war für die Kajütsbewohner das Mädchen für alles.

Ich gab mir Mühe, fleißig zu sein, machte aber doch vieles verkehrt und bekam das dann auch ziemlich deutlich zu hören.

Es fiel mir sehr schwer, mich an die Demütigungen zu gewöhnen, die ein Schiffsjunge erdulden muß. Obgleich ich mir sagen durfte, daß ich in meiner Allgemeinbildung hoch über den andern stand, mußte ich doch als Achtzehnjähriger mich von allen anderen duzen und schimpfen lassen, während ich den Kapitän sowie den Boots- und Steuermann mit »Sie« anreden mußte. Der Steuermann gefiel mir. Er priemte, spuckte und lachte viel und riet mir davon ab, Seemann zu werden.

Eines Tages rief ich große Bestürzung dadurch hervor, daß ich in der ehrlichsten Absicht den großen Kompaß, welcher unterm Kajütskylight in der sogenannten kardanischen Aufhängung angebracht war, aus den Angeln hob und in die Kajüte trug, um ihn dort mit Putzstein und Öl zu bearbeiten. Der Kapitän traf mich dabei, geriet in furchtbare Wut und schimpfte, ob ich verrückt sei, weil ich ein so empfindliches Instrument wie eine Seekiste herumschleppe. Ich erhielt vom Bootsmann noch Ohrfeigen für die unerhörte Tat, und die ganze Besatzung hatte für ein paar Tage zu lachen.

Wir lagen nun schon über eine Woche in Le Havre und waren inzwischen auf dem deutschen Konsulat feierlichst angemustert, das heißt, wir hatten einen Schiffskontrakt unterschrieben, der uns für die Reise nach Zentralamerika und zurück nach Europa an Bord verpflichtete.

Ich hatte mich herzlich mit dem kleinen Franzosen angefreundet. Er beklagte sich oft darüber, wie schlecht er es im Logis vorn habe und beneidete mich um meinen Kajütsposten.

Eine Katze, die sich an Bord befand, mußte ich über Bord werfen, da sie verrückt geworden war. Der Kapitän hatte mir nahegelegt, ich möchte, um einen Ersatz zu schaffen, einmal versuchen, an Land einen Hund einzufangen. Eines Morgens sah ich denn auch am Kai unter einem Eisenbahnwagen solch ein Tier, das herrenlos herumlungerte und sehr verhungert aussah, eine Art Pinscher. Dieses Tier fing ich und schleppte es mit der einen Hand an Bord, während ich mit der anderen meine Hosen festhalten mußte. Später bereute ich allerdings diesen Fang sehr; denn einesteils mußte ich sehen, wie das arme Tier von der rohen Besatzung, besonders vom Bootsmann ganz schrecklich gequält wurde, andernteils hatte ich selbst an ihm viel Ärger, weil ich ihm immer mit Schaufel und Besen folgen mußte.

»Zigarre an Deck!« war bald ein oft gebrauchtes Kommando des Kapitäns, und dann ging ich Würstchen suchen.

Am 18. April endlich, frühmorgens, verließ die »Elli« Le Havre und stach in See. Sie führte als Ballast Steine mit sich, die in Amerika zu Straßenbauzwecken verkauft werden sollten.

Ich mußte zum erstenmal in den Wanten hoch ins Segelwerk klettern, um ein Segel loszubinden, und tat das mit stolzer Lust, obgleich es sehr anstrengend war.

Das Leben gestaltete sich nun für uns ganz anders.

Zunächst wurde die Mannschaft in zwei Seewachen eingeteilt, welche einander Tag und Nacht alle vier Stunden ablösten.

Als Kajütsjunge wurde ich bei dieser Einteilung nicht berücksichtigt, sondern blieb von acht Uhr abends bis vier Uhr morgens dienstfrei. Statt frischen Brotes gab es von nun an Hartbrot, ein keksartiges Gebäck, das mir anfangs, weil neu, ganz gut schmeckte, obgleich es wahrscheinlich der Hauptsache nach aus Knochenmehl bestand. In Le Havre hatten uns die Straßenjungen oft darum angebettelt, und wir hatten ihnen gern, wenn sie an das Schiff herankamen und unaufhörlich »Bisquit!« – »Bisquit!« riefen, die harten Stücke hinuntergeworfen, um uns dann darüber zu amüsieren, wie sie sich darum balgten. Kapitän und Steuermann durften das aber nicht sehen.

So eine Art Straßenjunge, wenn auch besser erzogen, war unser Napoleon. Ein äußerst verschmitzter, rotbackiger Bengel, der, wenn er irgend etwas verbrochen hatte, eine unbeschreiblich heuchlerische Unschuldsmiene aufsetzen konnte, sonst aber immer lachte. Er war im Grunde temperamentvoll, geschickt und sehr gutmütig und blieb deshalb mein Freund.

Einmal wurde er mit mir ins Zwischendeck geschickt, um Zwiebeln zu sortieren. Das war uns angenehm, denn wir konnten uns dort unbehelligt unterhalten. So saßen wir denn zwischen Bergen von Zwiebeln, und während wir die verfaulten von den guten aussortierten, schütteten wir uns gegenseitig unser Herz aus. Wir klagten, wie hart und schlecht das Leben auf der »Elli« sei, und kamen dann auf die Heimat und unsere Lieben zu sprechen. Auf einmal fing Paul zu weinen an. Auch mir kamen sofort die Tränen in die Augen, und so saßen wir Hand in Hand eine Weile schweigend in den Zwiebeln, bis uns wieder das Komische der Situation zum Bewußtsein kam und wir herzlich lachten.

Ja, es war häßlich, das Leben, das ich führte. Von frühmorgens bis spätabends schwere oder unwürdige Arbeit verrichten zu müssen, vom Steuermann oder Bootsmann geschlagen, von den Matrosen wegen meiner seemännischen Unkenntnis und meines sächsischen Dialektes unausgesetzt verspottet zu werden, das war alles andere, nur nicht ermutigend. Dazu machte ich noch die Erfahrung, daß meine Augen doch nicht so scharf waren, wie sie ein Seemann braucht, und häufig wurde ich von den Matrosen ausgelacht, wenn ich ein Schiff oder bei Nacht ein Feuer am Horizont noch nicht finden konnte, das die anderen längst entdeckt hatten.

Und wie vieles mußte ich lernen, ohne daß man mir die Erklärung oder Anweisung dazu gab! Der Seemann hat eine vollkommen eigene Sprache. Die zahllosen, fremden Ausdrücke für alles an Bord Befindliche gingen mir wie Kraut und Rüben durcheinander. Meine Sachen mußte ich natürlich selbst waschen und flicken, und dazu fehlte es an Material, Platz und Zeit.

Manchmal bereute ich, den Seemannsberuf eingeschlagen zu haben, von dem mir ja auch alle abgeraten hatten. Dann dachte ich wieder an die Kosten, die ein Berufswechsel meinem Vater bringen würde, und wie man mich auslachen würde, wenn ich nach der ersten Reise schon die Lust verloren hätte.

Wie schön hatten es doch die an Land! Kaufleute, Maler, Schriftsteller!

Über solchen Gedanken saß ich oft stundenlang des Nachts in meiner Koje wach und wurde so verbittert mit der Zeit, daß ich einige Male ernsthaft erwog, ob es nicht besser sei, meinem, wie mir schien, verfehlten Leben ein schnelles Ende zu bereiten.

– – –

Kapitän Pommer fuhr die »Elli« zum erstenmal. Das Schiff hatte vorher unter französischer Flagge gesegelt. Ich fand eines Tages diese Flagge in einem entlegenen Winkel und barg sie unter meinem Keilkissen.

Der Wind nahm an Stärke zu, je weiter wir uns von Europa entfernten. Am 20. April ging die See bereits sehr hoch. Napoleon und der Hund, dessen Name nicht zu ermitteln war und der es auch nie zu einem brachte, waren beide seekrank. Das arme Tier litt auch sehr an Hunger; denn außer mir kümmerte sich niemand um sein Futter, und ich selbst konnte oft wirklich nichts für ihn auftreiben. Dieser Hund führte überhaupt ein elendes, seltsames Dasein. Da er von allen mißhandelt wurde, war er ganz scheu geworden. Selbst vor mir, der ich es wirklich gut mit ihm meinte, hatte er andauernd Angst und lief davon, wenn ich ihn streicheln oder ihm ein Stück Salzfleisch geben wollte. Allerdings gab er auch mir oft Ursache, ihn durchzuprügeln. Er hatte verschiedene, sehr ungehörige Angewohnheiten von Frankreich mitgebracht. In der ersten Zeit pflegte er gegen zehn Uhr morgens höchst eigenmächtig mit der Schnauze die Kajütspindtür zu öffnen und sich aus der Zuckerdose ein Frühstück zu holen.

Wurde er dabei überrascht und vertrieben, verkroch er sich unter Kapitän Pommers Bett und nagte dort an dessen rotsamtenen Pantoffeln. Fühlte er ein Bedürfnis, setzte er sich in einen großen Lorbeerzweig, der auf dem Fenstersims in der Kajüte lag und dessen Blätter zur Suppenwürze bestimmt waren. Ich hatte viel Mühe, ihm all dies abzugewöhnen.

Die hohen Wellen warfen die »Elli« wie einen Ball umher. Es war ein Kunststück, die Suppe aus der Küche über Deck und die steile Wendeltreppe nach der Kajüte hinunterzubalancieren. Da fand denn der Bootsmann, der niemals freundlich zu mir war, guten Grund, mich anzufahren, und manchen Puff mußte ich hinnehmen. Auch der Koch behandelte mich schlecht, während er sich andererseits vor dem Kapitän oder Steuermann den Anschein größten Eifers gab und beim Segelbrassen, wenn er sich beobachtet wußte, so wütend an den Tauen riß, daß ihm die Hände bluteten.

3. Kapitel
Auf hoher See

Napoleon war ein großer Drückeberger. Bekam er irgendeinen Auftrag, der ihm nicht paßte, so stellte er sich an, als ob er nicht verstände, was man wolle, bis man ihn zuletzt »Deck schrapen« ließ oder ihm sonst eine leichte Arbeit anwies, bei der er sitzen konnte. Dann verstand er, holte sein Arbeitszeug, nahm irgendeine eifrige Stellung ein und – – – schlief ein.

Wir beide hatten uns recht gern, plauderten oft zusammen von unserer Vergangenheit, und er gestand mir, daß er zur See geschickt war, weil er etwas zu Hause ausgefressen hatte.

In der Kajüte wurde ich vom Steuermann oder Bootsmann aufgezogen und wie ein Schulkind ausgefragt. Ich war eben Schiffsjunge. Ich besann mich, daß mir meine Mutter einmal von dem beißenden Spott der Seeleute gesprochen hatte. Das war zutreffend.

Entfuhr mir bei irgendeiner Gelegenheit ein »Danke schön« oder »Bitte«, so lachten die anderen, und der Steuermann sagte: »Ach was, altes Aas, Dankeschön gibt's nicht zur See.«

Einmal bekam ich den Auftrag, etwas mit Teer anzustreichen, und als ich dabei den Teertopf ein wenig behutsam angriff, tauchte mir der Kapitän beide Arme zweimal bis zum Ellenbogen in die schwarze Masse, »zum Abgewöhnen« sagte er.

In manche Arbeiten konnte ich mich nur langsam hineinfinden. Ich war überhaupt sehr ungeschickt und zerbrach viele Teller, Gläser usw. Was die rein seemännischen Arbeiten betraf, so waren und blieben mir dieselben lange Zeit ganz unverständlich. Wenn der Steuermann plötzlich mit lauter Stimme das Kommando: »Heiß Groß-stengstachseil!« gab, so stürzte die ganze Mannschaft an Deck, an eins der vielen heruntergehenden Tauenden, bildete mit dem Bootsmann an der Spitze eine Kette, und während dieser eigentümlich durchdringende Rufe ausstieß, rissen alle im Takt danach an dem Tau. Wollten Paul oder ich im Hintergrunde dann fragen, was das zu bedeuten habe, dann gab uns jemand einen Stoß ins Genick und rief in rauhem Platt: »Rit, Bengels, rit!« Auf das Schlußkommando »Belay!« wurde das Tau an einem eisernen Nagel festgebunden, und jeder ging wieder an seine Arbeit, oder es kam ein neuer Befehl.

Mit oder ohne Willen wurde ich aber täglich klüger. Ich lernte die Zeiteinteilung an Bord nach Glasen und schrieb mir die Namen der zahlreichen Tauenden auf, um sie auswendig zu lernen.

Das letzte frische Brot, das für die Kajütsbewohner mitgenommen war, ging eines Tages zu Ende, und nun mußte ich mich an Schiffszwieback halten, der mir unter dem Namen Hundekuchen schon von Hause her bekannt war. Auch die Kartoffeln gingen aus. Man schickte sich mit der Zeit in die Verhältnisse und war zuweilen wieder heiter. Die weite, ungeheure Meeresfläche, die uns ununterbrochen umgab, freute mich.

Eines Morgens trieb ein Mast an uns vorüber. Die anderen beachteten das weiter nicht, aber für mich war's ein seltsam reizvoller Anblick. Ich mußte an Schiffsunglück, Meuterei und seemännischen Heldentod denken.

Paul Phené, alias Napoleon, teilte das letzte Stück Schokolade mit mir, das ihm seine Mutter mitgegeben, und ich mauste dafür den Rest Schnaps aus der Kajüte, auch eine Flasche Wein.

Kapitän Pommer war, wie alle Ostfriesen, ein anspruchsloser Esser, aber ein starker und verwöhnter Trinker. Im Grunde war er gutmütig, konnte jedoch sehr rauh und jähzornig sein. Als er eines Tages die Lampe zerbrach, tobte er furchtbar gegen mich, obgleich mich absolut keine Schuld traf. Ich war der Blitzableiter für alle seine Launen. Schmeichelworte wie Totenkopf, Specht, Aas, Bengel hatte er auch in der besten Stimmung für mich bereit.

Wir entdeckten ein Rudel Schweinsfische, große Tiere, die in forellenartigen Sprüngen vor dem Bug der »Elli« herschwammen. Anfangs hielten wir sie für Delphine. Es wurden eine alte Harpune und ein Dreizack hervorgesucht. Die Tiere entfernten sich aber bald.

Eines Tages brachte mir der Koch die Nachricht, daß er Walfische gesehen habe. Ich lief sofort an Deck. Der Steuermann, von meiner Neugier belustigt, rief mir zu: »Paß gut auf!«

Zunächst konnte ich die Tiere jedoch nicht finden, sondern hörte nur ein lautes Schnauben vom Wasser her. Erst als wir dicht vorüberfuhren, gewahrte ich sie plötzlich. Es waren zwei mächtige Exemplare, die, wie unser Schiff auf und nieder tauchend, ruhig nebeneinander vorüberschwammen. Ein großartiger Anblick! – –

Ganz erstaunlich war, was der Bootsmann im Essen leistete. Ich habe nie wieder einen Menschen so viel auf einmal vertilgen sehen.

Napoleon lehrte mich französische Lieder, unter anderen auch die Marseillaise, die wir dann gemeinschaftlich abends sangen. Einmal rief uns der Kapitän abends nach achtern, damit wir ihm das französische Revolutionslied vorsingen sollten. Als wir zögerten, ließ er uns durch den Bootsmann so lange an der Reling festbinden, bis wir seinem Willen nachkamen.

Wir bekamen jetzt häufiger Schweinsfische zu sehen. Jahn kletterte mit einer Harpune auf den Klüverbaum. Er lag lange auf der Lauer, konnte aber keines der vorsichtigen Tiere treffen. Der Schweinsfisch ist bei den Seeleuten sehr begehrt wegen seines schmackhaften Fleisches. An die Angel geht er nicht.

Wir waren nun acht Tage auf See. Ich hatte vielerlei gelernt, mußte aber nach wie vor unter roher Behandlung, außerdem unter Hunger und Mangel an Ruhe leiden. Auch war ich mitunter krank und durfte das dann nicht sagen; denn der Bootsmann hatte erklärt: »Kranksein gibt's auf einem Segelschiff nicht.«

Napoleon ging es ebenso schlecht. Der rohe Jahn goß ihm morgens einen Eimer Wasser über den Kopf und schlug ihn häufig. »Oh I will be glad when I return to Havre!« rief er ein über das andere Mal; er sprach gewöhnlich englisch mit uns.

Bei dem gräßlichen Einerlei der Kost suchte ich mir mitunter selbst etwas Außergewöhnliches zu bereiten. So stellte ich aus Zucker, Sirup sowie einer Flüssigkeit, die ich in einer kleinen Flasche in der Kajüte fand und die entweder Likör oder Medizin war, eine Art Bonbons her. Als ich einmal das Abendbrot für die Kajütsgäste auftrug, fand ich den Kapitän mit meinem Tagebuch beschäftigt, das er in meiner Koje entdeckt hatte. Er durchblätterte es schmunzelnd und las die ungünstigen Bemerkungen, die ich darin über den Bootsmann gemacht hatte, in dessen Gegenwart laut vor. Letzterer lächelte zwar dazu, aber dieses Lächeln war ein teuflisches und sagte mir deutlich: Na warte nur! Wenn wir erst allein sind! Zum Schluß gab mir der Kapitän Pommer das Buch zurück und meinte, ich solle nicht solchen Quatsch schreiben. Das sei verboten.

Ich wurde zum erstenmal auf den Klüverbaum geschickt, um ein Segel festzubinden. Jetzt müßten mich meine Freunde sehen, dachte ich, als ich so frei über den Wellen auf dem schwankenden Tau stand und das Wasser betrachtete, wie es sich unaufhörlich schäumend am Bug des Schiffes brach. Ob wohl jetzt in Leipzig einer meiner gedachte? Martin Fischer vielleicht, mein liebster Freund.

Der Wind wurde immer heftiger; infolgedessen ging die See immer höher, rollte die »Elli« immer unbändiger von der einen Seite auf die andere, rutschte ich fortwährend auf dem schrägen, durch das überspritzende Wasser glatten Deck aus und stieß mich überall. Wir liefen tolle Fahrt und mußten schließlich alle Segel festmachen.

»Steuermann, ist das ein Sturm?« fragte ich, aber der Steuermann lachte und sagte: »Das ist noch gar nichts.« –

Der Koch hatte den Versuch gemacht, Brot zu backen; das war aber mißlungen. Natürlich traf nur den Ofen die Schuld. Der Koch war, wie er mit großem Stolz erzählte, als Matrose gefahren. Trotzdem hatte er sich auf der »Elli« als Küchenmeister anmustern lassen, und wir armen anderen mußten nun unter seinen ersten Versuchen leiden. –

Sonntags gab es Pudding in Napfkuchenform, der aus reichlich Mehl und Wasser bestand. Auch Rosinen und Kakerlaken fanden sich darin. Als er ins Logis gebracht wurde, erprobte Jahn seine Festigkeit, indem er mit der flachen Hand kräftig daraufschlug, und dann rief er: »Wat, det Tüg solln wi fretten?«

Jahn zwang Hermann, ein großes fettes Stück Salzfleisch hinunterzuwürgen, indem er ihm mit einem Tauende drohte. –

Er stahl auch, was er nur konnte. Trotzdem war etwas in seinem Wesen, was mir gefiel. Sein kräftiges, derbes Auftreten, seine sichere Geschicklichkeit und Ruhe bei der Arbeit und ein famoser trockener Mutterwitz standen ihm gut und verschafften ihm bei den übrigen Respekt.

Mit dem Hund blieb es die alte Geschichte. Wie er bald meine Wut, bald mein Mitleid erregte, verdrosch oder liebkoste ich ihn. Für Futter sorgte ich, so gut ich konnte, mußte aber selbst gründlich kennenlernen, was es heißt, Hunger leiden.

Kapitän Pommer gab mir ein Scheibchen Schinken, das ich mit Koch und Steuermann teilte, und das war ein so wundervolles Ereignis, daß ich ihm mehrere Zeilen in meinem Tagebuch widmete.

Der 28. April war ein prächtiger Sonntag. Die Sonne schien warm auf das ausgetrocknete Deck. Eine frische Brise wehte, und wir waren alle fideler Stimmung. Ich aß zum erstenmal, seit ich an Bord war, Salzfleisch, und zwar in ungeheurer Quantität, als wollte ich mich mit einem Male für die vorangegangenen vegetarischen Tage entschädigen. Dann kletterte ich in die Takelage, setzte mich auf die oberste Rahe und blickte über die weite, weite Wasserwüste.

Eigentümliche, große Empfindung, im Sturm in luftiger Höhe zu sitzen, mitten im Ozean, mit dem Gedanken, soundso viele Meilen vom Lande, von den Menschen und von der Heimat entfernt zu sein! Unter mir erschien das Schiff wie ein Plättbrett und die Menschen darauf wie große Käfer.

Einmal hörte ich Kapitän Pommer nach mir rufen: »Seppl, wo bist du?« Und als ich von meiner Höhe zurückgab: »Hier, auf dem Royl«, hörte ich ihn etwas wie »Verfluchter Bengel« wettern, aber es klang lachend und halb freundlich. Auch er war an diesem Tage gut aufgelegt. Nach dem Mittagessen sagte er, auf das Geschirr deutend: »So, nun schmeiß alles über Bord, und morgen deck's wieder auf.«

Es war wirklich ein strahlender Sonntag. Nicht einmal eine Hundezigarre fand ich auf meinem gewohnten Gang übers Achterdeck.

Nachmittags fand zum allgemeinen Gaudium ein Ringkampf zwischen mir und dem Franzosen statt.

Nur ein Übel machte sich an diesem Feiertag unangenehm bemerkbar: Wir litten Wassernot. Die Tanks waren bis auf einen kleinen Rest Wasser erschöpft. Dieser durfte als Notbestand nicht angerührt werden. Da kam uns das Regenwasser zustatten, das sich in einer leeren, an Deck befindlichen Salzfleischtonne angesammelt hatte. Gierig sogen wir alle an dem Schlauch, der in die nicht ganz klare Flüssigkeit getaucht wurde.

Je näher wir der Neuen Welt kamen, desto früher dunkelte es abends. Natürlich wurde auch die Uhr täglich entsprechend zurückgestellt. Der Montag verlief nicht so ruhig wie der vorangegangene Sonntag. Ich hatte mich auf die Lauer gelegt, um den Hund einmal beim Naschen zu erwischen, und faßte ihn auch richtig ab, als er im Begriff war, ein Stück Büchsenfleisch aus dem Spind zu holen. Ich erhielt für meine Denunziation vom Kapitän ein Stück Schinken als Geschenk.

Wir sichteten wieder Rudel von Schweinsfischen.

Eine regelmäßige Essenszeit hatte ich nicht, sondern aß während des Servierens oder in freien Augenblicken zu irgendeiner Stunde.

Bootsmann schlug mich mit der Faust und dann mit einem Tau auf den Kopf, weil ich den Tisch mit Werg anstatt mit einem sauberen Tuch abgewischt hatte. Ich verbiß den Schmerz, aber als ich allein war, hatte ich Mühe, Tränen zu unterdrücken.

Abends lag ich gewöhnlich noch lange in meiner Koje wach. Mit dem Mondschein, der durch die offene Tür in die Kammer drang, kamen oft sehnsüchtige Gedanken, die von meinen Idealen, von Freiheit und Abenteuern erzählten.

Nie hätte ich geglaubt, wie unendlich viele Farben und Eindrücke die beiden Elemente Meer und Himmel bieten können, bis ich es nun selbst sah.

Wir änderten jetzt unseren Kurs, doch war ich noch nicht Seemann genug, um dieses Manöver selbst wahrnehmen zu können. Ich wurde mit der fachmännischen Arbeit betraut, die Gottings auf der Großrahe zu überholen.

Den Hund mußte ich dreschen, weil er sich wieder in dem Lorbeerkranz verewigt hatte.

Ein großer Moment: Es gab zum erstenmal mittags Reis. Er war ohne jede Zutat nur in Wasser gekocht. Mit stiefelwichsähnlichem Sirup vermischt, schmeckte er mir aber ebenso gut wie einst Mutters Milchreis. Sirup war das Element, in dem ich nun schwamm.

Eines Tages erregte ein Schuß meine Aufmerksamkeit. Steuermann hatte eine Möwe geschossen.

Mit dem Koch war schwer auszukommen. Sein prahlerisches Wesen war mir zuwider. Es gab aber Stunden, wo er ein wenig, ich möchte sagen, wieder thüringisch wurde. Solche Stimmungen benutzte ich dann, um mir von ihm Aufklärung in seemännischen Fragen zu holen oder plattdeutsche Seemannslieder beibringen zu lassen: »Im Schottischen Hering zu Altona« – oder »Wenn hier en Pott mit Bohnen steit« und andere. –

Am ersten Mai sichteten wir Madeira. Der Hund fraß den zweiten Sammetschuh von Kapitän Pommer, was ihm wieder eine Tracht Prügel eintrug.

Abends schlug ich mich mit Paul, weil er in irgendeiner Sache nicht Wort gehalten hatte.

Meine Kammer sah traurig aus. Mit der Zeit traf ich verschiedene Verbesserungen und machte mir den Aufenthalt gemütlicher. Es war ja nur eine ganz winzige Ecke, wo ich meine freien Stunden zubringen konnte und wo ich schlief, aber um so größer war die Freude, wenn ich durch irgendeine simple Einrichtung, sei es durch Anbringung eines Bordes, sei es durch Aufhängung eines Liebig-Bildes, Schmuck oder Bequemlichkeit hineinbrachte.

Unglaublich war aber auch wirklich die Unsauberkeit um mich herum. Es war unmöglich, einen Brief zu schreiben oder sonst eine saubere Arbeit vorzunehmen.

Hinter Madeira wurde ich zum erstenmal ans Ruder geschickt, allerdings vorläufig unter Aufsicht. Ein Ehrenposten! Mit nicht geringem Stolz löste ich den Rudersmann ab und übernahm den Kurs und die Führung des Schiffes.

Das Ruder befand sich achtern auf dem Kajütsdeck. Der Mann, der es bediente, sah durchs Kajütsglasdach auf den Kompaß. Er konnte dabei auch den Mahlzeiten in der Kajüte zusehen. Was natürlich sehr interessant war. Ich stand in der Folgezeit häufig und gern am Ruder. Das war ein seemännischer, nicht anstrengender Posten, bei dem ich meinen persönlichen Gedanken nachhängen konnte.

Ein kleines Erlebnis prägte sich mir ein. Eine Schwalbe, auf der Rückreise aus dem Süden begriffen, hatte sich ermüdet auf dem Schiff niedergelassen und in meine Kammer geflüchtet. Das kleine, stahlblaue Tier gefiel mir. Ich beschloß, es zu fangen und auszustopfen. Verroht, wie ich durch meine Umgebung geworden war, griff ich das Tier und preßte ihm die Kehle zusammen, um es zu ersticken. Als ich aber sah, wie es vor Schmerz und Angst die schönen dunklen Augen verdrehte, dauerte es mich wieder, so daß ich es freiließ und in ein weiches Nest aus Werg bettete. Der kleine Vogel erholte sich und flog eines Tages von dannen.

Auf dem Gebiet der Kochkunst erlitt ich wieder Fiasko. Ein Kuchen, den ich aus getrockneten Kartoffeln und Zwieback herzustellen versuchte, mißriet völlig.

Die schrecklichste Arbeit für Paul und mich war das Heraufholen von Kohlen aus dem Kohlenschacht. Dieser enge Raum lag tief unten und war so schmutzig, daß man ihn stets ganz und gar schwarz verließ. Natürlich war er völlig dunkel. Eine steile, eiserne Leiter führte hinunter, und es war nicht leicht, mit den schwer gefüllten Eimern in der Hand wieder hinaufzuklimmen. Paul warf noch dazu gewöhnlich unten das Licht um, und dann stießen wir uns in der Dunkelheit bald hier bald dort die Köpfe.

Die nächsten Tage verliefen ziemlich unruhig. Es gab so viel zu tun, daß ich manchmal glaubte, nicht mehr mitmachen zu können.

Im Matrosenlogis machte sich die Unzufriedenheit mit der Kost immer lauter bemerkbar. Als der Koch eines Tages den Reis für die Mannschaft wieder besonders schlecht zubereitet hatte, ging Jahn mit der Schüssel zum Kapitän, hielt ihm den Reis vor und sagte in seiner trotzigen Art: »Captain, son Negerfraß kann man doch nicht fretten!« Die Folge war, daß es seitdem vorn kein warmes Frühstück mehr gab. Kapitän Pommer war entschieden kein Gourmet und meinte auch zu mir: Ich müsse recht rohe Kost essen, das sei gesund.

Einmal, als ich in meiner Koje im Begriff war einzuschlafen, sah ich Jahn in meine Kammer schleichen und sich an der Zuckerbüchse zu schaffen machen, die der Koch dort aufbewahrte. »Was willst du, Jahn?« rief ich, mich aufrichtend. Er stieß mich gegen das Kojenbrett, daß ich eine dicke Beule am Kopf bekam, Dann nahm er sich eine Handvoll Zucker und ging an Deck.

Zank und Schlägereien gab's immer. Steuermann schlug Jahn eine Beule. Dieser antwortete mit einem Schlag ins Auge, so daß Steuermann lange Zeit alle Perlmutterfarben im Gesicht trug.

Meine Sympathie war im stillen auf Jahns Seite. Auch Bootsmann stritt sich oft mit Steuermann, und ich freute mich darüber, denn ich hatte beide hassen gelernt. Der Bootsmann, der größere Erfahrung und mehr Geschick hatte als der Steuermann, wollte sich von diesem nichts sagen lassen.

Am meisten hatte wohl der Hund zu leiden. Auch der Kapitän schlug ihn oft. Ich selbst behandelte ihn besser. Er war mein stiller Freund, und ich suchte ihm allmählich einige Kunststückchen beizubringen.

Die Kost an Bord wurde immer schlechter, und es erregte absolut kein Erstaunen, wenn ich mittags ein Stück getrockneten, leider sogar schon mehr flüssigen Stockfisches in Sirup tauchte, um wenigstens etwas Verdauliches zu erhalten.

Es kamen auch gute Stunden. Wenn die Matrosen abends in der kühlen Dämmerung nach vollbrachter Arbeit sich an Deck lagerten und jene schlichten Volkslieder anstimmten, die selbst im rohesten Gemüt freundliche Erinnerungen hervorrufen, dann beschlich mich ein wehmütiges Gefühl. In schönen Nächten schlief ich an Deck unterm freien Himmel. Den Sonntag suchte ich durch allerlei Kurzweil zu vertreiben. Ich machte Dressurversuche an dem namenlosen Hund, ich malte auf alle möglichen und unmöglichen Papiere Seelandschaften, die bei den Matrosen Anklang fanden, aber unter ihren Händen entzweigingen.

Hermann, dem Leichtmatrosen, gegenüber war ich übrigens in dieser Kunst nicht konkurrenzfähig, denn er zeichnete äußerst geschickt und war von seinen Eltern eigentlich auch für die Malerkarriere bestimmt. Schließlich griff ich aus Langeweile zur Nähnadel und – – – tätowierte meine Arme.

Die Gespräche der Seeleute boten oft viel Amüsement. Ich hatte Mühe, ernst zu bleiben, wenn Jahn und Gustav sich stritten, ob es der Hund oder das Hund hieße und dergleichen.

4. Kapitel

Westindien in Sicht

Als wir schon im Passat segelten, war es endlich gelungen, Brot zu backen, und zwar hatte das der Kapitän eigenhändig vollbracht. Auch als geschickter Tapezierer hatte er sich erwiesen. Seine neu aufgepolsterte Matratze war ein Meisterstück. Ein Seemann ist eben alles, Schuster, Schneider, Sattler, Bäcker usw. Für Kapitän Pommer galt auch der Satz: Ein Seemann ißt alles. Da ich Binnenländer war und er von diesem Begriff nur eine ganz allgemeine Vorstellung besaß, hatte er mir den Namen »Seppl« beigelegt.

Eines Tages war es ihm mal wieder gelungen, mein Tagebuch zu erwischen, und um mich in Zukunft vor solchen Unannehmlichkeiten zu schützen, griff ich zur List. Das Tagebuch bestand aus einem starken Diarium mit grünen Pappdeckeln. Ich riß nun die beschriebenen Seiten heraus und legte an deren Stelle Zeitungspapier und dergleichen zwischen die Deckel. Dann paßte ich einen Moment ab, da der Alte an Deck stand, trug das grüne Diarium recht auffällig aus meiner Kammer, und den Kapitän scheinbar übersehend, warf ich das Buch in weitem Bogen über Bord. »So, Jahn«, rief ich dem Rudersmann zu, »da ist mein Tagebuch gut aufgehoben!« Der Alte mußte das Manöver beobachtet haben, aber der alte Schlaukopf ließ sich nichts merken, sondern stieg pfeifend in die Kajüte hinunter.

Ich führte nun etwas vorsichtiger mein Tagebuch weiter und konnte mit Genugtuung auf französisch notieren, daß ich zwei Tafeln amerikanischen Kautabaks entdeckt, zum erstenmal unbeaufsichtigt das Ruder bedient hatte und während einer Abendmahlzeit vom Kapitän in Algebra examiniert worden war.

Bei dieser Prüfung hatte sich herausgestellt, daß wir beide nichts wußten. Von unangenehmen Tagesereignissen erzählt mein Journal, daß der Bootsmann den Hund wegen eines geringfügigen Vergehens zweimal mit der Nase aufs Deck stieß, daß mir der Steuermann ein Mißtrauensvotum ausbrachte, weil ich ihn mehrmals belogen hatte, und daß ich am Ruder ganz fürchterlich von Mücken zerstochen wurde. Außerdem fühlte ich mich nicht ganz wohl und merkte, daß meine rechte Backe schwoll.

Die Butter zerfloß bei der großen Hitze, und die Sonne stand mittags fast senkrecht über unseren Köpfen. Natürlich waren wir alle kaffeebraun. Ich fühlte mich sehr wohl in dieser Temperatur. Meine dicke Backe schrumpfte bald wieder ein. Das Anbringen der alten Passatsegel kostete viel Arbeit. Der Appetit war dementsprechend, aber die Speisekarte bot wenig Auswahl. Jeden Tag gab's Labskaus, Kartoffeln und Salzfleisch zu einem Brei zusammengekocht. Ich wußte mir dann und wann einen Extraleckerbissen zu verschaffen.

Der Alte glaubte beim Öffnen einer Dose Geleeheringe zu bemerken, daß sie verdorben seien. Steuermann und Bootsmann pflichteten aus Devotion oder Unkenntnis dieser Ansicht bei. Als der Kapitän an meine sachverständige Nase appellierte, bedeutete auch ich ihm durch eine nicht mißzuverstehende Pantomime, daß die Heringe nichts mehr taugten. Wie erwartet erhielt ich nun die ganze Dose als Geschenk und barg sie triumphierend in meiner Koje. Es waren vorzügliche, unverdorbene Geleeheringe.

Kapitän Pommer liebte es, mir derartige Großmutsakte möglichst oft noch vorzuhalten, und er wetterte nicht schlecht, als ich einige Tage nach der Heringsgeschichte eine Flasche Wein zerbrach.

Hübsch war das Meeresleuchten bei Nacht anzusehen. Das glitzerte wie sprühende Funken in den Fluten.

Wir waren alle äußerlich verkommen. Eines Abends zog ich zum erstenmal seit zwei Wochen meine Strümpfe aus, wobei ich bemerkte, daß mir wahre Vogelkrallen an den Zehen gewachsen waren. Wir schliefen damals in den schmutzigen Sachen, die wir bei der Arbeit anhatten. Wasser zum Waschen war nur wenig vorhanden, und in der kurzen Freizeit, die uns der Dienst ließ, waren wir zu müde zum Waschen. Als ich einen der Matrosen bat, mir die Haare zu schneiden, empfahl er mir, das mittels Petroleums und eines Zündholzes selbst zu besorgen.

Die große Decksreinigung wurde mit aller erdenklichen Gründlichkeit durchgeführt. Ich hatte den ganzen Tag unaufhörlich Wasser herzutragen, daß ich außenbords in einem Eimer schöpfte. Das war auf die Dauer ziemlich anstrengend. Die andern schrubbten indessen die Holzplanken mit weißem Sand und scharfem Sodawasser, um später mit Meerwasser nachzuspülen. Wenn das Deck rein und trocken war, ölten wir es mit Leinöl.

Willy fand den ersten fliegenden Fisch an Deck und briet ihn zum Frühstück. Auch ich kostete ihn und fand ihn sehr wohlschmeckend. Die Flügel klebte sich der Steuermann auf ein Stück weißes Papier als Schmuck für sein Zimmer. Einen Haifisch sichteten wir und hängten sofort Speck an einen eisernen Haken an ebensolcher Kette über Bord. Das schlaue Tier biß aber nicht an. Auch einen anderen großen Fisch, einen sogenannten Großkopf, bemerkten wir. Leider kam er nicht näher heran, sondern verschwand plötzlich in die Tiefe.

Geschmacksache: Unser Koch meinte, gekochtes Rindfleisch würde durch Zutat von Ingwer, Zimt, Nelken und Mandeln schmackhafter. Irgendein anderer wieder hatte dem Koch einen drei Zoll langen Nagel heimlich in den Puddingteig geworfen. Der ergrimmte Koch verdächtigte Jahn, und so kam es zwischen beiden zur Prügelei, wobei der Koch zu meiner Freude den kürzeren zog.

Die »Elli« war, wie alle Holzschiffe, stark von Ratten bevölkert. Der Bootsmann fing ein solches Tier. Es wurde in ein Vogelbauer eingesperrt. Bootsmann und Steuermann stellten sich dann dicht davor und durchlöcherten die Ratte mit Revolverschüssen. Dabei erzürnten sich beide. Der Bootsmann sprach seit diesem Tag kein Wort mehr mit dem Steuermann, und dieser zog eine bitterböse Miene. – Wir mußten pumpen, da sich viel Wasser im Schiffsraum angesammelt hatte. Am Himmelfahrtstage sichteten wir nach langer Zeit einmal wieder ein Schiff. Es fuhr mit vollen Segeln an uns vorbei. Ein stattlicher Anblick!

Einer der Matrosen unterrichtete mich im Knoten und Spleißen.

Der Hund hatte endlich das »Schönmachen« von mir gelernt. Das glich er durch eine neue Schandtat wieder aus, indem er sich diesmal nicht in die Lorbeeren, wohl aber in die Zwiebeln setzte.

Der Kapitän war wirklich ein Unikum. Während ich am Ruder stand, schritt er genau anderthalb Stunden vor mir auf dem Achterdeck auf und ab und sang dabei unaufhörlich die zweite Strophe des Volksliedes »Verlassen bin i« und darauf ebensolange ein anderes Volkslied; das begann: »Meinen Vater wollt ich suchen, ich fand ihn nicht.«

Ebenso sangeslustig war Gustav, nur mit dem Unterschied, daß er abwechslungsreicher war und nur zur Nachtzeit sang, wenn er auf Ausguck hin und her marschierte und dann alle Lieder in ein entsprechendes Marschtempo brachte.

Die Unzufriedenheit unter der Mannschaft nahm bedrohlich zu. Täglich gab es weniger zu essen, und das wenige wurde, wenn es nicht schon ungenießbar war, vom Koch verdorben: Bohnen und Bohnen und Bohnen und Bohnen. Es war kein Wunder, daß sich vorn alle gegen den Koch verschworen. Zur Nachtzeit wurden ihm die schikanösesten Streiche gespielt, und am Tage bekam er die unglaublichsten Schimpfnamen zu hören.

Sogar Napoleon nannte ihn einen Schafskopf, mußte es allerdings auch mit zwei Wunden büßen, die ihm der Koch mit dem Schüreisen schlug.

Zwischen Steuermann und mir bestand ein ähnliches Verhältnis. Der schlug und peinigte mich, wo er nur konnte. Er hatte entdeckt, daß einer der zum Waschen benutzten Bottiche fettig war. Da niemand außer dem Koch mit Fett zu tun hatte, war es ganz klar, daß diesen allein die Schuld traf, aber da er es leugnete, bekam ich die Prügel.

Es trieb jetzt viel Seegras im Wasser vorüber, ein Zeichen, daß wir uns der Küste näherten. Wir erwarteten täglich, Guadeloupe in Sicht zu bekommen. Wir freuten uns selbstverständlich alle darauf. Am meisten wohl Paul und ich, weil wir zum erstenmal ein überseeisches Land kennenlernen sollten und das Leben an Bord der »Elli« gründlich satt hatten. Es war auch wirklich schlimm zugegangen in der letzten Zeit. »Viel Arbeit« hatte ich fast jeden Abend in mein Tagebuch eingetragen, und ich erhielt, schuldig oder unschuldig, so viel Schläge von Boots- und Steuermann, daß mein Körper alle Farben zeigte. Wenn mir der Bootsmann, wie so oft, bei ganz geringfügigen Anlässen Hiebe versprach, dann wußte ich, was ich zu erwarten hatte, und es ist wohl begreiflich, wenn mir dann Rachegedanken durch den Kopf gingen. Aber in meiner Stellung als Schiffsjunge durfte ich der Übermacht gegenüber gar nicht an Widerstand denken. Ich mußte die Faust in der Tasche ballen und wurde mehr und mehr verbittert, zumal ich sah, daß selbst größter Eifer und übertriebene Unterwürfigkeit keinen Eindruck auf meine Vorgesetzten machten, und das waren außer Napoleon alle.

Am Dienstag nach Himmelfahrt, abends sechs Uhr, erblickten wir Guadeloupe in der Ferne. Der Himmel war mit schwarzen Wolken bedeckt, die sich strichweise in starken Regengüssen auflösten.

Wir fingen einige Hornfische, auch Sauger genannt, weil sie sich mit ihrer platten Kopffläche am Schiffsrumpf festsaugen.

Am andern Morgen passierten wir Guadeloupe. Eine Menge kleinerer Inseln liegen darum. – Ich zerbrach einen Zylinder. Dafür und auch weil ich beim Brassen eines Segels nicht flink genug gewesen war, schlug mich der Bootsmann.

Ach, wie sehnte ich mich da danach, an einer dieser Inseln aussteigen zu können! Das müßte herrlich sein!

Zwischen Bootsmann und Steuermann kam es zu einer blutigen Schlägerei. Das Motiv war folgendes: Ich hatte den Auftrag erhalten, die Steuerbordspreelatten zu umkleiden, und da ich bei dieser Arbeit außerhalb der Reling stehen mußte, band mich der Steuermann zur Sicherheit mit einem Tau fest, wie es das Seemannsgesetz vorschreibt. Der Bootsmann hielt das aber für überflüssig. So kam es zwischen den beiden grimmigen Feinden zum Wortstreit und dann zu Tätlichkeiten. Der Bootsmann suchte in rasender Wut den Steuermann über Bord zu stoßen. Dieser klammerte sich an die Wanten und wehrte sich mit verzweifelten Fußtritten. Ich versuchte vergebens, die Kämpfenden zu trennen. Erst als der Kapitän, durch den Lärm aufmerksam gemacht, an Deck erschien, ließen die zwei voneinander ab. Die Matrosen hatten der Szene, im Halbkreis herumstehend, mit sichtlicher Freude zugeschaut. Der Steuermann war schlecht bei ihnen angeschrieben.

Von diesem Tage an aß der Bootsmann nicht mehr achtern, sondern vorn im Logis. Daraus erwuchs mir der Vorteil, daß von der Kajütsmahlzeit manchmal etwas für mich übrigblieb.

Auch die Reibereien unter der Mannschaft nahmen kein Ende. Meistens richteten sich die Angriffe gegen den Koch. Jahn hatte ihm über Nacht drei dicke Knüppel in die Kombüse gestellt, und der ängstliche Küchenmeister verstand diesen drastischen Wink sehr wohl.

In der Nähe der französischen Insel Martinique ließ ich eine Flaschenpost los. In eine leere Buttel tat ich Nägel und ein Kärtchen an Vater, das ich kuvertierte und adressierte, außerdem einen Zettel, darauf ich den ehrlichen Finder bat, den Brief zu befördern. Ich verkorkte und versiegelte die Flasche, steckte ein Fähnchen in den Pfropfen und fettete diesen nochmals mit Margarine ein. Dann warf ich die Flasche über Bord. Infolge der Schwere der Nägel tanzte sie aufrecht im Wasser stehend davon. Lange folgte ich ihr mit den Augen und mit aufgeregter Phantasie. Das war so, wie einen Luftballon steigen lassen, was mir auch von jeher ein seltsam mich bewegendes Vergnügen gewesen war.

Es sei hier voraus verraten, daß meine Flaschenpost an einer der britischen Kleinen Antillen, der Insel Barbuda, antrieb. Sie wurde gefunden, und der Bürgermeister der Insel sandte den eingelegten Gruß an meinen Vater mit einem Begleitschreiben, das jetzt vor mir liegt:

»Dear Sir

The bottle containing your message and card thrown overboard from the Ella, 4 days out from Martinique, was picked up on the 8th June by a man living here and brought to me.

At your request I forward your card which I have no doubt you will be very glad to get again.

I am dear Sir yours faithfully
Oliver Nogent
Acting Magistrate Barbuda
British West Indies.«

Ich hatte schon früher unterwegs wiederholt solche Flaschenposten losgelassen, von denen ich aber nie mehr hörte. Kapitän Pommer hatte mir übrigens diesen Sport verboten. Mit Recht. Denn es war ein hübscher Brauch, daß Schiffe beim Sichten einer Flaschenpost sofort stoppten und sie auffischten, weil sie eventuell die letzten Nachrichten eines untergegangenen Fahrzeuges enthielt.

Ich hatte mir überlegt, in Amerika abzumustern oder, falls man, wie das wahrscheinlich war, mich nicht freiwillig von Bord lassen wollte, heimlich davonzulaufen. Der letztere Weg hatte manchen Nachteil. Ich hätte dann keine Bescheinigung über meine bisherige Seefahrt bekommen und brauchte diese doch später einmal fürs Steuermannsexamen. Aber vielleicht wartete dort in dem fremden Lande mein Glück. Hier an Bord war es nicht mehr auszuhalten. Als sich eines Tages der Koch direkt weigerte, mir mittags etwas zu essen zu geben, fiel ich in blinder Wut über ihn her und richtete ihn mit meinen Fäusten gehörig zu. Es war ein Glück, daß die Matrosen ausnahmslos auf meiner Seite standen, sonst wäre mir dieser Gewaltakt wohl übel bekommen. So aber nickten mir alle noch aufmunternd zu, als wollten sie sagen: »Das hast du recht gemacht«, während der Koch zähneknirschend und gemeine Schimpfworte murmelnd davonschlich. Natürlich schikanierte er mich seitdem noch mehr, und dazu hat ein Koch ja stets Gelegenheit.

Meine Hände waren von Teer, Farbe und Sonne schwarz geworden. Dabei muß ich bemerken, daß ich mich höchstens alle fünf Tage einmal wusch.

Der Pfingsttag war herangekommen, sehnlichst erwünscht, denn wir erhofften von ihm ein gutes Mittagessen.

Unser Kapitän ließ sich nicht lumpen. Schweinebraten und Rotkohl gab's allerdings nicht, aber ein dünnes Stück Schinken, eine Zigarre für jedermann und sehr viel Grog. Mein Gott, das war ein Genuß, wie ihn eine Landratte gar nicht verstehen kann. Wir waren sehr übermütig und besoffen uns maßlos.

Am Nachmittag lockte mich lautes Hundegeschrei von der Kombüse her an Deck. Der Koch erzählte uns, daß der Hund die Krämpfe bekommen und er deshalb das Tier über Bord geworfen habe. Das war aber sicher eine Lüge. Wir alle mutmaßten sofort, daß der niederträchtige Schuft das Tier, das er nicht leiden mochte, mit dem glühenden Schüreisen versengt und dann über die Reling geworfen habe, denn es roch stark nach versengten Haaren, und das Schüreisen lag mitten auf den Steinfliesen. Es fehlte nicht viel, so hätte ich mich auf die Kanaille von Koch geworfen, zumal ich sehr betrunken war; aber die anderen hinderten mich daran. Es ließ sich ja auch nichts nachweisen. – – Mein armer, vierbeiniger Freund! Sein Schicksal ging mir wirklich nahe. Ich hatte ihn doch trotz manchen Ärgers, den er mir bereitet, sehr liebgewonnen, und er war zu mir auch stets am anhänglichsten gewesen. Hätte ich gewußt, was für eine Behandlung und was für ein Ende er an Bord der »Elli« finden würde, ich hätte ihn gewiß damals in Le Havre nicht aufgegriffen.

Napoleon schrieb einen französischen Brief an meine Mutter, den er bei nächster Gelegenheit absenden wollte. Auch dieser Brief liegt jetzt vor mir. Die ersten zwei Seiten hat der Franzose sauber und schön, wie gestochen, geschrieben:

»le 27 Mai
Chère Madame
je vous écris ces mots et j'espère qu'elle vous fera plaisir, je vous souhaite une bonne santé ainsi que monsieur. Je suis comme votre fils, c'est la première fois que j'ai été en mer. Aussi chère Madame j'ai eu le plaisir dans mon voyage de trouver comme ami votre fils: Et j'en remercie Dieu car s'en cela pendant tout le voyage j'aurai été toujours triste. Le hasard a amené, plusieurs fois que nous travaillons ensemble, aussi nous étions joyeux, et l'amitié entre nous s'augmentait de plus en plus, j'espère chère Madame que vous retrouverez votre fils en bonne et parfaite santé, j'espère aussi vous n'oublierait pas de m'écrire je serai si content de recevoir de vos nouvelles, en attendant chère

Madame je termine ma lettre en souhaitant encore à tous une bonne et parfaite santé.

Je vous salue respectueusement
votre tout devoué
Paul Phené«

Dann folgen zwei total verschmierte und bekleckste Seiten, auf denen ich in liederlichster Schrift hinzugeschrieben habe:

»Das ist der Brief des kleinen aber fetten französischen Kajütsjungen (ich bin schon seit langer Zeit Decksjunge). Wir haben sehr viel Mahagoni, Zedern und Blauholz, daß wir schon jetzt sehr tief liegen. Wir werden also sehr viele Wasser an Bord bekommen. Ich kann nun also lange Zeit nicht schreiben, werde das aber vom Bestimmungsort sofort thun. Ich glaube, daß wir schon nächsten Montag die Anker lichten.«

Nach den Feiertagen gab es einen wolkenbruchartigen Regen. Wir benutzten diese willkommene Süßwassergelegenheit zu einem gründlichen Deckscheuerfest. Das war ein Schrubben, Scheuern, Spritzen, Spülen; das ganze Deck schwamm in einer Flut. Jahn und Willy machten sich den Scherz, mir eine Pütz voll Wasser über den Kopf zu gießen, so daß ich bis auf die Haut durchnäßt wurde. –

Hinter uns tauchte eine Bark auf, die den gleichen Kurs wie wir nahm. Wir fingen auch einen Vogel an diesem Tag. Das Tier hatte sich auf einer Rahe niedergelassen. Der Alte hielt es seiner gelben Brust wegen für einen Zeisig und setzte ihm hintereinander Schinken, Kartoffeln, Bisquit, Reis, Kakerlaken und schließlich Pfeffer zum Fressen vor, was es aber alles verschmähte.

Am Horizont zeigte sich ein schmaler Streifen Land. Das war Jamaika. Die Hitze war enorm gestiegen, und wir waren ganz in Schweiß aufgelöst, wenn wir das Pumpenrad stundenlang gedreht hatten. Aber diese Arbeit war nötig.

Die gesichtete Bark überholte uns. Wir grüßten sie beim Passieren nach Seemannsbrauch durch Auf- und Niederziehen der Flagge und winkten außerdem mit den Taschentüchern hinüber. Ich bereitete mir aus Essig, Sirup und Wasser ein höchst erfrischendes Getränk, fand aber bald heraus, daß es den Körper nur schlapp machte. Wiederum hatte sich ein Vogel, diesmal ein sehr großes Tier, auf dem Schiff niedergelassen. Die Erfahrenen unter uns erkannten in ihm einen sogenannten Döskopp. Diesen Namen legen ihm die Seeleute zu, weil er so menschenfremd ist, daß er sich ohne weiteres mit der Hand greifen läßt. Er hatte sich im Vortopp auf die höchste Mastspitze gesetzt, flog aber wieder davon, ehe Jahn und ich hochklettern konnten.

Wir waren nun nicht mehr weit von unserem Ziele und trafen umfangreiche Vorbereitungen, um die »Elli« den Bewohnern der Neuen Welt in recht schmuckem Kleid zu zeigen. Gründlich abgescheuert war ja schon alles, und nun ging's ans Malen. Sämtliche Holz- und Eisengerätschaften wurden, soweit sie nicht poliert waren, mit einem grellbunten Anstrich versehen. Besonders weiße Farbe wurde angebracht, wo sie sich nur anbringen ließ. Es war eine Beschäftigung, der wir uns mit großer Lust hingaben, und selbst der Alte beteiligte sich an den feineren Arbeiten. Er war fast ein Kunstmaler und verstand es zum Beispiel meisterhaft, mit einem kammförmig ausgezackten Stück Holz auf dem Gläserspind eine Holzmaserung zu imitieren. Ebenso talentvoll wußte er eine lange schwarze Linie längs der Reling schnurgerade zu ziehen. Mir selbst fiel die Aufgabe zu, breitere Flächen mittels eines dicken Pinsels und diverser Dosen Kohlteer mit schwarzem Glanz zu überziehen. Der Malerei folgte das weniger beliebte Messingputzen. Mit Sand und Petroleum mußten alle an Bord befindlichen Messingteile, Gitterstäbe und so weiter, die durch das Meerwasser sehr gelitten hatten, blitzblank gerieben werden. Da gab's manchmal blutige Finger.

Ich weiß nicht wie es kam; ob der Bootsmann vermutete, ich würde seinetwegen in Amerika das Schiff verlassen, oder ob Kapitän Pommer mit ihm gesprochen hatte, genug, er behandelte mich auf einmal mit auffallender Freundlichkeit. Dasselbe galt vom Steuermann. Dieser erzählte mit jetzt mitunter von seiner Heimatstadt Oldersum, die auch der Heimathafen des Schiffes war. Er plauderte von der Reederei, daß derselben im vergangenen Jahr drei Schiffe spurlos verschollen seien, worunter sich auch ein ganz neues befunden habe. Er zeigte mir auch mit nicht geringem Stolz seine schriftlichen Arbeiten von der Steuermannsschule, war aber etwas verblüfft, als ich ihm bei einer leichten geometrischen Aufgabe einen Fehler nachweisen konnte. Kurz, er war sonderbar liebenswürdig auf einmal, aber ich traute dem Frieden nicht.

Am Sonntag, dem 2. Juni mittags, sichteten wir während fortgesetzter Segelmanöver verschiedene Inseln. Ich zählte von der Bramrahe an Backbord drei und an Steuerbord eine. Der Kapitän ließ die Lotsenflagge hissen. Gegen sechs Uhr abends steuerte ein Fischerboot auf uns zu, in dem wir bald vier Mulatten erkennen konnten, die nur mit Hose und Hemd bekleidet waren. Wir drehten bei und warfen den Fischern, die in einer mir unverständlichen Sprache laut zu uns herüberschrien, eine Leine zu, mit deren Hilfe sie nun längsseits unseres Schiffes kamen. Es waren wunderschöne Gestalten. Einer von ihnen klomm die von uns über Bord gehängte Falltreppe empor und verhandelte an Deck sehr lebhaft mit dem Kapitän in englischer Sprache. Ich konnte nur einzelne Worte davon verstehen, aber Hermann verdolmetschte mir den Sinn seiner Rede. Der Mulatte erklärte, daß er Fischer wäre und uns für fünfzehn Dollar nach Belize bringen wollte. Allright! Der Alte willigte ein, und der Gelbe blieb bei uns als Lotse an Bord, während seine Begleiter im Boot wieder davonfuhren. Dieser Lotse war nicht größer als ich. Er entledigte sich zunächst an der Kajütstreppe seiner durchnäßten Kleider und zog dafür eine nicht ganz saubere Hose mit sehr guter Ventilation an. Das Frühstück, das ihm der Alte anbot, wies er bescheiden zurück und nahm nur etwas Tee an. Seinen breitkrempigen Strohhut legte er vorher unter den Tisch.

Ich war ganz aufgeregt. Hatte mich schon der vorangegangene Akt der Lotsenaufnahme in hohem Grade interessiert, so lauschte ich jetzt, während ich mir am Gläserspind zu schaffen machte, mit höchster Spannung auf das, was der Fischer von Belize erzählte. Freilich konnte ich bei seiner raschen Sprechweise nur wenig übersetzen, aber ich verstand zum Beispiel, daß Trinkwasser in Belize sehr teuer wäre und Früchte sehr billig, daß nur wenig große Schiffe dorthin kämen, dagegen aber viele kleinere. – Bei den westindischen Inseln ist ein gefährliches Fahrwasser. Wir wurden alle Minuten an Deck zum Segelbrassen gerufen. »Bout ship!« hieß das Kommando, und wehe mir und Paul, wenn wir nicht gleich an Deck flogen. Ich mußte überhaupt jetzt bei allen Arbeiten mit zufassen und half sogar beim Festmachen des Groß-Segels. Da gab's heiße Arbeit, aber wir verrichteten sie mit größtem Eifer.

5. Kapitel

Ankunft in Belize

Einmal wären wir fast auf ein Felsenriff gelaufen. Der Lotse hatte es im letzten Moment noch an der Brandung erkannt. Wir fuhren jetzt so dicht an den Inselgruppen vorbei, daß wir die Palmenwälder darauf mit bloßem Auge sehen konnten. Wir verspürten deutlich einen Landgeruch.

Der Steuermann setzte, wohl dem Lotsen zu Ehren, seine beste Mütze auf. Sie fiel ihm aber über Bord. Darüber verstimmt geriet er wieder mit dem Bootsmann in Streit, weil der den außenbords am Heck hängenden Rettungsring schon wegnahm.

Abends wurde der Anker klar gemacht. Diese Nacht gab's wenig Schlaf. Fortwährend wurden wir zum Brassen herausgerufen, und wenn wir uns danach eben todmüde in Kleidern in die Kojen geworfen hatten, schreckte uns schon wieder das gellende »Bout ship!« des Kapitäns oder Steuermanns auf. Die Ankerlaternen und andere Instrumente wurden hervorgeholt und eins der Boote seeklar gemacht. Beide Wachen sollten aufbleiben, weil wir bald vor Anker gehen würden. Es war ein rastloses Durcheinanderrennen, Schimpfen und Fluchen. Ein paarmal schielte ich für einen Moment von meiner Arbeit weg und bemerkte einige Lichter von anderen Schiffen auf dem Wasser. Aber ich wurde von allen Seiten zur Arbeit angetrieben und konnte leider nicht länger danach ausschauen. Bald mußte ich dem Bootsmann beim Brassen helfen, bald dem Kapitän etwas aus der Kajüte holen; es herrschte eine allgemeine Aufregung. Auf einmal, als ich mich gerade in der Kajüte befand, vernahm ich ein donnerndes Gepolter, bei dem das ganze Schiff erzitterte. Das war der fallende Anker. An Deck eilend, sah ich am Horizont eine Kette von Lichtern – Belize!

Wir waren am Ziel unserer Reise angekommen, aber die Blicke der Matrosen und die Ferngläser der Achtergäste hafteten nicht lange auf dem Lichtersaum vor uns. Alle waren von den vorangegangenen Strapazen erschöpft und nur von dem einzigen Wunsch nach Ruhe erfüllt. Ich erbot mich freiwillig, bis zum Morgen die Wache zu halten, und war sehr glücklich, als ich die Erlaubnis dazu erhielt.

Nie werde ich das glückliche Gefühl vergessen, das mich beseelte, als ich nun auf Wache auf dem Achterdeck auf und ab schritt. Alle außer mir schliefen den Lohn für die Arbeit der letzten Stunden, und ich war allein mit meinen Gedanken in der köstlichen, kühlen Nachduft, musterte ungestört mit Steuermanns Fernglas die fremde Küste. Es war bei der starken Dunkelheit allerdings kaum mehr als mit bloßem Auge zu sehen, aber meine Phantasie malte in die schwarzen Schatten allerlei seltsame Dinge und abenteuerliche Gestalten. Mit dem anbrechenden Morgen wurde das Bild deutlicher, bis ich schließlich dichte Palmenwälder erkennen und etwa hundert weiße Häuser zählen konnte. Ich war in unglaubliche Spannung versetzt und konnte die Stunde nicht erwarten, wo ich das alles aus der Nähe sehen sollte.

In weitem Umkreis um uns herum lagen verschiedene andere Schiffe. Mit Verwunderung beobachtete ich, wie sich unsere Lage zu den Schiffen und zum Lande fortwährend veränderte, bis ich die Ursache dieser Erscheinung herausfand. Die Ankerkette hielt das Schiff nur vorn am Bug fest, und mit der Änderung der Windrichtung wurde dasselbe um diesen festen Punkt im Kreise getrieben. – Inzwischen hatte sich Joseph, unser Lotse, zu mir gesellt, und ich bestürmte ihn in meinem gebrochenen Englisch mit endlosen Fragen.

Wenn mein Bruder jetzt gehört hätte, daß ich mich zuallererst danach erkundigte, ob es viel Schlangen in Belize gäbe, hätte er sich wohl freuen müssen; denn nur in seinem Interesse stellte ich diese Frage, die mir bejahend beantwortet wurde. Ich sah und hörte so viel Neues, daß ich, obgleich ich die ganze Nacht durchgearbeitet hatte, noch absolut keine Müdigkeit empfand, auch nicht, nachdem ich um acht Uhr die anderen mit dem üblichen Seemannsvers geweckt hatte:

Rise Quartier
Ist Seemannsmanier,
Dem Rudersmann tut verlangen,
Das Ruder zu verfangen.

Zum Frühstück, merkwürdig abgepaßt, stellte sich ein Boot ein, dem ein bleicher, junger Engländer mit sommersprossigem Gesicht entstieg, während etwa zehn Neger im Boot zurückblieben. Ich konnte nicht erfahren, was die Ursache seines Besuches war. Vielleicht nur Neugierde oder Appetit. Jedenfalls wurde der Ausländer mit übergroßer Höflichkeit empfangen und mit dem wenigen Besten bewirtet, was die »Elli« an Eßbarem und Trinkbarem besaß. Neidvoll sah ich zu, wie der Sommersprossige beim Abschied noch zwei Zigarren vom Kapitän erhielt.

Bald darauf ließen wir ein Boot zu Wasser. Gustav und Willy, die Glücklichen, mußten den Alten an Land rudern. Ich folgte dem Boot die ziemlich weite Strecke zum Land mit sehnsüchtigen Blicken.

Als die drei am Nachmittag zurückkamen, brachten sie große Büschel Bananen, Ananas, eine Menge Neuigkeiten und, was die Hauptsache war, Briefe aus der Heimat mit. Ich las wohl zehnmal hintereinander mit größter Aufmerksamkeit und Freude einen Brief von den Eltern, einen anderen von meinem Freund Fischer und eine Karte vom Verein ehemaliger Tolleraner.

Die Bananen schmeckten vorzüglich. Sie erinnerten im Geschmack ein wenig an unsere Kirschen, ich vertilgte eine unheimliche Menge davon, obgleich mich der lächelnd zusehende Lotse vor allzu reichlichem Genuß dringend warnte. Zu Mittag herrschte eine tolle Gluthitze, aber ich fühlte mich mopsvergnügt. Ich war ja so froh und die Natur um mich herum von so bestrickender Schönheit. Ein wolkenloser, kobaltblauer Himmel spannte sich über die klare, durchsichtige Meeresfläche, die sich in jenem leuchtenden Smaragdgrün darbot, das mir früher auf Gemälden so unwahrscheinlich vorgekommen war. Gegen diesen hellen Grund nahmen sich die verschiedenen Schiffe und Boote auf der Reede und die sauberen weißen Häuschen an Land wie Spielsachen aus.

Alle größeren Schiffe hatten gleichzeitig mit uns um acht Uhr morgens die Nationalflagge gehißt, ein schwedischer und ein norwegischer Dampfer, drei mexikanische Transport-Kriegsschiffe mit Schonertakelage und verschiedene kleinere Frachtdampfer.

Es war kein Wunder, daß ich am anderen Morgen die Zeit verschlief.

Als ich erwachte, erblickte ich eine Menge Neger an Deck, die mit dem Öffnen der Luken beschäftigt waren. Längsseits lag ein großer Kahn, in dem ebenfalls Neger hantierten.

Nun gab es wieder viel Arbeit. Der Ballast mußte gelöscht, das heißt in mehrere Kähne verladen werden. Es war nicht leicht, in der ungewohnten Mittagsglut zu arbeiten und die schweren Winden zu drehen. Um den brennenden Durst zu stillen, stellte uns der Koch einen Kessel mit ganz dünnem Teewasser hin. Das bewirkte aber nur, daß wir noch mehr in Schweiß gerieten. Allen war es anzusehen, wie schwer ihnen die Arbeit fiel. Auch Bootsmann und Steuermann mußten mitarbeiten. Einmal trat der Bootsmann von der Winsche beiseite, zog sein Hemd aus und rang es mit den Händen aus. Die Neger, die die Hitze gewohnt waren, arbeiteten sehr eifrig und vollführten dabei einen Mordsspektakel. Es waren meist große, starkgebaute Gestalten.

Es dauerte nicht lange, so kam ein Bumbootsmann an Bord. In seinem Boot erblickten wir Frischbrot und Frischfleisch, Früchte und Tabak. Als Kajütsjunge hatte ich keinen weiten Weg zu des Kapitäns Kognakflasche, und da ich sehr bald merkte, daß die Eingeborenen eine mächtige Vorliebe für Feuerwasser hatten, kam ich sehr billig in den Besitz von Früchten und Tabak.

Am Nachmittag lief ein deutscher Dreimastschoner in die Bucht ein und ging in unserer Nähe vor Anker. Kapitän Pommer und der Steuermann, die das Schiff mit Fernglasern beobachteten, entdeckten zu ihrer Freude, daß es ebenfalls ein Ostfriese, und zwar aus Papenburg war. Der Kapitän des Schoners, ein Verwandter unseres Kapitäns, hatte seine Frau und drei Kinder an Bord.

Ich hatte am selben Tag noch eine lebhafte Unterredung mit dem Koch, den ich mit allen Mitteln überreden wollte, mit mir von der »Elli« zu fliehen. Er hatte sich nämlich schon oft über das schlechte Leben an Bord beklagt, und ich hatte ihn nach Möglichkeit in seiner Unzufriedenheit bestärkt, bis er zuletzt selbst einmal die Fluchtidee anregte. Er schien jedoch zu ängstlich, um zu einem festen Entschluß zu kommen. Bei mir stand es fest, daß ich bei der nächsten sich bietenden Gelegenheit Reißaus nehmen würde. Ich traf bereits die ersten Vorbereitungen, indem ich mir bei einem der Schwarzen ein Messer bestellte.

Schließlich gelang es mir doch, den Koch für meinen Plan zu gewinnen. Wir verabredeten eines Tages, daß wir in der Nacht um zwölf, wenn Jahn die Wache hatte, in einem Boot entfliehen wollten, das wir von einem Eingeborenen zu bekommen hofften. Obgleich wir Jahn nicht trauten, rechneten wir doch mit seiner Gewohnheit, seine Wachzeiten schlafend zu verbringen. Ich verständigte einen der Neger von unserem Plan und versprach ihm eine Taschenuhr und eine Geldbelohnung, wenn er uns in der Nacht mit einem Boot abholen würde. Er sagte zu. Ich glühte in froher Erwartung und packte sogleich meine Sachen zusammen. Schlafen ging ich nicht, sondern steckte mir einen Priem in den Mund und ging spähend an Deck auf und ab, während der Koch bis zwölf Uhr schlafen wollte.

Aber kein Boot ließ sich blicken. Enttäuscht teilte ich das dem Koch mit, als ich ihn um zwölf Uhr weckte. Er meinte, das Boot könnte noch immer kommen und versprach, mich dann schnell zu wecken.

Ich mochte wohl eben eingeschlafen sein, als mich der Koch mit den Worten: »Es ist da!« aufrüttelte. Wie elektrisiert sprang ich mit einem Satz aus der Koje und lief an Deck. Auf der dunklen Wasserfläche kreuzte tatsächlich ein Segelboot, fuhr aber vorüber, ohne uns zu beachten.

Am anderen Morgen sah ich den bewußten Neger wieder und machte ihm Vorwürfe. Er antwortete achselzuckend: »I had no time!«

Da es schien, daß wir keinen Eingeborenen gewinnen würden, beschlossen wir, bei unserem ersten Urlaub zu entweichen.

Ich delektierte mich an einer Menge Bananen. Auch Mangos hatte man mir gebracht, große Früchte, einer Eierpflaume nicht unähnlich, die merkwürdiger-, aber höchst angenehmerweise unter anderem auch nach Terpentin schmecken.

Umsonst lieferten die Schwarzen diese Naturerzeugnisse übrigens nicht, sondern sie ließen sich mit Geld, Kleidungsstücken, Schnaps und dergleichen recht vorteilhaft bezahlen. Und wir gaben alles hin, was nur einigermaßen entbehrlich.

Denn was nützt dem Seemann das Geld,
Wenn's ihm schließlich ins Wasser fällt. –

Der Koch gab sogar den Stolz seiner seemännischen Ausrüstung, ein Paar ideale, fettüberhauchte Seestiefel für sechs Schilling und diese sechs Schilling dann für Bananen, Ananas und so weiter hin. Am dritten Belizer Tag ungefähr kam ein Dutzend Leichterboote heran mit der neuen Ladung für die »Elli«. Es sah reizend aus, wie diese großen Segelboote in toller Wettfahrt – denn jedes wollte zuerst seine Ladung loswerden – auf uns zuschossen und, erst zehn Meter vor uns scharf beidrehend, das Segel laut klappernd fallen ließen. Sie brachten große Stücke Farbholz, die nach Europa bestimmt waren.

Nachdem die Fahrzeuge an der Schiffswand gut befestigt waren, hängten wir zwei Stellings über die Reling, auf die sich je zwei Matrosen von uns stellten. Dann begann das Einladen des Blauholzes ungefähr in folgender Weise: Die Neger im Boot reichten die schweren Hölzer den beiden Leuten auf der untersten Stelling. Diese gaben sie denen auf der obersten Stelling. Dann wurden sie von zwei an Deck stehenden Matrosen abgenommen und auf eine vor der Luke aufgestellte Waage gelegt, die vom Steuermann und dem schwarzen Stewidor kontrolliert wurde. War dann eine Tonne zusammengekommen, so wurde das Holz in den Schiffsraum hinuntergeworfen, wo muskulöse, nackte Neger es kunstgerecht verstauten.

Die Stücke waren sehr schwer, und es war anstrengend, damit zu hantieren, zumal Steuermann und Bootsmann unaufhörlich zur Eile antrieben. Außerdem war das Holz sehr splittrig, und da es färbte, waren unsere Arme in kurzer Zeit über und über blau.

Man hatte uns vor Skorpionen und anderen gefährlichen Tieren gewarnt, die in der Tat massenhaft in dem Blauholz vorkamen. Es gelang mir gleich anfangs, einen Skorpion zu fangen, den ich in Spiritus aufbewahren wollte. Da ich keinen Spiritus besaß, bat ich Kapitän Pommer um etwas Kognak.

Der traute mir aber betreffs der Verwendung des Schnapses nicht recht und zog es deshalb vor, das Tier selbst in Kognak zu setzen und es mir bis zum Ende der Reise aufzubewahren.

Währenddessen vergaß ich nicht, das Feuer der Unzufriedenheit im Gemüt des Kochs zur lodernden Flamme zu schüren.

6. Kapitel
Amerika und kein Urlaub

Willy und der Matrose hatten sich Landerlaubnis geholt, und ich hoffte ebenfalls darauf, fragte aber erst am nächsten Tag, als auch Bootsmann und Steuermann Urlaub erhielten, ob ich etwas Vorschuß bekommen könne.

»Wieviel Dollar willst du?« fuhr mich der Alte barsch an, und als ich bemerkte, daß ich nur wenig brauche, um etwas für meine Eltern zu kaufen, erklärte er mir auf einmal, ich würde überhaupt nicht an Land kommen, weil ich in mein Tagebuch geschrieben hätte, daß ich in Belize ausreißen wolle. Er hatte also wieder in meinem Tagebuch geblättert. Es traf mich wie ein harter Schlag, daß ich nun gar nicht das verlockende Land, das vor mir lag, kennenlernen sollte, worauf ich mich seit Anbeginn der Reise sehnlichst gefreut hatte. Dann gab mir noch der Koch zu verstehen, daß er sich anders besonnen habe und doch lieber an Bord bleiben und die Rückreise auf der »Elli« mitmachen wolle. Da wurde ich so erbittert über die Feigherzigkeit meiner Umgebung und die rohe Gewalt, mit der man mich festhielt und behandelte, daß ich in Tränen der Wut ausbrach.

Ich ließ mich nun aber erst recht nicht von meinem Gedanken abbringen und beschloß, einen geeigneten Zeitpunkt abzuwarten, um allein das Weite zu suchen. Den Leichtmatrosen Hermann, der ein guter Junge war, weihte ich in meine Pläne ein. Er mußte mir ehrenwörtlich versprechen, mich nicht zu verraten.

Am nächsten Morgen fragte ich, diesmal den Steuermann, ob ich mit dem Koch an Land dürfe. Er antwortete: Ich käme nicht an Land, könne aber mit ihm und den Matrosen Paul und

Gustav eine Bootstour nach den Inselgruppen machen. Ich ließ meine Enttäuschung nicht merken und nahm das Anerbieten an.

Wir stiegen ins Boot und ruderten den kleinen Inseln zu, die vor uns lagen. Die Ruder waren sehr schwer. Ich war das nicht gewöhnt und hatte Mühe, mit Paul und Gustav im Takt zu bleiben. Das Wasser war stellenweise ganz flach, und wir sahen auf dem Grunde große Krabben laufen, die ich mit der Hand herausfischte. Mehrmals saß das Boot fest. Dann mußten wir ins Wasser springen, um es wieder flott zu machen. Von der nahen Küste herüber klang ein lautes Summen und Brummen, das von zahllosen Insekten herrührte, aber so stark war, daß es an das Brausen eines Wehrs erinnerte. In einen Fluß, oder in einen schmalen, in das Land hineingestreckten Meeresarm einbiegend, erblickten wir am Ufer zwei Negerweiber, von denen die eine der andern die Haare schor, häßliche alte Hexen. Gleich darauf aber wurden wir durch einen reizvollen Anblick entschädigt. In einem Kanu, das in der Nähe eines Blockhäuschens am Strande befestigt war, kauerte eine wunderschöne, junge Kreolin, nur mit einem dünnen Hemd bekleidet. Von herrlichem Körperbau, mit stahlblauen, glänzenden Haaren, bot sie inmitten der wilden Waldlandschaft ein entzückendes Bild.

In dem engen Gewässer mußten wir dicht an dem Kanu vorüber, und unwillkürlich ließen wir dabei, wie auf Kommando, alle die Ruder sinken. Das junge, braune Mädchen blieb unbeweglich in ihrer graziösen Stellung an der Spitze des leichten Fahrzeuges. Ich sehe noch heute, wie ihre melancholischen Augen uns folgten. Sicherlich hatte sie auf uns alle den gleichen Reiz ausgeübt, denn wir fanden ziemlich spät erst Worte der Begrüßung. Sie aber erwiderte in freundlichem Ton irgend etwas, und als ich mich über die kleinen Krabben wunderte, die zu Hunderten auf einem dem Kanu zum Schutz dienenden Balken umherkrabbelten, reichte mir das schöne Kreolenmädchen ein eigentümlich geformtes Messer herüber, mit dem ich die Tiere fangen sollte.

Wir mußten weiterfahren. Am Ufer bemerkten wir einen Haufen großer Muscheln. Das war etwas für mich! Als ich aber ins Wasser sprang und mir etwas von dem Schatz holen wollte, fand ich, daß die Muscheln alle angeschlagen waren. Später schenkte uns ein Neger, den wir trafen, zwei gut erhaltene Exemplare und warf uns auch einige Mangos ins Boot, die wir uns vortrefflich schmecken ließen.

Die Wasserstraße verengte sich immer mehr, so daß wir öfters mit den Riemen im dichten Buschwerk zu beiden Seiten hängenblieben. Einen Balken, der uns den Weg versperrte, mußten wir mühevoll beseitigen. Wir drangen aber weiter vorwärts. Einmal stiegen wir auch an Land, ohne uns allerdings weit vom Boot zu entfernen.

Unzählige Moskitos umschwirrten und zerstachen uns. Zum erstenmal sah ich hier Palmen mit Kokusnüssen, Gummibäume und viele andere mir zum Teil ganz unbekannte Gewächse in freier Natur. Ich dachte wieder an Flucht, aber der Steuermann mochte das wohl ahnen, denn er behielt mich unausgesetzt im Auge.

Als wir eben vom Lande wieder abgestoßen waren, sah ich ein großes Tier vor mir in die Höhe schießen. »Ein Krokodil!« »Ein Alligator!« riefen wir wie aus einem Munde. Das Tier schoß mit fabelhafter Geschwindigkeit an der Oberfläche des Wassers dahin, hinter sich eine breite Furche aufgewühlten Schlammes nachziehend. Wir verfolgten es, aus Leibeskräften rudernd, und der Steuermann stand mit dem spitzen Bootsanker am Bug des Bootes bereit, um das Tier zu harpunieren.

Aber schon war es in einem dichten Gestrüpp verschwunden.

Wir bogen in einen kleinen Nebenfluß ein, an dessen Ufern sich eine seltsame Baumart mit grünem Holz und grellroten

Blättern zeigte. Drei etwa 15jährige schwarze Bengels zogen ihre Hemden aus, sprangen ins Wasser und umschwammen lachend unser Boot. Auch schwarze Mädchen und Frauen zeigten sich, einige davon grundhäßlich, andere wieder in moderner, aufgedonnerter Kleidung, höchst komisch. Nach unserer Rückkehr barg ich vor allen Dingen sorgfältig meine Jagdtrophäen: Ein Strauß exotischer Zweige, ein Haufen Muscheln und ein Ziegenschädel.

Wegen meiner Sammelwut wurde ich oft von den Matrosen ausgelacht, aber ich kümmerte mich nicht darum, und wenn ich sogar nicht Zeit fand, meine Kleider und sonstigen Habseligkeiten in Ordnung zu halten, – für das, was ich meinen Angehörigen und besonders meinem Bruder Wolf gang mitzubringen gedachte, hatte ich immer Zeit und Raum übrig. Allerdings begnügten sich meine Kameraden nicht damit, mich für verrückt zu erklären, sondern sie verdarben mir auch in ihrem plumpen Unverstand oder aus Schabernack meine Schätze. So hatte mir Jahn verschiedene Male sehr interessante Fische, die ich mit Tabak ausgestopft und dann zum Trocknen auf die Kombüse gelegt, über Bord geworfen mit der hartnäckigen Erklärung, daß solches »verottetes Viehzeug« doch nur stinken würde.

Ich hatte das Unglück, vom Alten überrascht zu werden, wie ich auf der Wendeltreppe einen heimlichen, tiefen Zug aus der Kognakflasche tat. Er machte jedoch zu meiner Verwunderung gar kein Wesen aus dieser Sache.

Es folgten jetzt immer schwerere Arbeitstage, die uns viel Schweiß kosteten. In der Beköstigung war keine große Änderung eingetreten, denn das Frischbrot, das wir am Hafen zweimal wöchentlich erhielten, war ein ganz leichtes, trockenes und kraftloses Gebäck, und die täglichen Fleischrationen waren sehr knapp bemessen.

Den einzigen Genuß boten die Früchte, die uns die Schwarzen mitbrachten. Für eine Ananas zahlten wir 5 Cents, also 20 Pfennig, und dabei verdienten die Nigger noch viel.

Die Bezeichnung »Nigger« brachte mir übrigens beinahe eine Tracht Prügel ein. Als ich eines Tages einen baumlangen Eingeborenen ahnungslos mit den Worten »Du Nigger!« anrief, drang er mit einem Stück Eisen wütend auf mich ein und schrie dabei, er wäre kein Nigger, und er sei ebenso klug wie wir. Hermann, unser Sprachgenie, sprang vermittelnd zwischen uns und beschwichtigte den Schwarzen.

Zwei Gentlemen, ein Weißer und ein Gelber, besuchten den Alten. Sie benahmen sich äußerst ungeniert, betranken sich an Kapitän Pommers Cognac vieux und kauften zuletzt dem Steuermann einen Revolver ab. Einmal ließ sich der Kapitän auch von Hermann und mir an Land rudern. Der Leichtmatrose war klein und schwächlich und ich im Rudern noch nicht sehr geübt. Wir strengten uns aber beide äußerst an und pullten den weiten Weg bis zur Anlegestelle in Belize mit solchem Eifer, daß ich mehrmals nichts sehen konnte, weil mir der Schweiß von der Stirn in die Augen lief. »Pullt, pullt, ihr Bengels!« feuerte uns der Kapitän an. Als wir dann gelandet waren, gab er uns einen Schilling, ermahnte uns, gut aufs Boot aufzupassen, bis er wiederkäme und entfernte sich darauf schwankenden Schrittes in der Richtung nach dem Gouvernementsgebäude. Nun stand ich allein mit Hermann in Belize auf festem Boden. Wir hatten bei einem freien Platz angelegt, der von schmucken sauberen Holzbauten mit grünen Fensterläden umgeben war. Nur ein steinernes Gebäude war sichtbar, und die auf dem Dach wehende englische Flagge kennzeichnete es als Gouvernementsgebäude. Es war auch Polizeistation. Auf dem Platz selbst stand eine ungeheure Wassertonne. Ein Schwarzer verkaufte dort Trinkwasser. In Belize war man auf das Trinkwasser angewiesen, das man während der Regenzeit in umfangreichen Fässern auffing oder von Wellblechdächern in alle möglichen Gefäße leitete.

Es herrschte ein reges Treiben auf dem Platz. Schwarze, gelbe und auch weiße Menschen in bunten Kleidern, mit breiten Strohhüten spazierten umher oder gingen ihren Geschäften nach. Anscheinend war gerade Markttag.

In einem geräumigen Schuppen wurden Fleisch und Obstwaren feilgeboten. Wir erstanden für einen Schilling: zwei Ananas, ein Bund Bananen und verschiedene andere Früchte, die wir gleich probierten. Den Rest bargen wir im Boot, legten die Ruder und Ruderdollen unter die Sitze, überzeugten uns noch einmal, daß das Fahrzeug gut festgebunden war und bummelten nun durch die Straßen, um mit neugierigen Augen das Leben und Treiben dort zu beobachten. Zunächst begegneten wir einem langen schwarzen Soldaten mit geschultertem Gewehr, der vier gelbe Gefangene begleitete, die in Blecheimern Trinkwasser schleppten. Sie lächelten uns gemütlich zu. Dann lockten uns eine Menschenmenge und der wiederholte Ruf »Going at«, »Going at« zu einer öffentlichen Auktion. Es wurde gerade ein Fahrrad für 40 Dollar ausgeboten. Unter den Negern, die den Tisch umstanden und durch laute Zwischenrufe sehr störten, befanden sich mehrere Schauerleute, die tags zuvor beim Laden auf der »Elli« beschäftigt waren. Einer derselben stellte uns einen alten Herrn als Landsmann vor. »Sprichst du Deitsch?« wandte er sich an Hermann. »Jo, ik bin Hamburger Jung.«

Der Herr war aus Ostpreußen, und zwar aus Memel, lebte schon 25 Jahre lang in Belize und versprach, uns gelegentlich an Bord zu besuchen. Wir hatten uns inzwischen unserer Jacken entledigt, denn die Hitze an Land war noch weit drückender als draußen auf der Reede. So schlenderten wir wieder unserem Anlegeplatz zu. Der Wassermann auf dem Marktplatze verabreichte uns einen Trunk aus seiner Riesentonne gratis. Wir aßen gleich danach im Boot eine Unmenge Früchte, Cholera und Fieber verlachend.

Jetzt wäre vielleicht eine gute Gelegenheit zur Flucht gewesen. Hermann und ich besprachen das auch, aber wir kamen zu dem Resultat, daß wir unmöglich unsere ganzen Habseligkeiten so ohne weiteres im Stich lassen konnten. Mir persönlich lag eigentlich nur daran, mein angefangenes Tagebuch, meine Photographien und einige sonstige Andenken an die Heimat mitzunehmen. Also ruderten wir wieder den Kapitän, der sehr spät und sehr betrunken vom Konsul kam, an Bord zurück.

Es wurde ziemlich laut und allgemein an Bord rebelliert. Jahn schimpfte auf den Koch, die übrigen Matrosen auf den Steuermann und den Kapitän sowie auf das ungenießbare Fressen, und der Bootsmann verrichtete seine Arbeiten mit sichtlichem Widerwillen, indem er dabei von Sklavenketten und Hungerschiff sprach. Die Verhältnisse spitzten sich zu einer Krise zu, und diese kam einige Tage später.

Willy war, in einer freihängenden Stellage sitzend, damit beschäftigt, den oberen Mast braun zu streichen und sang dabei aus voller Lunge das schöne Lied:

Bei einem Städtchen,
In einem tiefen Tale,
Da saß ein Mädchen
An einem Wasserfalle.
Sie war so schön, so schön wie Milch und Blut,
Von Herzen war sie einem Räuber gut.
Du armes Mädchen,
Bedaure meine Seele,
Denn ich muß fort
Aus dieser Räuberhöhle,
Wo wir dereinst so glücklich konnten sein,
Jedoch ich muß von dir geschieden sein.

Nimm diesen Ring,
Und sollt' dich jemand fragen,
So sag': Ein Räuber
Hat ihn einst getragen,
Der dich geliebt bei Tag wie bei der Nacht,
Und der so viele Menschen umgebracht.

Mich ergriffen solche Lieder. Kapitän Pommer, der an Deck stand, dachte jedoch anders, denn er rief Willy zu: Er solle bei der Arbeit nicht singen. Willy antwortete mit einem spöttischen »Ach wat!«, worauf der Alte fürchterlich zu schimpfen anfing. Aufgebracht, wie er war, wandte er sich an den über Deck gehenden Bootsmann: »Und was ist eigentlich mit Ihnen, Bootsmann?« sagte er, indem er den Kopf schief hielt und ein Auge zukniff. »Wollen Sie nicht mehr? Sie sprechen von Sklavenketten und Hungerschiff; wenn es Ihnen nicht mehr paßt, können Sie gehen.«

»Ja, das hat keinen Zweck, wenn ich hierbleibe. Das gefällt mir hier nicht!« entgegnete der Bootsmann mürrisch und machte sich sofort daran, seine Sachen zu packen.

Gott sei Dank! Der sollte mich nicht mehr schinden!

Die Entlassung des Bootsmannes rief vorn im Logis lebhafte Debatten, viel Erbitterung und den allgemeinen Wunsch hervor, ihm nachfolgen zu können. Alle waren das Hungerleben auf diesem Schiff satt, aber wir wußten auch, daß der Alte so leicht keinen abmustern würde.

Dem Steuermann entging diese Stimmung unter den Matrosen nicht. Er rief sie auf das Hinterdeck zu sammen und erklärte: »Ihr könnt alle frei sein, nur müßt ihr einen Ersatzmann stellen.«

Dieser Schuft! dachten wir; er weiß genau, daß wir hier keinen Ersatzmann, keinen Deutschen finden.

Ich beschloß, den Kapitän zu bitten, mich abzumustern und Napoleon als Kajütsjungen anzustellen. Ich wartete auf eine

Gelegenheit, ihn allein unter vier Augen zu sprechen. Ein Postdampfer traf ein und brachte mir wieder Nachrichten von zu Hause. Mein Gott, mit welcher Freude und Aufmerksamkeit las ich diese Briefe. Überraschende Nachrichten. Mein Bruder hatte sich verlobt. Außerdem hatte mir Gertrud, das stille Glück meiner zwei Sextanerjahre, einen Kartengruß gesandt.

Wenn ich auch nicht Landurlaub erhielt, so bekam ich doch etwas von der westindischen Natur zu sehen. Ich angelte Kattfische, die wir dann in Margarine brieten und verzehrten. Sie schmeckten allerdings nicht besonders gut. Wir hörten, daß die Neger diese Fische verschmähten, da sie von allem möglichen Unrat lebten. Die Kattfische geben knurrende Laute von sich und haben einen langen giftigen Stachel auf dem Rücken. Als Gustav zum erstenmal einen solchen Fisch an der Angel aus dem Wasser zog, wollte ich das zappelnde Tier packen und stach mich dabei tüchtig in die Hand. Von Haifischen, zumal den gefährlichen Grundhaien, wimmelten die dortigen Gewässer. Wir hörten von manchem Unglück, das sie angerichtet hatten. Bisweilen kreiste auch eine dieser schlauen Bestien um das Schiff mit hinterlistigen, lauernden Blicken. Ferner besuchten uns zuweilen große, schöne Schmetterlinge, die den weiten Weg vom Land über das Wasser riskiert hatten. Da sie bei uns aber statt Honig nur Teer fanden, hielten sie sich gewöhnlich nicht lange auf. Es gelang uns nicht ein einziges Mal, einen zu fangen.

Ich paßte endlich einen Moment ab, den Alten zu sprechen.

»Kapitän, ich bitte um Entschuldigung. Könnte nicht Napoleon meine Stelle ersetzen?«

»Nein, der kann nichts«, antwortete Kapitän Pommer ruhig und kniff ein Auge zu.

»Ich auch nicht«, fuhr ich nun kühn heraus. Der Alte rief ärgerlich nach dem Koch. »Koch, von heute ab können Sie Steward mit spielen!«

»Ja.«

Bei Tisch, als ich das Essen auftrug, begann der Alte wieder gemütlich:

»Warum willst du eigentlich an Deck?«

»Ich will nicht an Deck.«

»Was willst du denn?« Der Alte sah von seinem Teller auf. Ich schwieg.

»Na, was willst du denn?«

»Auf ein anderes Schiff!« platzte ich heraus, und mein Herz schlug in banger Erwartung, welche Antwort jetzt erfolgen würde.

»Ach abmustern«, sagte der Kapitän gedehnt, und seine Stimme nahm einen ironischen, schadenfrohen Ton an, »nein, das wollen wir nicht einführen.« Er wurde plötzlich sehr ärgerlich. Ohne mich weiter eines Blickes zu würdigen, stopfte er eine Pfeife und schimpfte dabei über eine Klasse Menschen, die er sich wohl aus Leuten meines Schlages zusammengesetzt dachte. »Ihr Bengels kriegt zuviel zu fressen!« wiederholte er mehrmals. Ein paarmal schien es auch, als wolle er einwilligen, aber dann besann er sich, vom Steuermann beeinflußt, wieder anders. Er drohte mir auch, er würde an meinen Vater schreiben, ich wäre zu nichts zu gebrauchen, und aus mir würde nie etwas werden. Dann entließ er mich mit der grimmigen Bemerkung, daß er mir jetzt schon Arbeit verschaffen werde.

Der Steuermann befahl mir noch am selben Morgen, meinen Posten mit Napoleon zu wechseln. Ich mußte meine Sachen ins Logis tragen, wo ich fortan die noch rohere Kost der Matrosen teilen und diesen das Mädchen für alles sein sollte.

»Jetzt bist du vom Regen in die Traufe gekommen!« höhnten die Matrosen, welche glaubten, daß ich auf meinen eigenen Wunsch Napoleons Posten bekommen hätte.

Nun begann erst meine eigentliche Leidenszeit. War die Stellung eines Deckjungen schon an und für sich mit sehr demütigenden Arbeiten verbunden, so suchte man mir das Leben in jeder Beziehung noch schwerer zu machen. Besonders der Steuermann schikanierte und quälte mich in niederträchtigster Weise. Ich erhielt nur noch die schwersten und schmutzigsten Arbeiten zugeteilt, mußte Kohlen schaufeln und Tag für Tag im dumpfigen Zwischendeck mit einem Hammer Rost von Ankerketten und Bootsankern klopfen, bis mir die Augen weh taten und ich deutlich spürte, wie sich Rost und Eisenstaub in meiner Lunge festsetzten.

Der Bootsmann hatte uns inzwischen verlassen. Es hieß später, er habe auf einem russischen Segelschiff, das zwischen dem »Papenburger« und der »Elli« verankert lag, Stellung gefunden.

Merkwürdig war, daß die Matrosen, seitdem er fort war, recht gut auf ihn zu sprechen waren. Alle, auch ich, hatten ihm zuletzt noch freundlich die Hand gedrückt. Es war wohl die mutige Entschlossenheit, mit der er hier im Auslande aufs Geratewohl seine Stellung aufgab, was uns so gefiel und uns manches aus seinem Schuldbuche streichen ließ. Nur der Steuermann schied mit ganz anderen Gefühlen und getraute sich seitdem nicht, an Land zu gehen, da er die Rache des Bootsmannes fürchtete.

Am selben Tage, als der Bootsmann auf dem Deutschen Konsulat abmusterte – übrigens fungierte in Belize ein Neger als deutscher Konsul, der nicht einmal der deutschen Sprache mächtig war –, brachte der Alte einen neuen Matrosen namens August Berger mit. Das war ein alter Janmaat, hoch in die Vierzig, der sein ganzes Leben auf dem Wasser zugebracht hatte. Er war meistens auf ausländischen Schiffen gefahren, also, wie die Seeleute sagen, ein echter »Yankeesailor«. Seine lange, hagere Gestalt, der verwegene Schnurr- und Spitzbart, die finsteren Augenbrauen und die spitze, knochige Nase machten ihn zu einer Don-Quijote-Figur. – –

Wenn den Kapitän auch keine direkte Schuld an den Schikanen traf, denen ich ausgesetzt war, so duldete er sie doch und kränkte mich oft durch seine ironischen Bemerkungen. So fragte er mich manchmal lächelnd, ob es mir vorn besser gefiele als achtern. Ich entgegnete dann, das wäre mir ganz gleich. Als ich eines Abends wie gewöhnlich die Mahlzeit für die Matrosen aus der Kombüse holte, ein kleines Häufchen Bratkartoffeln, blieb er stehen und fragte höhnisch, auf das Essen zeigend: »Ist das für dich?« Ich antwortete mit einem verachtenden Blick. Solcher Hohn tat weh.

Ich dachte daran, meinem Vater zu schreiben, er möchte Kapitän Pommer bitten, mich in Belize zu entlassen.

Der Steuermann zeigte wieder einmal eine merkwürdig scheinheilige Freundlichkeit. Er erzählte mir, daß der Bootsmann schon wieder von dem russischen Schiff fortgegangen wäre. Offenbar wollte er mich ausforschen, ob im Matrosenlogis etwas über den jetzigen Aufenthalt seines alten Feindes bekannt sei. »Seppl«, begann er eines Tages, als ich gerade damit beschäftigt war, eiserne Ketten mit Teer anzustreichen, »wenn es dir hier auf dem Schiff nicht gefällt, warum gehst du eigentlich nicht fort?«

»Nun, ich darf doch nicht«, entgegnete ich erstaunt.

»Ja, deine Papiere bekommst du freilich nicht!«

Das glich einem sehr deutlichen Wink, heimlich Reißaus zu nehmen; aber ich kannte Steuermann Karsten und fühlte heraus, daß er damit auf den Busch klopfen wollte. Ich tat deshalb so, als ob ich derartige Pläne längst aufgegeben hätte.

Als ich nach einiger Zeit das Vertrauen meiner Vorgesetzten wieder erworben zu haben glaubte, fragte ich den Steuermann, ob ich nicht abends an Land gehen dürfe, da ich notwendig Seife und mancherlei anderes brauche.

»Nein, das besorgt dir alles der Alte.«

»Ja, aber ich möchte doch gern für meine Angehörigen etwas kaufen.«

»Ich kann das auch nicht«, erwiderte der Steuermann mit halb ernstem, halb ironischem Lächeln, »ich darf auch nicht mehr an Land, sonst schlägt mich der Bootsmann tot.«

Es schien gar keine Möglichkeit, von Bord zu kommen, aber ich gab die Hoffnung doch nicht auf.

Einmal war ich gerade im Zwischendeck mit Rostklopfen beschäftigt, als der Steuermann plötzlich nach vorn kam und laut rief: »Wer von euch will auf den Russen? Zwei Pfund Heuer.«

»Ich!« schrie ich laut und stürmte an Deck.

»Dann geh nach achtem!«

Ich raste nach achtern. Ein Beiboot des russischen Segelschiffes lag an Steuerbord, und Kapitän Pommer, der eben eingestiegen war, rief mir von unten zu: »Willst du auf den Russen?«

»Ja! Ja!«

»Allright!«

Ich jubelte. Nun sollte ich endlich mein ostfriesisches Gefängnis loswerden, und wenn ich auch wieder auf ein andere Schiff käme, so hatte ich dort doch sicher kein schlechteres, wahrscheinlich aber ein besseres Leben zu erwarten. Die Matrosen suchten mich von meinem Vorhaben abzuhalten, indem sie mir die üblen Verhältnisse auf russischen Schiffen schilderten. Die Mannschaft sollte dort weder erstes noch zweites Frühstück erhalten und vor Schmutz und Ungeziefer fast umkommen. Ich ließ mich nicht beirren.

Zunächst hörte ich nichts weiter von der mir so wichtigen Angelegenheit, hütete mich aber auch, allzu große Neugier an den Tag zu legen. Der neue Matrose unterhielt uns jetzt immer während der Mahlzeiten und abends nach Ausscheiden mit seinen interessanten Reiseerzählungen. Er hatte ganz Yukatan durchquert, auf Plantagen gearbeitet, Walfischjagden mitgemacht und überhaupt sehr viel erlebt. Wir saßen beim Abendbrot mäuschenstill, wenn er uns eine Kronwaljagd beschrieb und uns erklärte, daß die Chinesen die Barten dieses Fisches haarfein zerschnitten und in die Seide verwebten, die daher, wenn man sie in der Hand zusammenballe, nach dem Öffnen der Hand wieder elastisch auseinanderspränge. Ebenso lauschten wir, wenn er uns zum Beispiel mit hochgelehrter Miene die Tatsache auftischte, daß aus Walfischexkrementen die herrlichsten Parfüme bereitet würden. Er erzählte auch von einem Eskimoweib, das, auf einer Eisscholle fortgetrieben und dem Hungertode preisgegeben, den eigenen Mann, das Kind und zuletzt den Hund aufgefressen habe. – Willy und Gustav berichteten eines Nachts, von Urlaub kommend, daß sie den Bootsmann an Land getroffen hätten, der mit einem russischen Matrosen herumbummelte und, wie er sich ausgedrückt hatte, »bei sich selbst« schlief. Er ließ mir sagen, ich möchte doch ja nicht auf das russische Schiff gehen.

Wieder kam ein schöner Sonntag. Der Steuermann hatte mit Hermann, Paul und Gustav eine Bootsfahrt unternommen, auf der sie zwanzig große Seesterne erbeuteten. Der Kapitän vom »Russen« hatte unseren Alten besucht. Ich erfuhr aber zu meiner Enttäuschung nicht ein Wörtchen über meine Abmusterung.

Ein Fischer, der gegen Abend in einem Ruderboot längsseit kam, verkaufte uns für einen Dollar zirka 20 Stück Hummer, die der Kapitän unter die Besatzung verteilen ließ, während er für die Kajüte einige Fische und für sich selbst sehr schöne Korallen erwarb. Ich hätte jetzt, wenn ich die Wahl gehabt hätte, eine deutsche Semmel entschieden dem Hummer vorgezogen, besonders, wenn ich die schlimmen Folgen desselben geahnt hätte. Ein Klosett war auf der »Elli«, wenigstens für die Mannschaft, nicht vorhanden. Der Klüverbaum und der darunter rauschende Ozean dienten uns als entsprechende Anlage. Dieser Platz, dessen Betreten mit einiger Lebensgefahr verbunden war, wurde am folgenden Montag auffallend viel in Anspruch genommen. Wir waren alle den ganzen Tag über merkwürdig still. Dann und wann hörte man den einen oder anderen kläglich stöhnen. Am Dienstag waren wir jedoch wieder hergestellt und erzählten uns nun, während wir das Deck teerten, unsere gestrigen Erfahrungen. Von dieser Unterhaltung wurden wir durch einen kleinen, aber eindrucksvollen Zwischenfall abgelenkt. Ein norwegischer Dampfer, der mit auf der Belizer Reede gelegen, lichtete die Anker. Als er an uns vorüberfuhr, erkannten wir den Bootsmann, der hinten am Heck stand und, seine Mütze schwenkend, zu uns herübergrüßte. Auch wir winkten ihm alle zu. Merkwürdig, wie schnell veränderlich unsere Gefühle sind. Der Abschied dieses Mannes, den ich so gehaßt hatte, stimmte mich jetzt wehmütig, und ich wünschte mir in Gedanken, diesen energischen Menschen zum Freund zu haben und ihn auf abenteuerlichen Fahrten begleiten zu dürfen.

Wenn ich annehme, daß der Kapitän gleichgültig über ihn dachte, dann war nur einer auf der »Elli«, der ihm einen grimmigen Blick nachsandte und hinterher erleichtert aufatmete, das war Steuermann. Regungslos hatte er an Deck gestanden und sich sichtlich darüber geärgert, daß wir seinen Feind durch Pfeifen und Mützeschwenken ehrten.

Die Reede von Belize bot manchmal ein buntes Bild. Es lief beispielsweise ein Frachtdampfer ein. Kaum, daß man seinen Anker fallen hörte, sah man auch schon eine Menge Leichterboote vom Land abfahren. Jedes wollte das erste sein, und wie sie nun in toller Wettfahrt über das Wasser hinschossen, glichen sie mit ihren großen Segeln einem Schwarm von Schmetterlingen. Eins der Fahrzeuge rannte dabei so heftig an unseren Klüverbaum, daß sein Mast wie ein Streichholz knickte.

7. Kapitel
Flucht

Es war am 20. Juni. Ich erhielt doch einmal vom Steuermann Erlaubnis, mit Hermann an Land zu fahren. Nachdem ich nochmals zwischen Fliehen und Bleiben geschwankt hatte, entschied ich mich schließlich für Flucht. Jetzt oder nie! Die Freiheit winkte.

Hermann durfte ich getrost von meinen Absichten verständigen. Ihm selbst redete ich aber alle Fluchtgedanken aus. Ich malte ihm aus, in welches Unglück er sich stürzen würde, wenn er jetzt desertierte, und führte ihm vor Augen, daß er dadurch seine Papiere verlieren würde.

Mit äußerlich größter Ruhe, aber um so stärkerer innerer Aufregung traf ich nun meine Vorbereitungen. Nach dem Ausscheiden abends um sechs Uhr zog ich mir zwei neue Hemden, zwei Paar Strümpfe, einen leinenen Arbeitsanzug und einen blauen Landanzug übereinander sowie meine besten Schuhe an. Dann steckte ich Uhr, Taschenmesser, Tabakspfeife, einige Photographien, die mir lieb waren, ferner einen kleinen leinenen Sack, in dem ein Neger mir einmal Bananen gebracht hatte, und last not least mein Tagebuch zu mir. In dieser mehr arktischen als tropischen Ausrüstung begab ich mich in die Kajüte, um Kapitän Pommer um einen Vorschuß zu bitten. Er gab Hermann und mir zusammen zwei Dollar und sagte dabei zu meinem großen Schrecken: »Na, Seppl, du siehst ja ordentlich groß und breit aus!« Er hatte aber glücklicherweise nichts gemerkt. Dann stiegen wir – Hermann, Willy, Koch und ich – ins Boot. Vorher hatte ich noch, in der Erwägung, daß meine Sachen nach meinem Verschwinden wohl sehr bald von Jahn und Konsorten mit Beschlag belegt werden würden, meine Bücher und einige andere wertvollere Stücke meines Nachlasses in Hermanns Koje gesteckt und den guten Menschen gebeten, sie für mich aufzubewahren, beziehungsweise sie in Europa meinen Eltern zuzusenden. Unser Urlaub war sehr knapp bemessen. Wir sollten um neun Uhr, bevor die starke Strömung einsetzte, schon wieder zurück sein. An Land angekommen, gingen wir zunächst dahin, wo sich die deutschen Seeleute immer ihre Kenntnisse fremder Länder aneignen, d.h. in ein deutsches Wirtshaus. Wir bestellten uns Limonade und Zigarren und waren sehr fidel, besonders ich. Ich drückte Hermann mehrmals unterm Tisch die Hand, und er lächelte mir dann verständnisinnig zu. Nachdem der Reihe nach jeder von uns etwas zum besten gegeben hatte, so daß keiner im Vorteil geblieben war, unternahmen wir noch einen Straßenbummel, bei dem ich mir ein halbmeterlanges, breites Messer kaufte. Um acht Uhr erklärte ich meinen Gefährten, daß ich noch etwas besorgen wolle, aber gleich nachkommen würde. Sie waren damit einverstanden, schärften mir aber dringend ein, pünktlich um neun Uhr am Boot zu sein. Dann drückte ich Hermann nochmals flüchtig die Hand und marschierte mit großen Schritten davon. Ich ging immer geradeaus, da mir ja vor allen Dingen daran lag, möglichst weit von der »Elli« fortzukommen. Als ich jedoch die letzten Häuser im Rücken hatte, stellte sich heraus, das mein Weg in einen Wassertümpel mündete. Eine andere Straße, die ich nun einschlug, war gleichfalls durch eine Wassergrenze gesperrt. Es schien, als sei Belize festungsartig mit Wassergräben umgeben. Wieder eine andere Richtung einschlagend, kam ich über den Marktplatz, wo ich Pferde und Kühe herrenlos und ungefesselt umhertraben sah. Ein paar Neger, die ich nach dem nächsten Weg aus der Stadt fragte, rieten mir dringend ab, bei Nacht durch den Wald zu gehen. Ich ließ mich aber nicht beirren, sondern schritt tüchtig aus und fand diesmal auch den richtigen Ausweg. Bald lagen die letzten, vereinzelten Häuser hinter mir und vor mir ein Weg, oder besser eine Lichtung, die in den großartigen, rauschenden Urwald führte. Als ich mich soweit in Sicherheit glaubte, daß mir die Matrosen nicht mehr folgen würden, zog ich meinen guten Anzug aus, tat diesen und die sonstigen Gegen stände in den leinenen Bananensack und eilte dann weiter. Mein Weg ging über Schlingpflanzen und durch tiefe Pfützen. Die Dämmerung war schnell hereingebrochen, und ich muß gestehen, daß ich in der einsamen Stille, die nur durch ein gleichmäßiges, aus dem Walde kommendes Brausen und Summen von Insekten unterbrochen wurde, bald sehr viel von meinem bisherigen Mut verlor. Je tiefer ich in den Wald kam, desto ängstlicher wurde ich, zumal ich jeden Augenblick auf einen Jaguar oder auf eine giftige Schlange zu stoßen fürchtete. Mehrmals hörte ich in dem Geäst ein lautes Krachen, das vielleicht von Affen herrührte. Dann verdoppelte ich meine Eile. Ganz besonders aber erschrak ich, als ich bei einer Biegung des Waldes plötzlich ein großes Tier vor mir stehen sah. Ob es ein Hirsch oder ein Elch gewesen, kann ich nicht sagen. Gewiß ist nur, daß sich das Tier ganz ruhig verhielt, und daß ich in gewaltiger Angst mit großen Sprüngen davonlief. Immer finsterer und unheimlicher wurde es um mich herum. Von allen Seiten klang unaufhörliches Quaken und Zirpen. Zwischen den dunklen Schatten der hohen Palmen glaubte ich alle möglichen Schreckgestalten zu erkennen, und wenn ich auch mein langes Messer kampfbereit in der Hand hielt, so war mein Mut zuletzt doch sehr tief gesunken. Die Nacht war hereingebrochen. Eine schauderhafte, rabenschwarze Nacht. Ich mochte etwa zwei Stunden gegangen sein, als ich zu meiner Freude einen Lichtschein bemerkte, der aus einer Blockhütte kam. Es war eine Farm, von einem Garten umgeben, dessen Tor ich verschlossen fand. »Hallo!« schrie ich mehrmals mit lauter Stimme. Nach einiger Zeit öffnete sich ein Fenster, und eine Stimme fragte: »What do you want?«

Ich bat um ein Nachtquartier. »No!« lautete die Antwort.

Ich bat nun dringender und versprach, mit dem einfachsten Platz am Fußboden zufrieden zu sein, wenn man mich nur hereinlassen würde. In diesem Augenblick sah ich etwas Dunkles heranstürzen, und als ich mit einem Schrei auf den Gartenzaun sprang, bemerkte ich, daß es ein Reiter war, ein bewaffneter Neger, der, ohne sich um mich zu kümmern, in scharfem Galopp weitersprengte.

Ich bettelte erneut um Einlaß, aber die Stimme am Fenster machte mir verständlich, daß man mir nicht öffnen könne, da der Master noch nicht zu Hause sei und wohl auch erst spät zurückkehren würde. Mir blieb nichts übrig als zu warten. Ich blieb aber auf der schmalen Latte des hohen Gartenzaunes sitzen. Unter mir huschten und krabbelten fortwährend irgendwelche Lebewesen. Mit der Zeit schöpfte ich wieder etwas Mut und dachte zuletzt ganz ruhig über meine Lage nach. Ich malte mir aus, wo und wie ich mich vor einem halben Jahr befunden hätte, und überlegte mir, wie das Leben mich in einer so kurzen Zeit in eine so ganz andere Lage gebracht hatte. Wenn mich in diesem Moment die Eltern oder die Geschwister oder die Schulkameraden hätten sehen können! Sonderbar, ich dachte an ganz kleinliche Begebenheiten und Umstände meiner Vergangenheit. Vielleicht wollte ich mich damit künstlich in eine recht kaltblütige Stimmung bringen. Ich besann mich zum Beispiel darauf, daß meine Schwester zu Hause das Walroß genannte wurde, weil sie einmal in einem Schulaufsatz über die Eisenbahn den Satz gebraucht hatte: »Ein Pfiff, und das Walroß saust dahin.«

Ein Geräusch und zwei funkelnde Augen unter mir. Ich hielt mein Messer bereit und verscheuchte das Tier. Es war wohl nur eine Katze gewesen.

Waren es Stunden oder Minuten, die so verrannen? Sie waren fürchterlich. Plötzlich setzte ein gewaltiger Wolkenbruch ein, dessen Fluten mich im Nu gänzlich durchnäßten. Bald spürte ich das Wasser in Strömen an meinem Körper herunterlaufen, und nach der vorangegangenen Tageshitze zitterte ich jetzt vor Kälte. Trotzdem war ich vor allen Dingen darauf bedacht, mein Tagebuch und die Photographien zu retten. Ich hatte sie fest mit meinem guten Jackett umwickelt und suchte sie nun durch meinen Körper vor dem Regen zu schützen. Ich hörte meine Zähne klappern. Blitz und Donner folgten jetzt ununterbrochen. Nochmals schrie ich laut nach dem Blockhaus hinüber, man möge mir doch öffnen. Aber vergebens. Es folgte keine Antwort. Ich bemerkte nur, daß die Jalousien heruntergelassen wurden.

Endlich hielt ich es nicht mehr aus. Ich kletterte entschlossen über den Zaun und näherte mich behutsam der Hütte. Sie war auf Pfählen erbaut wie die Häuser in Belize. Eine Treppe führte auf eine hölzerne Galerie, wo sich auch der Eingang zum Inneren befand. Dorthin stieg ich, nachdem ich zweimal rund um das Haus gehend keinen regensicheren Schlupfwinkel entdeckt hatte. Ich drückte sanft auf die Türklinke. Alles blieb still drinnen. Die Tür war verschlossen. Aus den beiden seitlichen Fenstern drang Lichtschimmer zwischen den grünen Rolläden hervor. Wieder rief ich und gab gute Worte. – Totenstille. Durchs Schlüsselloch entdeckte ich zwei gedeckte Tische in dem hell erleuchteten Zimmer. Nunmehr versuchte ich die Jalousie etwas hochzuheben. Dabei fiel irgendein Gegenstand, der von innen dagegengelehnt hatte, um.

In diesem Moment entstand ein großer Lärm in der Hütte, Flüche und Verwünschungen drangen an mein Ohr. Die Tür wurde aufgerissen, und zwei Neger stürzten mit langen Messern heraus. Ich floh in wilder Hast durch den Garten, mein Gepäck zurücklassend. Der Zaun war sehr hoch, und ich war nie ein besonderer Turner gewesen, aber in diesem Augenblick setzte ich mit einem geradezu glänzenden Sprunge über das Hindernis.

Draußen blieb ich stehen, suchte die erregten Neger zu beruhigen und bat sie, mir meinen Sack herauszugeben. Darauf reichte mir einer den Sack herüber und zündete dann mit einiger Schwierigkeit ein Streichholz an, mit dem er mich neugierig beleuchtete. Er mochte wohl etwas wie Mitleid empfinden, als er mich so in meinen nassen Kleidern dastehen sah; denn er machte mir mit etwas freundlicherer Stimme verständlich, daß er mich keinesfalls beherbergen könne. Als ich ihm zur Versöhnung eine Handvoll deutscher und englischer Kupfermünzen aus meinem Bananensack anbot, schob er meine Hand mit gutmütigem Lächeln zurück. Er riet mir, nach Belize zurückzugehen und beruhigte mich betreffs meiner Sorge vor wilden Tieren. So blieb mir denn nichts anderes übrig, als den weiten Weg zurückzuwandern. Der Regen war vorüber, aber seine Wasser hatten sich in den zahlreichen Vertiefungen des Weges zu breiten Bächen angesammelt, die ich nun durchwaten mußte. Ich konnte nicht nässer werden, als ich schon war, und da ich fror und todmüde war, schritt ich unbekümmert um alles in großen Schritten wieder gen Belize. Einmal fiel ich in einen Graben, doch ohne Schaden zu nehmen. Als ich ziemlich erschöpft die ersten Häuser wieder erreichte, begegnete mir ein kleines Erlebnis, das sich mir wegen seines mysteriösen Charakters fest einprägte. Ein Lichtschimmer, der plötzlich vor mir auftauchte, und ein ganz eigentümlicher Chorgesang erweckten in mir die frohe Hoffnung, ein Wirtshaus anzutreffen, in dem ich mich ausruhen und meinen brennenden Durst löschen könnte. Näher kommend gewahrte ich einen Garten, und in demselben drei Tische. An dem einen saßen lauter Knaben und Mädchen, an dem anderen erwachsene Männer und Weiber, und diese sangen mit lauter Stimme besagte seltsame, monotone Melodie. Am dritten Tisch zwischen beiden unterhielten sich ein Schwarzer und ein Kreole in leisem Flüsterton. Ich wandte mich an den Gelben und fragte, meine Mütze ziehend, ob ich ein Wirtshaus vor mir habe. Der Kreole entgegnete etwas, von dem ich nur die Worte »Diehouse« und »Ninetyne« verstand, und er machte dabei die Pantomime des Halsabschneidern. Ein Sterbehaus! Aber was hatten das »neunundneunzig« und die begleitende, grausige Bewegung zu bedeuten? Ich blickte fragend im Kreise umher. Lauter tiefernste Gesichter sahen mich mit großen Augen an. Die flackernden Fackeln warfen einen unruhigen Schein auf die singenden Gruppen. Es lag etwas Unheimliches in der ganzen Stimmung. Da ich aber vor Ermattung gegen alles ziemlich abgestumpft war, bat ich um ein Glas Wasser. Der freundliche Kreole brachte mir das, und nachdem ich es mit einem Zug gierig geleert hatte, dankte ich und zog weiter. Der Gelbe drückte mir zum Abschied warm die Hand.

Die Straßen von Belize waren wie ausgestorben. Alles schlief bereits, und nirgends fand ich ein Wirtshaus oder sonst eine Unterkunft, obgleich ich wohl zehnmal alle Winkel durchlief.

Ein Polizist, dem ich schon mehrmals begegnet war und dem ich erzählte, ich hätte mein Schiff verpaßt, das am vergangenen Tage ausgelaufen sei, nahm sich endlich meiner an und brachte mich nach der Wache. Dort standen in einem geräumigen Zimmer etwa 15 Feldbetten, und mein Führer wies mir eins derselben für die Nacht an. Mehrere andere Polizisten suchten mit mir ihren Scherz zu treiben, aber ich war so todmüde, daß ich, sobald ich mich auf das köstliche Lager streckte, sofort einschlief.

Noch im Halbschlummer kam mir der Gedanke, daß mich Kapitän Pommer vielleicht schon jetzt, spätestens aber morgen früh, suchen lassen würde, und ich glaube, ich lächelte noch, als mir einfiel, daß er mich hier im Schutze der Polizei am allerwenigsten vermuten würde.

Es war ein herrlicher, beneidenswert tiefer Schlaf, der mich bis zum Morgen umfangen hielt. Als ich erwachte, regnete es draußen.

Ich erkundigte mich nach der nächsten Stadt und verstand, daß sie Collasal hieße. Der nächste Dampfer dorthin sollte in zwei Tagen fahren. Bis dahin mußte ich also Unterkunft suchen, und ich schlenderte nun durch die Straßen und suchte weiter.

In verschiedenen Läden, wo ich anfragte, wies man mich achselzuckend und mit mißtrauischen Blicken ab.

Auf einem Schild las ich den Namen Winzerling. Das muß ein Deutscher sein, dachte ich und trat in den Laden. Der Inhaber, ein deutscher Jude, fragte, ob ich von einem Schiff ausgerissen sei. »Nein«, log ich, »ich bin auf dem russischen Segelschiff abgemustert.« Er konnte mich aber nicht gebrauchen, und ich sah mich weiter in der Stadt um. Überall erhielt ich eine abschlägige Antwort, und auch ein alter Fischer, der mit einem kleinen Segelboot an der Mole lag, wollte mich nicht in seine Dienste nehmen.

Natürlich sah ich mich auf meinem Gang sehr vor, daß ich niemandem von der Besatzung der »Elli« in die Hände lief, und lebte immer in der Angst, daß man mich festnehmen könnte. Einmal wurde ich von einem Manne mit forschenden Fragen angesprochen. Ich tat, als ob ich ihn nicht verstände, und drückte mich schleunigst in die Menschenmenge, die an diesem Markttage gerade die Straßen füllte.

Endlich brachten mich zwei kleine Jungen zu ihrem Vater, einem alten Kreolen, der mir für einen Dollar für zwei Tage Unterkunft in seinem Hause versprach.

In dem freundlichen, hölzernen Gebäude, das er bewohnte, befand sich unten zu ebener Erde ein kleines Zimmer, das ihm wohl als Rumpelkammer diente; denn es waren dort alle möglichen Geräte – unter anderem ein Ballen Kokosmatten – aufgestapelt. Dieser Raum wurde mir angewiesen. Der älteste Junge brachte eine Hängematte. Als er sie aufhängen wollte, schlüpfte ein großer Skorpion heraus, den der Junge mit einem Stecken totschlug.

8. Kapitel
Wieder eingefangen

Ich suchte mir mein neues Heim recht behaglich einzurichten. Meine wenigen Habseligkeiten hatte ich ausgepackt und die nassen Kleider zum Trocknen auf eine Leine gehängt. Dann unterhielt ich mich mit den beiden Jungen meines Wirtes und einigen anderen schwarzen und gelben Bengels, die sich bei mir eingestellt hatten. Sie staunten, als sie hörten, daß eine Ananas, die hier auf dem Markt für fünf Cents verkauft wurde, in Deutschland ein bis zwei Dollar kostete.

Ich forderte die Kinder auf, mir Schlangen, Muscheln und so weiter zu bringen, und ließ mir für mein letztes Geld Brot und Käse, Tinte, Feder, Notizbuch und einen breitkrempigen Strohhut für zwanzig Cents holen, so wie man ihn allgemein dort trug.

Die Jungen waren freundlich zu mir und brachten mir Ananas in solcher Fülle, daß ich mir gar nicht mehr die Mühe nahm, sie abzuschälen, sondern einfach einen viereckigen Würfel herausschnitt und das übrige wegwarf.

In meinem Salon stand ein alter Schreibtisch. An diesem saß ich nun so glücklich wie nie zuvor in mei nem Leben und trug in mein Notizbuch die Begebenheiten der letzten Tage ein.

Ich war mir klar darüber, daß ich, wenn mich die Polizei erwischte, auf die »Elli« zurückgebracht würde und mich dann ohne Gehalt nach Deutschland zurückarbeiten müßte. Außerdem hatte ich auch Strafe und auf jeden Fall eine noch schlechtere Behandlung als zuvor zu erwarten.

Aber ich war sehr mutig geworden und getraute mich sogar, nur mit Hemd und Hose, wie ein Eingeborener gekleidet, auf die Straße. Der Kreole und ein altes Monstrum, das ich zuerst für einen Mann hielt, das aber eine alte Frau und anscheinend die Mutter meines Wirtes war, erwiesen sich als überaus gut zu mir.

Ich bekam morgens einen herrlichen Kaffee mit Milch und Honig gemischt und zu Mittag einen Teller mit Reis, Gemüse und Fleisch. Dann wurde ich von der Mutter des alten Klark – so hieß mein Wohltäter – gerufen, um ein wenig mit ihr zu plaudern. Die alte, ziemlich beleibte Dame saß auf einem Schaukelstuhl in einem reinlichen Zimmer, dessen Jalousien heruntergelassen waren. Mit einer feinen, weichen Stimme, die im Kontrast zu der Erscheinung stand, forderte sie mich auf, neben ihr Platz zu nehmen. Ich bemerkte dabei, daß sie blind war.

Sie befragte mich nach Woher und Wohin, und ich erzählte ihr von meiner Heimat, von meinen Eltern, meinem Schiff, meiner Flucht, und dann sagte ich ihr, wie es mir in ihrem Hause so gut gefiele.

Dabei hatte ich Gelegenheit, das Zimmer und seine Einrichtung zu mustern. Das Haus war auf Pfählen erbaut. Eine hölzerne Treppe führte über eine Veranda in zwei hohe Räume, mit denen sich die ganze Familie begnügen mußte. Wir saßen im vordersten Zimmer, dessen Fußboden weiß gescheuert war. Die gestrichenen Wände und die grünen Jalousien vor den Fenstern machten den Eindruck wohltuender Sauberkeit. Sonst befanden sich nur zwei mit Moskitonetzen verhängte Betten, ein Diwan, ein Tisch und an den Wänden mehrere Druckbilder in dem Zimmer.

Auf dem Hof stand eine große Wassertonne, wohin das Regenwasser vom Dach geleitet wurde.

Den zoologischen Bestand dieser idyllischen Farm bildeten ein Pferd, eine Kuh und mehrere Hühner.

Im übrigen standen im Garten und vor dem Haus noch Kokospalmen und andere, mir aber unbekannte Bäume.

Ich beobachtete zwei schöne Kreolinnen, die etwa im Alter von 15–20 Jahren sein mochten. Sie trugen weiße, weiche Kleider, die ihnen reizend standen. Fleiß schien allerdings nicht ihre Haupttugend zu sein, denn ich sah sie nie anders als sich kämmend oder lesend. Klarks freundliches Anerbieten, mit bei ihm oben zu wohnen, schlug ich aus. Meine romantische Holzbude gefiel mir ausgezeichnet.

Der ältere der beiden Jungen hatte mich vor Dieben und anderem Gesindel gewarnt, das sich nächtlicherweise umhertreiben sollte. Er sagte mir, wenn ich nachts jemand kommen hörte, sollte ich dreimal fragen: »What do you want?« Wenn dann keine Antwort erfolge, könne ich ohne weiteres jeden, den ich erwische, totschießen oder totstechen. Er stellte mir auch für alle Fälle eine Blendlaterne zur Verfügung.

In der ersten Nacht, nachdem ich diese Instruktion erhalten hatte, erwachte ich von einem Geräusch an meiner Tür. Ich richtete mich in meiner Hängematte auf. Meine Lampe hatte ich brennen lassen. Ganz deutlich hörte ich etwas an meiner Tür poltern. »What do you want?« rief ich, der erhaltenen Anweisung eingedenk, während ich mein langes Messer aus dem Kokosballen zog. – Keine Antwort, aber das Geräusch dauerte fort. »What do you want?« fragte ich zum zweiten und dann zum dritten Male, aber niemand antwortete, und das unheimliche Rumoren wurde nicht unterbrochen. Es klang, als ob jemand mit einem Instrument sich an meiner Tür zu schaffen machte. Mein Messer bereit haltend, wartete ich nun ab, was weiter geschehen würde. Ein Mahagonistock, den mir ein Negerjunge geschenkt hatte und den ich gegen die Tür gelehnt hatte, fiel plötzlich polternd zu Boden, und dann zeigte sich die Ursache der nächtlichen Störung.

In der Tür befand sich unten über der Schwelle ein etwa eigroßes Loch. Durch diese Öffnung arbeitete sich auf fast unerklärliche, aber höchst geräuschvolle Weise ein riesiger Taschenkrebs durch, der mit ausgestreckten Beinen von tellergroßem Umfang war. Das Tier krabbelte langsam an den Wänden entlang einmal im Kreis durch mein Zimmer und verschwand dann wieder durch dasselbe Loch. Ich aber streckte mich beruhigt wieder in meinem Schaukelbette aus.

Ich hatte dem alten Klark mitgeteilt, daß ich gern irgendeine Stellung annehmen würde, einesteils, weil ich nicht ganz müßig bleiben, und andernteils, weil ich meinem gütigen Wirt doch eine Entschädigung zahlen wollte. Die Frau hatte mir gesagt, Herr Klark würde sich nach einer Beschäftigung für mich umsehen, und wenn ich dann wolle, könne ich ihnen einen Penny von meinem Verdienst abgeben. Im übrigen, hatte sie hinzugefügt, solle ich sie wie eine Mutter betrachten.

Eines Morgens nach dem Tee forderte mich der Kreole auf, mit ihm zu gehen. Sehr erfreut machte ich mich auf den Weg, erschrak aber sehr, als mein Führer seine Schritte nach dem Laden von Winzerling lenkte. Er dachte in seiner Gutmütigkeit natürlich, daß mich mein Landsmann am ehesten annehmen würde. Ich schämte mich, ihm zu sagen, wie widerlich mir dieser deutsche Jude erschien. Klark stellte mich also Herrn Winzerling vor und fragte, ob er mich nicht anstellen könne. Der Jude zuckte mit scheinheiligem Bedauern die Achseln und sagte: »Ich kann Ihnen keine Arbeit geben. Meine Leute wissen selbst nicht, was sie tun sollen. Es ist schwer, jetzt in Belize Arbeit zu finden.«

Wir versuchten nun in verschiedenen anderen, englischen Läden unser Heil, aber überall wies man mich ab, hauptsächlich deswegen, weil ich die englische Sprache und die englischen Gewichtsmaße nicht beherrschte. Zuletzt traten wir in ein großes Warenhaus ein, an dem der Name »James Brody« stand.

Im Kontor standen eine Menge Schreiber an hohen Pulten. Während Mr. Klark mit dem ihm befreundeten Brody unterhandelte, hatte ich Muße, das Treiben in dem Geschäft zu betrachten.

Ein alter Neger forderte mit weinerlicher Stimme Geld für irgend etwas. Da er sich nicht abweisen ließ, drückte ihm einer der Herren, anscheinend ein höherer Angestellter, eine Papierrolle in die Hand. Der Neger öffnete das Papier und fand unter dem Gelächter der umsitzenden Kommis zwei Zwirnrollen darin.

Das machte eigentlich keinen günstigen Eindruck auf mich, ich war aber doch froh, als man mir mitteilte, daß ich hierbleiben könne. Man wies mich gleich an, mit Mr. Steen einen zweirädrigen Wagen zu besteigen, der von einem Maulesel gezogen und von John, einem jungen Negerburschen, gelenkt wurde. Wir fuhren durch die Stadt nach einem Schuppen, wo wir mit gelben Arbeitern zusammen schwere Kisten ufluden, die wir nach einem anderen Schuppen fuhren.

Bei der schweren Arbeit in dem ungewohnten Klima rann mir der Schweiß wie Wasser von der Stirn, aber ich gab mir alle Mühe, meine Erschöpfung nicht merken zu lassen. Die gelben Arbeiter amüsierten sich dabei über mein gebrochenes Englisch.

Als wir inzwischen einmal nach dem Warenhaus zurückkehrten, erblickte ich dort jenen Engländer, der Kapitän Pommer einmal auf der »Elli« besucht hatte. Er kannte mich aber anscheinend nicht mehr.

Gegen Mittag, als die Glut ihren Höhepunkt erreichte, überfiel mich während der Arbeit eine Ohnmacht, doch kam ich bald wieder zu mir. Neben dem Schuppen befand sich eine ganz moderne Eismaschine. Von dort brachte man mir etwas künstlichen Schnee und Eiswasser. Das war eine Erfrischung in der Tropenhitze.

Nicht minder gut schmeckte mir das Frühstück, das ich mit John gemeinsam einnahm. Es bestand aus einem Teller turtle mit

Reis. Nachdem wir dann noch in einem Laden bei einem Glas Bier politisiert hatten – John war als ehemaliger englischer Soldat für, ich gegen England –, gingen wir wieder an unsere Arbeit.

Es galt Kisten in verschiedene Häuser zu fahren. Im Galopp rasselte unser ungefederter Karren durch die Straßen.

Um ein Uhr erhielt ich von Mr. Brody 25 Cents.

Am Nachmittag sah ich, wie zwei Polizisten einen Negerjungen abführten. John erklärte mir, daß der kleine Schwarze ein Mörder sei, nach dem man schon lange gefahndet habe. Er solle am nächsten Tage gehenkt werden. John fügte hinzu, daß dergleichen Fälle in Belize nichts Außergewöhnliches seien. – Es gab nun nicht mehr viel zu tun. Um nicht ganz unbeschäftigt dazustehen, half ich John beim Ausfegen des Pferdestalles, hob einige umherliegende Papiere auf und war eigentlich mit meinem Tagewerk fertig, als ich noch den Auftrag bekam, mit John ein Faß Abfälle an den Strand zu fahren.

Als wir aus dem Hof von Brody bogen, gewahrte ich dicht vor mir meine ehemaligen Schiffskollegen Gustav und Willy. Wahrscheinlich hatten sie wie gewöhnlich den Kapitän an Land gebracht und waren nun auf dem Ausguck nach einer Kneipe. Ich duckte mich erschreckt hinter die große Tonne und kam auch ungesehen an den beiden vorüber.

Im Strandwasser wimmelte es von Kattfischen, welche die Abfälle, die wir aus dem Faß schütteten, gierig verschlangen.

Bevor ich nach Hause ging, trank ich mit John eine Limonade und einen Rum. Ein Arbeiter versprach, mir am nächsten Montag einige Schlangen und Skorpione mitzubringen. In Brodys Hof hatte ich auch einen Gürteltierpanzer und ein Haifischgebiß erbeutet. Alles für meinen Bruder.

Da ich zu Geschäftsschluß außerdem noch zwei Schillinge erhielt, glaubte ich mir etwas Besonderes leisten zu können. Ich erstand Seife, Ananas, sehr gute Zigarren (drei Stück für 5 Cents) sowie ein weißes Hemd für 40 Cents.

In meiner Villa angekommen, wurde ich zum alten Klark gerufen. Ich sollte mich mit ihm und der Frau ein wenig unterhalten. Wir sprachen über den Burenkrieg. Auch Klark war englischer Soldat gewesen und nahm daher selbstverständlich für seine Fahne Partei, während ich mit Feuer für die Buren sprach.

Ein alter, weißhaariger Engländer gesellte sich dazu und mischte sich in das Gespräch ein. Er schien von guter Bildung zu sein. Er berichtete dem unbelesenen Klark von Krügers Reise nach Europa und sprach sehr klar und verständnisvoll über Lord Roberts und Kitchener.

Der alte Graukopf schüttelte mir während des Gesprächs mehrmals die Hand und sagte, er freue sich, daß ich so warm für meine Stammverwandten eintrete. Ich ging mit Klarks Jungen zum Baden an den Strand und später in den Busch.

Der folgende Tag war ein Sonntag. Da ich nicht ins Geschäft mußte, trieb ich mich den ganzen Tag am Strand herum. Dort standen einige Bäume, die kokosnußähnliche Früchte trugen. Ich kletterte auf solch eine Palme, um mir von den vermeintlichen Nüssen zu holen, und merkte dann erst den Irrtum. Die Nüsse hatten eine weiche Schale und weißes Fleisch von bitterem Geschmack. Ihren Namen erfuhr ich nicht. Große schwarze Geier hockten am Wasser und blieben ruhig sitzen, als wir näher kamen. Sie waren in Belize als Abfallsvertilger gern gesehen und beschützt.

Auch eine Art Schwimmbassin befand sich dort. Man hatte ziemlich weit draußen im Meer durch Pfähle ein kreisförmiges Stück abgesteckt. Ein Brettersteg führte vom Land aus nach dieser Badestelle. Badehosen waren unbekannt.

Man hatte mich davor gewarnt, beim Baden den Pfählen zu nahe zu kommen, da dieselben ziemlich weit auseinander standen und es schon vorgekommen war, daß Haifische durch die Zwischenräume Badende gepackt hatten.

Ach, herrlich war es in dem Wasser! Dann und wann streckte ich mich wieder ein wenig in den Sand und ließ mich von der Sonne anbrüten, um mich dann wieder in den frischen, ziemlich bewegten Wellen zu tummeln.

So schwelgte ich den ganzen Tag über in süßem Nichtstun. Durch das lange Baden waren meine Kräfte zuletzt so erschöpft, daß ich mich kaum bis zu meiner Wohnung schleppen konnte und dort dann wie ein Toter schlief.

Am Montagmorgen, als ich bei James Brody mit dem Ausladen von Kuhhäuten beschäftigt war, fragte mich Mr. Steen, ob ich Lust hätte, auf ein mexikanisches Kriegsschiff zu gehen. Als ich bejahte, wurde ich dem Kommandanten des Schiffes vorgestellt, der mit Brody befreundet schien. Er war eine höchst interessante, graziöse und aristokratische Erscheinung. Da er nur Spanisch verstand, vermittelte Mr. Brody das Gespräch zwischen uns beiden. Ich wurde zunächst gefragt, was ich zuletzt für Heuer erhalten hätte. Fünfzehn Mark, log ich und bedauerte gleich darauf, daß ich nicht noch mehr gesagt hatte.

Ob ich mit acht Dollar den Monat zufrieden wäre.

Ich sagte zu. Dann sollte ich meine Sachen holen und um neun Uhr wieder zurück sein.

Ich lief in sehr glücklicher Stimmung nach Hause. Das mexikanische Schiff hatte ich schon von der »Elli« aus oft beobachtet. Es lag mit zwei Schwesterschiffen in unserer Nähe. Seiner Bestimmung nach war es ein Transportschiff und fuhr regelmäßig zwischen New Orleans und Belize. Die Aussicht auf das interessante Leben unter den temperamentvollen Mexikanern und die hohe Heuer freuten mich so sehr, daß ich die ganze Welt hätte umarmen können. Da ich aber zunächst nur eine junge, hübsche Negerfrau unterwegs traf, umarmte ich die. Die schwarze Schöne ging auf meinen Scherz ein und fragte mich, ob ich sie nicht mitnehmen wolle. Ich versprach ihr, daß ich sie heiraten werde, wenn ich von New Orleans zurückkäme.

Die guten Klarks nahmen an meiner Freude aufrichtigen Anteil. Der Abschied von ihnen fiel mir schwer. Ich packte meine Siebensachen wieder in den Bananensack, dankte den braven Kreolen herzlich für alle erwiesenen Freundlichkeiten, schüttelte jedem die Hand und zog grüßend ab.

Auf halbem Weg zu James Brody – das Geschäft lag ziemlich weit ab – bemerkte ich plötzlich, daß ich mein Tagebuch im Schreibtisch hatte liegen lassen. Ich kehrte um und holte das Buch, das die beiden Kreolenjungen inzwischen gefunden hatten und neugierig durchblätterten.

Der mexikanische Kapitän wartete bereits auf mich. In seiner Begleitung befanden sich zwei nachlässig gekleidete Mexikaner, von denen der eine der Zimmermann und Dolmetscher, der andere ein bildschöner, aber sehr zerlumpter Bursche war, der mit mir angemustert werden sollte. Man fragte mich, auf wie lange Zeit ich mich auf das Schiff verpflichten wollte. – Sechs Monate. – Das erschien dem Kommandanten zu wenig. Ein Jahr. Auch noch zu wenig. Ob ich mit zwei Jahren einverstanden wäre. Ich sagte zu, aber mir stiegen dabei doch Bedenken auf. Zwei Jahre waren eine lange Zeit, und die sollte ich nun unter den wilden, jähzornigen Mexikanern zubringen. Ich faßte wenigstens den Mut zu der Erklärung, daß für diese lange Zeit acht Dollar Heuer zu wenig seien. Der Zimmermann bedeutete mir daraufhin, daß ich mit der Zeit avancieren würde. Als er mich beruhigt sah, zog er vier lange Verträge in spanischer Sprache hervor, in die er meinen und meiner Eltern Namen, Heimat, Geburtsdaten usw. eintrug.

Die Verträge enthielten eine Reihe von Vorschriften und Bedingungen, die mir der Zimmermann in gebrochenem Englisch so schnell vorlas, daß ich auch keine drei Worte davon verstand. Dann unterzeichnete ich die vier Bogen mit meinem Namen.

Ich war jetzt mexikanischer Soldat und freute mich über diese neue Epoche in meinem Leben. Auch der schöne, zerlumpte Mexikaner hatte inzwischen derartige Verträge unterzeichnet.

Ich verabschiedete mich nun von James Brody. Er drückte mir fest die Hand, und dann wandte er sich zu dem Kommandanten und sagte auf mich deutend: »Er ist ein guter Junge. Mach' einen guten Mexikaner aus ihm!«

Der Kapitän nahm den Mexikaner und mich mit nach seiner Landwohnung und von da aus nach dem Hafen. Dort befahl er uns zu warten, bis er zurückkäme, und entfernte sich. Wir lagerten uns auf der Plattform des großen Krans.

Das war die Stelle, wo das Boot der »Elli« anzulegen pflegte, und o Schreck, was sah ich: Auch jetzt lag es dort. Willy und Gustav saßen darin. Da ich die Tracht der Eingeborenen trug und der große Hut mein Gesicht verbarg, erkannten sie mich nicht.

Es dauerte gar nicht lange, so näherte sich auch Kapitän Pommer, von dem Gouvernementsgebäude herkommend. Neben ihm schritt der Papenburger Kapitän, mit dem er in ein sehr lebhaftes Gespräch verwickelt war.

Ich preßte die Stirn fest auf die Plattform, während es mir wie Elektrizität durch alle Glieder fuhr. Die beiden Seeleute schritten aber ahnungslos an mir vorüber und stiegen ins Boot. Ich war gerettet.

Mein Gefährte neben mir hatte meine Erregung bemerkt. Ich suchte ihm die Situation zu erklären, und er kapierte auch sehr leicht.

Weder der Kommandant noch ein Boot vom Mexikaner ließen sich sehen. Ich beobachtete das um die Mittagszeit sehr rege Treiben auf dem Platz, als mich plötzlich mein Nebenmann anstieß und mit dem Finger auf den Strand wies. Dort stiegen soeben

Kapitän Pommer, Jahn und August abermals aus dem Boot. Hatten sie mich vorher erkannt und kamen nun mich holen?

Im ersten Schreck kroch ich unter den Kran, und darauf legte ich mich wieder auf die Plattform und vergrub das Gesicht in meinen Kleidersack. Der Strohhut verdeckte meinen Kopf, und so lag ich da und hielt den Atem an; denn die beiden deutschen Matrosen hatten sich neben mich auf den Kran gesetzt, so dicht, daß ich sie hätte mit der Hand fassen können. Ich hörte sie von einem kranken Steuermann sprechen; aber da sie sehr undeutlich sprachen, oder vielleicht auch aus Aufregung, verstand ich nichts Näheres.

Gerade als ich die Stimme des mexikanischen Kommandanten von weitem hörte und mit Schrecken daran dachte, daß ich jetzt aufstehen müßte und mich die Deutschen dann entdecken würden, entfernten sich diese.

Mir fiel ein großer Stein vom Herzen.

Der Kommandant erschien mit dem Zimmermann und war sehr aufgebracht darüber, daß sein Boot noch nicht da war. Er wandte sich nun an ein in der Nähe liegendes Leichterboot wegen der Überfahrt. Die Kerle schienen aber zu hoch zu fordern, denn die Verhandlung dauerte ziemlich lange und wurde sehr lebhaft. Zu dieser Stunde ging es überhaupt sehr laut in dem Hafen zu. Eine Menge Menschen war um uns herum beschäftigt, Schwarze, Gelbe, Weiße – fluchend, schreiend, schwatzend –, ein buntes Bild.

Endlich war der Kommandant mit den Kreolen einig und rief uns zu, einzusteigen. Er selbst und der Zimmermann stiegen zuerst in den Leichter, dann folgte der schöne Mexikaner, und eben wollte ich auch hinüberklettern und hatte bereits einen Fuß auf den Rand des Bootes gesetzt, als mich jemand auf die Schulter klopfte und mit durchdringender Stimme fragte: »What ship you belong to?«

Ein englischer Geheimpolizist – ich kannte sie – stand hinter mir. »I belong to the Mexican ship!« entgegnete ich.

»Gut, komm mit, der Mexikaner ist dort!« meinte der andere und deutete nach der Polizeistation.

Ich stellte mich, als ob ich nicht verstände, aber es half nichts. Ich mußte ihm folgen. Ich war ganz verzweifelt. Nun war alles aus. Das wußte ich. Nachdem ich jeder Entdeckung bisher entgangen, sollte ich jetzt im letzten Moment alles verlieren, was mir das Glück geboten hatte.

Eine steinerne Treppe führte zu einer offenen Vorhalle der Wache. An den Seitenwänden dieses Raumes standen Bänke, auf denen schwarze und weiße Polizisten herumfaulenzten. Hierhin mußte ich dem Detektiv folgen.

Man fragte mich nochmals, zu welchem Schiff ich gehöre. Ich blieb dabei: zum Mexikaner. Ob ich das beschwören könne. Ich hob die Hand in die Höhe. Darauf mußte ich mich auf die Bank zwischen zwei Polizisten setzen, von denen der eine, ein langer Kerl mit einem niederträchtig heimtückischen Gesicht, sich in ein Gespräch mit mir einließ. Er fragte, ob ich Französisch spreche, zeigte mir ein Bilderbuch und war überhaupt scheinheilig freundlich um mich bemüht.

Unterdessen hatte man den Zimmermann auf die Wache geholt. Ich bemerkte, als er vorüberging, daß er die vier von mir unterschriebenen Kontrakte in der Hand trug.

Während ich nun mit gekünstelter Gleichgültigkeit auf die Straße sah und mit den Beinen baumelte, wartete ich mit innerem Fieber der Dinge, die da kommen sollten.

Nach kurzer Zeit trat der Zimmermann wieder aus der Polizeistube. Die Kontrakte hatte er nicht mehr in der Hand, und er warf mir im Weggehen einen mitleidigen Blick zu. Vielleicht dachte er, ich hätte ein schlimmes Verbrechen begangen.

Aber immer noch hatte ich einen Schimmer Hoffnung.

Plötzlich sah ich Jahn und August auf der Straße vorübergehen. Mich erkennend, blieben beide stehen, und Jahn rief mir lachend zu: »Na, hast du dich wirklich kitschen lassen?«

Ich winkte ihnen bittend zu, weiterzugehen, aber August wandte sich nun mit wichtigem Ton direkt an die Polizisten und erklärte ihnen, daß ich ein entlaufener Schiffsjunge und von der deutschen Bark »Elli« sei.

Da erschien Kapitän Pommer auf der Bildfläche. Er trat auf mich zu, ohne eine Miene zu verziehen, und fragte, wo ich meine Sachen hätte. Ich zeigte auf den Bananensack. Ob das alles wäre? »Ja, das andere habe ich an Bord zurückgelassen.«

»Was willst du nun tun? Willst du solange in die Tretmühle hier, bis das Schiff abfährt, oder willst du mit an Bord fahren? Fort kommst du nicht.«

Ich schwieg. Der Alte wiederholte seine Frage.

Ich bat ihn, mich doch freizulassen. Ich könne es auf der »Elli« nicht aushalten. Aber der hartköpfige Ostfriese blieb unerbittlich. Er erklärte, ich käme auf jeden Fall an Bord. Seinetwegen könne ich mich ja dann ersaufen. Nach diesen Worten befahl er Jahn und August, mich an Bord zu rudern.

Die Polizisten begleiteten mich bis ans Boot. »O, you are a bad boy!« sagte der mit dem heimtückischen Gesicht, worauf ich ihm ein Leckmich zurief. Im Boot mußte ich mich dann zwischen Jahn und August setzen. Der Alte blieb an Land. Sämtliche Polizisten standen am Ufer, als wir abstießen. Ebenso eine neugierige Menschenmenge, und alle schwenkten die Hüte. Die Policemen riefen mir: »Good bye, young mexican«, »Auf Wiedersehen!« und ähnliche ironische Bemerkungen nach. Ich schwieg verbittert.

9. Kapitel
Schwere Tage

Es war eine lange Fahrt bis zur »Elli«. Die See ging hoch. Die Strömung war gegen uns, und da ich seit morgens noch gar nichts gegessen hatte, kam mir das Pullen mit dem schweren Riemen recht sauer an. Die erste Frage meiner Begleiter betraf meine Uhr. Sie wunderten sich sehr, daß ich sie noch besaß. Wenn mich der Steuermann schlüge, solle ich ihn beim Konsul anzeigen.

Inzwischen waren wir der »Elli« so nahe gekommen, daß ich Personen unterscheiden konnte. Man mußte auch mich bemerkt haben, denn ich sah, wie die Matrosen neugierig aus dem Logis kamen und in die Wanten kletterten. Der Koch war aus seiner Kombüse herausgetreten, und der Steuermann saß mit dem Fernglas auf der Reling.

Dort gab's gewiß noch manchen Sturm für mich, aber nun mochte kommen, was wollte. Ich war zum Äußersten entschlossen. Das Boot legte an. Ich hatte meinen Strohhut trotzig über die Stirn gezogen, und so stieg ich festen Schrittes über das Fallreep an Deck und begab mich ins Logis. Es war gerade Kaffeezeit. Die ganze Mannschaft bestürmte mich nun mit Fragen. Wo ich gesteckt, wovon ich gelebt hätte, wie ich erwischt wäre. Ich hätte gewiß nichts zu fressen gehabt und so weiter. Ich antwortete bunt durcheinander und fühlte mich sehr abgespannt. Am liebsten hätte ich erst ein paar Brote verschlungen, aber ich schämte mich, den Eindruck zu erwecken, als ob ich an Land hätte hungern müssen. So aß ich gar nichts, sondern ging mit Hermann an die Arbeit. Die Erzählung meiner Erlebnisse in Belize fand nur wenig Glauben. August meinte, ich solle ihm doch nicht so einen dummen Bären aufbinden.

Steuermann war zunächst zu meiner Verwunderung ziemlich ruhig. Wahrscheinlich fühlte er, daß ich mich nicht mehr vor ihm fürchtete.

»Wie konntest du nur so etwas machen? Weißt du auch, daß dich das die ganze Heuer kostet?« sagte er. »Vielleicht muß sogar dein Vater noch etwas dazubezahlen.«

»Nun, dann fahre ich lieber so lange, bis ich soviel verdient habe.«

»Ja, wenn der Alte dich behält!« Ich mußte lachen. Als ob mir daran etwas gelegen wäre!

Von meinen Sachen fand ich nichts mehr im Logis vor. Da man mir sagte, daß der Steuermann dieselben konfisziert habe, bat ich ihn, sie mir herauszugeben. Ich erhielt aber nur meine Matratze, eine Hose, ein Hemd und Briefschaften. Alles andere behielt der Steuermann, »damit ich nicht wieder ausreißen könne«, eine Sicherheitsmaßregel, die gesetzlich erlaubt wäre. Die Matrosen hatten sich sofort nach meiner Flucht verschiedenes von meinem Eigentum angeeignet. Hermann und einige andere Ehrliche gaben mir das nun zurück. Aber es fehlte noch vielerlei. Ich war damals so grenzenlos liederlich, daß ich selbst nicht einmal genau sagen konnte, was mir gehörte.

In der nächsten Zeit hatte ich sehr unter dem Spott der anderen zu leiden. Der Kapitän und die Matrosen zogen mich fortwährend auf. August nannte mich nur noch den »Störtebeker« oder den »Yukatandurchkreuzer«, und Jahn meinte, das hätte ich nun davon, daß ich die Reise ganz umsonst mache.

Eines Morgens verließ das Papenburger Segelschiff Belize. Kapitän Pommer rief uns alle auf das Hinterdeck. Dann schwenkte er seinen breiten Schlapphut und rief mit Bärenstimme über das Wasser: »Noch eins zum Abschied, hipp hipp hurra!«

»Hipp hipp hurra!« brüllten wir andern dreimal mit, und »Hipp hipp hurra!« erscholl die Antwort von drüben. Wir winkten, bis das Schiff unseren Blicken entschwand.

Ich wußte jetzt, wie es gekommen, daß mich die englische Polizei erwischt hatte. Kapitän Pommer hatte einen Preis auf meine Ergreifung ausgesetzt, und daraufhin hatte mich ein Gelber, der früher auf der »Elli« gearbeitet und der mich an dem verhängnisvollen Tag am Hafen erkannt hatte, bei einem Kriminalbeamten angezeigt.

Diesen Menschen bekam ich bald nachher einmal an Bord der »Elli« zu Gesicht. Kapitän Pommer schimpfte gerade furchtbar auf ihn, weil das Farbholz, das er gebracht hatte, ganz naß war, und ich warf ihm einen Blick zu, daß mir die Augen schmerzten. Aber der Kerl schmunzelte übers ganze Gesicht.

Ich mußte mir auch gefallen lassen, daß die schwarzen Kerle und ihre Kinder mich verhöhnten, etwa mich gelegentlich fragten, ob ich nicht bald auf den Mexikaner ginge oder wie es mir an Land gefallen habe.

Einmal sah ich auch von der Back aus das Boot des Mexikaners vorüberfahren und erkannte den Zimmermann darin. Da kam ein sehnsüchtiges Gefühl über mich.

Ich versuchte auch noch einmal, die Flügel zu heben. Als das Boot von Land zurückkehrend dicht an unserem Heck vorüberkam, rief ich den Matrosen zu, sie möchten vorn am Klüverbaum anlegen und mich übernehmen. Sie hatten aber keine Lust oder keine Courage, und auch die zwei Dollar, die ich ihnen für diesen Dienst anbot, wirkten nicht. Vielleicht verstanden sie mich auch nicht. Jedenfalls fuhren sie weiter. Mittlerweile waren Leichterboote längsseits gekommen, und wir luden wieder Blauholz ein. Ich mußte von früh bis abends auf der Stelling stehen und die schweren Klötze hochreichen. Diese Arbeit ging wie ein Uhrwerk gleichmäßig vor sich, und die einzelnen Räder dieses

Uhrwerks wurden nicht geschont. Die schweren, splitterigen Holzklötze wogen vielleicht 150 bis 250 Pfund durchschnittlich. Damit den ganzen Tag herumzuhantieren, wahrhaftig, das war harte Arbeit, die selbst den Stärksten unter uns, wie Gustav und Jahn, oft unerträglich vorkam. Ich stand auf der untersten Stelling mit Gustav. Der verhältnismäßig gutmütige Memelsmann nahm wenigstens Rücksicht, wenn ich einmal eine Sekunde einhalten mußte. Manchmal nahm er mit seinen gigantischen Tatzen ein großes Stück Blauholz ganz allein und reichte es nach oben, so daß die Neger staunten. Ich hatte eine Wunde am Fuß und mußte deshalb barfuß gehen. Ein stämmiger junger Neger, der mir das Holz heraufreichte, vergnügte sich dabei mit dem Versuch, mir die Holzstücke auf die Füße zu werfen. Es wimmelte in dem Holz von Skorpionen. Einmal fiel auch eine lange, smaragdgrüne Schlange an Deck, die von den Matrosen aufgespießt und über Bord geworfen wurde. Die Neger hatten große Angst vor Skorpionen und erzählten, daß eine Stunde nach dem Biß eines solchen Tieres der Tod eintrete Ich hatte einen Skorpion mit der Mütze gefaßt, um ihn lebend mitzunehmen, aber die Matrosen duldeten das nicht und machten das »giftige Viehzeug« tot.

Die Arbeit wurde besonders durch die drückende Hitze erschwert. Als einzige Erfrischung hatte man uns einige Eimer mit Hafergrützwasser hingestellt. Das war für einen Moment wohltuend, aber es nahm uns die Kraft. Als ich einmal sehr viel davon getrunken hatte, fing ich an zu taumeln und wäre sicher umgesunken, wenn ich nicht, durch die höhnischen Reden des Steuermannes angefeuert, alle Energie zusammengenommen hatte. Wir Schiffsjungen hatten natürlich mehr als andere zu arbeiten. Abends nach Ausscheiden, wenn die anderen zur Koje gingen, mußten Napoleon und ich noch Deck fegen. Ich hatte dabei teils aus Müdigkeit, teils weil ich Napoleon etwas fragen wollte, einen Moment mit Fegen eingehalten. Sofort kam der Steuermann auf mich zugestürzt und schlug mich erst mit der Faust und dann mit einem an Deck liegenden Tauende ins Gesicht. Zum Abendbrot schien er das wieder zu bereuen, denn er rief mich zur »Besanschoote«, worunter wir einen Schnaps verstanden. »Nach der Auffrischung sollst du auch eine kleine Vertröstung haben.«

»Nein«, erwiderte ich ablehnend, »ich sage das dem Konsul.«

»Zum Konsul willst du? Allright!«

Ich fühlte mich einige Tage ganz krank. Mein Kopf war heiß, und dabei fror ich sogar zu Mittag in der Gluthitze. Ich wagte nicht das zu sagen, da ich sonst noch obendrein Spott und Hohn gefunden hatte, aber es kostete mich verzweifelte Anstrengung, in diesem Zustand die harte Arbeit zu verrichten. Am Sonntag, dem 28. Juni, schrieb ich den letzten Brief von Belize nach der Heimat. Dann erbat ich mir vom Steuermann meine Sachen, um sie zu waschen, mußte sie dann aber wieder abliefern.

Unter Augusts Roheit und Gemeinheit hatte ich sehr zu leiden. Er fiel aber auch den andern zur Last durch seine oft haarsträubenden Aufschneidereien.

»Das kann ich euch sagen, wißt ihr, – –« leitete er seine langen Reden gewöhnlich ein, bei denen das Ende stets dem Anfang widersprach. »Auf dem Schiff, da gab's Arbeit. Da waren Leute unter uns, die mit zwanzig Jahren aschgraues Haar hatten. Aber wir waren Kerle. Wir verstanden uns zu drücken. Manchmal rührten wir vierzehn Tage lang keinen Finger – –« In dieser Art langweilte er uns stundenlang.

Außer dem Blauholz erhielten wir jetzt mächtige Mahagoni- und Zedernstämme, die mit einer Handwinde an Bord geleitet werden mußten. Auch in diesem Holz fanden wir eine Menge Skorpione, sowie eine große, rote Kakerlakenart, einmal auch eine Tarantel. Von alledem konnte ich aber nur einen Skorpion unbemerkt in meinem Taschentuch fangen, den ich in Kognak aufbewahrte. Den Kognak verschaffte mir Napoleon. Er verhalf mir überhaupt in dankbarer Weise zu manchem, wie ich früher ihm.

Eines Tages gewahrte ich, ins Logis tretend, einen nackten Neger in meiner Koje damit beschäftigt, sich mit meiner Nagelschere eine Warze von der Nase zu schneiden. Dabei sang er höchst fidel: »Du bis errückt, mei Kind.« »That is Kapitänssong für Schnaps!« sagte er bei meinem Eintritt, ohne sich in seiner Tätigkeit stören zu lassen. Er meinte damit, daß er das dem Kapitän öfters vorsinge und dafür einen Schnaps von ihm erhielte.

Am Abend, als wir gerade beim Schaffen saßen, kam August stockbetrunken vom Land zurück, eine ungeheure Wassermelone im Arm, die er mehrmals fallen ließ. Während er die Frucht an unserem Tisch zerschnitt und aufaß, knüpfte er in seiner gewohnten ernsten Tonart irgendeine fabelhafte Geschichte daran. Als ich dabei an einer Stelle das Lachen nicht verbergen konnte, warf er mir wütend einen Teller an den Kopf. Nun sprang aber Jahn auf und sagte ihm einmal gehörig die Meinung.

»Das kann ich dir sagen, Jahn«, stammelte August, »weißt du, ich bin ein ehrlicher Kerl, aber wenn mir einer die Wassermelonen auffrißt – das kann ich nie vergessen, und wenn dreißig Jahre vergehen sollten. – Ich bin ein ehrlicher Kerl. Gustav, hier hast du ein Mango, du bist ungefähr zwanzig Pfund wert, aber wenn mir einer beleidigt, das kann ich dir sagen, dann knacks!« Hier markierte August pantomimisch das Abdrücken einer Pistole.

Wieder kam ein Schoner mit Blauholz längsseits. Lauter große Stücke, die zwei Personen kaum heben konnten.

Das Fahrzeug sah ebenso schmutzig wie malerisch aus. Auf den hochgetürmten Holzklötzen kletterten Hunde, in Lumpen gehüllte Neger und Schweine umher.

Von den Schweinen bekam ich mit dem ersten Stück Blauholz eine höchst unangenehme Visitenkarte in die Hände.

Steuermann stand an der Waage und betrog die Neger tüchtig. Auch ich war diesmal mit Jahn an der Waage postiert, mußte aber fast alle Stücke allein hinaufheben, während Jahn zusah. »Siehst du, wie schön das geht?« höhnte er. Ich versuchte auszuhalten. Neben mir stand ein Eimer mit Grützwasser, das der Koch zu unserer Erfrischung hingestellt hatte. Ich trank einmal zehn Tassen davon hintereinander. Zuletzt mußte ich im Arbeiten innehalten. Der Schweiß lief mir von der Stirn in die Augen, so daß ich nichts mehr sehen konnte, und die Beine trugen mich nicht mehr. So setzte ich mich unbekümmert um das Gelächter der anderen einen Moment auf den Lukendeckel.

Steuermann warf mir einen giftigen Blick zu. »Warte, ich will dich auf der Heimreise lehren, dich wohlzufühlen!«

Aber auch die anderen waren ganz schlapp und lagen über Mittag wie tote Fliegen an Deck. Dann kam der schwere Augenblick, wenn Steuermann uns mit seinem quälenden »Turn to« wieder an die Arbeit rief. Wenn man da hätte weiterschlafen dürfen!

Jahn und August, die sich nach Möglichkeit drückten, waren aus diesem Grunde noch am frischesten.

August erzählte eine Geschichte, die so begann: »Ja, das kann ich euch sagen, da war ein gewisser Hansen, das waren zwei Brüder. So eine Frau habe ich überhaupt nicht wieder gesehen.«

Gegen fünf Uhr war der Schoner leer, und wir freuten uns schon, nun ausruhen zu können, als der Befehl zu neuer Arbeit kam. Die gewichtigen Ankerketten in dem heißen Raum unter der Back mußten aufgeklart und Wasser aus dem Schiffsraum gepumpt werden.

Zum Abendbrot wurde uns nur wenig Zeit gelassen, dann lichteten wir den Anker und brachten das Schiff nach einem anderen Liegeplatz näher dem Lande zu. Wir erwarteten für den nächsten Tag eine weitere Mahagoniladung. Nun kam das erlösende Wort »Ausscheiden«, das heißt für mich nicht. Ich hatte die erste Wache. Zwei Stunden. Aber als diese vorüber war, streckte ich mich auf der Kombüse aus, denn an Deck konnte man der Skorpione wegen nicht liegen. Und schlief. Und schlief.

Die Kost wurde immer schlechter. Das bißchen frische Fleisch und Brot, das wir zweimal wöchentlich erhielten, verdarb der Koch. Das Hartbrot wimmelte von Maden und Ameisen, die wir notdürftig entfernten, indem wir das Brot vor dem Genuß auf den Knien zerschlugen. Unter der Bezeichnung »Zucker« erhielten wir eine braune, flüssige Masse. Der einzige Trost bestand noch in den Früchten, die dann und wann einer von Land mitbrachte oder die uns von Bumbootsleuten angeboten wurden. Vorzüglich schmeckten Limonen in Wasser ausgedrückt.

August fuhr fast jeden Abend an Land und kam dann regelmäßig betrunken zurück, um darauf an Bord den vertilgten Alkohol zu langen Reden zu verarbeiten, bei denen niemand zu lachen wagte. Er war begeisterter Sozialdemokrat und sang jeden Abend seinen Lieblingsvers:

Er hängt an keinem Galgen,
Er hängt an keinem Strick,
Er hängt am festen Glauben
Der freien Republik.

Willy und Gustav erzählten, wie wild und roh es auf dem mexikanischen Schoner zuginge, auf den ich beinahe gekommen wäre.

Sie hatten, als sie mit dem Boot das Schiff passierten, beobachtet, wie einige Matrosen einen Menschen, der ins Wasser gefallen oder geworfen war und der verzweifelte Anstrengungen machte, das Fallreep zu erreichen, immer wieder zurückstießen.

Zwanzig große, vierkantige Blöcke Mahagoniholz trafen ein, die wir mit Hilfe von drei Winschen aufnahmen. Schwere Arbeit! Das war überhaupt die Losung an Bord in Belize. Die Klötze, die etwa 1 1/2 m im Durchmesser und zirka 6 m in der Länge betrugen, sahen imposant aus. Die teuren Stämme wurden nicht in Booten, sondern floßweise an das Schiff gebracht. Unsere Matrosen ruderten sie vom Lande her. Das war nicht leicht, denn sie hatten den Strom gegen sich, und der Weg bis zur »Elli« war sehr lang. Solch ein Floß wurde Rafft genannt.

Ich hatte im Zwischendeck, wo ich Hartbrot fürs Logis holen wollte, einen unbedeutenden Wortstreit mit dem Franzosen. Steuermann kam dazu. Als er sah, daß außer Napoleon niemand zugegen und dieser auch gegen mich war, ließ er seinen ganzen Haß an mir aus, indem er ohne weitere Veranlassung mich ins Gesicht schlug und mich sogar mit den Füßen in den Leib trat, so daß ich laut aufschrie. »Willst du noch schreien!« zischte er wütend.

Ich überlegte mir den ganzen Tag, wie ich mich an dem Schuft rächen könnte, und machte mir selber Vorwürfe, daß ich ihn nicht mit der ersten besten Waffe niedergeschlagen hatte. Ich wußte aber, daß dann alle gegen mich gewesen wären. Entweder hätte man mich totgeschlagen oder in Eisen gelegt. Das alles erwog ich an diesem Tage ernsthaft und hatte sogar ein paarmal noch schlimmere Gedanken.

In der kommenden Nacht trat eine auffallende Moskitoplage ein, die wahrscheinlich mit der Witterung im Zusammenhang stand. Kein Mensch an Bord und, wie ich später hörte, auch keiner an Land – mit Ausnahme der Schwarzen – konnte zu dieser Zeit schlafen. Ich hatte mich von Deck ins Logis geflüchtet, konnte es aber auch hier vor Stichen nicht aushalten. Dann stieg ich wieder auf ein Boot, unter das Boot, darauf kletterte ich an den Wanten hoch und versuchte, in etwas gewagter Weise auf dem Mars zu schlafen. Doch überall begleitete mich das unheimliche Summen der kaum sichtbaren Tiere. Überall stachen mich diese Bestien. Es war eine schwüle Mondscheinnacht, und meine Lage auf der kleinen, hölzernen Plattform oben am Mast mit der weiten Aussicht über das Meer hatte etwas sehr Romantisches, das mich unter anderen Umständen wohl gereizt hätte. Aber ich war todmüde. Schließlich versuchte ich es doch noch einmal an Deck, indem ich mein Gesicht mit einem Hemd verhüllte und Strümpfe über die Hände zog.

Am Sonntagmorgen, als ich in meiner Koje aus ungestörtem Schlaf erwachte, hörte ich, daß es draußen regnete. Irgend jemand rief mich an Deck. Als ich hinaufkam, goß mir Jahn einen Eimer Wasser über den Kopf, »zur Auffrischung«, wie er sagte. Ich wollte umkehren, um meinen Anzug zu wechseln, doch Steuermann, der den Vorgang schadenfroh beobachtet hatte, zog mich zum Deckfegen nach achtern. »Nicht wahr, das ist doch ein gemeiner Mensch? Der gibt dir noch sonntags Arbeit«, sagte er und meinte sich selbst, »denkst du nicht so?«

»Nein, ich denke nicht so.«

»Nun, du kannst denken, was du willst, nur denke nicht laut, sonst denke ich mal laut.«

»Sieh mal«, fuhr er mich nach einer Weile wieder an, indem er mich in den Arm zwickte, »kannst du das Ende dort nicht sehen? Ich werde dich gleich alle Enden zehnmal abnehmen und neu aufschießen lassen.«

10. Kapitel
Klar zum Ankerlichten

Man teilt das Schiffspersonal in zwei Parteien ein: Die vor dem Mast, das sind Matrosen, Leichtmatrosen, Schiffsjungen, und die achtern Mast, das sind Kapitän und Steuerleute. Der Koch, der midships haust, nimmt dementsprechend eigentlich eine Mittelstellung ein, die er aber gewöhnlich nicht lange behaupten kann. Unser Koch stand entschieden auf der Seite derer achter dem Mast und begünstigte diese im Kochen auf unsere Kosten. So waren wir schlecht auf ihn zu sprechen. Täglich gab es Reibereien mit ihm. Er war aber auch ein ungewöhnlicher Schmutzfink. Nie war der Kaffee rechtzeitig fertig, und außer Reis mit Sirup wußte der Koch kein anderes Gericht mehr herzustellen, das nur einigermaßen genießbar war.

Wir ersannen dann auch immer neue Rachepläne und überschütteten ihn mit gottlosen Flüchen. Besonders Jahn hatte es auf ihn abgesehen. Er pflegte beim Essen von gebratenem Geflügel – seinem Lieblingsgericht – zu erzählen und zog dabei höchst komische Sehnsuchtsgrimassen. Dann lief er gewöhnlich mit einem Teller nach der Küche und schimpfte über den »Fraß«, den man ihm wieder vorgesetzt habe, oder gab den Anlaß zu irgendeiner gegen den Koch gerichteten Schandtat.

Einmal wurde der Sonntagspudding, weil er zäh wie Leder war, dem Koch heimlich in die Matratze eingenäht. Dann wieder wurden über Nacht die steinharten Mehlklöße an die Tür der Kombüse genagelt. Über Nacht, wenn der Koch schlief, geschah immer etwas. Da wurde ein Schöpflöffel oder der Küchenschlüssel über Bord geworfen. Wie freuten wir uns, daß der Koch raste, als er eines Morgens den äußersten Ring vom Herd vermißte, so daß kein Topf mehr aufzusetzen war! Ein andermal erzählte Napoleon früh mit seinem verschmitzten Lächeln: »Le pain est parti.« Hermann, der das Brot mit mir in der Nacht vorher gestohlen hatte, sagte ganz ernsthaft: »Ja, die Ratten, die Ratten!«

Napoleon lief daraufhin zum Koch, und wir hörten mit Vergnügen, wie dieser wegen der Fopperei außer sich geriet.

Unser Logis wurde immer lebendiger. Ameisen hatten sich jetzt eingestellt und krochen zu Tausenden in den Kojen und im Biskuit umher. Einmal glaubte ich, einen Kakerlak am Halse zu spüren, und als ich das Tier mit der Hand abschlug, sah ich, daß es ein Skorpion war. Es regnete jetzt viel. Wir benutzten das, um unsere Wassertanks aufzufüllen.

Steuermann war mitunter etwas freundlicher, aber im großen und ganzen verkehrte er doch nur »schlagweise« mit mir. Die neunschwänzige Katze, von der ich früher so viel gelesen, lernte ich damals in allen Variationen kennen. Ich verzweifelte manchmal an allem und grübelte viel über Vergangenheit, Zukunft und das Schicksal nach, das mich in meinen Erwartungen so getäuscht hatte.

Es gab freilich auch schöne Momente. Wenn wir Seeleute in prachtvollen Nächten und erquickender Luft an Deck saßen und gemeinsam alte Volkslieder sangen, die in einfachen Worten von der Heimat, einer Geliebten oder Seemannserlebnissen erzählten, dann waren das herrliche Stunden, bei denen meine Erinnerung gern verweilt. Der freie Blick über das weite Meer, die vom Himmel sich abhebende Silhouette des Festlandes oder der vorgelagerten Inselgruppen haben sich mir fest eingeprägt.

»In einem Städtchen in einem tiefen Tale –.«
»Wie die Blümlein leise zittern –.«
»Ich bete an die Macht der Liebe –.«
»Leise und auf sanften Wogen – – –.«

Paul und ich sangen auch bisweilen französische Lieder, wie »Elle s'appelle Clara – –« oder die Marseillaise.

Ich vertraute in dieser Zeit meinem Tagebuch, daß ich mir das Priemen angewöhnt, sowie, daß ich eines Nachts in strömendem Regen an Deck geschlafen und gar nicht gemerkt hatte, wie ich durch und durch eingeweicht war.

August machte sich jetzt das Vergnügen, mir Instruktionsstunde zu geben. Ich mußte ihm die Reihenfolge der Kompaßstriche hersagen, Taue verknüpfen und dergleichen. »Mensch, du willst das Einjährige haben?« sagte er, als ich einen seemännischen Knoten falsch machte, »du bist ja so dumm, so dumm, so dumm wie das grüne Gras!« Auch Lieschen, wie Hermann wegen seiner schmächtigen Gestalt genannt wurde, mußte am Unterricht teilnehmen und erhielt eine ähnliche Kritik. August besang ihn:

Pupp und Spinne ging in Wald,
Da wurden der Pupp die Beine kalt.

Eines Abends fragte mich August plötzlich, ob ich mit ihm von Bord fliehen wolle, da er die Wirtschaft auf der »Elli« satt habe. Er war am Morgen wieder stark betrunken von Land zurückgekehrt und hatte uns anderen auch eine Flasche Schnaps mitgebracht, die wir zum Kaffee rund gehen ließen. Natürlich war ich von seinem Vorschlag ganz begeistert. Es gelang mir, einen Neger für unsere Sache zu gewinnen, der uns in der Nacht halb elf Uhr mit einem Boot am Bug erwarten sollte. Der Kerl hielt aber nicht Wort, und August wußte am nächsten Tage von der ganzen Verabredung nichts mehr.

Zu Mittag wurde erzählt, daß zwei portugiesische Matrosen von einem nicht weit von uns liegenden Norweger entlaufen seien.

Eine alte Konservenbüchse vertrat bei uns die Stelle eines Salzfasses. Da hinein hatte sich ein Skorpion verirrt. Ich berührte ihn mit einer Gabel am Kopf, worauf er sofort wütend mit dem Stachel um sich schlug. Irgend jemand warf das Tier über Bord.

Steuermann war ein paar Tage etwas milder gestimmt. Er gab mir sogar 25 Cents zu einem neuen Messer, das mir der Koch kaufen sollte, und meinte, der Alte würde vielleicht meine Flucht als einen Dummenjungenstreich hinnehmen. Dann schlug er mich und Hermann wieder, weil wir nicht seinem Befehl gemäß bis acht Uhr an Deck gewesen waren, obgleich wir die Ausrede gebrauchten, wir hätten Kartoffeln sortiert. Die lagen im Zwischendeck in einem Verschlag. Wir mußten öfters die gesunden auslesen. Die meisten waren schon verfault und voller Maden. Es stank schauderhaft da unten.

Mein mexikanisches Schiff hatte die Flagge auf Halbmast gesetzt. Ich konnte nicht erfahren, weshalb. Willy hatte ein ganz junges Krokodil in der Größe eines Herings für 5 Cents an Land erstanden und verkaufte es für 25 Cents an Steuermann. Dieser setzte das Tier in einen Waschkübel auf ein Stück Kohle, nachdem er ihm die Füße vorher mit Segelgarn umwickelte, damit es nicht fortlaufen konnte.

Vor diesem merkwürdigen Terrarium stand der Kapitän oft stundenlang und stocherte in kindlicher Freude mit einem Knüppel darin herum.

Auf Nachricht von zu Hause wartete ich vergeblich, und ich nahm zuletzt an, daß man über meine sehr kurzen und schmierigen Briefe verstimmt sei. Es kostete mich selbst aber große Überwindung, nach der Arbeit noch Briefe zu schreiben. Ich hatte an meinem Tagebuch schon genug. Es mangelte auch an Papier.

Keiner von uns las eine Zeitung. Wir wußten und hörten nur Unbestimmtes über den Burenkrieg.

Am Sonntag war der Alte mit dem Steuermann an Land gefahren. Der griesgrämige Bootsmann und August waren in die Kajüte hinuntergegangen und hatten sich dort, wie wir später erfuhren, einer ganzen Korbflasche voll Rum bemächtigt. Napoleon, der unten aufzupassen hatte, bedrohten sie mit einem Stück Tau. Abends kamen beide wieder zum Vorschein –, stockbetrunken. Die zwei alten Knackse hielten sich umschlungen und torkelten – deutsche und englische Matrosenlieder singend – ins Logis, wo sie alles schauderhaft beschmutzten. Von den Matrosen war nur noch Paul an Bord. Der schlief, Hermann und ich beobachteten die Trunkenbolde von unseren Kojen aus. Sie rauchten merkwürdig gute Zigarren und konnten sich kaum mehr auf den Beinen halten. Segelmacher unterhielt sich lange mit einem Paar Seestiefeln. Dann erblickte er mich und sagte, ich solle gut Wache halten; das Boot mit dem Alten käme doch nicht wieder zurück. Hierauf taumelte er nach dem Hinterschiff. Ich hörte ihn noch über Blauholzstücke fallen und englisch auf die Skorpione schimpfen, von denen er sich gebissen glaubte.

Viel ungemütlicher war August. Er hatte seinen Gürtelriemen abgeschnallt und schlug damit auf Hermann ein. Als dieser an Deck lief, folgte ihm August mit einem langen Messer in der Hand, unverständliche Worte vor sich hermurmelnd. Es gelang mir, ihn irrezuleiten, und Hermann fand ein Versteck. Nunmehr griff der rasende Kerl auch mich an, so daß ich mich ebenfalls hinter das an Deck aufgestaute Blauholz flüchtete. Ich wußte, daß August homosexuelle Neigungen hatte, aber dieser Begriff war mir damals noch ein sehr verschwommener.

Endlich gegen halb drei Uhr nachts vernahm ich, wie das Boot anlegte, und lief ans Fallreep. Der kleine Franzose warf den Bootsinsassen die Leine zu und winkte August, zur Koje zu gehen, weil der Kapitän zurückkäme. Statt dessen schwankte der Betrunkene in die Kajüte hinunter, und gleich darauf hörten wir unten ein lautes Krachen und Klirren von Scherben.

Der Alte und der Steuermann waren inzwischen angelangt. Der Kapitän begegnete August auf der Kajütstreppe.

»Guten Abend, Kapitän!« brüllte dieser.

»Was ist's?« fragte der Alte stutzig.

»Ach, ich ha – habe nur die Lampe anstecken wollen, a – a – aber der Kram – – –.« Mehr brachte August nicht hervor.

»Hallo! Guten Abend, Steuermann!« rief er dann plötzlich fidel.

»Nanu?« gab dieser ebenfalls ganz verwundert zurück.

Die übrigen Matrosen, die mit zurückgekommen waren, brachten August dann nach vorn, wo er in seiner Koje endlich einschlief.

Am nächsten Tage erfuhren wir, was in der Kajüte vorgefallen war. Wir saßen gerade beim Frühstück, wie immer auf das Essen schimpfend, als Paul ein großes Stück – etwa ein Viertel – von einem Edamer Käse nach vorn brachte, mit der Bestellung, der Kapitän schicke das für August. Wir waren alle einen Moment baff vor Verwunderung, aber August, obgleich noch immer nicht ernüchtert, lächelte so eigentümlich, und als wir dann bei näherer Betrachtung des Käses deutliche Spuren eines menschlichen Gebisses in der roten Rinde erkannten, verstanden wir diesen Hinweis.

»Na, August«, sagte Jahn, indem er die seltene Delikatesse mit sichtlichem Behagen anschnitt, »ich glaube, deine Zähne passen da hinein.« Doch dieser leugnete hartnäckig und behauptete, das könne nur Napoleon gewesen sein; der wäre gestern besoffen gewesen.

Bald wurden die Einzelheiten der am Tage vorher angerichteten Verwüstung bekannt. In der Kajüte war der Fußboden greulich besudelt, die Hängelampe zertrümmert, und auf dem Tisch hatte der Alte die leere Rumflasche und den angebissenen Käse vorgefunden. Wir waren gespannt, was geschehen würde.

Zu Mittag rief Kapitän Pommer mit etwas stockender Stimme ins Logis hinunter: »August, Sie können an Land gehen!«

»Allright, Captain!« gab dieser zurück, ohne von der Erbsensuppe aufzusehen.

Der Alte ging dann fort, und August machte sich daran, seine Sachen zu packen. Er gab die von den anderen geliehenen Gegenstände zurück und versicherte immer wieder, daß es ihm ganz gleichgültig sei, ob er bliebe oder ginge. Währenddessen wurde er zum Kapitän gerufen. Er nahm ein Paar Seestiefel vom Segelmacher, einen Ölanzug vom Steuermann und einen Südwester, den ihm der Koch geborgt hatte, mit nach achtem. Nach einiger Zeit erschien er wieder und erklärte, daß er an Bord bleiben werde, da ihn der Alte um Entschuldigung gebeten hätte. Später erfuhr ich, daß der Kapitän den alten, verheirateten Mann nicht hatte fortjagen wollen. Dieselbe Rücksicht hatte man auf den Segelmacher genommen. Der lag volle zwei Tage besinnungslos in der Segelkoje zwischen den Passatsegeln. Als ein paar Gäste von Land das Schiff besichtigten, mußten wir den Schlafenden mit einem Segel verdecken, denn aufzuwecken war er nicht.

Wir erwarteten für den 29. Juli Order aus Deutschland, wohin wir von Belize aus fahren sollten. Es hieß auch, wir würden vielleicht Liverpool anlaufen. Das hätte mich gefreut. Hermann wollte in diesem Fall mit mir nach Hamburg reisen, während die anderen größtenteils an Bord zu bleiben gedachten.

Abends las ich mit großer Freude alte Briefe durch, wovon ich leider nur wenige besaß.

Von Tieren hatten wir jetzt an Bord:

- 1. Vier Papageien und Sonnenvögel, einen Ameisenbär und drei Katzen (dem Kapitän gehörend),

- 2. ein Krokodil (dem Steuermann gehörend),

- 3. Ratten, Skorpione, Kakerlaken, Maden, Ameisen und Moskitos (Allgemeingut).

Der Tag unserer Abreise war nicht mehr fern. Schon wurden die wichtigsten Anstalten dazu getroffen. Der Schiffsbauch, der, wie ich hörte, 450 Registertonnen faßte, war ziemlich bis oben hin mit Blauholz angefüllt. Die großen Mahagoniblöcke, die wir noch einnahmen, mußten an Deck festgelascht werden.

Beim Anschlagen der Segel war ich zum erstenmal am äußersten Ende der Rahe. Der Steuermann verbot mir das aber und rief mich herunter. Er sagte, das sei zu gefährlich; wenn ich herunterstürze, verliere er sein Patent als Steuermann. Das ärgerte mich, denn solche seemännischen Arbeiten verrichtete ich mit großer Lust. Als mich der Alte bald darauf einmal bei einem Segelmanöver fragte, warum ich nicht mit nach oben ginge, erzählte ich ihm, daß mir der Steuermann das untersagt habe. Ich durfte von da an immer mit hinauf. Dadurch war natürlich der Steuermann gekränkt, und er ließ mich das fühlen. Er verstand nicht viel von seemännischen Arbeiten, er war mehr Theoretiker, und die Matrosen machten sich deshalb häufig über ihn lustig, zumal er sich überall wichtig vordrängte. Fand der Alte an den vom Steuermann ausgeführten Arbeiten etwas Tadelnswertes, so bekam ich gewöhnlich die Schuld, der ich doch nur Handlangerdienste dabei verrichtete. Ja, ich erhielt immer die Prügel. Steuermann liebte es besonders, mich zu schlagen, wenn Gäste an Bord waren. Es schmeichelte ihm jedenfalls, soviel Gewalt über jemanden zu besitzen.

Aus irgendwelchen Gründen, die mir nicht mehr erinnerlich sind, verlegten wir häufig unseren Liegeplatz. In den letzten Tagen hatten wir nicht weniger als fünfmal Anker gelichtet und wieder ausgeworfen. Am 29. Juli traf, mit Spannung erwartet, Order ein, daß wir von Belize nach Liverpool steuern sollten. Das war nicht übel. Ich nahm mir vor, von dort mit der Eisenbahn nach Hull zu fahren, von wo aus man leichter nach Hamburg kommen sollte. Hätte es Bier gegeben, ich würde mir jetzt auf die Order hin einen Freudenrausch angetrunken haben, so aber war ich schon glücklich, daß ich von einem Bumbootsmann für eine Kleinigkeit eine Menge Bananen erhielt.

Eines Tages war der Alte sehr in »Fahrt«. Er hatte eine Rafft Mahagoniholz für seine eigene Rechnung erstanden. Willy und Gustav bekamen den Auftrag, die Balken wie immer vom Fluß aus bis an Bord zu rudern, brachten sie aber nicht gegen die starke Strömung vorwärts. Wir beobachteten von Bord aus die vergeblichen Anstrengungen der Leute im Boot, und der Kapitän stampfte wütend mit dem Fuß auf. Da wir nur ein Boot im Wasser hatten, konnten wir den Matrosen nicht zu Hilfe kommen. Schließlich banden wir aber doch ein kleines Hilfsboot los, das an Deck festgelascht war und bei uns den Spitznamen »Moses« führte. Nun wurden die noch an Bord befindlichen Matrosen mit zwei Bootsankern ausgesandt, um die Rafft herbeischaffen zu helfen oder sie wenigstens einstweilen zu verankern. Wenn der Wind nachließ, gelang uns der Transport dann sicher leichter. Mittlerweile schienen Gustav und Willy die Balken jedoch schon auf irgendeine Art verankert zu haben, denn wir sahen sie von dem Floß abstoßen und auf uns zuhalten.

Während die allgemeine Aufmerksamkeit auf diese Dinge gerichtet war, benutzte ich die Gelegenheit, um mir eine vergnügte Stunde zu bereiten, ich kroch unter das zweite Boot, zündete mir eine Pfeife an und beschäftigte mich mit der verfrühten Frage, wie ich meine Heuer in Liverpool anlegen und was für Geschenke ich vor allem meinen Angehörigen dafür mitbringen könne. Es mußte doch möglichst etwas Seemännisches oder Exotisches sein. Für Wolf gang hatte ich ja schon reiche Schätze, Muscheln, Skorpione, einen Gürteltierpanzer, Haifischgebisse und anderes. Für Mutter gedachte ich eine Fußmatte aus Tauwerk zu flechten, wie ich das vom Bootsmann gesehen hatte. Da hinein wollte ich ein Zwanzigmarkstück verstecken. Selbstverdientes Geld! Auch Ottilie sollte ein Geldgeschenk in einer Kokosnuß erhalten, und Papa, der sich ja wenig aus materiellen Gütern machte, wollte ich das Tagebuch verehren, möglichst schön und orthographisch geschrieben.

Unsere Matrosen hatten in der Tat die Rafft des Sturmes und der Stömung wegen nur verankern können und kehrten sehr erschöpft zurück. Spät abends, nach unserer Tageseinteilung spät, denn es war etwa halb acht Uhr, rief der Steuermann ins Logis hinunter, die Rafft sei weggetrieben und nicht mehr zu sehen. Wer freiwillig mit ins Boot wolle, sie zu suchen? Einem derartigen Appell an den guten Willen hätte ich nie widerstehen können. Ich meldete mich also und durfte mit Jahn, Koch und Steuermann das Boot besteigen. Es war anzunehmen, daß die Rafft sich von dem Anker losgerissen habe. Es galt nun, auch diesen wiederzuerlangen, wozu freilich wenig Aussicht bestand. Ungefähr kannten wir die Richtung, wo der Anker ausgeworfen war. Es war nicht weit von einem norwegischen Dampfer gewesen. Wir markierten die Stelle durch eine Boje, das heißt, wir warfen einen eisernen Haken ins Wasser, an den wir ein Ruder banden, das bis zur Hälfte wie ein Mast aus dem Wasser ragte. Ein Taschentuch von mir – ich war der einzige, der eines besaß – wurde als Erkennungszeichen an dem Riemen befestigt. Nachdem das nicht ohne Schwierigkeiten von dem auf und nieder tanzenden Boot aus geschehen war, hieß es nun die Rafft zu suchen.

Die Dämmerung war hereingebrochen, der Himmel trübe. Der Wind peitschte die See zu hohen Wellen, die wild über unser Fahrzeug hinwegschossen. Wir waren schon längst durch und durch naß. Stundenlang kreuzten wir nach allen Richtungen. Unser Boot jagte wie ein Fisch durchs Wasser. Steuermann saß am Ruder. Jahn führte das Segel, das wir nur wenig gerafft hatten, und wir anderen spähten durch den Nebel nach Kapitän

Pommers weggetriebener Rafft. Nur wenige Worte wurden gesprochen. Alle waren müde und hungrig, denn wir hatten an Bord noch kein Abendbrot bekommen. Das überspritzende, salzige Wasser brannte uns in den Augen, und es fror uns in den nassen Kleidern. Mahagoni zeigte sich nicht. Inzwischen war es Nacht geworden. Noch immer hatten wir das Holz nicht erblickt, aber Steuermann setzte seinen Stolz ein, es wiederzufinden, und wir segelten also weiter. Weit hinaus in die offene See und dann wieder dicht unter Land zwischen den kleinen Inseln durch, deren belebte Wälder mit ihrem eigentümlichen Brausen noch den Sturm übertönten. Wir waren ganz still geworden. Willy fielen die Augen zu. Dabei liefen wir immer Gefahr, daß das Boot umschlug, besonders bei dem tollkühnen Überstachgehen.

Es war eine aufregende, interessante Fahrt, so recht nach meinem Geschmack, obgleich ich selbstverständlich ebenso hungrig, müde und durchgefroren war wie die übrigen. Endlich beschlossen wir, die Jagd aufzugeben, aber wenigstens den Anker zu fischen, konnten jedoch nicht einmal die ausgesteckte Boje wiederfinden. Wieder kreuzten wir.

Da plötzlich: »Die Boje!« rief jemand, und in diesen Augenblick sahen wir sie vorübersausen, aber der Sturm trieb uns jetzt mit so rasender Eile vorwärts, daß wir sie aus den Augen verloren, ehe wir noch beigedreht hatten. Wir sahen sie auch nicht mehr und waren endlich genötigt, unverrichtetersache nach der »Elli« zurückzukehren.

Wir hatten uns sehr weit vom Schiff entfernt und kamen nun, gegen den Strom aufkreuzend, nur langsam vorwärts.

Die Uhr zeigte halb zwölf Uhr, als wir an Deck stiegen und uns sofort in unseren nassen Kleidern in die Kojen warfen.

Der Alte war sehr aufgebracht über den Verlust seines Holzes.

Um halb sechs Uhr wurden wir schon wieder geweckt. Nun, am hellen Tage, konnten wir auch die Rafft erkennen. Sie war weit hinaus ins offene Meer getrieben. Jahn, August und Willy wurden ausgeschickt, sie zurückzuholen. Etwas später, als ich gerade irgendeine Arbeit an Deck verrichtete, redete mich der Alte an: »Seppl, geh mal nach oben, – ob sie die Rafft bringen. – Und wenn's auch nur ein Balken wäre.«

Ich enterte schnell die Wanten hinauf und meldete nach unten, daß unser Boot die Rafft brächte. Bald darauf kamen unsere Matrosen zurück.

Sie hatten vier Balken aufgefischt, die anderen waren jedenfalls schon zu weit abgetrieben. Nun, das war doch wenigstens etwas. Wir zogen die vier Geretteten mit der Winsche an Deck, wo wir sie festbanden.

– – Die letzten Vorbereitungen zur Heimreise wurden getroffen, Segel angeschlagen, und was sonst notwendig war.

11. Kapitel
Heimfahrt und Hunger

Am Dienstag, dem 13. Juli, um ein Uhr lichteten wir die Anker zur Heimreise. Der Lotse war an Bord gekommen, ein Kreole mit großem Strohhut, weißem Hemd, weißer Hose und mit einem ungeheuren Parfümbeutel im Gürtel. Moschus oder Patschuli roch man auf einmal vom Heck bis zum Bug. Er schien sich übrigens viel auf diese Stinkbombe einzubilden, denn er ging mit komischstolzen Schritten und ohne mit jemandem zu sprechen auf dem Achterdeck spazieren, wobei er sich selbstgefällig in den Hüften wiegte.

Das Wetter war uns ungünstig. Nach der stürmischen Nacht herrschte jetzt fast Windstille. Schlimm für uns, denn wir mußten zwischen vielen Inseln hindurch und an Sandbänken vorbei, die nur zum Teil durch Bojen gekennzeichnet waren. Da ohne Hilfe des Windes zu operieren, erforderte die größte Aufmerksamkeit und Mühe. Es gab ein paar Tage keinen Schlaf für uns. Immer mußten wir bereitstehen, bald um das Schiff zu wenden oder Segel zu setzen, resp. festzumachen, bald um Anker zu werfen oder aufzuleiern. Die letztere Arbeit wurde mittels eines hölzernen Spills verrichtet. Die Ankerketten waren meist mit einer dicken Schicht Schlamm oder Korallen besetzt und rutschten häufig von der glatten Spillwalze ab. Da hieß es arbeiten, bis uns der Schweiß am Nacken herunterlief.

Ich ging barfuß, weil ich wegen meiner wunden Füße keine Schuhe mehr anziehen konnte. Dazu war noch Rost in die Wunden gekommen, so daß sie zu eitern anfingen. Aber wenn jetzt tags oder nachts – gewöhnlich, wenn man sich eben für ein Stündchen hinlegen durfte – die verhaßten Kommandos des Lotsen erklangen, »hiv Anker!« oder »boutship!«, dann mußte auch ich mit den anderen an Deck stürzen. Der Lotse hatte übrigens zwei Leute mitgebracht, die beim Brassen der Segel mithalfen und dafür, wie sie uns sagten, fast nichts vom Kapitän zu essen bekamen.

Lange Zeit brauchten wir, um eine Boje zu umschiffen. Endlich glückte es doch, und nun setzte auch ein etwas besserer Wind ein. Jahn mußte den Piloten und seine Helfer an einer Insel absetzen. Er hatte einen kleinen Bootsanker mitbekommen und erzählte, als er zurückkehrte, daß ihnen dieser ins Wasser gefallen sei.

Wir schätzten den Wert des Ankers auf hundert Mark. Nun, das war Schiffseigentum. Die Lotsen werden sich wohl die hundert Mark später wieder heraus gefischt haben. – – –

Hurra Brise!! Fort ging es in freiem Fahrwasser »vor dem Winde«. Seewachen wurden eingerichtet, an denen ich diesmal auch teilnehmen mußte, und das Seeleben begann wieder. Ich hatte also abwechselnd vier Stunden zu arbeiten und vier für mich, Tag und Nacht hindurch, und erhielt nun etwas angenehmere Arbeiten. Meistens ließ man mich die vier Stunden am Ruder stehen, was bei nicht zu bewegter See recht bequem war. Ich beobachtete dann das Schlenkern des Schiffes, betrachtete das Wogen, Rollen, Tanzen, Spritzen, Wiegen des Meeres, träumte und überdachte tausenderlei Dinge. Dabei geschah es allerdings häufig, daß ich die Kompaßnadel außer acht ließ und plötzlich zu meinem Schrecken wahrnahm, daß ich einen ganz falschen Kurs steuerte. Wehe, wenn dann der Alte oder Steuermann dazukamen! Gelang es mir in solchen Fällen auch manchmal, noch schnell die Nadel auf den alten Strich zu bringen, so sah doch der Alte gewöhnlich an dem Zickzacklauf des Kielwassers, wie ich gesteuert hatte.

»Seppl, – – Bengel«, sagte er dann, mir mit der Faust drohend, »du fährst wieder spazieren.« Der Steuermann drückte sich gewöhnlich etwas handgreiflicher aus. Auch auf den Ausguckposten stellte man mich. Auf der Back schritt ich dann barfuß mit schnellen Schritten auf und ab. Ich hatte die See zu beobachten und etwaige Schiffe oder Inseln und dergleichen zu melden.

Jetzt empfand ich eine leise Angst, daß meine Sehschärfe auf die Dauer nicht den Anforderungen des Seelebens genügen würde, wie mir das Baron Schrenk, ehe ich zur See ging, vorausgesagt hatte. Damals hatte ich die freundliche Warnung des erfahrenen Weltreisenden wenig beachtet, aber schon während der Hinfahrt nach Belize hatte ich erfahren, wie scharf man auf See oft ausspähen muß und wie schlecht ich im Vergleich zu den anderen Seeleuten sah.

Eines Nachts, als ich auf Ausguck stand, kam August auf die Back und sagte: »Mensch, siehst du nichts?«

»Nein«, entgegnete ich.

»Mensch, kiek mal dort das Licht. Du Aas hast Dreck in den Augen.«

Ich sah zwar das Licht auch jetzt noch nicht, aber ich schlug zweimal an die Glocke und rief nach achtern: »Feuer an Backbord.« Daraufhin kam Steuermann angefegt. »Wo? Wo? Wo?« rief er wichtig.

»Dort!« Ich zeigte nach der Richtung, die mir August gewiesen. »Etwa drei Striche vom Mast.« Er sah aber auch nichts, und das tröstete mich.

Auch zu anderen seemännischen Tätigkeiten wurde ich jetzt mehr und mehr herangezogen. Ich lernte die Bezeichnungen der vielen Tauenden und Segel kennen, und beim Fest- oder Losmachen der Segel wurde ich auf die höchste Rahe geschickt, um dort das Roylsegel allein zu bedienen. Ich übte mich ferner in den verschiedenen Arten des Steuerns vor dem Winde, bei dem Winde, raumen Wind und so weiter. Da ich mich aber häufig sehr ungeschickt anstellte, erhielt ich noch häufiger Schläge.

In den Freistunden durchlas ich die Briefe meiner Angehörigen, wusch oder flickte meine Wäsche und fand jetzt auch mehr Zeit, wenn auch immer weniger Papier, für mein Tagebuch.

Obwohl wir bereits eine Woche von Amerika entfernt waren, fingen wir doch noch täglich Skorpione. Häufig fielen sie von der Decke herunter. Eine Bö, die uns eines Tages überraschte, fegte den Schornstein von der Kombüse, und das heiße Rohr fiel mir auf den Hals. Ich trug eine schmerzende Brandwunde davon. »Von Wunden ganz bedeckt« – das war mein steter Zustand, und alle meine Taschentücher bis auf zwei oder drei waren schon als Verbandstoff draufgegangen.

Unser Menü wies jetzt täglich amerikanisches Büchsenfleisch auf. Ich aß das gern, aber es war kraft-und saftlos und lag wie Blei im Magen. August erzählte, daß man den Saft des Fleisches zu Fleischextrakt verwende und die in Büchsen verpackten Überreste daher fast keinen Nährwert mehr hätten. Trotzdem trug ich lange Zeit in mein Tagebuch die Notiz ein: »Heute an boiled beef überfressen.«

Harte Bohnen in Essig, ein wenig Salzspeck, rohe Mehlklöße oder Brotsuppe – weiter gab es nichts mehr, und das wenige war kaum hinunterzuwürgen.

Steuermann, der ein paar Tage krank gewesen, hatte mir gerechterweise verboten, mich auf Ausguck an Deck zu setzen. Dagegen erlaubte er mir, nachts meine Pfeife zu rauchen. Wenn ich auf seiner Wache nachts am Ruder stand, unterhielt er sich zuweilen mit mir. Gewöhnlich renommierte er dann mit seinen Kenntnissen und seinem Vermögen.

Matrose Paul wurde von August der »Schlangenmensch« genannt, weil er sehr gelenkig war. Hermann, das Gegenteil dazu, wurde »Stiefbeen« oder »Lieschen« betitelt, während Gustav den Namen »Leu« trug.

Eines Tages bemerkte ich, daß wir den 7. August schrieben. Das war mein Geburtstag. Er verging natürlich wie jeder andere Tag. Ich notierte mir aber den Verlauf ausführlich und gebe die Stelle hier wieder.

Ich habe von 12 bis 4 Uhr morgens Wache, davon zunächst zwei Stunden Ausguck. Es regnet stark, und ich muß daher sehr scharf ausspähen. Im Ölzeug steckend, smöke ich meine »Getreue«. Steuermann gesellt sich zu mir, um sich etwas Feuer für seine Pfeife zu holen und ein wenig zu schwatzen.

Die nächsten zwei Stunden bringe ich mit einem Wachtkollegen teils im Halbschlaf an Deck dösend, teils an der Schiffspumpe zu. Dann zieht die andere Wache auf, und ich schlafe köstlich in meiner Koje.

Um halb acht weckt mich der übliche Ruf:

»Rise, rise, schaffen, schaffe!!!«

Zum Frühstück. Es gibt Pfannkuchen, aus Wasser und Mehl zubereitet, und dazu Sirup, eine Kost, mit der ich unter den obwaltenden Umständen ganz zufrieden wäre, wenn sie zum Sattessen reichte. Außer diesem serviert man heißen Kaffee, oder, wie Jahn sagt, »Hurrawasser«.

Vom tiefen Schlaf in der engen Koje bin ich noch ganz in Schweiß gebadet. Ich werde eine Stunde ans Ruder geschickt.

Wegen der Halswunde kann ich noch immer nicht den Kopf drehen. Wir liegen »bei« dem Winde, und da er von mäßiger Stärke ist, habe ich Muße, den Alten zu beobachten, der schon seit einer Stunde mit gekreuzten Beinen auf dem Achterdeck sitzt und seinen Papageien »Deutschland, Deutschland über alles« vorsingt, wobei er mit zwei eisernen Gegenständen auf dem Bauer trommelt. Schließlich erhebt er sich, kindlich lächelnd, um den Ameisenbär mit Kokosnuß zu füttern. Das Tier frißt aber keine Kokosnuß, sondern nur Stiefel, Decken und andere verbotene Nahrung. Es ist überhaupt ein ungezogenes und verschlagenes, aber höchst drolliges Tier. Neulich sah ich vom Ruder aus, wie es in der Kajüte sich heimlich an die Butterdose schlich. Der Bär ist ziemlich bissig. Napoleon versteht es, sich ihm mit freundlichem Zureden zu nähern, um ihn dann plötzlich mit geschicktem Griff so am Genick zu packen, daß er nicht um sich beißen kann.

Fünf Minuten vor zwölf höre ich Gustav die andere Wache wecken.

Rise Quartier
Ist Seemanns Manier,
Dem Rudersmann tut verlangen,
Das Ruder zu verfangen.

Acht Glasen! Willy kommt schlaftrunken nach achtern geschlichen, um mich abzulösen. »Ost-Nord-Ost, ein Viertel Ost«, sage ich, ihm das Rad übergebend.

»Ost-Nord-Ost, ein Viertel Ost«, wiederholt er noch wie im Traum.

Mittag. Es gibt Pudding mit greulichen, verrotteten Backpflaumen und pro Mann drei Kartoffeln »zum Überbordwerfen«.

Dann muß ich das Geschirr aufwaschen oder vielmehr trocken abwischen.

Alle schimpfen wieder auf den Koch. »Ist das ein Geburtstagsessen«, knurre ich. Jahn fragt: »Wer hat denn Geburtstag?«

»Ich.«

»Allright! Dann mußt du etwas ausgeben. Du kaufst Butter und Kognak beim Alten.«

Ich will mich nicht weigern, obgleich ich weiß, daß der Kapitän nach der Belizer Rumaffäre keinen Schnaps mehr gibt. So gehe ich also in die Kajüte:

»Kapitän, würden Sie vielleicht so freundlich sein, mir ein paar Zigarren oder eine Flasche Kognak zu verkaufen? Ich habe heute Geburtstag, und da möchte ich gern was ausgeben.«

»Du hast gar nicht Geburtstag, Nasenkönig, du lügst«, entgegnet der Alte mit Pathos.

»Ganz gewiß! Ich habe heute Geburtstag.«

Kleine Pause.

»Ich habe keine Zigarren, und Schnaps darf ich euch auf See nicht verkaufen. Ihr besauft euch sonst wieder.«

Die Matrosen lachen mich aus, als ich diese Antwort verkünde. Ich verbringe meine Freizeit bis sechs Uhr damit, daß ich meine Seestiefel mit Talg einbalsamiere und mein Scheidemesser schleife. Zu Hause, das weiß ich, werden sie heute meiner herzlich gedenken.

Zum Abendbrot, das beide Wachen gemeinsam einnehmen, wird uns der Rest von Pudding vorgesetzt, den der Koch mit Margarine aufgebraten hat.

Dann ruft uns ein Kommando an die Pumpe. Etwa zwanzig Minuten lang drehen wir das Rad herum. Es ist wieder viel Wasser im Schiffsraum.

Um acht Uhr geht die Wache zur Koje. Ich hoffe, bis um zehn Uhr etwas Ruhe zu haben, täusche mich aber darin. Zuerst stört mich Jahn mit spöttischem Geschwätz, und dann setzt plötzlich eine derbe Bö mit Hagel ein. Ohne Ölzeug müssen wir heraus, um die Bramsegel festzumachen. Wir frieren in unseren nassen Sachen. Jeder erhält einen Eierbecher voll Kognak. Ohhh!!

Am Horizont ziehen schwarze, drohende Wolken auf. Wir erwarten Sturm. Es schlägt zehn Glasen. Ich friere wie ein Schneider, muß aber in den nassen Kleidern noch zwei Stunden auf Ausguck. Das Schiff jumpt stark. Schon spritzen hohe Seen über Deck. Ich trample mit den Füßen, um mich zu erwärmen, und singe im Takt alle Lieder ab, auf die ich mich besinne. Unter mir höre ich die Freiwache über den Lärm schimpfen, den ich verursache.

»Mars fest!« schallt es über Deck, und schon klettert alles die Wanten hinauf. Auf der Rahe komme ich neben Steuermann zu stehen. Er drückt mir die Hand. »Ich gratuliere auch noch.«

»Danke.« – Ein Händedruck, der mich völlig kalt läßt.

Zehn Minuten vor zwölf wecke ich die andere Wache. Beide Wachen gehen dann nach dem Halbdeck, wo Steuermann nach militärischem Beispiel »Wachtmusterung« abhält.

»Alle beisammen?« höre ich ihn fragen.

»Ja!« gibt die abgelöste Wache sehr laut, die ablösende ganz müde zurück. »Ruder verfangen. Mann auf Ausguck. Wacht zur Koje!«

Jahn hat mich abgelöst, und ich melde das dem Steuermann. »Willst du wohl lauter melden!« schreit er mich an. Dann schickt er mich in die Kombüse, von wo aus ich die Meldung mit lauterer Stimme wiederholen muß. Hierauf krieche ich, da meine Decke naß ist, in Hermanns Koje. Hermann hat Wache. Vorher entledigte ich mich ausnahmsweise und zur Feier meines Geburtstages meiner Kleider. Ich träumte herrlich, süß, vier Stunden lang. –

Als ich mit starken Kopfschmerzen erwachte, hörte ich Gustav über mir auf der Back marschieren. Er sang mit Begeisterung:

Denn du hast ja
Die schöne Berta
Auf die Schultern geküßt.

Wir hatten eine ganze Reihe derartiger Lieder, nach denen es sich vorzüglich marschierte.

»Du kannst mir mal für'n Sechser ...«

Das war ein beliebter Marsch, aber wir sangen auch ernstere, oft sehr hübsche Lieder. So ein kleines Volkslied mit einer treuherzigen Melodie:

In einem Dörflein klein
Da wohnt das Mädchen mein.
Sie war so süß. Sie war so süß.
Bei ihrem Hochzeitstanz,
Da fiel aus ihrem Kranz
Ein Röslein rot. Ein Röslein rot.
Ich hob's von ihrem Fuß
Und bat um einen Kuß.

»Ich küsse nicht«, sprach sie, »ich küsse nicht.«
Doch als der greise Held
Uns alle rief ins Feld,
Da schlang sie ihren Arm
Mir um das Herz so warm.
»Ich küsse dich«, sprach sie, »ich küsse dich!«

Ich beobachtete eine sehr hübsche Naturerscheinung, nämlich eine große, rundliche Wolke in den Farben des Regenbogens.

Das Krokodil lebte noch immer vergnügt, wenn auch fast regungslos, am Strick. Der Ameisenbär, den wir einsperren mußten, war wieder eines Tages ausgebrochen, hatte auf der Jagd nach Kakerlaken Kochs Koje schrecklich verwüstet, einen Lampenzylinder zerschlagen und die Sonnenvögel in Angst versetzt. Napoleon griff schließlich das wilde Tier mit einem Strohsack an, worauf es in die Takelage entfloh.

Es war uns zum erstenmal geglückt, einen Delphin zu fangen, und zwar in der Weise, daß wir eine etwa 30 m lange Angelschnur achter nachschleppten. An dem Haken war nur ein weißes Leinwandläppchen als Köder befestigt. Der Fisch hatte angebissen. Drei Mann hoch mußten wir ihn an Bord ziehen. Er peitschte mit dem Schwanz wild das Wasser. Seine Farbe war goldgelb, fast wie Messing. Die Flossen und eine Reihe Punkte an seinem Leib schillerten tiefblau. Um ihn zu töten, mußte einer von uns auf die Schwanzflosse treten, während ich ihn mehrmals mit einer Handspake auf den Kopf schlug. Als wir ihn ausnahmen, veränderte er seine Farbe wie ein Chamäleon bis zum herrlichsten Smaragdgrün. Ich rettete mir die Schwanzflosse und legte sie mit Schmieröl eingerieben zum Trocknen auf das Achterdeck. Diese Art der Konservierung bewährte sich aber schlecht, denn ich fand den Fischschwanz einige Tage später halb verwest vor.

Das Delphinfleisch wurde für die Kajüte in Butter, für uns in Margarine gebraten. An beiden Orten schmeckte es köstlich. Am Sonnabend, dem 10. August, kam die Südwestseite von Havanna in Sicht. Wir fingen drei Delphine und eine Horsmakrele, die etwa 80 cm lang war.

Feine Brise hatte eingesetzt, so daß wir mitunter bis 7 1/2 Knoten in der Stunde liefen. Oh, wie froh war ich und waren wir alle darüber, denn um so früher würden wir nach Liverpool kommen. Die Maden im Biskuit vermehrten sich erstaunlich und wetteiferten in dieser Beziehung mit Spinnen und Ameisen. Dabei quälte uns Jahn zu Mittag noch immer mit seinen Ausführungen über gebratenes Geflügel. Irgendein anderer, der im Besitz eines Abreißkalenders war, pflegte bei dieser Gelegenheit das tägliche Sprüchlein mit dem anschließenden Speiseprogramm vorzutragen:

Friede ernährt, Unfriede verzehrt. Kartoffelsuppe, Henne mit Reis.

Einmal erlegten wir sogar einen Schweinsfisch mit der Harpune. Der lieferte uns für zwei Tage ausgezeichnetes Fleisch.

Steuermann hatte mich wieder seit einiger Zeit besonders ins Herz geschlossen. Er schimpfte auf mich, warf mit allen möglichen harten Gegenständen nach mir und forderte die Matrosen auf, mich zu schlagen, »daß ich in keinen Sarg mehr passe«. Mit Ausnahme Augusts ließen sich jedoch die Matrosen dadurch nicht beeinflussen. Im Gegenteil, das machte den Steuermann bei einigen noch unbeliebter, als er schon war. Willy haßte ihn wie die Sünde, obgleich er ein Verwandter von ihm war. Es war sicher, daß es zwischen den beiden einmal zu einer tüchtigen Auseinandersetzung kommen würde. Nur August nahm sich Steuermanns Worte sehr zu Herzen. Einmal ließ er mich vier Stunden lang bei schlechtem Wetter auf Ausguck stehen und legte sich zum Schlafen nieder, statt mich nach der zweiten

Stunde ordnungsgemäß abzulösen. Die Fälle, daß er mich zu Arbeiten zwang, die eigentlich ihm zukamen, mehrten sich mit der Zeit, so daß ich sehr erbittert wurde. Ich mußte das aber dulden, weil er den Steuermann auf seiner Seite hatte.

Am 15. August ließ man mich acht Stunden hintereinander am Ruder stehen, nachdem man mir kaum Zeit gelassen, mein Abendbrot hinunterzuschlingen. Wir liefen sieben Meilen in der Stunde, machten also schnelle Fahrt.

Ein Dreimaster hatte uns trotzdem überholt. Er fuhr in größerer Entfernung an uns vorbei, so daß man ihn ohne Glas nicht genau erkennen konnte. Vielleicht war es der Mexikaner, mein verlorenes Glück! Ich schlief jetzt nachts meistens an Deck, da ich im Logis vor der Katze nicht sicher war, die mich schon mehrmals nachts in die Nase gebissen oder gekratzt hatte.

Kapitän Pommer hatte seine Papageien durch stundenlanges, geduldiges Vorsingen so weit erzogen, daß sie »Hepp, hepp, hurra!« rufen konnten. Sie taten das auch unaufhörlich und ehrten jeden, der am Bauer vorüberging, mit dieser Ovation.

Dem Angelsport widmete ich mich jeden Abend mit Eifer. Außer einer Unmenge Seegras bissen auch manchmal Sauger an, schmale Fische mit abgeplatteten, gerieften Köpfen. Ich präparierte die Tiere, indem ich die Eingeweide herausnahm, den Leib mit Pfeifentabak ausstopfte, dann mit Zwirn zunähte und zum Trocknen auf die Kombüse legte. Sie wurden von den Matrosen aus Unverstand oder Böswilligkeit über Bord geworfen. Zu tun hatten wir immer. Die Ankerketten mußten umschäkelt werden, damit sie bei etwaigem Sturm nicht durcheinander geworfen wurden. Außerdem gab's immer zu waschen, scheuern, kratzen, schrubben, putzen, malen, schmieren, klopfen und so weiter.

Gustav, der Kraftmensch, wurde hauptsächlich zu Zimmermannsarbeiten herangezogen, die er sehr geschickt und solid ausführte.

Vom 17. an flaute der Wind ab. – Es war in letzter Zeit häufig vorgekommen, daß Zucker und Brot auf nicht aufgeklärte Weise abhanden kam, und jede Wache hatte die andere deshalb verdächtigt. Diese Nahrungsmittel wurden daher jetzt den Wachen besonders zugeteilt.

Mein äußerer Mensch war recht heruntergekommen. Zum Waschen fehlte es abwechselnd oder gleichzeitig an Wasser, Zeit und Lust. Das Kernersche Zeug taugte wirklich nichts und ging an allen Stellen entzwei.

Ich sah wie ein Bummler aus. Dagegen hielt ich jetzt meine Koje höchst sauber. Ich hatte verschiedene Borde und Taschen zur Aufbewahrung meiner Habseligkeiten darin angebracht, und es machte mir Freude, den kleinen Bretterverschlag, den einzigen Raum, über den ich allein verfügte, in guter Ordnung zu erhalten.

Eines Tages, als ich dem Steuermann bei irgendeiner Arbeit in der Kajüte behilflich war, rief plötzlich Napoleon von oben durch das Skylight herunter: »Stürmann, Schwein has eaten the head of Krokodil. Come up and box him.« Wir lachten sehr, und es stellte sich heraus, daß der Ameisenbär dem Krokodil den Kopf abgebissen hatte. Steuermann schlich abends nach vorn, um Jahn auf dem Ausguckposten zu kontrollieren, und traf ihn im tiefsten Schlummer. Anstatt ihn nun aufzuwecken und zur Rede zu stellen, versetzte er dem Schlafenden ein paar Faustschläge ins Gesicht, worauf er sich entfernte. Jahn hatte ihn jedoch noch erkannt. Seit dem Tage bestand zwischen den beiden eine bedenkliche Spannung. Napoleon und ich erhielten fast täglich vom Steuermann Schläge. Ich nahm mir vor, sowie erst wieder Land in Sicht käme, mir das nicht mehr gefallen zu lassen, aber allerdings bis dahin war es noch lange Zeit. Ach, ich konnte den Tag nicht erwarten, an dem ich das Schiff verlassen würde, ich sehnte mich unendlich nach Freiheit. Selbst im Schlaf empfand ich das Drückende meiner Lage, und häufig stand ich des Nachts auf, um meine quälenden Gedanken an Deck unterm freien Sternhimmel loszuwerden. Dann schüttelten diejenigen, die Wache hatten, die Köpfe vor Verwunderung darüber, daß jemand die wenigen Stunden Schlaf nicht ausnutzte.

Die »Elli« mußte ein Leck haben, denn wir hatten immer viel Wasser im Schiff, so daß wir gezwungen waren, bei jedem Wachwechsel eine Viertelstunde lang zu pumpen.

Auf unserem Küchenzettel standen Horsmakrelen, deren wir täglich eine Menge fingen. In der Art, wie Koch sie in Margarine briet, wurden sie uns jedoch bald zuwider. Wenn ich am Ruder stand, geschah es oft, daß der Alte sich neben mich stellte und in seiner halb gutmütig-naiven, halb ironischen Art Fragen an mich richtete oder über meine Nichtsnutzigkeit predigte. Dabei pflegte er immer wieder mein Tagebuch zu zitieren.

Wir hatten unter der Back einmal gründlich aufgeräumt.

Wir setzten das ausgeräumte Logis unter Wasser und feierten mit Schrubbern, Besen, Soda, Seife, Sand, Lappen und Bürsten eine wahre Scheuerorgie. Auf meiner Freiwache am Abend hielt mich August durch spannende Schilderungen von Kronwaljagden noch lange wach. Es war schade und unverständlich, daß der erfahrene Seefahrer, der doch wirklich genug Interessantes erlebt hatte, noch so viel dazulog. Immerhin fand ich unter dem Wust fabelhaften Seemannsgarns noch manches, was mir wissenswert erschien.

Am 25. war wieder ein Geburtstag. Willy war diesmal der Glückliche. Wir verdankten ihm jeder eine süßliche Belizer Zigarre sowie Schnaps. Der Schnaps verfehlte seine Wirkung nicht. Ich wurde sehr aufgeräumt, und August deklamierte zuletzt unaufhörlich folgende Ballade unbekannten Verfassers:

Aus einem Kaffeehaus
Warf man ein Mädchen raus,

Sie hat 'ne Filzlaus.
Da kam ein Offizier,
Der zog den Degen raus
Und stach der Filzlaus
Die Augen aus.

Starke Brise setzte plötzlich ein und fegte hohe Seen über Deck. Bö über Bö. Der Royl und das Bramsegel wurden zerfetzt. Wir mußten Reservesegel anschlagen. Der Segelmacher saß mit grimmigem Gesicht auf dem Achterdeck, flickte Löcher zu und fluchte über die damned Schweinearbeit. Schließlich wich der Sturm einem länger anhaltenden Wolkenbruch. Diesem wieder folgte ein mäßiger, aber sehr veränderlicher Wind, der uns fortwährend zu Segelmanövern an Deck rief. Napoleon wurde wie alle anderen zum Hissen und Brassen herangezogen, stellte sich aber so ungeschickt an, daß ich selbst darüber mehrmals mit ihm in Streit geriet. Dann kam der Steuermann hinzu und verdrosch uns alle beide. Der Nebel drang durchs Ölzeug bis auf die Haut. Die Seestiefel drückten. Es war höchst ungemütlich. Ich sann darüber nach, wie ich es bei dem wenigen Geld, das ich in Liverpool zu erwarten hatte, ermöglichen könnte, nach Deutschland zu fahren. Vielleicht würde es mir glücken, gegen seemännische Dienstleistungen auf einem nach Hamburg gehenden Dampfer freie Überfahrt zu finden.

Die älteren Matrosen meinten, das Schiff liefe so schlecht, weil es ungeschickt beladen sei. Jedenfalls war es Zeit, daß wir bald einen Hafen erreichten. Kartoffeln gab es nicht mehr. Das Brot, das der Koch herstellte, war klumpig, naß und unverdaulich. Das Fleisch roch, der Biskuit war verrottet und die Mehlklöße roh und ungenießbar. Tee, Essig, Speck, Bohnen, Erbsen oder Graupen, etwas anderes hatten wir nicht zum Leben. Damit sollten wir noch einen Monat auskommen.

So manches Mal, wenn ich in der Zeit des Nachts auf Posten stand, litt ich schwer unter dem Gedanken, daß ich unter diesen rohen Menschen bei so harten Verhältnissen nicht einen einzigen Menschen um mich hatte, dem ich mich anvertrauen, dem gegenüber ich mich einmal so richtig aussprechen konnte.

12. Kapitel
Hurra, Europa!

Am 1. September schlug mich der Steuermann mit einem eisernen Instrument auf den Kopf und trat mich mehrmals in den Leib. Er behauptete, ich hätte, als ich Hartbrot aus dem Zwischendeck holte, den Deckel nicht wieder über das Faß gedeckt. Die Katzen wären hineingeklettert und hätten das Brot verunreinigt. Ich wußte, daß Napoleon das Brot geholt hatte. Im Gefühl meiner Unschuld wehrte ich mich diesmal verzweifelt gegen den Steuermann, während mir vor Wut die Tränen in die Augen stürzten. Außerdem drohte ich, den Steuermann in Liverpool beim deutschen Konsul zu verklagen.

Als der rohe Mensch mich so aufgebracht sah, bereute er wohl sein ungerechtes Vorgehen, denn er sagte nach einiger Zeit zu mir: »Es tut mir leid, du hast das eigentlich so halb unschuldig gekriegt.« Dann, um das Geschehene wieder gutzumachen, nahm er sich Napoleon in ähnlicher Weise vor wie mich.

Schwarze, drohende Wolken stiegen am Horizont auf. Weiße Gischtstreifen hoben sich von der dunklen Wasserfläche ab. In der unheimlich drückenden Schwüle bereiteten wir uns auf einen Orkan vor. Und er kam. So hoch hatte ich die See noch nie gesehen. Wasserberge wechselten mit Wassertälern. Eine einzige Welle verdeckte oft wie ein Riesenwall die Aussicht auf den Horizont.

Von Gehen war nicht die Rede. Wir zogen uns oder krochen vorwärts. Die Masten schwankten so stark hinüber und herüber, daß ihre Rahen auf jeder Seite fast das Wasser berührten. Dabei ergab das Zusammenstoßen hängender oder locker stehender Gegenstände ein monotones Klirren, Klappern, Rasseln und Donnern. Das Schiff ächzte in allen Fugen. Aus dem verschlossenen Schiffsraum erscholl ein dumpfes Gepolter, das von den durcheinanderrollenden Holzklötzen herrührte.

Heute waren alle Gesichter ernst. Keiner scherzte. Jeder verrichtete die ihm übertragene Arbeit mit stillem Eifer. Gegen Abend mochten wir wohl den Kurs geändert haben, denn wir hatten Sturm und See von der Seite, und das Schiff war stark nach Steuerbord geneigt.

Ich hatte nachts Ausguck auf der Back. Unausgesetzt war ich von gewaltigen Wassermassen eingehüllt. Der strudelnde Wasserschwall bedeckte die Back oft in Meterhöhe. Ich mußte mich an der Wasserpumpe festklammern, um nicht fortgespült zu werden. Aber ich war stolz auf meinen Posten und empfand, obgleich ich von Wasser triefte und schrecklich fror, doch eine hohe Befriedigung. Einmal kam der Steuermann nach vorn und steckte mir einen Priem in den Mund, der unter den obwaltenden Umständen köstlich mundete.

»Steuermann«, redete ich ihn an und mußte lächeln, weil ich daran dachte, wie ich ihm die Frage schon früher einmal vorgelegt hatte, »Steuermann, ist das ein Sturm?«

»Nein«, entgegnete er diesmal ernst, »das ist ein Orkan.«

Nach und nach nahm die Gewalt des Sturmes ab, und es trat eine Windstärke ein, die der Kapitän mit dem freudigen Ruf »Frische Brise, heia!!« begrüßte. Er hatte sich ausgerechnet, daß wir unter günstigen Umständen nächsten Sonntag in Liverpool eintreffen könnten. Welche Freude!

Er erklärte mir auch mit loyaler Miene, daß er mich vielleicht als Leichtmatrosen behalten würde. Ich dachte nicht daran, das anzunehmen, schwieg aber.

Famoser Wind! Die Segel standen steif.

Also, man wollte mich an Bord behalten. Ich wußte nichts, was mir unsympathischer gewesen wäre. Dagegen war ich sehr gespannt, ob man mir in England meine volle Heuer auszahlen oder, wie angekündigt, ein Strafgeld für meinen Belizer Reißaus abziehen würde. Ich wollte mir doch an Land eine Menge Geschenke für die Angehörigen und für mich eine Ziehharmonika, ein neues Scheidemesser, eine Pfeife, Tabak und hunderterlei anderes kaufen. Außerdem besaß ich weder ein Paar Landstiefel noch eine andere Kopfbedeckung als eine wollene Zipfelmütze mit blauer Troddel.

Wieder nahm der Sturm zu, und der nächste Tag brachte hohe Böen mit sich. Das Vormarssegel war am Saum schon ganz zerfetzt. Es konnte jeden Augenblick zum Teufel gehen. In der Speisekoje, das heißt in der leeren Koje, die zur Aufbewahrung unseres Eßgeschirres und des imaginären Proviants diente, ging es schauderhaft zu. Dort wogten schmutzige Teller und Schüsseln, zwei- und einzinkige Gabeln, ein Salzfaß, eine leere Essigflasche und ein umgefallener Farbtopf in einer Soße von Margarine, Seewasser und weißer Ölfarbe durcheinander.

Die Mahlzeiten nahmen wir nur noch auf dem Fußboden ein, und auch da beeilten wir uns, das Essen so schnell wie möglich hinunterzuwürgen, weil wir bei dem Schaukeln des Schiffes kaum unsere Schüsseln balancieren konnten. Viel Hunger, sehr viel Hunger und wenig Essen, ganz wenig Essen. Kaffee existierte nur noch dunkel in der Erinnerung. Man setzte uns Zichorienwasser vor, das sehr bitter schmeckte. Keinen Zucker mehr, kein Frischbrot, keine Kartoffeln, keinen Speck, keinen Essig. Es war viel zu wenig Proviant an Bord genommen. Der Leichtsinn und der Geiz, die uns so hungern ließen, füllten den Geldsäckel des Kapitäns, und doch hielt dieser es nicht für nötig, uns betreffs der täglich neuen Einschränkungen ein entschuldigendes Wort zu sagen. Wir wußten alle, daß er damit gegen die gesetzlichen Vorschriften der Seemannsordnung verstieß. Schon wurden im Logis Äußerungen der Empörung laut. Auch anderes war unvorschriftsmäßig auf der »Elli«. So besaßen wir weder Korkjacken noch Beile an Bord, und die Rettungsboote waren kielaufwärts auf Deck angebracht, statt umgekehrt. Schwere Arbeit und der daraus resultierende Schlaf, der uns trotz der starken Schiffsbewegung nicht entging, brachten uns immer wieder von revolutionären Gedanken ab.

Da der Sturm tagelang anhielt, ging die See sehr hoch und spielte mit der »Elli« wie mit einer Nußschale.

In meiner Koje zerbrach eine Anzahl sehr schöner Muscheln, die ich in Belize für meinen Bruder erworben.

Am 11. September schossen wir mit 10 Meilen Geschwindigkeit dahin. Als ich den Ausguckposten antrat, mußte ich mich mit einem Tau an den Mast festbinden lassen, um nicht von dem überdampfenden Wasser weggespült zu werden. Zum Unglück hatte ich noch meine Ölhose vergessen, so daß ich im Nu durchnäßt war und sehr fror.

Die steife Brise brachte uns ein gutes Stück vorwärts. Wir schimpften nur darüber, daß der Steuermann nicht die Courage besaß, mehr Segel zu setzen. Doch kam uns in dieser Beziehung der Zufall zu Hilfe. Wir sichteten eine eiserne Bark, die beim Näherkommen die deutsche Flagge hißte. Nachdem wir einige Signale mit dem Schiff gewechselt hatten, entspann sich unverabredet, wie das bei Fahrzeugen mit gleichem Kurs auf hoher See häufig geschieht, ein Wettfahren. Wir beobachteten, daß die Bark Bramsegel setzte. Sofort ließ der Steuermann ebenfalls Bramsegel setzen. Darauf hißte der andere sein Großsegel. Wir taten das gleiche. Da die Eisenbark jedoch größer war und mehr Segel hatte, überholte sie uns und kam gegen Abend außer Sicht.

Ich studierte mitunter in der Bibliothek, die der Koch besaß und die aus einem Taschenatlas und einer deutschen Rechtschreibung bestand; beides für mich recht nützliche Bücher. Auch die Politik kam bei uns zu ihrem Recht. August hielt mitunter lange Vorträge auf diesem Gebiet. »Bismarck«, sagte er, »wollte zwei Parteien, die Reichen und die Armen. Er selbst stand natürlich auf Seiten der Reichen.«

Wir rechneten damit, uns in zwei bis drei Tagen in Liverpool zu amüsieren. Ich hoffte, dort schnell eine Stellung auf einem Fischerboot oder sonstwo zu erlangen.

»Du sagst wohl auch: Gott sei Dank! wenn die Reise fertig ist?« wandte sich der Steuermann an mich.

»Ja«, erwiderte ich offen.

»Willst du nicht nächste Reise wieder mit?«

Aha! dachte ich. Also daher pfeift der Wind.

»Nein, Kapitän will mich gar nicht behalten.«

»O ja, warum nicht?« Steuermann ging. –

Der Sturm nahm noch immer zu. Große Brecher fegten über Deck. Am Sonntag herrschte dicker Nebel, so daß ich mich zum Ausguck mit einem Nebelhorn bewaffnen mußte, ein richtiges Nachtwächterhorn, dessen klägliche Stimme mich in Gedanken auf die Leipziger Messe versetzte. Die ganze Back war unausgesetzt unter Wasser. Wir fuhren bei dem Winde, und das Schiff lag stark über. Ich hatte schauderhafte Zahnschmerzen.

Es war sehr interessant, was ich sah und hörte auf dieser Reise, und ich war voll von neuen Bildern, aber die Bitterkeit, mit der ich meiner drückenden Stellung gedachte, der tiefe Haß, den ich gegen die empfand, die mein Leben dort lenkten, wie sie wollten, verdunkelten alle anderen Gefühle und Gedanken. Ich hätte gern mancherlei, was ich beobachtete, ausführlich niedergeschrieben, aber ich war meistens zu niedergeschlagen und zu ermüdet. Besonders wenn ich auf Wache stand, in den stillen, ungestörten Nachtstunden, verfiel ich in endlose Grübeleien.

»Viele Dampfer, viel Hunger, und der Steuermann schlägt mir eine blaue Nase«, trug ich am Sonntag in mein Tagebuch ein. Wir signalisierten mit einem Dampfer und erkundigten uns, wo wir uns befänden.

Am Montag, dem 16. September um zwölf Uhr, kam Land in Sicht. Am nächsten Abend konnten wir in Liverpool sein. Feuertürme leuchteten in der Nacht. Europa, hurra! Ich verschlang den Streifen Land am Horizont mit glücklichen Blicken.

»Der Bengel ist so neugierig«, sagte August grimmig. Wir trafen nun die zur Landung erforderlichen Vorbereitungen. Anker und Ketten wurden klargemacht, Taue und Lampen bereitgehalten und so weiter.

Steuermann war auf einmal auffallend freundlich. Die Angst vor Rache. Ich war jedoch um so kühler zu ihm. August gab mir stundenlange Ermahnungen, wie ich mich in England verhalten sollte. Besonders warnte er mich vor den Halsabschneidern. Damit bezeichnete er die deutschen Schneider und Schuster, die in Menge die ankommenden Schiffe bestürmen.

Bei guter Brise wahrscheinlich schon heute abend an Land! Hurra! Hurra! Hurra! und nochmals Hurra! Hurra! Hurra!

Wenn's auch viel Arbeit gab, Anker werfen und wieder heben, und wieder werfen und wieder heben, – es winkte ja Land, es winkte nach langer Zeit wieder einmal eine ordentliche Mahlzeit zum Sattessen. Es winkten Briefe von den Angehörigen, und es winkte vielleicht die Heimat selbst. Napoleon schüttelte mir die Hände, und ich griff in überglücklicher Stimmung mit voller Hand in Steuermanns Tabakskasten. Nochmals Hurra!

In der Nacht von Dienstag zu Mittwoch tauchten die ersten Lichter von Liverpool auf. Wieder hatte der Sturm mit plötzlicher Gewalt eingesetzt, und wir mußten alle aufs äußerste aufpassen, um uns zwischen den Bojen, Feuerschiffen und Fahrzeugen aller Art hindurchzusteuern. Es war eine kritische Nacht. Obgleich wir mit größtem Eifer unsere Schuldigkeit taten, klappte doch alles nicht. Wir wurden nach oben geschickt, um die Segel festzumachen, die davonzufliegen drohten. Bei den Marssegeln waren die Zeisinge abgerissen. Wir halfen uns mühsam mit Schümannsgarn, das aber auch nicht gleich zur Stelle war. Ein erregtes Durcheinanderlaufen und Durcheinanderrufen. Einmal rannten wir fast ein Feuerschiff an. Ich hatte gerade den Ausguckposten abgelöst, aber das Feuerschiff noch rechtzeitig gemeldet. Es war also Schuld des Rudermannes, daß wir beinahe kollidierten, aber es war andererseits auch die kaltblütige Geschicklichkeit des Rudermannes, daß wir noch im letzten Moment haarscharf an dem Feuerschiff vorbei kamen.

Kapitän Pommers rauhe Stimme rief: »Klar zum Ankern!«

Der Alte hatte, wie immer in ernsten Momenten, seinen Kalabreser aufgesetzt.

Wir eilten alle unter die Back, wo die Ankerkette in großen Buchten aufgeschossen lag. Segelmacher, Jahn und August bedienten das Spill, irgendein anderer den Stopper. Napoleon, Paul, Hermann und ich standen auf der Kette, um etwaige Verschlingungen derselben beim Auslaufen zu verhindern. Der Raum, in dem wir uns befanden, war düster und so niedrig, daß wir nur gebückt darin hocken konnten.

»Steck' aus!« kommandierte der Kapitän vom Deck her.

Die am Spill ließen den Anker polternd fallen. Die Kette rollte unter unseren Füßen hinweg, und wir mußten scharf aufpassen, um nicht mitgerissen zu werden.

»Stopp!«

Der Anker hielt. Die Kette lag still. Nur zeitweise machte sie ein paar Sprünge.

»Zwölf Faden Wassertiefe!« sang derjenige aus, der auf der Back mit dem Lot hantierte.

»Steck' aus!« – Wieder raste die Kette über die Spillwalze durch die Klüse hinunter.

»Stopp!«

August zog den Bremshebel an, aber das Schiff schoß jetzt in so schneller Fahrt dahin, daß die Kette nicht mehr hielt.

Das war ein aufregender Moment. Wir auf der Kette standen in Gefahr, fortgerissen und durch die enge Klüse gequetscht zu werden. Die Kette, deren Ende nicht, wie das eigentlich sein sollte, befestigt war, mußte in wenigen Sekunden ausgelaufen sein, und abgesehen davon, daß sie ein Vermögen an Wert repräsentierte, wäre das Schiff dann haltlos irgendwo angetrieben.

Der Alte kam aufgeregt unter die Back gestürzt, konnte aber auch nichts machen. Steuermann, der kreideweiß im Gesicht war und den die Verantwortung dafür traf, daß der Kettentamp nicht festgelascht war, schrie wie besessen: »Stopp ab! Stopp ab!«

Aber die Kette rauschte weiter, und schon waren nur noch wenige Buchten übrig. In diesem Moment sprang der alte Segelmacher, der bisher keinen Ton gesagt hatte, der faule, bissige Norweger, plötzlich mit staunenswerter Geschicklichkeit vor, griff blitzschnell die schwere, sausende Kette mit beiden Händen und warf sie kaltblütig zu einer Schlinge über den Spillkopf.

Ein Ruck, und die Kette stoppte. Das Schiff lag still.

Bravo, Segelmacher!

Er grinste aber schon wieder wie gewöhnlich und fletschte grimmig die Zähne.

Als ich an Deck kam, glaubte ich, ein Phantom zu sehen.

Liverpool lag vor uns, ein märchenhaftes Gebirge von vielfarbigen Lichtern. Eine feenhafte Riesenillumination, terrassenförmig aufgebaut. So etwas hatte ich noch nie gesehen, und es wirkte nach der vorangegangenen Aufregung in der herrlichen Nacht mächtig auf meine Phantasie.

Am andern Morgen kam ein Schlepper mit dem stolzen Namen »Tiger« längsseits, um uns ins Kanadadock zu bringen. Er brachte auch Zollbeamte mit. Unterwegs, während wir den Anker an Deck brachten und den Klüverbaum abnahmen, beobachtete ich das interessante Treiben in dem englischen Hafen, wofür mich der Steuermann verschiedene Male recht unsanft anhauchte. Er bedachte mich auch noch zu guter Letzt mit der unangenehmen Arbeit des Kohlenholens. Seine Schadenfreude prallte jedoch an meinem plötzlich erwachten übermütigen Humor ab. Ich stieg mit fidelstem Gesicht in den Kohlenschacht hinunter. Es war ja das letztemal.

Als wir kaum im Dock festlagen, trafen wirklich Augusts Prophezeiungen ein, das heißt, wir wurden von einer Schar von Schustern, Schneidern und dergleichen belagert, die uns mit »Landsmann« und »Du« begrüßten, uns Geld anboten und sonstwie schön taten.

Der erste, der ihnen ins Netz ging, war August. Er zog mit ihnen Arm in Arm an Land und kam abends stockbetrunken zurück.

Der Pastor der deutschen Seemannsmission besuchte uns. Er verteilte religiöse Schriften und lud zum Besuch des Seemannsheimes ein. Jedoch fand er gar keine Beachtung, bei einigen sogar offenen Hohn.

Am Abend stellte sich ein hagerer junger Landsmann ein, der Koch auf einem großen deutschen Segler war. Das Schiff lag nicht weit von uns. Wie er erzählte, war das Fahrzeug infolge langanhaltender Windstille hundertachtzig Tage von der Westküste Mexikos bis nach Liverpool unterwegs gewesen. Die Nahrungsmittel waren ausgegangen, und die ganze Besatzung bis auf vier Mann an Skorbut gestorben. Der junge Deutsche, ich glaube, er war aus Bonn, schilderte uns entsetzliche Szenen, die sich an Bord unterwegs zugetragen.

Gleich nach unserer Ankunft wurden wir zum Kapitän gerufen und gefragt: Wer abmustern wolle.

Alle bis auf Gustav und Willy traten vor. August und Napoleon blieben unentschieden aus Feigheit.

Ich stand in der vordersten Reihe.

Die »Elli« sollte von England aus mit einer Ladung Kohlen nach Brasilien und von da wieder nach Belize gehen.

Am Donnerstag, dem 19. September um zwei Uhr, gingen wir zum Abmustern nach dem deutschen Konsulat. Ich hatte die Wollmütze mit der Kindertroddel auf.

Augusts Gönner, die Halsabschneider, warteten wie Raubtiere am Konsulat, wo das verdiente Geld uns ausgezahlt werden sollte. Sie waren übermäßig besorgt, daß ihnen ihr Opfer durch die Lappen gehen könne.

Besonders ein gewisser Lehmann war vor habgieriger Aufregung ganz außer sich.

Während wir vor dem Konsulat in der Old Hall Street warteten, bot sich uns ein zerlumpter Mulatte als Stiefelputzer an.

Obgleich es vorher geregnet hatte, warf er sich doch für eine Kupfermünze der Länge nach auf der schmutzigen Straße hin und brachte die alten versalzten Seemannsstiefel zu nie geahntem Glanz.

Wir wurden einzeln der Reihe nach zum Konsul gerufen.

August war der erste, der seine Heuer und sein Musterbuch erhielt. Als er herauskam, klammerte sich Lehmann an ihn fest und hielt ihm eine lange, eindringliche Rede mit dem kurzen Inhalt: »Geld her!«

Auch Hermann und Paul mußten gleich bluten.

Dann wurde ich hineinzitiert und erhielt als Heuer:

Einunddreißig Mark!

Der Alte erklärte mir, daß er vierzehn Mark als Strafe für meine Belizer Flucht von meinem Lohn abgezogen hätte. Es wäre dies der Betrag, der damals für meine Ergreifung ausgesetzt und auch ausbezahlt sei.

»Ich meine es eigentlich noch gut mit dir«, schloß er, »ich könnte dich noch einsperren lassen.«

Einunddreißig Mark – –!! Aber das schien mir doch ein Kapital! Was konnte ich mir alles dafür kaufen!!

Ich eilte mit Jahn und Hermann sogleich in ein Lokal. Wir erquickten uns an ham and eggs, Butterbrot und Kakao.

Dann trennte ich mich von meinen Begleitern, um mich nach einem Schiff umzusehen, das mir gegen Dienstleistungen freie Fahrt nach Deutschland geben könnte. Die weiten, modernen Docks entlang schlendernd, erblickte ich zwei deutsche Dampfer, »Lappland« und »Westmorland«, die, wie ich erfuhr, nach Hamburg bestimmt waren. Bei beiden sollte jedoch der Kapitän erst am nächsten Tage zu sprechen sein. Ich kehrte deshalb wieder auf die »Elli« zurück, die inzwischen ihren Liegeplatz verändert hatte. Unterwegs genoß ich noch eine Menge Lunchkeks. Leider hielt ich es auch für angebracht, mich an Brandy zu betrinken. »Na«, empfing mich Steuermann, »ist die Geschichte auf dem Konsulat gut abgelaufen?«

»Ja, nur zu glatt!« erwiderte ich sarkastisch.

»Wieso?«

»Nun schon gut.«

»Ja, dann mache andermal solche Dinge nicht.«

Ich schlief die Nacht natürlich an Bord. Gesetzmäßig durften wir uns noch vierundzwanzig Stunden nach der Abmusterung auf dem Schiff aufhalten.

Am nächsten Morgen weckte mich der mit dem Löschen der Ladung verbundene Lärm und die äußerst laute Unterhaltung der

Schauerleute. Ich holte noch einmal wie bisher den Kaffee ins Logis. Dann machte ich mich wieder auf die Schiffssuche.

Nachdem ich verschiedene nötige und unnötige Einkäufe besorgt hatte, fuhr ich mit der Hochbahn nach dem Nelsondock, wo ich nur noch die »Lappland« vorfand. Man wies mich hier aber ab.

Ein Hamburger Dampfer mit dem Namen »Lutetia« war eingelaufen. Ich wandte mich an den Steuermann des Schiffes mit der üblichen Frage:

»Kann ich eine Chance nach Hamburg bekommen?«

»Sind Sie utgerüst?«

Ich wies ihm meine Papiere und erzählte ihm von meiner Stellung auf der »Elli«.

»Ja, Sie müssen um 12 Uhr mal mit dem Kapitän sprechen.«

Ich faßte Hoffnung, bummelte einstweilen durch die Straßen, kaufte mir ein Scheidemesser, aß einen frischen Hering und fand mich pünklich auf der »Lutetia« wieder ein.

Der zweite Steuermann des Schiffes fragte mich nochmals gründlich aus und verwies mich dann an den Kapitän.

»Was wünschst du?« fragte dieser und verbesserte sich dann – was eigentlich ein ungünstiges Zeichen war – »Was wünschen Sie?« »Der Konsul muß Sie doch hinüberschicken«, meinte er, als ich ihm mein Anliegen vorgetragen hatte.

Ich erklärte ihm, daß dazu keine Verpflichtung vorliege, da ich nicht in Deutschland, sondern in Frankreich angemustert sei.

»Hast du Sachen?« forschte er weiter.

»Ja, an Bord.«

»Hol' sie mal rüber.«

»So haben Sie also Chance für mich?« fragte ich erfreut.

»Ja, mußt aber fix mit arbeiten.«

»Ja, natürlich.«

»Mach' schnell, es geht bald ab.«

Jubelnd schwang ich mich auf die Ringbahn und eilte nach der »Elli«. Dort stand Napoleon, noch immer unschlüssig, was er machen solle. Im Logis traf ich Hermann, Gustav und Paul an.

Vor Freude und Aufregung ganz nervös, geriet ich mit Hermann wegen irgendeiner Lappalie in Streit und gab ihm eine Ohrfeige. Da taute aber plötzlich Gustav auf. Der sonst so phlegmatische Riese ergriff mich mit seinen Bärentatzen, legte mich regelrecht übers Knie und verdrosch mich wie einen Schuljungen. Komischerweise war mit diesem Schlußeffekt sofort eine allgemeine Versöhnung hergestellt.

Ich packte meine Sachen, nahm von Willy, Gustav und dem guten Napoleon Abschied und bestieg mit Hermann und Paul gemeinsam einen Wagen. Dem Kutscher versprach ich zwei Schillinge extra, wenn er mich recht schnell zum Nelsondock brächte.

Pauls Ziel war Cardiff. Er hatte eine Empfehlung an den dortigen Konsul. Hermann wollte zu einem Onkel nach Manchester. Obgleich beide mehr Heuer als ich erhalten hatten, ließ ich es mir doch nicht nehmen, den Wagen zu bezahlen.

So schied ich, als unsere Wege sich trennten, in bestem Einvernehmen von ihnen.

Dann brachte ich mich und meine Sachen auf der »Lutetia« unter.

Mein Schiffsjungentagebuch erzählt nichts weiter.

Der Verlag gab meinem gedruckten Schiffsjungentagebuch aus Reklamegründen eine Bauchbinde mit. Auf der ist folgende Zeitungsnotiz vom 16. November 1911 abgedruckt: »Untergegangenes Schiff. Von dem deutschen Schoner ›Elli‹, der von England nach Cuxhaven unterwegs überfällig war, sind nun Schiffsteile in der Nordsee gefunden worden. Hiernach ist der Schoner mit der ganzen Besatzung untergegangen.«

Stellungslos

Das war eine kurze, doch für meine Ungeduld noch zu lange Überfahrt bis Hamburg. Ich brannte darauf, Deutschland und meine Freunde wiederzusehen.

Aber die Freuden dieses Zurückseins genoß ich nur kurz. Denn es galt nun, ein neues Schiff zu suchen. Das war, wie ich hörte und bald erfuhr, sehr schwer. Mein Vater hatte sich an seine Freunde Schrenk und Detlev von Liliencron gewandt. Einer dieser Herren empfahl mich in Hamburg bei dem Reeder De Freitas. Der versprach mir freundlich, sich nach einer Stellung – einer »Chance« sagten wir – für mich umzusehen. Ich möchte mich nur ein wenig gedulden. Mit dieser Aussicht kneipte ich nachts mit meinen Freunden. Aber das Geld, das mir Vater gesandt hatte, ging schnell dahin, und das Sichgeduldenmüssen dauerte weiter. Ich suchte zwar selber eifrig nach Chance, stand jeden Morgen früh auf. Ging nach dem Seemannsamt und nach den Heuerbüros der Schiffahrtslinien.

Doch da war keine Vakanz, und wenn eine war, so warteten schon hundert früher Vorgemerkte. In der Angelegenheit De Freitas wurde ich bald hierhin, bald dorthin bestellt, mußte weite Wege laufen und stundenlang in Büros warten. Endlich bot mir der Reeder eine Stellung auf der »Thekla« an. Leider nahm ich das nicht an, weil Thekla ein Dampfer war. Ich brauchte für meine Karriere, das heißt für das künftige Steuermannsexamen bescheinigte Fahrzeit auf Segelschiffen. So dankte ich De Freitas und ging nun selber mit doppeltem Eifer auf die Suche. In aller Frühe stellte ich mich am Seemannsamt an. Ich ging auch persönlich auf die neu eingelaufenen Segelschiffe. Die lagen verstreut in den sich weit ausdehnenden Hafenanlagen. Das kostete mich stundenlange Fahrten und Wanderungen. Und ich holte mir doch immer nur abschlägigen Bescheid.

Um Geld zu sparen, wohnte ich anfangs für 40 Pfennig pro Tag in der Herberge zur Heimat. Es ging dort recht unordentlich zu, so daß ich meine Briefe lieber postlagernd bestellte. Der Beamte auf dem Postamt kannte mich bald. »Es ist kein Geld da«, sagte er ironisch. Andermal lächelnd: »Sind Sie schon wieder da! Fahren Sie nicht bald einmal nach China?«

Dann zog ich wieder zu Hermann Krahl. Seine Frau war eine Schwägerin von Kerner, der mich seinerzeit ausgerüstet hatte und mir nun hoch und teuer schwur, ein erstklassiges Schiff für mich zu verschaffen. Bei Krahl logierten wieder neu ausgerüstete Jungen, aber auch schon befahrene Jünglinge. Alle warteten auf Stellung und gingen wie ich jeden Tag auf die Suche. Denn Kerner ließ uns völlig im Stich. Als der Oktober so verging, entschloß ich mich, auch Stellung auf Dampfern anzunehmen und, wenn es sein müßte, auch als Heizer, Trimmer oder Steward. Tag für Tag lief ich nach den Heuerbüros der Hapag und anderer großer Schiffahrtslinien. Ich wartete unter einem Gedränge von Arbeitslosen zu einer bestimmten Stunde vor dem englischen Seemannsamt auf der Straße. Wenn der Manager dann rief: »I want a sailor!« dann stürzte ich mit vielen anderen vor. Aber selbst wenn ich als erster oder dritter die Tür erreichte, wurde ich abgewiesen, weil man Engländer bevorzugte und weil ich zu jung wäre.

»Leider noch immer keine Chance«, mußte ich immer wieder nach Hause berichten. Kein Wunder, daß Vater mißtrauisch wurde. Er fürchtete, daß ich in ein liederliches Leben geriete. Es waren aber wirklich schlechte Zeiten für Seefahrer und besonders für so junge wie ich. Ich suchte von früh bis abends. Ich versprach den Heuerbasen eine halbe Monatsgage, wenn sie mir irgendwelchen Schiffsposten verschafften. Sogar vor dem allgemeinen Arbeitsamt stellte ich mich an, um als Nietenwärmer oder Hafenarbeiter anzukommen. Dabei lebte ich ganz einfach, trug keinen Kragen, sondern nur einen blauweiß gestreiften Jumper zu einer alten Hose und eine Schirmmütze. Allerdings zechte ich nachts mit meinen Leidensgefährten von Krahl. Wir verkehrten in einer kleinen Bierkneipe am Kraienkamp gegenüber der Michaeliskirche. Die Witwe Seidler führte dieses Kellerlokal. Sie hatte zwei erwachsene Töchter, Alwine und Meta, und ein kleines Töchterchen Ella. In Meta verliebte ich mich mehr und mehr. Es ergaben sich Romane und dramatische Szenen. Unter uns Krahlsbrüdern war ein Zwerg, ein ehemaliger Jockey, namens Seppl. Den ohrfeigte ich, weil er Meta eine Hure nannte. Ich hatte aber in derselben Zeit mit Seppls Frau ein heimliches Techtelmechtel. Meta wurde von vielen von uns verehrt. Zu der Rechtschaffenheit, die allen Seidlers eigen war, hatte sie eine besonders sichere, aber scharmante Schroffheit. Auch war sie die Intelligenteste in der Familie. Mein Hauptrivale war der Böhme Irak, ein hübscher und schmissiger Kerl. Mit ihm hatte ich erbitterte Schlägereien um Meta.

Der Sachse Rienchen. Er saß über einen Brief gebeugt, und ich merkte ihm an, daß er Kummer hatte.

»Rienchen, was fehlt dir?«

»Nichts.« Er wehrte ab, wischte sich verstohlen die Augen.

»Sag' mir's doch. Hast du schlechte Nachricht?«

Er seufzte. »Laß mich! – Ihr werdet mich bald los sein.«

»Rienchen, was ist geschehen?«

»Geschehen?« er lachte bitter und zerknitterte den Brief. »Mutter tot, Schwester tot. – Was kümmert's euch.«

Ich tröstete ihn leise. Bald erfuhr ich, daß kein wahres Wort an seiner Erzählung war, daß er vielmehr öfters solche Komödien spielte, um bei uns Rührung zu erwecken. Wir gewöhnten ihm das rasch ab, indem wir ihm Messer, Revolver und Stricke hinlegten und ihm zuredeten, doch endlich seinem geplagten Leben ein Ende zu machen.

Meine besten Kameraden waren Handloß, Schumacher und ein Schlesier, dessen Vater Dienstmann in Görlitz war. Schumacher war der einzige von uns, der so reichlich Geld von Hause erhielt, daß er gelegentlich ein Faß Bier auflegen konnte. Das taten sonst anstandshalber aber meist nur auf Pump diejenigen, die Chance fanden. Jedesmal ein seltenes, aber dann eben für alle erfreuliches Ereignis. Für gewöhnlich machten wir nur bescheidene Zechen.

Die gutmütigen Seidlers, die an unseren Schicksalen von ganzem Herzen teilnahmen, borgten und schenkten so viel, daß sie darüber nie auf einen grünen Zweig kamen. Abgesehen von unserem Stammtisch verkehrten dort nur noch Bürstenbinder und ein paar Hafenarbeiter. Ab und zu kam eine viel Geld verstreuende Bordellwirtin aus der Nachbarschaft.

Diesen an sich ganz begreiflichen Wirtshausverkehr mit meinen Kameraden und die damit verbundenen Ausgaben verschwieg ich törichterweise meinen Eltern. Ja, ich schrieb ihnen sogar immer wieder, sie möchten nun kein Geld mehr senden, ich käme mit dem zuletzt Gesandten noch lange aus. Dann aber erhielten sie plötzlich Rechnungen von Krahl und Kerner und fragten erstaunt an, ob das seine Richtigkeit hätte. Kurz, ich berichtete nicht aufrichtig. Und so glaubten meine Eltern wohl auch nicht recht daran, daß ich mir tagsüber soviel Mühe gab, um endlich unabhängig von ihnen zu sein.

Ich hatte De Freitas wieder aufgesucht. Ein etwas peinlicher Gang, den ich dann vielmals wiederholen mußte. Weil der Herr mich für andermal bestellte, andermal aber verreist, ein drittes Mal in einer Sitzung und beim viertenmal nicht anwesend war. Schließlich versprach er oder versprachen andere Leute, an die ich weiterempfohlen wurde, mich auf der »Potosi« unterzubringen, dem größten Segelschiff der Welt. Ich möchte mich nur noch ein wenig gedulden. Warum? Das schilderten sie mir einleuchtend, und ich hinterließ meine Adresse.

Da war also ein Lichtblick. Trotzdem lief ich weiter meine gewohnten Bettelwege zu Heuerbasen und Heuerbüros und auf eingelaufene Schiffe. Auch an Bord der »Lutetia«, die noch im Hafen lag, fragte ich an, ob man mich nach England zurücknehmen wollte. Die Arbeitsverhältnisse für Seeleute sollten ja überall günstiger sein als in Deutschland. Aber »Lutetia« wies mich ab. Vielleicht war man auf der Herfahrt mit meinen Leistungen nicht zufrieden gewesen. Dann machte ich die Adresse einer entfremdeten Verwandten von Mutter ausfindig, nur weil ich dachte, daß sie Beziehungen zu Seefahrtskreisen hätte. Ergab auch nichts als Zeitverlust. In der Potosi-Angelegenheit rührte sich nichts. Sonst überall Lichtblicke, Vertröstungen, Hinhaltungen. Nichts Positives. Es lag nun so, daß ich mich mehr vor meinem Vater schämte, als daß dieser mir Vorwürfe machte. Ich wurde ganz deprimiert. Als auch der November ergebnislos verstrichen war, hielt ich's nicht mehr länger aus.

Ich verdingte mich in einer Schlangenbude auf dem Hamburger Dom (Jahrmarkt). Eine Riesenschlange wurde dort vorgeführt. Fünf Männer in Matrosenanzügen trugen sie auf den Schultern. Der kleinste davon und der einzige, wirkliche Seemann war ich. Ich trug das Schwanzende. Herr Malferteiner, der Budenbesitzer, im dunkeln Anzug und mit Lackschuhen, erklärte mit durchdringender Stimme: »Die Rriesenschlange! – Bo – a – – constrrictorr! – Ihre Heimat ist Südamerika. Der Biß derselben ist nicht gefährlich, da dieselbe nicht giftig ist. Menschen und Tieren wird sie gefährlich durch ihre gräßliche Gewalt und durch die Kraft ihrer Muskeln. Denn sie ringt in der Freiheit mit dem Löwen und dem Tiger und besitzt auch die Kraft, dem größten und stärksten Büffelochsen mit ihren Muskeln alle Knochen zu zerbrechen, sobald sie ihn umschlungen hat.« (Pause zum Staunen.) »Gefüttert wird sie alle drei bis vier Wochen mit lebenden Schweinen, auch Schaflämmern oder Ziegenlämmern.« (Pause. Dann mit gehobener Stimme.) »Tausend Mark bietet die Direktion jedem Besucher Prämie, der beweisen könnte oder würde, wo er schon jemals in Europa ein zweites Exemplar dieser Riesenschlange gesehen hätte.« (Es brauchte nur jemand den Deckel der großen, grünen Kiste in unserer Bude aufzuheben. Da hätte er ein gleichgroßes zweites Exemplar dieser Boa entdeckt, das dort zur Reserve aufbewahrt wurde.) »Herrschaften, welche zu spät kamen und nicht alles gesehen haben, können ruhig noch bleiben bis zur nächsten Vorstellung. Vorsichtig! Schnell!«

Die letzten Worte richtete er, wie erschrocken, an uns Matrosen. Wir mußten nun hin und her schwankend so tun, als würde die schwere Schlange wild. In Wirklichkeit war sie leicht und ganz apathisch, beinahe leblos. Unter lauten Kommandos, wie »Alle Mann« – »Deckel auf« wurde sie nun in einen zweiten Kasten zwischen Decken gelegt. Die Vorstellung war zu Ende. Magnus, der älteste von uns Angestellten, beantwortete übertrieben oder unwahr die Fragen der sich langsam entfernenden Zuschauer.

»Wie lang ist sie?«
»Vierundzwanzig Fuß!«
»Wieviel wiegt sie?«
»295 Pfund.«
»Wie alt ist sie?«
»Über tausend Jahre.«
»Kann sie stehen?«

Magnus lief manchmal plötzlich davon. Es wurden die dümmsten Fragen gestellt. Es fielen auch immer wieder dieselben Witze und Bemerkungen. »Ein netter Aal!« Auch immer wieder dieselben Antrage: Ich sollte doch einmal den Salamander in den Schwanz zwicken oder dem Pelikan eine Feder ausrupfen. Der hatte ja fast keine mehr.

Zum Schluß der allerletzten Vorstellung abends pflegte Herr Malferteiner noch dem Publikum für den freundlichen und zahlreichen Besuch der Ausstellung zu danken. Auch wenn er gelegentlich nur zu einem Zuschauer oder zu zwei Zuschauern sprach. Er dankte dann »im Namen der Direktion«. Hinterher gab's für uns noch mühevolle Arbeit bis weit über Mitternacht.

Einmal erlebte ich, daß die eine Riesenschlange gefuttert wurde. Sie verschlang hintereinander ganz langsam fünf lebende, aber sich fügende Opfer. Drei Hühner, ein Kaninchen und ein ganz junges Ferkel. Nur das Ferkel gab Tone von sich, quiekte jämmerlich. Damit sollte die Schlange für die nächsten vier Wochen gespeist sein. Aber am nächsten Tage erkrankte sie und gab die fünf Tiere tot und schleimbedeckt wieder von sich.

Die Riesenschlange war der Clou und der Schluß der Vorstellung, die etwa fünfundzwanzig Minuten dauerte. Vorher führten Alex und Bruno eine Felsenschlange, eine Rieseneidechse, eine Abgottschlange und einen mit Sägespänen panierten Riesensalamander vor. Ich stand derweilen neben dem Kasten der Python tigris und dem dürren Pelikan Peter, der nie überfüttert wurde, damit er recht gierig nach den ihm zugeworfenen Schellfischbrocken schnappte. Dabei fiel er zwar meistens um, so alt und gebrechlich war er, aber das war der Moment, wo das Publikum in lautes Lachen ausbrach. Vielleicht aus Hunger zwickte er mich oft in die Beine.

In der Mitte des grell beleuchteten Zeltes sah man in einem seichten Bassin ein paar Krokodile.

Wieviel Arbeit war um solch Theater! Ich hatte Dienst von sechs Uhr morgens bis zwei Uhr nachts. Dann erhielt ich fünfzig Pfennige Lohn und schlief mit den anderen männlichen Angestellten in einem Wagen auf Strohsäcken. Meine Wolldecke wies helle Flecke auf, von der Boa constrictor.

Das Aufstehen fiel schwer. Ich mußte in einer fahrbaren Tonne Wasser von weit herholen. Draußen war's eklig kalt. Ich mußte unter einem rostigen Wasserkessel Feuer anmachen. Um neun Uhr sollte es kochen. Das Wasser im Krokodilbassin wurde damit auf 20 Grad gebracht. Die Überzüge von den Kisten mußten abgeschnallt werden. Wir trieben die Krokodile mit Rohrstockhieben und Fußtritten ins Wasser. Der durch Wärmflaschen geheizte Kasten, worin sämtliche Schlangen übernachteten, wurde geöffnet und die einzelnen Tiere in Sonderbehälter verteilt. Draußen nagelten wir Blechschilder an, die gräßliche Ungeheuer im Kampfe mit wilden Völkerstämmen zeigten oder Inschriften trugen wie »Eintritt heute nur 10 Pfennige«. Und so weiter. Viel Arbeit mit dem üblichen Geschimpfe und mit Schikanen.

Der Chef setzte sich an die Kasse. Der heisere Rekommandeur erschien, kämmte sich die Haare und lockte auftretend die Dombesucher herein: »Das Neueste der Neuzeit, die Riesenschlange!« Dann schlug Herr Malferteiner mit einem Holzklöppel gewaltig an einen Eisenteller, ein letztes Zeichen, daß die Vorstellung nun unwiderruflich begann.

Im allgemeinen freuten wir uns, wenn ein Zuschauer eine Frage an uns richtete. Es war dann möglich, auf eine Zigarre oder auf ein Trinkgeld hinüberzuleiten oder einen derben Witz öffentlich anzubringen. Kleine, nette Scherze begaben sich. Manchmal war das Leben dort behaglich. Ich kam während und nach der Arbeit mit den Angestellten der anderen Schaubuden und Lustbarkeiten zusammen. Leute vom Dampfkarussell, vom Hippodrom und vom »Theater der Aufsehen Erregenden«. Mit Tilde von der Schießbude erneuerte ich eine ältere Bekanntschaft. Peter, der Pelikan, war mein treuer Freund.

Malferteiner wohnte mit Frau und Kindern in einem zweiten Wagen. Sein Dienstmädchen Mathilde brachte uns zu den Mahlzeiten die derbe Kost. Tagsüber befanden wir uns in einem Strudel von Musik aus vielen Drehorgeln. Nachts kamen die Domartisten in einer kleinen Kneipe zusammen, wo es recht heiter und bunt herging. Dort tranken wir Pfefferminzschnaps, rauchten Pfeife und klönten.

Wenn ich bei dieser Lebensweise auch leider nicht dazu kam, mich nebenher nach einem Schiff umzusehen, so tröstete es mich doch, daß ich wenigstens nicht mehr meinem Vater zur Last fiel.

Aber nicht lange blieb ich in der Bude. Herr Kerner benachrichtigte mich, daß er ein Schiff für mich hätte. Ich möchte gleich mit Sack und Pack zu ihm kommen.

»Hurra! Habe Chance!« depeschierte ich glücklich an meinen Vater. Und dann kündigte ich Malferteiner und zog mit meinem Gepäck davon.

Doch die Schiffsnachricht war nur eine Erfindung von Kerner. Er hatte erfahren, daß ich in einer Schlangenbude arbeitete und meinte, das wurde meinen Vater sehr peinlich berühren. Deshalb hatte er mich mit falschem Alarm dort weggelockt. Enttäuscht und zornig war ich. Nun mußte ich wieder ein Dementi nach Köln senden, wo Papa derzeit seine alljährlich größte Einnahme dadurch verdiente, daß er eine Tapetenfabrik als Farbenkenner beriet Zu Malferteiner mochte ich nicht mehr zurück, weil ich bei meinem Abschied ziemlich hochnäsig aufgetreten war. So zog ich nun zu dem Heuerbas Persson und begab mich wieder auf die Stellungssuche, nahm auch die alten Beziehungen zu De Freitas und anderen wichtigen Herren auf. Zufällig lief die »Potosi« gerade an diesem Tage ein. Ich ging sofort an Bord der stolzen Fünfmastbark. Aber es ergab sich hier nichts und anderwärts nichts. Vater sandte mir Geld, schrieb aber ziemlich betrübt, daß ihm das auf die Dauer sehr schwer fallen wurde. Er hatte für meine Geschwister viel Ausgaben. Wolfgang studierte in Freiberg i.S. Bergfach, war Korpsstudent und mit einer Stadtratstochter verlobt. Meine Schwester war Schauspielerin geworden und erlebte an einer Provinzbuhne hübsche, künstlerische Erfolge, aber auch die üblichen Enttäuschungen.

Persson wurde mir zu teuer. Ich zog wieder zu Krahl, wo ich meine Miete schuldig bleiben konnte, wenn ich für Frau Krahl gelegentlich Messer putzte oder Holz hackte. Es herrschte dort noch dasselbe wüste Schiffsjungenleben wie bisher. Man schlug und beschimpfte sich. Ein Rachsüchtiger warf sogar eine Gewehrpatrone in den Ofen. Bei der Explosion ging dieser und ging eine halbe Wand in Trümmer. Man suchte nach neuen Quellen zu Anborgereien und versetzte Kleider und Wasche. Abends ersäuften wir die Ängste des Tages in Schnaps und Bier in der Seidlerschen Wirtschaft. Da ging das bißchen Geld von daheim im Nu dahin Ich verheimlichte meine Notlage. Ich belog meine Eltern. Das taten die meisten von uns. Mantel, Schuhe, alles hatte ich versetzt. Sogar meinen Ebenholzstock von Onkel Martin. Meine fadenscheinige Wasche wusch und flickte ich selber Ich fror ohne Mantel, und da meine Schuhe entzwei waren, getraute ich mich nicht mehr in die vornehmen Kontors von Reedern und Kaufherren. Die kleinen Heuerbase hörten mich gar nicht mehr an. Mit Schrecken sah ich meine Logisschulden bei Krahl anwachsen. Deswegen gab ich dieses Boardinghouse auf und ging nur noch morgens hin, um nach Post zu fragen. Nachts trieb ich mich dann mit dem Sohn des schlesischen Dienstmannes herum, der auch so heruntergekommen war. Es gab Tage, da wir nicht mehr als eine Semmel zu zweit zu verzehren hatten. Wir schämten uns, Seidlers Großmut noch länger in Anspruch zu nehmen. Wir nächteten in Hauswinkeln oder auf den Bänken in der Wartehalle auf einem Hafenponton. Stetig in der Furcht, von Polizisten überrascht zu werden. Mit diesem Freund teilte ich das Eßbare eines Weihnachtspaketes, das mein Vater viel zu frühzeitig abgesandt hatte. So war von diesen Fressereien und dem beigelegten Bargeld zu Weihnachten nichts mehr übrig. Ich wanderte am Heiligen Abend hungernd und frierend durch die Straßen der reichen Stadtviertel. Mein Gedenken war bei den Eltern. Ich wußte um jede Stunde, was da zu Hause vorging. Jetzt aßen sie den italienischen Salat, jetzt sang Mutter am Flügel das schöne Lied »Ich will dich nicht vergessen, wenn alles dich vergißt«. Ich wußte auch, daß Vater vor der Bescherung durch die Straßen gewandert war, um arme Kinder zu beschenken. Und während ich durch die erleuchteten Fenster der Hamburger Patrizier Lichterbäume sah und Weihnachtslieder vernahm, hegte ich so etwas wie eine leise Hoffnung, daß man mich beobachten könnte und daß plötzlich jemand aus einem dieser Häuser herauseilen und zu mir sagen würde: »Kommen Sie zu uns herein, junger Mann, und essen Sie sich erst einmal ordentlich satt.«

An die Eltern schrieb ich andern Tags einen völlig verlogenen Brief, worin ich lang und breit schilderte, wie ich mich in der Heiligen Nacht an ihren Gaben delektiert hätte und daß ich ihrer gedenkend mit guten Freunden auf das Wohl unserer Lieben angestoßen hätte.

Es war eine oft beschworene Vereinbarung zwischen dem Dienstmannssohn und mir: Wer zuerst Chance bekäme, würde den zurückbleibenden Freund mit allen Lebensmitteln versehen, die habhaft wären. Der Schlesier fand zuerst Stellung. Auf einem Dampfer, der an dem Pier lag. Wir waren beide gleich glücklich darüber. Es wurde ausgemacht, daß ich den Dienstmannssohn nach seinem ersten Arbeitstag abends an einem bestimmten Poller am Kai erwarten sollte. Er wollte mir dann mindestens reichlich Brot bringen, womöglich aber noch begehrtere Dinge.

Ich wartete dann auf ihn viele Stunden. Bis tief in die Nacht. Er kam nicht. Ich sah ihn auch nie wieder.

Als meine Not noch hoher gestiegen war, fand auch ich endlich eine Schiffsstellung.

Auf der »Florida«

Am 30. Dezember 1901 musterte ich in Bremen auf der »Florida« an. Das war ein Frachtdampfer aus Lussinpiccolo, der auf wilde Fahrt ging. Fünfundzwanzig Mann Besatzung, dabei einundzwanzig Nationen vertreten, in der Mehrzahl italienisch sprechende. Ich erhielt eine Monatsheuer von zwanzig Mark. Dies Geld wurde, wie das auf allen Schiffen Brauch war, nach Beendigung der Reise ausbezahlt, aber in den Zwischenhafen gab man auf Wunsch kleinere Vorschüsse.

Vor allen Dingen aß ich mich nun erst wieder einmal zu Kräften.

Der Kapitän hieß Nacari. Er hatte eine rauhe Stimme und trug sich malerisch und bunt. Mit mir und einem Amerikaner sprach er englisch. Mit den anderen Leuten italienisch.

Wir holten in England Kohlen, die wir nach Venedig brachten. Unterwegs hatten wir schlimme See. Ich half erst in der Küche, ehe ich Decksmann wurde. Dann mußte ich für einen erkrankten Trimmer einspringen und in der Hitze des Maschinenraumes vor sechs Feuern Kohlen schaufeln. Stieg ich dann an Deck, so empfing mich eine abscheuliche Kalte.

Es war auch in Venedig kalt und regnete viel. Aber die Stadt gab mir doch seltsame Eindrücke. Von Bordkameraden geführt, die dort heimisch waren, bekam ich eigentümliche Spelunken und ungewöhnliche Privatverhältnisse zu sehen und erlebte allerlei. Auf den Straßen feierte man Karneval. Nacaris Frau kam mit einem zehnjährigen Töchterchen an Bord. Das wunderhübsche Kind ließ sich immer wieder deutsche Lieder von mir vorsingen.

Ich sammelte für mich und die Geschwister Münzen, Medaillen, Briefmarken, Zigarettenbildchen und Zündholzschachteln.

Wir dampften nach Konstantinopel. – Ich lernte bald so viel Italienisch, daß ich mich mit den anderen im Notwendigsten verständigen konnte. Es waren lebhafte, recht naive, aber nicht sehr saubere Burschen. Wenn sie sich mittags Brot in die Suppe brockten, dann taten sie's nicht mit der Hand. Sondern sie bissen die Stücke mit den Zähnen ab und spuckten sie in die Teller. Und wenn jemandem bei Tisch ein Wind entfuhr und niemand das dann gewesen sein wollte, dann ging der angesehenste Matrose von Platz zu Platz und beroch jeden ganz ernsthaft hinten. Sie konnten auch sehr jähzornig werden. Ich hatte leidenschaftliche Schlägereien mit einem Mann aus Kalabrien. Leider waren unehrliche Leute an Bord. Ich wurde bestohlen.

Von Konstantinopel fuhren wir nach Nikolajew am Schwarzen Meer. Das war eine kalte Fahrt. Große Eisschollen trieben im Meer. – Ich las in der Freizeit Mark Twains Skizzen und die drei Musketiere von Dumas.

In Nikolajew drang viel deutsche Sprache an mein Ohr. Deutsche Händler und Handwerker kamen an Bord, Schuster und Schneider, viel Juden und ein von uns gierig beglotztes Wäschemädchen. Alle ließen sich von uns Kaffee und Schiffszwieback vorsetzen. Dann erschienen Zollbeamte und ein Arzt. Die durchsuchten und untersuchten uns. Ich fand die wohlgeschriebenen, exakten und herzlichen Briefe von Vater vor, die schon durch ihren grellroten Umschlag hervorstachen, die winzig dünn geschriebenen, besorgten von Mutter, die überzärtlichen von Ottilie und die burschikosen Glückauf-Karten von Wolfgang. Mein Tollerscher Schulfreund Tausig teilte mir mit, daß er nach Westafrika führe.

Ich zog über Nacht mehrere Hemden an, weil ich sehr fror. Morgens war ich froh, wenn Luca, der Boy, den Kaffee brachte, und war wenig erbaut, wenn uns gleich danach der einäugige Bootsmann zur Arbeit holte. Wir mußten das Eis loshacken, mit dem das Schiff bedeckt war, mußten Schnee fegen, Messing putzen, die Ruderketten reparieren und all das in bitterer Kälte und in einem Gewühl von hundert russischen Schauerleuten.

Es trieb sich viel Gesindel herum. Obwohl wir gewarnt waren und sofort Posten aufgestellt hatten, stahl man uns gleich nach unserer Ankunft am lichten Tage die Messingeinfassungen einer ganzen Bullaugenfront.

Korn luden wir. Zwei eiserne Rohre spien es aus großen Speichern in den Schiffsbauch, wo Stauer und Stauerinnen es mit Holzschaufeln verteilten und glattstrichen. Wir Matrosen breiteten Säcke darüber und nähten diese zusammen. Dabei wateten wir in Korn wie in einem Teich. Mittags buono appetito und recht gutes Essen: unzerkleinerte Bratkartoffeln, ich glaube patati arrosti genannt, – Maccaroni – Polenta oder Parmesankäse mit Zimt.

Wir abeiteten wieder bis sechs Uhr. Dann wuschen wir uns, zogen uns fesch oder akkurat an und stürmten an Land. Mit meinem intimsten Kameraden, dem Amerikaner, unternahm ich eine lustige Wagenfahrt, die nur einen Rubel kostete. Wir wollten den zerlumpten Kutscher verhauen, weil er uns um zehn Kopeken betrog. Aber sein einfältiges Gesicht rührte uns zu sehr.

Am liebsten wäre ich immer allein ausgegangen. Da aber meine Vorschüsse nicht ausreichten, schloß ich mich fremden Kapitänen und Steuerleuten an, die ich kennengelernt hatte. Sie duldeten mich gern, weil ich gebildeter und frecher als die meisten Matrosen war. Diese Herren ließen viel Geld springen und brachten es in einem Bordell fertig, alle nicht seemännischen Gäste hinauszukaufen. Das heißt deren Zeche zu übernehmen und ihnen die Tür zu weisen. Die Bordelle empfingen uns mit offenen Armen. Für uns Seeleute waren sie sogar sonntags geöffnet. Es gab dort Mädchen im Alter von 10–60 Jahren. Man tanzte zunächst wie auf einem mondänen Ball zu weicher Musik und wählte dann sachlich.

Auch Odessa liefen wir an, um Maiskörner einzunehmen. Dann passierten wir Konstantinopel und die Dardanellen an einem herrlich blauen Ostersonntag und kamen nach Algier. Zehn pompöse englische Kriegsschiffe sichteten wir. Sie hatten Richtung nach Gibraltar und kamen vielleicht mit Kriegsverwundeten von Transvaal.

In Algier stellte sich ein langer zerlumpter Österreicher ein. Er sei von der Fremdenlegion desertiert und wolle sich gern nach Europa zurückarbeiten. Kapitän Nacari jagte ihn rauh von Bord. Als wir dann später den Hafen verließen und schon auf offener See dampften, entdeckten wir den Österreicher an Bord. Er hatte sich bis an den Hals in die Kohlen eingegraben, daß nur sein Kopf herausragte, was sehr unheimlich aussah. Mehrere Tage hatte er hungernd in dieser Lage zugebracht. Der Kapitän fluchte. Wir sollten dem blinden Passagier nichts zu essen geben. Er müßte totgeschlagen und dann noch aufgehängt werden. Das war so Nacaris Stil. Natürlich fütterten wir den Österreicher heimlich doch. Dagegen gaben es die Italiener nicht zu, daß er unser Logis betrat. Er mußte auf einem Brett im Kohlenbunker schlafen. Mit der Zeit wurde Nacari etwas weicher und erlaubte dem »Hundesohn von Schwein Gottes« mitzuarbeiten. Der lange Deserteur setzte sich also zu uns auf das heiße Eisendeck und sollte wie wir durch wuchtige Hammerschläge den Rost von den Planken klopfen. Dabei stellte sich heraus, daß er ein ganz fauler Bursche war. Er holte zwei-, dreimal mit dem Hammer aus, dann ließ er ihn sinken und schlief ein. Vielleicht war er noch erschöpft von langen Entbehrungen und Strapazen.

Wir fuhren durch den Kanal nach Hamburg, wo wir am 17. April 1902 eintrafen. Ich hatte mich so daran gewöhnt, italienisch oder englisch zu reden, daß ich in kurze Verlegenheit geriet, als mich der Hamburger Lotse deutsch ansprach. Ich konnte ihm die ersten Fragen nur stockend beantworten.

Die Polizei erschien und nahm den Österreicher aus mir unbekannten Gründen in Gewahrsam.

Ich hatte mich an Bord wohlgefühlt. Dennoch gab ich die Stellung dort auf und beschönigte diesen Leichtsinn mit der nicht ganz unrichtigen Erklärung, daß mir Dampferfahrten für meine Karriere wenig nützten, daß ich vielmehr Seglerfahrzeit brauchte. Aus Briefen und anderen Papieren ersehe ich, daß man mir 35 Mark und 20 Pfennige auszahlte, mir ein gutes Zeugnis gab und daß ich an Land hintereinander zwei Beefsteaks, eine Boullion, vier Semmeln, Wurst, einen Eierkuchen und Feigen verspeiste. –

Einige Anekdoten und Erlebnisse von dieser Reise auf der »Florida« wie auch von anderen, späteren Reisen sind bereits in einem Buch veröffentlicht. Es heißt »Matrosen«, Verlag Internationale Bibliothek G.m.b.H., Berlin. Ich möchte die dort publizierten Erinnerungen hier nicht noch einmal aufwärmen mit Ausnahme der Erzählung »Das Abenteuer um Wilberforce«, zu der ich später komme und die einen ziemlich geschlossenen Lebensabschnitt wahrheitsbemüht darstellt.

Ein besseres Hotelzimmer vertauschte ich bald mit der gewohnten Pension bei Krahl. Wieder ging ich auf die Suche nach einem Schiff. Der Araber und der Amerikaner schlossen sich mir an; sie hatten ebenfalls die »Florida« verlassen. Wir mieteten ein Ruderboot und fuhren im Hafen von Segler zu Segler. Denn nur ein Segelschiff sollte es sein und womöglich ein ausländisches. Ich suchte deshalb auch abends solche Lokale auf, wo Ausländer verkehrten. Es gab einige, wohin speziell Engländer und Amerikaner gingen. Es gab italienische und skandinavische Kneipen. Auf dem Schaarmarkt war ein Negerlokal, wo sich Schwarze, Mulatten, Kreolen und andere Farbige trafen. Der Wirt hieß Jim Java und war ein Liberianeger. Nach der Sitte seiner Heimat trug er über Stirn und Nasenrücken einen blauen, eingebrannten Streifen. Es ging wüst in seiner Kneipe zu. Man tanzte Step und Machiche und brüllte Lieder aller Sprachen. Einmal saß ich dort mittags mit einem in Lumpen gehüllten Neger, der mich um einen Penny anbettelte. Ein wohlgekleideter Amerikaner kam an unseren Tisch. Der schenkte dem Neger ein englisches Pfund. Der Neger verschwand grinsend, kam nach einer Weile strahlend zurück. Was hatte er sich für das Pfund gekauft? Allermodernste weiße Schuhe. – Ich war selbst recht abgerissen. Mein teerbefleckes Monkey-Jackett konnte ich an Land nicht mehr tragen. Meinem Gehrock war ich zu breit geworden. Und was ein schlechter Schneider aus meines langen Vaters abgelegten Kleidern schuf, das saß schlecht und verbrauchte sich rasch. Auf Drängen wohlmeinender Leute kaufte ich mir einen neuen Anzug. Es war ein Arbeiteranzug. Er kostete fünf Mark. Dazu trug ich meines Bruders abgelegte Gigerlkragen (vier Finger breit).

Täglich besuchte ich Kerner und Persson und Mapurko und Bade und Tomsen, und wie die Heuerbase alle hießen, ging zu Reedereien, zum shipping-office und zum Seemannshaus. Alles erfolglos.

»Das Abenteuer um Wilberforce«
I. Teil

Als ich endlich Stellung fand, nach wochenlangem Fragen und Dulden, hätte ich eigentlich froh sein müssen, nun wieder ein Bett und tägliches Essen zu haben und obendrein noch monatlich dreißig Mark zu beziehen, die vorgeschriebene Heuer eines Leichtmatrosen. Aber das Schiff, ein kleiner russischer Gaffelschoner, lag weit draußen in Harburg, und die Arbeit, die mich empfing, war schmutzig. Bei strömendem Regen luden wir Ölkuchen. Unsere Kleider, das Schiff und alle Gegenstände darauf bedeckten sich mit mißfarbigem Kleister. Die Besatzung bestand aus dem Kapitän, einem Steuermann, zwei Matrosen und mir. Die vier Russen waren vermutlich Letten. Zu mir sprachen sie ein gebrochenes, sehr ordinäres Deutsch.

Nach drei Tagen stellte ich den Kapitän: »Ich höre, daß wir morgen auslaufen, aber ich bin noch nicht angemustert!?«

»Ach was, angemustert!« Der Kapitän entfernte sich böse, aber ich ging ihm nach. »Kapitän, ich muß auf Anmusterung bestehen; ich brauche die behördliche Bescheinigung über meine Segelfahrten später fürs Steuermannsexamen.«

Er sah mich geringschätzig und spöttisch an. »Steuermannsexamen? – Gut, wirst morgen angemustert.«

Aber anderen Tags gingen wir in See und waren nicht zur Anmusterung auf dem Seemannsamt gewesen. Das berechtigte mich, das Schiff jederzeit und jedesorts zu verlassen, und ich war entschlossen, das in England sofort zu tun, zumal die Aussichten für Seeleute dort viel besser sein sollten.

Meine Vorwürfe schnitt der Kapitän kurz ab: »Still, Schwein!«

Wir fuhren nach Boston an der Ostküste Englands. Es regnete die ganze Fahrt über. Unsere Segel hingen schlapp und brachten uns nur langsam vorwärts. Nachts plagten uns Wanzen.

Die zwei Matrosen entpuppten sich als gutmütige, verträgliche Leute. Ich forschte sie vorsichtig aus über die Schiffsverhältnisse in Boston. Boston wäre ein unbedeutender Hafen, meinten sie, aber in Grimsby lägen viele Fischdampfer, und – fügte Iwan hinzu, als ob er meine Absichten durchschaute – es gäbe dort einen schwarzen Heuerbas namens Philipps, der in Matrosenkreisen bekannt wäre, und der desertierten Seeleuten zur Flucht verhülfe.

Als wir Boston sichteten, meldete ich dem Kapitän, daß ich das Schiff, wenn es festläge, verlassen würde. Er geriet außer sich. Das gäbe er niemals zu. Es sei sehr schwierig, in England einen Ersatzmann für mich zu finden, und wenn er einen fände, dann kostete er das Doppelte wie ich. Und ich wäre ein Schwein, ein verfluchtes Schwein, ein Hundeschwein, und ich möchte doch um Christi willen vernünftig sein.

Zuletzt versprach ich ihm auf sein Barmen hin, wenigstens so lange an Bord zu bleiben, als der Schoner im Hafen läge, was etwa vier Wochen dauern sollte.

Der Steuermann war ein großer, ungeschlachter und roher Lümmel. Er drangsalierte die Matrosen in herzloser Weise, gab ihnen auch nur selten Erlaubnis, des Abends an Land zu gehen. Mir konnte er den Urlaub nicht verweigern, weil ich als Deutscher auf deutsches Seemannsrecht pochte und ja sowieso jederzeit meinen Dienst aufgeben konnte. Deshalb schikanierte er mich aber auf andere und tückische Weise.

Er glitt einmal auf dem Laufbrett aus, daß vom Regen naß und von der Ölkuchenmasse glitschig war, und da fiel der plumpe Riese ins Wasser und sackte, weil er nicht schwimmen konnte, wie ein Plumpsack ab. Ich kam hinzu, als nur noch eine zappelnde Hand von ihm aus dem Wasser ragte, und ich sprang über Bord, und ich tat mich selbst mit Schwimmen und Tauchen schwer. Doch erwischte ich ihn und hielt ihn über Wasser, bis ein Boot zu Hilfe eilte. Als der Steuermann an Deck wieder zu Bewußtsein kam, ging er, noch schwankend, auf mich zu und versetzte mir eine knallende Ohrfeige.

Wir arbeiteten bei Konzert, denn tags wie nachts waren in Boston die Glockenspiele der Kirchen im Gange. Abends amüsierte ich mich an Land aus Freiheit und Vorschuß, und am Sonntag war ich völlig vom Borddienst befreit. Es herrschte ungewöhnlicher Jubel und Trubel in der Stadt. Bandoneon spielende Gruppen zogen durch die Straßen. Die Gassenbuben verknatterten Feuerwerk. Und Menschen, die einander fremd waren, umarmten und küßten sich öffentlich. Man feierte gleichzeitig die Krönung der Queen und den Sieg Großbritanniens über die Buren.

Wir löschten Ladung, säuberten das Schiff und nahmen neue Ladung, bestimmt nach Odense in Dänemark.

Eines Morgens weckte mich Iwan: »Stehe auf, wir segeln aus!«

Auslaufen? – Ha! Ich wurde munter. Ich verstand. Man hatte mir das bis zuletzt verschwiegen, wollte mich überrumpeln, mir nicht Zeit lassen, mich auszuschiffen.

Ich hatte, wie oft, in Hemd und Arbeitshose und mit Schuhen und Strümpfen bekleidet geschlafen. Nun zog ich mir rasch mein gutes Jackett über, das meine Papiere enthielt, und so stürzte ich an Deck und sah einen Schlepper, der sich uns vorspannte, um uns aus einer Flottille von ähnlichen, Seite an Seite liegenden Seglern herauszuziehen und durch die verschiedenen engen Schleusen nach See zu bugsieren.

»Schmeiß Achterleine los!« rief mir der Alte zu. Statt dessen schwang ich mich über die Reeling auf das nächstliegende Fahrzeug, kletterte von dort auf den Pier und rief meinen Kapitän an: »Ich fahre nicht mit. Lassen Sie meine Sachen an Land setzen.«

»Hundeschwein, du willst ausreißen?«

»Ich habe Ihnen das rechtzeitig gesagt.«

»Sei doch kein Dumm, komm an Bord!«

»Nein, ich verlange meinen Kleidersack.«

»Was tust du ohne Sachen in fremdes Land? Komm! Ich werde dich nachträglich anmustern.«

»Nein! Geben Sie meine Sachen heraus!«

Währenddessen war der russische Schoner »Emma« schon in Bewegung, und wie er langsam durch die Schleusen gelotst wurde, hielt ich mich auf dem Kai nebenher und forderte hartnäckig die Herausgabe meines Eigentums. Ein Policeman kam hinzu, ließ sich den Vorfall von meinem lügenden Kapitän erklären und redete mir zu – es klang beinahe väterlich –, ein good boy zu sein und wieder an Bord zu gehen.

»Kapitän, ich verklage Sie, wenn Sie meine Sachen stehlen!« rief ich aufgebracht an der letzten Schleuse.

»Stehlen?« gab er zurück. »Hol' sie dir! Du hast sie doch selbst an Bord gebracht!«

Es war zu spät. Die »Emma« war bereits über Reichweite und Sprungweite von Land ab. Meine seemännische Ausrüstung, all mein Hab und Gut und darunter ein mir wertvoller Atlas sowie ein kunstvoll mit Fell überspanntes afrikanisches Buttergefäß schwammen davon nach der dänischen Insel Fünen. Der Polizist lachte; ein paar Hafenarbeiter, die Zeuge des Vorgangs gewesen waren, stimmten in das Lachen ein.

Ich überzeugte mich davon, daß ich sechs Schillinge in dem blauen Jackett bei mir hatte, kaufte Seife, wusch mich an einem Brunnen und ließ mir den Weg nach dem deutschen Konsulat beschreiben.

Dem deutschen Konsul kam ich sehr ungelegen. Trotzdem hörte er mich an, riet mir, wegen meines Gepäcks an das deutsche Konsulat in Odense und wegen meiner gegenwärtigen Notlage an meine Eltern zu schreiben. Er stellte Tinte, Feder, Papier und Briefmarken zur Verfügung und ließ sich, als ich wenigstens an das Odenser Konsulat geschrieben hatte und bevor er mich kalt entließ, Papier und Porto zum Einkaufspreis bezahlen.

An meine Eltern hatte ich nicht geschrieben. Ich verstand es, daß sie mich für unstet und nie zufrieden hielten. Das, was ich zu meiner Rechtfertigung hätte anführen können, war zu viel und zu verworren. Ich wußte es nicht anzupacken, ich begriff es auch nur teilweise oder im Unterbewußtsein. Ich hatte mich allmählich so eingestellt, daß ich nur noch Nachricht gab, wenn ich etwas Erfreuliches zu berichten hatte oder glaubte. Meine Briefe – später habe ich mich selbst erstaunt davon überzeugt – machten einen äußerst liederlichen Eindruck. Wer aber, der sie las, konnte sich vorstellen, wo, wie, wann, in welcher Situation sie geschrieben waren?

Ich stand vor dem Konsulat mit der Frage: Was nun? Mir fiel Grimsby und der Neger Philipps ein. Ich erkundigte mich. Die Bahnfahrt kostete vier Schillinge. Ich fuhr.

Nie zuvor war ich in Grimsby gewesen, und die Adresse Philipps kannte ich nicht. Jedoch ich kalkulierte, daß er im ältesten, beziehungsweise im dürftigsten Viertel wohnen müßte, und das fand ich, in Grimsby angelangt, sehr bald. In einem schmutzigen Gäßchen wandte ich mich an einen Mann, der in einem Haustor stand. Ob er zufällig wüßte, wo ein Farbiger namens Philipps wohnte.

Der Mann deutete mürrisch ins Haustor hinein und sagte: »Rückwärts, zweiter Flur links.«

Welch schnurriger Zufall!

Da niemand auf mein Pochen reagierte, öffnete ich kleinlaut die Tür und sah im Vordergrunde zwei halb entblößte Negerweiber, die Kinder stillten, und dahinter in Tabaksqualm und Zwielicht mit lautem Spektakel Karten spielend, viele Neger, Mulatten, Mestizen und Andersfarbige. Aus diesem Kreis löste sich ein langer Schwarzer und begrüßte mich: »I'm Mister Philipps.«

Ich fragte heiser, ob er eine Chance für mich als Matrose – –

»Bist du weggelaufen?«

»Ja.«

»Gut. Du kannst hier schlafen. Morgen früh drei Uhr laufen die Fischdampfer aus. Ich zeige dir die Schleuse, wo du dich hinstellst. Du must horchen, was die Kapitäne rufen. Wenn sie nach einem Matrosen verlangen, jumpst du an Bord. Hast du Sachen?«

»Nein.«

Er ging voraus, winkte mir nachzukommen. In einem Nebenraum, der einem Trödelspeicher glich, suchte er mir einen Kleidersack, eine Ölhose, ein blaues Hemd und zwei Paar Strümpfe heraus. Das gab er mir. Ich bedankte mich aufrichtig und gerührt über die unerwartet gute Aufnahme.

»Brauchst du Geld?« fragte Mister Philipps gleichbleibend sachlich.

Ich war einen Moment lang sprachlos. Welch großzügige Güte besaß dieser Nigger, welch unerschütterliches Verständnis für schweigende Not! Wie oft schon mochte er von Undankbaren enttäuscht und ausgenutzt sein!

»Willst du Geld?« wiederholte Mister Philipps. »Willst du ein Pfund?« Und er steckte mir eine Pfundnote zu. Dann zeigte er mir meine Schlafstelle; ich mußte meinen Namen auf verschiedenen Papieren eintragen und war nun fürs erste frei, spazierte noch verwirrt, aber in gehobenster Stimmung in die Stadt.

Am folgenden Morgen stand ich mit geschultertem Zeugsack neben anderen Dienstsuchenden an der Schleuse. Ein Fischdampfer nach dem anderen lief aus. Die Kapitäne riefen ihre Personal betreffenden Wünsche laut von der Brücke. Als ein sailor gewünscht ward, sprang ich mit einem unfehlbaren Satz an Deck.

»Columbia« nannte sich der kleine Dampfer. Wir waren nur wenig Leute an Bord. Da gab es für jeden bei Tag und bei Nacht harten Dienst. Wir mußten Ruder, Winde und Netzleine bedienen, Fische schlachten und sie in die Eiskästen verteilen, mußten heizen und in den engen Bunkerlöchern die Kohlen überm Kopf wegschaufeln. Wir blieben bei jedem Wetter draußen auf hoher

See. Es war oft ein schwieriges Stück Arbeit, das schwere volle Netz aus dem Wasser zu hieven. Aber wenn es dann über Deck hing und die Schlinge gelöst wurde und Hunderte von schillernden, zappelnden, schlagenden Fischen mit wunderlichem anderen Getier herunterpladderten, dann überfiel uns alle mehr oder weniger eine märchenhafte Aufregung.

Mich persönlich interessierte am meisten alles, was die anderen beim Sortieren ins Meer zurückschleuderten, Seesterne, Algen, Muscheln und Schaltiere. Bald hatte ich eine ansehnliche Sammlung von sonderbar geformten und getönten See-Igeln beisammen. Die Engländer machten sich darüber lustig.

Das Essen war nicht nur gut, sondern ungewöhnlich köstlich. Es gab da hash, beef, cheese, meat, mixed pickles and everything; außerdem standen uns jederzeit die edelsten Fische zur Verfügung, frisch aus dem Wasser in die Pfanne.

Als wir nach dem ersten trip wieder in Grimsby anlegten und die Engländer von Bord eilten, um während der Hafenzeit bei ihren Frauen zu wohnen, blieb ich allein zurück. Man erlaubte das gern und händigte mir die Schlüssel zur Speisekammer ein. Ich war aber bereits von der gediegenen Kost so verwöhnt und ein Schleckermaul geworden, daß ich während der ganzen Liegezeit nur von einer süßen, delikaten Marmelade zehrte.

So wohl ich mich dort fühlte und so gut ich mit den derben Fischern auskam, dachte ich doch wieder daran, daß ich für das Steuermannsexamen Segelfahrtzeit brauchte und daß Dampferfahrten meine Karriere nur aufhielten. Deshalb verließ ich die »Columbia« nach dem zweiten trip. Ich verabschiedete mich von der Besatzung und zog mit meinem Gepäck und einem Korb voll auserlesener Fische, die ich Mister Philipps zugedacht hatte, nach der Reederei, um mein wohlverdientes Geld abzuheben, ein stattliches Sümmchen in meinen Verhältnissen.

Der Herr am Büroschalter, der meine Papiere und Wünsche entgegennahm, kehrte bald zurück und erklärte, ich wäre im Irrtum, denn ich hätte ja nichts zu bekommen. Ich hätte doch meine Ansprüche an meinen Gläubiger Mister Philipps abgetreten, wie – er zeigte ein mir unbekanntes, aber von mir unterschriebenes Schriftstück vor – aus dem Papier unzweideutig hervorginge.

Ich stürzte zornglühend zu dem schuftigen Heuerbas. Er lachte zynisch. Es entstand eine Schlägerei, bei der ich den kürzeren zog, weil mehrere Farbige auf mich einschlugen. Und währenddessen rauften sich die Weiber um meine Fische.

Dann stand ich mit meinem Zeugsack und einer umfangreichen, mit See-Igeln angefüllten Pappschachtel ganz klein und krumm auf der Straße und tippelte grübelnd davon.

Wohin? Ich überzählte meine geringe Barschaft. – Ich fuhr nach Hull.

Im Hafen dort lagen zahlreiche Schiffe jeder Art. Auf den Kais und um die langen Schuppen herrschte ein reger Betrieb. Drehbrücken spalteten sich. Eisenbahnwagen wurden über Luken umgekippt. Groteske Maschinen zogen, hoben, senkten und skandalierten.

Ich fragte auf allen Schiffen nach Chance, aber vergebens. Manchmal wurde mir im Matrosenlogis Essen oder Kaffee angeboten.

Abends verkroch ich mich in einem Schuppen zwischen Zementsäcken. Das war kein bequemes Lager, doch vor Ermattung schlief ich gleich ein und erwachte andern Tags erst um die Mittagszeit. Wieder lief ich von Schiff zu Schiff und dann ins Büro der Schauerleute und zu den Schiffshändlern und Fuhrgeschäften und bot mich zu allem und billigst an, aber man wies mich allerwärts ab. Ich sah auch gewiß nicht vertrauenswürdig aus.

Zweimal versuchte ich mich auf Dampfern als blinder Passagier einzuschmuggeln, indem ich mich im Kohlenbunker und im andern Fall zwischen Warenstapeln versteckte. Ich ward jedoch erwischt und verjagt.

Am dritten Tage ließ meine Energie nach. Ich bummelte verzagt und schlapp umher, wagte kaum noch um Stellung zu fragen, sondern war mehr darauf bedacht, Polizisten und Wachleute zu meiden, denen ich offenbar schon aufgefallen war.

Meine Füße waren wundgelaufen. Mein Rücken schmerzte. Weil mir mein Gepäck lästig war, setzte ich den Karton mit der schönen See-Igel-Sammlung plötzlich mitten auf der Straße nieder und ging sehr traurig weiter.

Als ich mich bei Anbruch der Dunkelheit wieder in mein Zementbett geschlichen, mich meiner Jacke entledigt und die paar Arbeitslumpen aus meinem Kleidersack als Polsterung verteilt hatte, darauf mit einem Seufzer mich ausstreckte, bemerkte ich erschreckend zwei Menschen – zwei Ladies, die den Hügel von Säcken erklettert hatten und mir neugierig zusahen.

Die eine davon wollte ihre Freundin zurückscheuchen. Aber diese wehrte sich und blieb stehen und sah mich unverwandt an mit großen ernsten Augen. Und ich blickte sie an. Denn sie sah aus, wie eine Fee für Kinder aussieht. Sie war schön, unsagbar schön und groß und kostbar gekleidet. Sie machte einen so gütigen, unsagbar gütigen Eindruck und hatte einen Frauenschoß und weiche Ellenbogen und zauberhafte, wissende Augen.

Aber die andere Dame ergriff die Fee am Arm und zog sie fort. Sie lachte dabei, daß es mir ins Herz schnitt, und sagte: »Laß ihn doch. Er ist betrunken.«

Da riß sich die Fee noch einmal los und schritt ganz nahe an mein Lager heran und raunte – mich ernst und tief anschauend – mir zu: »Ten o'clock . . monument.« Und entfernte sich.

Eine Erscheinung war vorbei. Oder es war wie im Kino nach einem ergreifenden Drama, wenn man plötzlich sich in die andere, helle Welt zurückfinden muß. Nein, es war umgekehrt, denn jetzt umgab mich ein totes, einsames Dunkel.

Aber meine Phantasie hing noch an dem Erlebten und erregte sich immer mehr, je länger ich darüber nachdachte. Alle körperliche Müdigkeit war wie weggezaubert.

Was hatte sie gesagt? »Ten o'clock«, und dann etwas, was ich nicht verstanden hatte, und dann »monument«. Zehn Uhr ...

Denkmal. – Eine Bestellung?! Ein Geheiß?! – Ein Rendezvous?!

Eine Fee – selbstverständlich war es keine Fee – eine Lady, eine feine, bestrickende, reiche Dame hatte mir Lump – – –

Ich sollte um zehn Uhr am Monument sein. – Wollte sie mir helfen? Sicherlich wollte – oder sie würde helfen, so oder so.

Und wenn sie auch nicht hülfe, wenn sie nur – – Ach, sie nur wiedersehen dürfen.

Oder hatte ich sie falsch verstanden? Gab es ähnlich klingende Worte wie ten und o'clock und monument. Oder meinte sie etwas ganz anderes, weil ich da unerlaubterweise und schmutzig und betrunken lag? Aber sie hatte so ernst, so gütig geblickt, nicht einmal gelacht, nicht einmal gelächelt. Vermochte sie meine Lage auch nur im geringsten zu durchschauen? Welches Interesse hatte sie an einem fremden, gemeinen Kerl, denn daß ich eine anständige Erziehung unter gebildeten Menschen genossen hatte, das war mir keinesfalls anzumerken.

Wie kamen sie und ihre Freundin überhaupt auf die Zementsäcke? Hatten sie mich vorher beobachtet? Wollte sie mich anzeigen? Nein, das nicht, das gewiß nicht.

Was für ein monument? Was hatte sie gesagt? Columbia-Monument? – – Nein, es hatte wie Gilardoni geklungen, – Geradoni – Goldoni – Paganini – oder ähnlich oder auch ganz anders; das war doch nicht mehr festzustellen.

Auch wenn ich noch genügend Geld besessen hätte, wäre ich damals nicht auf den Gedanken gekommen, ein Hotel aufzusuchen und im Adreßbuch oder im Fremdenführer die Sehenswürdigkeiten, die Denkmäler nachzulesen. Ich überlegte nur, ob ich einen Menschen auf der Straße deswegen ansprechen und ausforschen sollte. Er würde mich nicht anhören, würde sich für angebettelt halten und steif und taub seines Weges ziehen. Außerdem: Was konnte ich ihn fragen?

Oder sollte ich aufs Geratewohl die Stadt durchwandern und die Denkmäler aufspüren?

Wer war sie wohl, diese berauschende Frau? Daß es die sonderbarsten Abenteuer nicht nur in Vorzeit und Büchern gab, wußte ich aus Erfahrung. Andererseits – –

Ich sann und spann mich immer tiefer in groteske, dumme, eitle Windungen hinein. Bis eine ferne Uhr neun schlug. Da raffte ich mich auf.

Ich wollte die Stadt durcheilen und mich dem Zufall ergeben.

Als ich aber, mich aufrichtend, auf dem Kai dicht vor den Zementsäcken einen Wächter gewahrte, der ganz ungleichmäßig hin und her schritt und, wie mich dünkte, sehr auffällig nach allen Seiten ausspähte, verlor ich mit eins allen Mut. Ich sank auf mein Lager zurück und weinte. Bis ich darüber einschlief. –

Ein reichliches Mittagessen, das mir andern Tags auf einer norwegischen Bark vorgesetzt wurde, gab mir neue Kraft, und die Gespräche der Seeleute brachten mich auf die Idee, zu Fuß nach der Westseite Englands nach der großen Hafenstadt Liverpool zu wandern, die ich kannte und wo ich schon einmal in einer ähnlichen Lage sehr schnell eine Chance als Matrose ermittelt hatte.

Bald lag Hull hinter mir, und ich schritt auf den heißen, staubigen Landstraßen hurtig und ausdauernd vorwärts.

Bei Sonnenuntergang erreichte ich müde und durstig eine vornehme Farm mit geschorenen Rasenflächen und sauber gepflegten Hecken. Ein hübsches Dienstmädchen stand hinter dem schmiedeeisernen Tor. Ich machte ihr eine Verbeugung, als ob sie eine Gräfin wäre, und fragte, ob ich sie um ein Glas Wasser bitten dürfte.

Sie holte einen weißhaarigen Herrn von aristokratischem Aussehen herbei, der mich nähertreten hieß und mir auf der Veranda Erdbeeren in Schlagsahne reichte. Ich verstand nur wenige Brocken von dem, was er sagte, und er schien mich noch weniger zu verstehen, vielleicht schenkte er auch meinen Worten keinen Glauben. Denn von Scham- und Dankgefühl verwirrt, benahm ich mich höchst närrisch. Ich verbeugte mich einmal übers andere, brachte die übertriebensten Höflichkeitsphrasen in offenbar sehr lächerlichem Englisch heraus und zählte ganz unpassend und zusammenhanglos alles auf, was meine anständige Herkunft beweisen und das Vertrauen meines Gönners gewinnen sollte.

Von den köstlichen Erdbeeren erfrischt, stiefelte ich rüstig weiter, wurde aber im nächsten Dorf von einem Polizisten gestellt, der mich ausfragte und mein Englisch auch verstand, aber mit meinem Plan, die Insel zu durchqueren, nicht einverstanden war. Ich mußte umkehren.

Ich marschierte dieselben Straßen, die ich gekommen war, nun langsamer und deprimiert zurück. Nur die Farm umging ich in weitem Bogen. Mehrmals rastete ich in Gräben oder unter Bäumen, und jedesmal fiel mir dann das Weiterwandern schwerer.

Die Nacht ging vorüber, die Sonne ging auf. Die Vögel zwitscherten. Aber ich bemerkte das kaum. Ich hob stumpf und dumpf das linke Bein, das rechte Bein, das linke Bein, das rechte Bein.

Erst das anwachsende Getriebe im Weichbilde Hulls erweckte mich.

Von zwei vorübergehenden Männern rief der eine mich in deutscher Sprache an: »Hallo, Seemann, Sankt Pauli Liederlich, wie geht's?«

Ich erfaßte im Nu, im Tausendstel-Nu, daß ihm deutsche Sprache, Seeleute und Hamburg vertraut wären und daß er mit diesen Kenntnissen vor seinem Kumpan großtun wollte.

»Schlecht!« rief ich stehenbleibend, und mein Instinkt, hier biete sich eine Hoffnung, klammerte sich von der Frage zum Frager. Ich schilderte in einem Wortschwall mein Schicksal.

Der runde, rotbackige Herr hörte belustigt zu. Mit einem Scherz, der wieder seinem Begleiter galt, sagte er zu mir: »Come on, du kannst bei uns bleiben, mußt aber nicht bei der Frau schlafen.«

So wurde ich Mann für alles im Boardinghouse Bloom, wo Kapitäne, Steuerleute, überhaupt alte Seefahrer wohnten, seit vielen Jahren immer wieder wohnten. Denn sie durften, wenn sie abreisten, große Schulden hinterlassen. Weil sie, wenn sie von langen Reisen zurückkehrten, große Summen mitbrachten und dann nicht nur sofort ihre Schulden beglichen, sondern auch gleich bedeutende Beträge vorauszahlten. An solchen Tagen schwamm das Haus Bloom in Gold.

Zunächst wurden Fleisch, Gemüse und sonstige Vorräte beschafft. Dann fingen der Herr Neuangelangte und Miß Bloom und Mistreß Bloom und Mister Bloom und sämtliche gerade anwesenden Pensionäre gewaltige Zechereien an, die bis zum Abend und die Nacht hindurch und manchmal tagelang dauerten. Und wenn es einen Sonntag betraf, dann ließ sich diese unsere bunte, wilde Gesellschaft über den Humber setzen und ratterte in Einspännern von Landhaus zu Landhaus. Denn fünf Meilen hinter der Stadt war der Ausschank alkoholischer Getränke erlaubt, und wir soffen, tanzten und johlten.

Zwischen zwei solchen Ausschweifungen gab es Perioden, da in unserer Pension auch nicht ein Penny aufzutreiben war.

Nur Frau Bloom wußte sich in den fetten Zeiten immer etwas auf die Seite zu schaffen. Davon mußte ich ihr täglich mehrmals heimlich Stout oder Ale oder Whisky besorgen.

Diese Säuferin stammte aus Kanada. Ihre Tochter war in Dünkirchen geboren. Vater Bloom wußte nicht, was er für ein Landsmann wäre. Er sprach fünf Sprachen gleicherweise perfekt.

Ich hatte für die Familie und die jeweiligen Pensionsgäste zu kochen. Ich melkte die Ziegen, fütterte die Brieftauben – die eine Liebhaberei von Herrn Bloom waren –, beteiligte mich an der Buchführung und mußte unliebsame Seeleute rausschmeißen helfen.

Wenn ich in dem Vorstadtgäßchen, wo Blooms Haus stand, Wäsche auf die Leinen hängte, die vertraulich von Haus zu Haus gespannt blieben, dann gesellten sich die Nachbarn mir neugierig und klatschfröhlich zu. Sie nannten mich nur Mister Blooms cook. Ich lebte in dem bewegten und leichtsinnigen Hause Bloom eine kleinbürgerliche Behaglichkeit, die ich mir seit langem gewünscht hatte.

Fräulein Bloom hatte mir gleich bei meiner Ankunft ein Paar Schuhe geschenkt, weil meine Seestiefel so entsetzlich stanken, und im Laufe des Monats gab mir Herr Bloom einen ziemlich gut erhaltenen Anzug. Außerdem erhielt ich Trinkgelder von den Gästen, und mitunter steckte mir auch Frau Bloom heimlich einen Sixpence zu.

Dennoch erschien mir der Aufenthalt dort bald langweilig und sinnlos. War es, daß ich bei den drei Blooms jedes feinere Interesse vermißte, oder dachte ich an meine Zukunft und die mir noch fehlende Segelschiffahrtszeit, jedenfalls beneidete ich die Kapitäne und Steuerleute, wenn sie wieder an Bord und in See gingen.

Ich holte mir eines Abends – und von da an jeden Abend – die Erlaubnis ein, ein paar Stunden in die Stadt gehen zu dürfen. Das nahmen mir Herr Bloom und seine Tochter sehr übel.

Und dann passierte es mir, daß ich es eines Morgens verschlief und fand in der Küche schon das Herdfeuer von Frau Bloom angezündet. Ich schlug die offenstehende Ofenklappe zu, nicht ahnend, daß sich die Katze in der schon leicht warmen Röhre gelagert hatte. Ich beeilte mich mit den Morgeneinkäufen. Als ich zurückkam, war die Küche voll Rauch und Geruch, und ich entdeckte die Katze in der Röhre fürchterlich gebacken.

Frau Bloom weinte einen ganzen Tag lang, und deswegen beschimpfte mich ihr Mann mit harten Worten als einen nichtsnützigen Herumtreiber, undankbaren Faulenzer und unverbesserlichen Straßenlump.

Ich steckte diese Kränkungen ohne Widerrede ein; ich war über das Schicksal der Katze ganz erschüttert. Aber an dem Abend ging ich, ohne vorher Erlaubnis zu erbitten, in die Stadt.

Bisher hatte ich mich dort jedesmal nur eine, höchstens zwei Stunden lang planlos herumgetrieben, hatte mir Denkmäler angesehen und die Namen darauf gelesen, Namen, die mich jedesmal enttäuschten. Diesmal steuerte ich direkt nach dem Hafen zu, um trotz der späten Stunde mich auf den Schiffen als Matrose anzubieten.

Das Glück erwartete mich. Der erste Steuermann eines deutschen Kohlendampfers versprach, mich bis Bremen mitzunehmen. Das Schiff sollte bereits am folgenden Abend auslaufen.

Von Wonne erfüllt, wollte ich diese gute Fügung sofort feiern, und wenn es all meine ersparten Schillinge kostete. Ich marschierte laut und breitschultrig ins Stadtinnere, eng darauf bedacht, ein Weinlokal zu finden, wo ich Bowle bekäme. Aber wenn ich ein Wirtshaus erreichte, das solchen Eindruck erweckte, dann brachte ich angesichts meines werktätigen Anzugs nicht die Courage auf, einzutreten. Und so irrte ich weiter und immer weiter.

Ich stand auf einmal vor einem Denkmal, las den Namen WILBERFORCE. Ich wußte nicht, wer das war, es interessierte mich auch nicht. Ich sprach das Wort Wilberforcemonument wohl zehn-, zwanzigmal hintereinander laut aus.

Ja, das war es. Das hatte sie gesagt: »Ten o'clock Wilberforcemonument.«

Ich hielt einen Passanten an. Wie spät? – Es war neun Uhr. Über mich selbst gezwungen lächelnd, schickte ich mich an, eine Stunde dort zu warten, weniger aus unbestimmter Hoffnung heraus, als vielmehr, um ein Versäumnis gewissermaßen zu sühnen.

Denn was mochte sie von mir gedacht haben, als ich zehn Uhr nicht zur Stelle war.

Hatte sie etwa zehn Uhr vormittags gemeint?

Wer war sie wohl? Vielleicht war sie nur meiner Einsamkeit und Bedürftigkeit so überirdisch und vornehm erschienen. Vielleicht war sie eine ganz simple Kontoristin, die sich innerlich ebenso lustig über mich machte wie ihre Begleiterin. Dann hatten die Worte »Ten o'clock Wilberforcemonument« nur die Bedeutung eines Spaßes.

Über solchen Träumen verflog mir die Zeit sehr rasch. Nach allen Seiten auslugend war ich derweilen andauernd im Kreise um das Denkmal geschritten. Auf dem Platze war nur wenig Verkehr um diese Stunde. Als ich wieder jemand um die Uhrzeit fragte, war es ein Viertel vor elf.

Ich sprach ein kleines vorbeigehendes Mädchen an, das grell geschminkt war und nach Himbeeren roch. Sie nahm mich mit in ihr weit entlegenes Zimmer, und ich hatte dort außer allem Erwarteten ein seltsames und eindrucksvolles Erlebnis, über das ich nicht reden mag.

Mister Bloom war sehr aufgebracht, als ich am Morgen heimkehrte und die Mitteilung machte, daß ich ihn noch am selben Tage verlassen müßte.

»Ich habe dich aus Barmherzigkeit von der Straße aufgelesen«, sagte er. »Wir haben dich herausgefüttert und wie einen Sohn behandelt, und nun hast du einen neuen Anzug und neue Schuhe bekommen, nun läufst du davon.«

Als ich aber Abschied nahm, erwiderte er meinen Händedruck doch freundlich, und Frau Bloom weinte, fast so, wie sie über die Katze geweint hatte. Der Tochter hinterließ ich Grüße, sie war seit zwei Tagen verreist.

Seefahrten

Ich muß hier die Erzählung »Das Abenteuer um Wilberforce« unterbrechen, weil sie die folgenden Ereignisse mehrerer Jahre mit allzu wenig Sätzen abtut. –

In Hamburg lebte ich nun also wieder so wie früher. Am Tag Stellung suchend, abends in der Wirtschaft von Seidlers mit Trinkbrüdern lärmend oder mit Meta schwärmend. Ich war tief und sentimental in sie verliebt. Es gab ein Lieblingslied auf der Spieluhr dort, das wir beide liebten und für das ich manchen Groschen opferte. Ein Lied aus der Oper Norma. Wieder machte ich Schulden bei Seidlers und bei Krahl, die ich schließlich meinem Vater eingestehen mußte. Der zahlte und zahlte.

Dann nahm ich eine Stellung als Schiffsjunge auf dem Dampfer »Ramses« von der Cosmos-Linie an. Schaffte meinen Seesack an Bord, der mein Hab und Gut enthielt, und begann sogleich meinen Dienst. Das Schiff nahm Ladung. Es fiel mir schwer, wieder den Schiffsjungen zu spielen. Ich hatte die Stellung nur aus

Not angenommen. Als mir eines Morgens der Erste Offizier verbot, in Holzpantoffeln über Deck zu gehen, entstand ein Wortstreit, der damit endete, daß ich den Offizier stehen ließ, mich umzog und das Schiff verließ. Am Stammtisch erzählte ich dann aufgeblasen, wie keck ich dem Offizier pariert hätte und daß ich auf keinen Fall diesen »lumpigen Kasten« wieder betreten würde.

In derselben oder in der folgenden Nacht teilte mir ein Telegramm mit, ich wäre als Leichtmatrose auf dem Ozeandampfer »Columbia« angenommen und sollte mich sofort einschiffen. So verabschiedete ich mich auf Pump splendid, küßte Meta und bat Papa Krahl, er möchte meine auf der »Ramses« zurückgelassenen Effekten abholen.

Was ich selbst an Sachen auf die »Columbia« mitnahm, trug ich in einem Taschentuch.

»Columbia« war damals der größte Passagierdampfer der Hapag. Vier gewaltige Schornsteine hatte er. Und Luxuskabinen und erste Klasse und zweite Klasse. Außerdem reisten im Zwischendeck Hunderte von polnischen Auswanderern. Die hausten da unten zwischen ihrem bunten Sack und Pack und Kindern und Windeln in einem erbarmungswürdigen Durcheinander. Sie fragten unaufhörlich und stellten sich so hysterisch an, besonders die Weiber und die Seekranken, daß wir bei starkem Sturm die Türen zum Zwischendeck abschlossen und niemand an Deck ließen. Neben ihnen und uns Schiffsarbeitern: die reichen Reisenden mit ihren eleganten Garderoben, Schlemmermahlzeiten, Faulenzerspielen und Festivitäten mit Musik und allem erdenklichen Luxus. Da lebten zwei Gegensätze eng nebeneinander. Aber ich fand diese Fahrt berauschend, besonders die Nächte. Die Sonnenbrenner brannten aufregend. Der Qualm aus den Schornsteinen verwehte weithin übers Meer, das nahm sich aus wie Heldensagen.

Einmal sichtete ich auf solcher Nachtwache ein Wrack. Es war ein Stück Gebälk, wie ein Floß. Da eine Laterne darauf brannte, war anzunehmen, daß lebende Menschen darauf waren. Ich sah es, und noch jemand sah es, und wir riefen die Meldung zur Brücke hinauf. Aber die »Columbia« stoppte nicht, sondern jagte weiter. Vielleicht mochte der ehrgeizige Kapitän in dem Rennen um das Blaue Band die Fahrt nicht aufhalten.

Daneben gab es für uns Seeleute leichte Anekdoten, von denen sich die meisten ums Essen oder um Trinkgelder drehten. Manchmal suchten noble Passagiere aus Neugier unser Logis auf. Den Damen, die die steile Treppe zu uns herabstiegen, schielten wir unter die Röcke. Dann logen wir den Herrschaften etwas vor, übertrieben oder läppisch, nicht ahnend, daß manche von ihnen über das, was sie fragten, viel höher unterrichtet waren als wir. Aber ein Trinkgeld oder eine Zigarre ergab sich immer. Und wie solche Zigarre uns schmeckte, so schmeckte sie denen nicht.

Als ein Regen einsetzte, erbat sich ein Passagier ein Ölzeug von mir. Ich lieh ihm das meinige gern, ließ es ihn aber selbst von dem Nagel nehmen, an dem es hing. Denn dieser Nagel stand zufällig mit der elektrischen Leitung in Berührung, und man bekam jedesmal einen gelinden Schlag, wenn man nach dem Ölzeug griff. Da ich nun dem erschreckten Passagier den Bären aufband, daß bei uns alle Ölzeuge so elektrisch geladen wären, um sie vor Ratten zu schützen, so fiel das Trinkgeld befriedigt und befriedigend aus.

Ich hätte mir damals trotz meiner ordentlichen Erziehung nicht träumen lassen, daß ich jemals mit Leuten wie jene Passagiere erster und zweiter Klasse gleichberechtigt zusammensitzen würde.

Außer meiner sehr unromantischen Arbeit war mir alles neu oder interessant. Ich mußte die Messingränder der Bullaugen an

Deck putzen und kam auch zu der Kapitänskajüte. Da sah ich nun von außen neugierig durchs offene Fenster. Der Alte war fürstlich eingerichtet. Er beugte sich gerade mir abgewendet über den Auscheimer und putzte sich mit ungeniertem Getöne die Zähne. Ich sah ihm interessiert zu, in der Meinung, daß er mich nicht bemerkte. Nun nahm er wieder einen großen Schluck Gurgelwasser in den Mund. Und plötzlich wendete er sich blitzschnell und spie mir die ganze Ladung ins Gesicht.

Dann kam die Freiheitsstatue. Dann kam die umständliche Landung und Ausschiffung. Dann sah ich Hochbauten.

Etwa vierzehn Tage lagen wir in New York. In Hoboken. Selbstverständlich ging ich jeden Abend an Land, aber was habe ich gesehen? Nichts, was mich heute berechtigte, mitzusprechen, wenn Leute über New York disputieren. Ich besinne mich, daß ich nach Brooklyn wollte und auf einem Pier auf die Fähre wartete, die mich über den River setzen sollte, auf einmal setzte sich das Stück Pier in Bewegung und war selbst die Fähre, auf die ich wartete. Das machte mir großen Eindruck.

Eine nichtswürdige Geschmacklosigkeit beging ich. Bordkameraden hatten mir Briefschaften mitgegeben, die ich an Land expedieren sollte. Um mich vor einem anderen Urlauber mit einem Spaß großzutun, schrieb ich auf all diese Karten ganz schweinische, ekelhafte Bemerkungen, ohne zu untersuchen, ob diese Postsachen an Eltern, Bräute oder Kinder gerichtet waren.

Nichts habe ich von New York gesehen. Oder habe ich es vergessen? Aber man vergißt nichts so leicht, was Eindruck machte. Ich ging immer allein aus. Ich werde anderes erlebt haben, was man vielleicht überall erleben kann, aber was man eben einmal erleben muß.

Wir nahmen nach Deutschland wieder Passagiere mit, außerdem auch Ladung. Hauptsächlich Äpfel. Viele Räume im Unterschiff wurden bis fast an die Decke mit Äpfeln angefüllt. Die

Räume waren immer beleuchtet und wurden von Aufsehern überwacht. Dennoch unternahm ich mit einem Kameraden einen planmäßig überlegten Raubzug dorthin. Wir schlichen heimlich hinter dem Ronde gehenden Wächter her, krochen auf allen Vieren über die Äpfelfelder und stopften in unsere ausgeschnittenen Matrosenblusen so viel Äpfel, daß wir wie vollbusige Damen aussahen. Dann wollten wir wieder in Distanz hinter dem Wächter zurückschleichen. Der hatte aber etwas bemerkt und rief uns an. Darauf vorbereitet, schossen wir mit Äpfeln. Erst die elektrischen Glühbirnen entzwei und dann im Dunkeln in der Richtung nach dem Wächter. Dabei grunzten, röchelten und zischten wir nach einer einstudierten, unheimlichen Weise und versetzten den Wächter in eine Verwirrung, in der wir leicht entkamen.

Auch die Rückfahrt mit Volldampf voraus war wieder herrlich. Wir wurden in Hamburg alle entlassen »wegen Aufliegen des Schiffes«. Es war der 1. November 1902.

Ich bezog mein altes Quartier am Herrengraben und fragte nach meinen Sachen von der »Ramses«. Aber Krahl hatte versäumt, sie von Bord zu holen. Der Dampfer war ausgelaufen und trug nun meine Kleider, meine Wäsche nach der Westküste von Südamerika.

Ich eilte zu Seidlers. Es machte so warm, Neuigkeiten zu berichten und anzuhören. Die Seidlersche Wirtschaft war die Zentrale, wo alle Nachrichten über unsere Seemannsschicksale zusammenliefen. Der war mit dem oder dem Schiff nach X. unterwegs. Jener hatte an Bord das Ausbrechen von wilden Tieren aus einem Käfig erlebt. Das Schiff eines Dritten war überfällig, und man fürchtete, daß es abgesoffen sei. Neue Liebesdramen und Schlägereien hatten sich abgespielt.

Ich machte wieder Schulden und schrieb darüber an Vater beschönigende Briefe. Die verbrämte ich mit lustigen Zeichnungen, die immer unseren bissigen Dackel Bob karikierten. So trugen meine Dackelstudien aus der Gymnasialzeit doch noch Früchte.

Diesmal bekam ich aber bald ein neues Schiff. Ich verheuerte mich als Leichtmatrose auf dem Hapag-Dampfer »Numidia«.

Wir fuhren nach Antwerpen und liefen dann die portugiesischen Häfen Leixoes und Lissabon an. Von dort aus dampften wir nach Südamerika. Als wir den Äquator passierten, wurde ich mit dem üblichen Ulk gründlich getauft.

Vor Maranhao verbrachten wir sehr unfreundliche Weihnachten. Man gab uns keinen Landurlaub, weil an Land die Pest herrschte. In der tropischen Hitze arbeiteten wir bis in die späte Nacht hinein, weil wir einen Anker mit Kette verloren hatten, der nur mit Mühe wieder aufzufischen war. Dann mußten wir noch ein leckes Schott reparieren. Als Christgeschenk erhielt jedermann eine Flasche Billbier. Das Bier war aber verdorben. Wir sehnten uns besonders nach frischem Brot.

Kurzer Aufenthalt in Rio de Janeiro und darauf in Desterro. Briefe aus der Heimat. Neuigkeiten: Wolf litt an einem Bandwurm, Ottilie war ans Hoftheater in Braunschweig engagiert.

Wir fuhren die ganze brasilianische Küste entlang bis Rio Grande do Sul und löschten und nahmen Ladung. Wir brachten Salz, Zement, Klaviere, Schulbücher, Eisenbahnschienen, Porzellan und anderes Stückgut. Wir nahmen Büffelhörner und Kaffee. Die Hitze war unerträglich. Wir tranken Unmengen von lemonjuice und schliefen nachts unter Moskitonetzen. Die Eingeborenen boten uns kleine Äffchen und Papageien an. Sie trugen sich romantisch, zum Teil sehr komisch romantisch.

Wir hatten eine Musikkapelle gebildet. Auf selbst hergestellten und selbst entdeckten Instrumenten spielten wir abends an Deck und sangen dazu »Ich weiß nicht, was soll es bedeuten«. Auch ein Lied, zu dem ich den Text gedichtet hatte. Es behan-

delte plump satirisch die Menschen und Zustände auf der
»Numidia«. Denn es waren viele Sonderlinge unter uns, zum
Beispiel ein Kochsmaat, dem wir mit unserem Spott so zusetzten, daß er sich zu ertränken versuchte.

Auch mit scherzhaften Zeichnungen hatte ich Erfolg. – Vorübergehend übertrug man mir das Amt eines Küpers. Ich hatte den Proviantraum mit seinen Wundern an Speck, Würsten und Käsen zu verwalten. Da schwelgte ich heimlich und ließ heimlich andere schwelgen. Als man mich aber einmal zwischen einem Faß Kümmel und einem Faß Rotwein schlafend fand, während die aufgedrehten Faßhähne links und rechts von mir Kümmel und Rotwein ausströmten, da war meine Küperschaft vorüber.

In Argentinien imponierte mir die Hauptstadt Buenos Aires. Aber ich sah mir auch hier keine Museen, keine öffentlichen Gebäude oder charakteristischen Stätten an, sondern trieb mich als Eigenbrötler in möglichst entlegenen Winkeln umher. Dabei geriet ich einmal in eine Auktion und machte mir den Spaß mitzubieten, indem ich aufs Geratewohl Zahlen dazwischenrief, die ich aus aufgefangenen portugiesischen Brocken und lateinischen Schulreminiszenzen bildete. Ganz verblüfft war ich, als mir auf einmal ein Bündel Damenschirme und seidene Tücher gereicht wurden. Ich nahm das natürlich nicht an, sondern entfernte mich eiligst, und man schimpfte mir nach.

Einmal unternahmen wir als Gäste der Deutschen Gesellschaft einen Ausflug in die Umgebung der Stadt. Im Busch wurde biwakiert, wurden Hammel am Spieß gebraten und Wettspiele veranstaltet. Der deutsche Pastor leitete diese harmlose Fröhlichkeit.

Auf der Rückreise nach Deutschland erlebten wir starke Stürme, besonders in der spanischen See. Als das Schiff seinen Kurs änderte, fing es an, dermaßen zu schaukeln, daß ich beinahe über Bord gefallen wäre. Als ich mich zur Kombüse hinarbeitete, bot sich dort ein tolles Bild. In Dampfwolken eingehüllt stand der Koch zwischen zwei hohen Töpfen mit heißem Wasser. Und Koch und Töpfe rutschten auf den nassen Steinfliesen zwischen Backbord und Steuerbord hin und her. Ich kam dem Koch zu Hilfe, wir wurden beide leicht verbrüht.

Auf der Insel Madeira erstand ich Korallen und gewann im Boxkampf mit einem Neger auf catch as catch can eine Tasche aus Fruchtkernen. Außerdem kaufte ich zwei Bunsch Bananen und stahl ein drittes. Da diese Fruchtbündel hängend aufbewahrt werden mußten und ich dafür keinen anderen Platz als meine Koje fand, so schlief ich fortan an Deck, wo es nachts schon recht kalt war. Aber es gab ja nichts Befriedigenderes, als den Angehörigen und Freunden etwas von weither mitzubringen.

Am 6. März 1903 wurde ich in Hamburg mit 58 Mark abgelohnt. Davon zahlte ich Krahl im voraus Miete.

In der Wirtschaft von Seidlers ging es hoch her. Erstens waren zufällig lauter nette und altvertraute Kumpane beisammen, und zweitens lagen viele Schiffe im Hafen. Fast jede Nacht konnte ein Angemusterter ein Faß Bier spendieren. Ich schenkte der Witwe Seidler ein Bunsch Bananen. Die anderen Geschenke sandte ich nach Hause.

Ich fand schlechte Nachricht vor. Meine Schwester lag schwer krank in einer Klinik.

Erfind, ein junger, lieber Freund von mir, wurde gleichzeitig mit mir auf der »Nauplia« angemustert, einem Dampfer, der über Genua nach San Francisco bestimmt war. Wir feierten bei Seidlers ergiebig Abschied, sangen immer wieder das Lied »Blue boys blue, of Californiu«. Noch weithin klangen uns die Rufe der Zurückbleibenden nach »Nauplia ahoi«.

Es war das erstemal, daß ich mit einem Freund auf gleichem Schiffe war. Und nun gar mit einem von besserer Erziehung. Die Freude darüber stieg uns aber zu Kopf. So daß wir bald mit unseren Vorgesetzten in Streit gerieten. Weil in Stettin sowieso eine sogenannte Ummusterung stattfand, so verließen wir dort das Schiff Knall und Fall mit nur ein paar Mark in der Tasche, dennoch höchst unternehmungslustig. Wir wollten zu Fuß von Stettin nach Hamburg wandern. Unsere Zeugsäcke sandten wir unfrankiert voraus.

Aber der Weg nach Hamburg ist weit. Und der zart gebaute Erfind besaß nicht meine Zähigkeit. Bald hatte er sich eine Blutblase gelaufen und hinkte seufzend neben mir her. Spät nachts erreichten wir Strasburg in der Uckermark. Wir wollten ein Hotel aufsuchen und am nächsten Tage an Erfinds Verwandte um Geld schreiben. Aber die Hotels waren schon geschlossen. Der Nachtwächter, den wir nach Unterkunft befragten, sperrte uns kurzerhand in eine unbeleuchtete Arrestzelle ein, wo wir auf einer Pritsche schlafend sehr froren. Erfind tastete durstig nach einem Wassergefäß. Was er dann aber trank, war Urin. Erst morgens entließ man uns. Wir bezogen einen Gasthof und ließen lange Briefe an Erfinds Verwandte los. Einen rührenden an das Pflegemütterchen, einen jammernden an Tante A. und einen burschikosen an Onkel B. Alle mit der Tendenz: Sendet sofort telegraphisch Geld. Wir aßen und tranken uns nun auf Borg wieder in eine köstliche Zuversicht hinein und fragten am übernächsten Tage am Postschalter so vielmals nach postlagernden Geldsendungen, daß der Beamte uns durch einen gewaltigen Wutausbruch ganz einschüchterte. Nur noch alle zwei Stunden wagten wir uns dorthin und schielten auch nur flüchtig durchs Fenster. Bis der Beamte uns lächelnd winkte. Pflegemütterchen hatte süß reagiert. Wir fuhren per Eisenbahn nach Hamburg. Bei Seidlers entstand ein großes Hallo, als wir nachts mit dem Rufe: »Nauplia ahoi!« eintraten. Nach zehn Tagen aus Frisco zurück! Nur Mutter Seidler machte uns in ihrer sanften Weise gelinde Vorwürfe.

Im nächsten Monat kam ich auf den Hapag-Dampfer »Dortmund«. Eine Reise über Emden nach dem eisfreien Hafen Narvik im nördlichen Norwegen. Und wieder zurück nach Hamburg.

Schön war's in Narvik. Die Nächte so hell, daß man lesen konnte, und erfüllt von dem lauten Donner der Erzmassen, die in den Schiffsraum polterten. Einmal sah ich in diesem kleinen, entlegenen Orte einen Trupp Soldaten der Heilsarmee. Die machten nach ihrer Weise Musik und sangen dazu. Für wen? Es stimmte mich weich.

Ich durfte den Kapitän zur Schwanenjagd begleiten, vielmehr ich mußte es. Wenn irgend möglich ging ich lieber allein aus. Es gab so herrliche Ausflüge in den Buchten und auf den Bergen.

Die Reise mit der »Dortmund« war zauberhaft. Aber die Menschen an Bord verachtete ich, einige haßte ich.

Lange schon beschäftigte ich mich mit dem Gedanken, die Seemannslaufbahn aufzugeben. So schön es gerade mir erschien, Fernes, Wildes und Konträres zu erleben, was hatte ich davon, wenn ich es allein erlebte. Es gab so wenig gebildete oder zartfühlende Seeleute, Nur der Zufall konnte mich gelegentlich und doch nur für kurz mit diesen zusammenführen.

Auf der Elbe ereignete sich ein katastrophaler Zusammenstoß von zwei Dampfern. Ein paar hundert Passagiere ertranken. Es gab einen Prozeß um die Schuldfrage. Eines der Resultate war ein neues Gesetz: Jeder Seemann sollte künftig einen gewissen, sehr streng begrenzten Grad von Augensehschärfe nachweisen und mußte sich zu diesem Zweck einer ärztlichen Untersuchung unterwerfen. Dieses harte, übertriebene Gesetz machte auf einmal altbefahrene und altbewährte Seeleute, Matrosen wie Kapitäne, brotlos. Für mich schien der neue Paragraph ein Wink des Schicksals. Die Berufsgenossenschaft zwang mir im Juli 1903 eine Bescheinigung auf, daß ich für den Dienst als Seemann, das heißt für den rein maritimen Dienst, nicht mehr in

Frage käme, weil meine Augen nicht die vorgeschriebene Sehschärfe besäßen.

Ich gedachte nun, Kaufmann zu werden. Mein Vater sandte mir eine Empfehlung an seinen Freund, den Kaufmann August Ristelhüber in Hamburg. Der hatte ein Speditions- und Kommissionsgeschäft. Er war ein großzügiger, energischer und bedachtsamer Herr, auch äußerlich groß und imponierend. Ich stellte mich zaghaft, weil dürftig gekleidet, in seinem Büro vor. Er machte mir sanfte Vorwürfe darüber, daß ich meine Stellungen so oft leichtsinnig aufgegeben hätte. Man zöge doch ein Hemd nicht aus, ehe man ein neues besäße. Er wollte mich aber eine Zeitlang als Lehrling einstellen und mir ein Salär von 20 Mark pro Woche zahlen. Eigentlich bekämen Lehrlinge drei Jahre lang überhaupt nichts. Aber meine Stellung bei ihm wäre ja nur ein Provisorium, bis sich die Frage entschiede, ob ich demnächst Soldat werden müßte. Er stellte mich seinen Prokuristen und Kommis vor. Die belächelten verstohlen meinen ungewöhnlichen Anzug. Ich begann meinen Dienst.

Man zeigte und erklärte mir eine Kopiermaschine und die Funktion des Lochers oder eines Briefordners und wies mir andere leichte Aufgaben zu. Aber meine hornigen Hände waren an grobe Arbeit gewöhnt. Ich richtete mit meiner kräftigen Unbeholfenheit manches Unheil an. Die Briefe in der Kopiermaschine verwischten, weil ich zu viel Wasser verwandte, oder sie zerrissen unter meinen gewaltsamen Griffen. Die Angestellten lächelten wieder. Der rücksichtsvolle Chef aber tat, als ob er's nicht bemerkte. Einmal führte er mich vor einen Schrank in seinem Privatbüro, der viele enge Fächer hatte. Ich sollte die kleinen Seitenbretter entfernen, so daß nur vier große Fächer blieben. »Das ist eine Arbeit, die Ihnen sicher liegen wird«, sagte er beim Weggehen. Ich versuchte, die Brettchen zu entfernen. Da sie aber gefedert und gespundet waren, schlug ich erst behutsam, dann stärker und schließlich wütend gemacht, so fürchterlich drauflos, daß der Schrank zuletzt wirklich ein Trümmerhaufen war. Der erste Prokurist lachte aus vollem Halse. Und der Chef sagte später gütig: »Das haben Sie ausgezeichnet gemacht.« Ich wurde durch solche Behandlung noch unsicherer und konfuser.

Nachts ging ich noch immer zu Seidlers, wo ich meine Schulden bezahlen und etwas spendieren konnte, da ich ja jetzt mehr als ein Matrose verdiente. Mit Meta traf ich mich auch zuweilen in einem Lokal in der Steinstraße. Einmal schwuren wir einander, daß wir uns vor dem Hause dort nach zehn Jahren wieder treffen wollten.

Ich ging auch zum erstenmal in ein Kabarett, in der Wexpassage. Eine robuste Dame sang dort allabendlich: »I bin a armer Bettelbuah.« Dem Zauber dieser Dame unterlag ich eine Zeitlang.

Einmal wurde ich von Ristelhüber zu einer Gesellschaft in seine Privatwohnung geladen. Ich richtete meinen Anzug so gut wie möglich her und war sehr aufgeregt. Frau Ristelhüber verstand es ebenso wie ihr Mann, mich durch liebenswürdige Natürlichkeit zu gewinnen. Mein Chef hatte mich einem der Gäste so vorgestellt, daß er sagte: »Mein junger Freund und Lehrling ...« und: »Herr X., von Beruf Briefträger.« Es freute mich, daß man zu so hoher Gesellschaft auch einen einfachen Briefträger lud, und da dieser mein Tischnachbar wurde, gab ich mir Mühe, recht volkstümlich mit ihm zu reden. Bis ich sehr spät erfuhr, daß er in Wirklichkeit ein Oberpostdirektor oder ein noch höherer Beamter war. Bei diesem Diner aß ich auch zum erstenmal Kaviar, und zwar ahnungslos unbescheiden.

Betreffs meiner militärischen Angelegenheit hatte Vater sich an die Kieler Kommandantur gewandt. Denn ich wollte zur Marine, weil man als Einjähriger dort billiger diente als bei der

Armee. Es kam der Bescheid, daß ich zuvor noch einen Monat Fahrzeit bei der Handelsmarine absolvieren müßte.

Mein Chef hatte Beziehungen zu der Oldenburg-Portugiesischen-Dampfschiffsreederei. So bekam ich nochmals eine Stellung als Matrose. Auf dem Dampfer »Villa Real«. Das behördliche Attest über meine ungenügende Sehkraft verbot mir eigentlich ein weiteres Fahren. Aber man umging diese Klippe, indem man mich als »überzähligen« Matrosen anmusterte. Als solcher hatte ich freilich keinen Anspruch auf Bezahlung.

Am 19. Oktober 1903 nahm ich von dem liebenswerten Herrn Ristelhüber Abschied und zog mit meinem Zeugsack an Bord. Unterwegs knöpfte ich meinen hohen Stehkragen ab.

Ich wurde vor den anderen Matrosen in einem bevorzugt. Man gab mir nämlich eine eigene Kammer, die auf dem Schiff als Hospital vorgesehen war. Der enge Raum ließ sich nicht heizen, so daß ich in der Nacht fror, weil ich nur eine Decke besaß. Aber ich war glücklich über mein Abgetrenntsein und machte es mir behaglich in dieser Kammer, wo ich unbeobachtet Tagebuch führte, vorsichtigerweise unter Anwendung von mancherlei Geheimzeichen.

Bald wurde ich gewahr, daß die anderen Matrosen gegen mich waren, obwohl ich eine Flasche Kümmel für sie mitgebracht hatte. Sie beneideten mich um die Solokabine und nahmen mich seemännisch nicht für voll, weil ich keine Heuer bezog und weil ich das Einjährige hatte. Als sie nach dem Auslaufen bei irgendwelchem Anlaß eine drohende Haltung gegen mich einnahmen, sagte ich zu ihnen: »Wer mir dumm kommt, dem komme ich auch dumm! Und wer mich anrührt, dem schmeiße ich das erstbeste Stück Eisen in die Fresse!«

Auch die beiden Steuerleute waren mir übelgesinnt und mißachteten mich, weil sie nicht kapierten, warum ich ohne Heuer fuhr. Im Kanal gab uns Sturmwetter zu schaffen. Als wir Dover passierten, neigte sich das Schiff so stark im Schaukeln, daß meine Hängelampe ein Loch in den Decksbalken sengte. Darauf nahmen mir die Steuerleute die Lampe weg. Ich mußte mich im Dunkeln ausziehen, rauchte im Dunkeln verärgert meine letzten Zigaretten, danach die Pfeife.

Wir liefen gegen den Wind nur fünf Meilen. Unsere Ladung bestand aus Zucker und Kartoffeln in Säcken. Außerdem führten wir an Deck Stückgut mit uns und eine schöne Ulmer Dogge, die wir gern mit dem Wasserschlauch erschreckten. Sie konnte sich bei dem Rollen des Schiffes nur schwer auf den Beinen halten.

Kap Finisterre kam in Sicht. Rudel von Schweinsfischen zogen vorbei. Der Sturm nahm zu. Wenn ich Tagebuch schrieb, mußte ich mich mit einer Hand am Waschtisch festklammern. Da kam aber die Tintenflasche ins Rollen. Es geschah, daß ich gleichzeitig einen Knall vernahm. Ich ließ Tinte und Buch sausen und stürzte an Deck. Im Heizraum war das Wasserstandsglas geplatzt.

Es stank in meiner Kammer. Ich fand nach langem Suchen einen vergessenen Käse in Stanniol. – Ich zeichnete. – Ich angelte. – Die Kameraden wurden freundlicher zu mir, als sie erkannten, daß ich meine Arbeit verstand. – Zwei Karls hatten wir an Bord. Karl der Schwede und Karl der Dämliche. Mit dem Ostfriesen Simon spielte ich Schafkopf. – Der donkeyman war ein sehr witziger Flachser. Sein und unser ständiges Opfer hieß Paul. Das war ein schwachsinniger, gutmütiger Trimmer. – Viele dort an Bord litten an Syphilis und anderen Krankheiten.

Der Sturm nahm zu. Ich hatte Tag und Nacht nasse Füße. Überall rauschte Wasser, in der Küche, unter den Kojen, in meiner Kammer. Die Dogge heulte. Es gab viel Arbeit, aber wir schrieben Überstunden an. Ich war besonders eifrig, weil ich annahm, daß man auch mir diese Überstunden bezahlen würde. Auf diese Weise blieb ich nun auch nicht ganz ohne Einnahme.

Vor Oporto ankerten wir.

Mit den anderen Seeleuten war ich inzwischen ganz ausgesöhnt. Ich unterhielt sie abends, indem ich mir Stecknadeln in die Arme stach, Messer warf und Glas und Kohle zerkaute. Ihre höchste Bewunderung gewann ich aber durch ein illustriertes Gedicht, das die Schlauchspritzenwut des Zweiten Steuermanns schilderte. Das Blatt wurde heimlich im Klosett der Achtergäste angenagelt.

Mein Verhältnis zu beiden Steuerleuten wurde immer feindseliger. Ich wollte mir's nicht mehr gefallen lassen, daß sie mich duzten und forderte sie auf, zu mir »Sie« zu sagen. Um diese Frage ging nun während der ganzen Reise ein Streit, der erbittert geführt wurde, aber viele komische Phasen durchmachte. Erst lehnten sie es ab, mich mit »Sie« anzureden, weil ich keine Heuer bezöge, deshalb kein richtiger Seemann wäre. Als ich ihnen das widerlegte, sagten sie: »Ja, wenn du das von Anfang an gesagt hättest, dann wäre das was anderes. Nun können wir aber nicht mehr ›Sie‹ sagen.« Darauf hörte ich nicht mehr auf das, was sie mir per Du befahlen. Wenn sie – bald der eine, bald der andere – mir morgens zuriefen: »Du machst die oder die Arbeit«, dann reagierte ich nicht, sondern blieb in meiner Kabine. Daraufhin riefen sie künftig: »Wir wollen die oder die Arbeit machen.« Dagegen ließ sich nichts sagen. Ich gehorchte. Bald aber fiel wieder ein Satz mit Du, und sofort legte ich mein Werkzeug nieder und zog mich in meine Kammer zurück. Sie beschwerten sich beim Kapitän. Der drohte mir, mich in Lissabon oder Hamburg einlochen zu lassen, wenn ich die Arbeit verweigerte. Da ich dem sonst sehr friedliebenden und wohlwollenden Menschen (er hieß Johann Löding) nichts weiter entgegnen wollte, ging ich wieder an die Arbeit, redete nun aber die Steuerleute auch bei jeder Gelegenheit mit Du an. So blieb es bis zum Schluß, nur daß wir an friedlichen Tagen manchmal die

Anrede gegenseitig ganz umgingen. Die Matrosen waren übrigens immer auf meiner Seite.

Da wir bei dem schlimmen Wetter an der Bank vor Oporto nicht vorbei konnten, löschten wir einen Teil der Ladung in Leixoes. Vor dem Hafen war eine gewaltige Brandung. Ich kannte sie schon von früher.

Aus Zollgründen mußten wir vor jedem Hafen unseren Tabak an den Kapitän abliefern. – Das Essen war schlecht, aber reichlich.

Sonnabends gab's mittags den widerlichen Klippfisch; abends auch Klippfisch als Labskaus.

Wir erreichten Lissabon. Das Wetter wurde wärmer. – Ich machte Tauschgeschäfte mit den Zollbeamten.

Am 4. November gingen wir in Gibraltar vor Anker. Schwarze Wolken verhüllten die Gipfel des Felsengebirges. Am Horizont gegenüber zeigte sich ein Streifen Marokko. Wir hörten Kanonendonner und sahen viele englische Kriegsschiffe.

Die Ladung wurde gelöscht. Ich war im Schiffsraum beschäftigt und schaufelte mir während der Arbeit aus vollen Händen Zucker in den Mund. Was tat ich nicht alles, was meine Zähne ruinierte! – Ein hochgewundener Sack platzte und ergoß seinen Zucker über den Zweiten Steuermann, der neben mir Säcke flickte. Es gingen häufig Säcke entzwei. Wir nähten sie und füllten sie wieder mit dem zusammengefegten Zucker. Was dabei an Zucker verlorenging, wurde einfach durch Dreck ersetzt.

Dem leichtgläubigen Trimmer Paul zeigten wir Zigarettenbäume, feuerspeiende Berge und den Wendekreis des Herings. – Bumbootsleute brachten Apfelsinen, Feigen, Zigaretten und Floridawasser. – Meine Füße hatten sich in den nassen Stiefeln wund gescheuert. Ich fettete sie mit Margarine ein und umwickelte sie mit Twist und Apfelsinenpapier.

Wir lichteten die Anker, fuhren wieder durch die Straße von Gibraltar und weiter nach der Stadt, deren Namen unser Schiff trug. In Villa Real blieben wir aber nicht lange, sondern dampften flußaufwärts nach einem kleinen Ort, Pomerun. Hier entwickelte sich zwischen uns Matrosen und den Bumbootsleuten ein reger Tauschhandel. Wir gaben zerrissene Kleider und leere Flaschen hin und erhielten dafür Früchte und anderes. So erstand ich hundert Apfelsinen, drei Kistchen Feigen, zehn Eier und zwei lebende Stieglitze mit Bauer. Nie wieder habe ich soviel Apfelsinen gegessen wie damals. Die Zähne wurden davon stumpf. Eine große Menge Apfelsinen konservierte ich. Das kostete mich viel Zeit, denn ich mußte jede Frucht schälen und in Scheiben zerlegen. Die Scheiben verwahrte ich zwischen Zuckerschichten in großen Gläsern, die ich fest verschloß.

Unentwegt wurde der arme Paul zum besten gehalten. Wir ärgerten ihn durch gefälschte anonyme Drohbriefe, die angeblich aus seinem Heimatdorf eingetroffen waren. Nachts bestrichen wir seine nackten Beine mit Teer.

Auf einem Sonntagsausflug zeigten wir ihm Kap Horn und das Palais des Sultans und deuteten ihm all das Fremdartige, was wir erblickten, entsprechend aus. Der Weg war steil und steinig. Zur Seite blühten seltsame Sträucher. Uns begegnete eine dunkelhaarige Frau, die einen schwer bepackten Esel trieb. Dann Männer in engen Hosen, kurzen Jacketts, mit roten Schärpen und breitkrempigen Hüten. Auf einem Felsengipfel waren niedrige Häuser aus unbehauenen Steinen errichtet. Die Mauern darum hatten Nischen, die als Kamine dienten. Bunt gekleidete schöne Mädchen schauten uns neugierig an, Kinder bettelten um Tabak. In den holprigen Straßen wälzten sich rotbraune Schweine. Wir fanden ein kleines Wirtshaus, wo wir uns mit englischen Matrosen anfreundeten und viel roten Landwein tranken. Der war so stark, daß ich auf einmal stockbetrunken wurde. Ich warf auf dem Rückweg Steine nach dem Steuermann, der gar nicht zugegen war. Ich wollte giftige Vogelbeeren essen. Als mich die Kameraden daran hinderten, entfloh ich ihnen und lief davon, von lachenden Kindern verfolgt, bis ich hinfiel und mit dem Gesicht gegen einen großen Stein prellte. Als wir unser Ruderboot erreichten, tauchten mich meine Freunde mehrmals unter Wasser, aber ich wurde dadurch nicht nüchterner. An Bord der »Villa Real« hämmerte ich mit den Fäusten gegen die Kammertür des Ersten Steuermanns und schrie: »Komm heraus, du Schuft, wir wollen uns schlagen!« Der hütete sich aber. Schließlich brachten mich die Matrosen zur Koje. Andern Tags erwachte ich mit Kopfschmerzen, mein Körper hatte Risse und blutunterlaufene Beulen.

Wir luden Erz. – Ein stellungsloser deutscher Konditor kam an Bord und bat um freie Rückfahrt. Der Kapitän wies ihn ab. Wir Matrosen aßen gerade Pellkartoffeln mit Hering. Ich gab meine Portion dem Konditor und ließ ihn Platz bei uns nehmen. Über sein verhungertes Gesicht ging ein glückliches Strahlen. »Pellkartoffeln mit Hering!« sagte er gedehnt und griff zaghaft nach dem Teller. In dem Moment rief der Steuermann das Kommando herab: »Schiff verholen! Der fremde Mann soll sofort von Bord!« Wir eilten an Deck. Der Konditor kam um seine Mahlzeit, ich konnte ihm nur ein Stück Brot zustecken.

Wir nahmen vor zwei anderen kleinen Orten und dann wieder in Lissabon Kisten mit Ölsardinen und Korkplatten in großen Ballen; auch fertige Flaschenkorke sowie ein paar tausend Säcke Kakaobohnen. – Ich bekam häufig Nasenbluten und vom Kautabak Sodbrennen. – Ein Korkballen löste sich aus der Schlinge, fiel in den Laderaum zurück und prellte mich drei Meter weit weg. – Es gab einen Tumult wegen der ungenießbaren Kost.

Am 16. November liefen wir in Oporto ein. Eine schwierige Einfahrt zwischen der Sandbank und Felsblöcken. Der Lotse stand selbst am Ruder, und zwei Boote mit je zwölf Portugiesen besetzt, halfen bei dem Manöver.

Wir luden Ölkuchen, Wein, Zwiebeln und Tierfelle. – Ein Eingeborener gab mir sechzig Äpfel für meine ranzige Margarine, auf die ich versehentlich Petroleum verschüttet hatte.

Wir traten die Rückreise an. Den Matrosen wurde das Geld für die Überstunden ausbezahlt. Mir zahlte der Steuermann nichts.

Vorübergehend trieben wir steuerunfähig; wir hatten die Feuer gelöscht, um einen Maschinendefekt zu beseitigen. – Ein weißer Dreimastschoner fiel uns wegen seiner ungewöhnlichen Bauart auf. Durch Flaggensignale erfuhren wir, daß es die »Gauß« war, die von einer Südpolexpedition zurückkehrte. Was mochte sie entdeckt und erlebt haben! – Ich kostete meine eingemachten Apfelsinen. Sie schmeckten so bitter, daß sie nicht mehr zu genießen waren.

Der Kanal bescherte uns noch einen tüchtigen Sturm. Im Logis rollte der Käfig mit meinen zwei Stieglitzen zwischen Blechgerät, verschüttetem Mittagessen und Kohlen hinüber und herüber.

Wir ankerten in Cuxhaven. Ich wurde zum Kapitän befohlen. Ich dachte, er würde mir meine Überstunden bezahlen und lief freudig nach der Kajüte. Aber dort empfing mich ein Kriminalbeamter. Der händigte mir eine Strafverfügung über drei Mark ein. Weil ich mich vor Monaten einmal in Hamburg nicht abgemeldet hatte.

Der Arzt kam zur vorgeschriebenen Untersuchung an Bord.
Am 24. November musterte ich in Altona ab.

Einjährig-Freiwilliger

Herr Ristelhüber nahm mich wieder in seinem Geschäft auf, zahlte mir aber diesmal weniger Gehalt. Ich war eifrig. Auf Botengängen lernte ich neue Stadtteile Hamburgs kennen.

Weihnachtsgeschenke von den Eltern und Geschwistern trafen ein. Wie anders war mir dieser Heilige Abend als der im verflossenen Jahr. Mein Chef hatte mich zu sich eingeladen. Außer seiner Frau war auch noch die Tochter mit ihrem Bräutigam zugegen. Alles warme und rege Menschen. Ein Tisch voll reicher Gaben war für mich aufgebaut. Fräulein Ristelhüber sang schön, und mein Chef trank auf das Wohl meines »prächtigen« Vaters. Er war sehr lustig aufgelegt und unterbrach mich mit freundlichen Klapsen, wenn ich etwas von Dank äußern wollte.

Ich ging ins einundzwanzigste Jahr und mußte nach Kiel fahren, um mich dort auf Diensttauglichkeit untersuchen zu lassen. Anfangs zu meinem Schrecken, dann aber zu meiner Freude, auf jeden Fall aber zu meiner Verwunderung wurde ich angenommen und auch gleich dort behalten, durfte nicht erst noch einmal nach Hamburg zurück. Ich verabschiedete mich schriftlich von Herrn Ristelhüber.

Mit dreizehn anderen Einjährigen kam ich zur Zweiten Kompanie der Ersten Matrosendivision. Die meisten dieser Einjährigen waren wenig gebildete Leute. Sie hatten das Examen auf der Steuermannsschule gemacht. Dafür waren sie gute Seeleute.

Wochenlang sollten wir die Kaserne nicht verlassen. Wir badeten, wurden rasiert, eingekleidet und instruiert. Unsere Zivilsachen schickten wir heim.

Nun begann der stramme Dienst bei der Kaiserlichen Marine. Um sechs Uhr morgens weckten uns Tambour und Spielmann mit der laut tönenden Melodie »Freut euch des Lebens«. O Gott! Es war gar nicht Zeit, sich des Lebens zu freuen. Rasend schnell mußten wir uns waschen, rasend schnell anziehen, rasend schnell alles Weitere ausführen. Stiefel putzen, Strohsack in Ordnung bringen, Kaffee mit trockenem Brot hinunterschlingen, Wasser holen, Stube fegen usw. Dann Instruktionsstunde, zunächst über das Thema »Militärischer Gruß«. Dann Freiübungen, Kopfrollen,

Rumpfbeuge. Dann exerzieren, daß die Knochen sich bogen und die Gelenke knackten. Mir fiel das leichter als den anderen Dreizehn, weil ich der Jüngste war. Ich war auch der Kleinste und deshalb linker Flügelmann. Es gab sich leider so, daß ich alle Wochen einmal mit dem baumlangen rechten Flügelmann zusammen die großen und überfüllten Pißkübel, die nachts im Korridor aufgestellt waren, vier Treppen hinab auf den Hof tragen mußte. Ich kam dann nie mit trockenen Strümpfen zurück.

Mittags ein Gang, Steckrüben oder dergleichen, an glücklichen Tagen Erbsen. Dann Zeugwäsche, ordnen, die einzelnen Kleidungsstücke und Ausrüstungsgegenstände mit Stempeln versehen oder Namenläppchen hineinnähen usw. Zum Abendbrot Tee mit trockenem Brot. Mit dem Zapfenstreich neun Uhr zu Bett. Und dazwischen immer wieder Appell, Musterungen, Abzählen usw.

Für Geld erhielt man in der Kantine besondere Lebensmittel. Für Geld übernahmen die Feldwebelsfrauen das Einnähen der Namenläppchen. Wer Geld hatte, gab seine Wäsche an Waschfrauen, denn sonst mußten wir sie in kaltem Wasser waschen. Wir bekamen alle Dekaden ein paar Pfennig Löhnung. Damit war nicht auszukommen, obwohl wir weder eine Extra-Uniform tragen, noch eine Privatwohnung halten durften. Vater zahlte mir monatlich fünfzehn Mark, und Mutter sandte Freßkisten. Zivilschuhe wurden erlaubt, wenn ihre Bauart gewissen Vorschriften entsprach. Wir lernten eine Million Vorschriften auswendig.

Ich lag mit elf Einjährigen in einer Stube. Hinter einer Schrankwand hausten ein Obermatrose und ein Obermaat. Die erzogen uns und sammelten Geld von uns zum Einkauf von Gardinen, Spindtapeten u. dgl. Denn die Stuben wetteiferten miteinander in bezug auf Sauberkeit und Schmuck.

Mit der Zeit wurden wir geimpft, erhielten Gewehre, dann fand die feierliche Vereidigung statt. Wir durften nun abends allein die Kaserne verlassen.

Im militärischen Gewimmel in den Straßen Kiels gab's dann zunächst die komischen oder folgenschweren Verwechslungen beim Grüßen der Vorgesetzten. Wir hielten einen betreßten Hotelportier für einen Admiral und umgekehrt und ähnliches.

Zu Kaisers Geburtstag war großer Trubel. Man gab uns Kuchen und Schokolade und zu Mittag pro Mann ein Streifchen Renntierbraten sowie eine Flasche Bier. Die Hauptfeier fand abends in einem großen Etablissement statt, wozu der höchste Admiral und die Offiziere mit ihren Damen erschienen. Die Mannschaften durften sich Köchinnen und andere Mädchen mitbringen. Theatervorstellung, lebende Bilder. Dann großer Ball. Alles in Gala, wir Matrosen in Paradeuniform. Ich fühlte mich aber sehr einsam. Weil ich nicht tanzen konnte, kehrte ich schon um elf Uhr in die Kaserne zurück.

Unsere Freude an unseren Uniformen war natürlich anfangs eine sehr stolze gewesen. Wir alle hatten uns bei der ersten, sich bietenden Gelegenheit photographieren lassen, mit fürchterlicher Seeschlacht im Hintergrund. Da aber in Kiel nur wenig Zivilisten, hingegen Tausende von Marinern waren, merkten wir bald, daß ein Matrose dort keine Rolle spielte. Die Mädchen nannten uns verächtlich »Kulis« und sahen nur nach den Offizieren. Und die Kaufleute, die doch von uns lebten, wußten, daß wir auf sie angewiesen waren und behandelten uns hochmütig. Andererseits war auch ein unbeschreiblich rohes Pack unter uns. Eine Dame durfte sich nachts nicht auf die Straße wagen, wo die Urlaubsboote anlegten.

Mir fiel der Dienst nicht schwer, zumal wir einen sehr netten Sergeanten hatten. Er redete uns zwar nur mit »dämliches Roß«, »Schwammnase« oder »Besoffene Lerche« an, aber das kam nicht von Herzen. Ich hoffte im stillen, nach meiner Ausbildung nach Südwestafrika abkommandiert zu werden, wo damals die Hereros aufständisch waren.

Meta Seidler sandte mir folgende Zeitungsnotiz zu:

»Einem Schiffsjungen namens (mein Name war entstellt) scheint das Seefahren im letzten Augenblick leid geworden zu sein. Er war im Oktober 1902 für das Schiff ›Ramses‹ angenommen worden, hatte auch seine Effekten bereits an Bord gebracht, trat aber die Reise nicht mit an, ließ seine Sachen im Stich und kümmerte sich auch später nicht darum, trotzdem er einige Zeit nach der Ausreise des Schiffes hier noch gesehen worden ist. Wer über ihn, der ein Süddeutscher sein soll, Auskunft geben kann, wird gebeten, dies im Stadthause, Zimmer 27, zu tun.«

Ich wußte, daß ich eine recht gute Ausrüstung an Kleidern und Wäsche, außerdem einen See-Atlas und sonstige praktische Gegenstände auf der »Ramses« zurückgelassen hatte. Das sollte ich nun wiederbekommen. Ich schrieb der Polizei meinen Aufenthalt und bat, meinen Kleidersack dem Heuerbas Krahl in Hamburg auszuliefern. Der bewahrte ihn dann ein paar Wochen auf und sandte ihn meiner Mutter zu. Die schrieb: Was ist mir da für ein abscheulicher Sack zugesandt, für den ich viel Geld zahlen mußte und der nur entsetzliche Lumpen und stinkende Abfälle enthält?

Dienst – Appell – Musterungen. Jede Nähnadel hatte ihren bestimmten Platz. Jedes Wäschestück mußte zusammengerollt und mit einem blauen, manchmal mit einem weißen Läppchen umwickelt werden.

Heimlich mietete ich mir nun doch ein Privatzimmer im Christlichen Hospiz, wo ich abends dichtend meine Urlaubsstunden verbrachte oder mit dem netten Wirt Schach spielte.

Ich wurde auf den Kreuzer S.M.S. »Nymphe« kommandiert. Zu meiner infanteristischen Ausbildung kam nun noch die artilleristische und die bootsdienstliche. Da ich außerdem Signalgast wurde, mußte ich viele Signalsprachen nach geheimen oder internationalen Systemen erlernen. Meinen Augen wurden verantwortungsvolle Aufgaben gestellt. Doch standen mir die besten Fernrohre und Doppelgläser zur Verfügung.

Der Drill an Bord war noch weit strenger als an Land. Das Schlimmste war allen das Kohlen. In rasender Eile anstrengendste Arbeit. Schweiß gemischt mit Kohlendreck. Hinterher Belohnung: »Antreten zum Schnapsempfang.« »Nymphe« war ein Torpedoversuchsschiff. Und auch für funkentelegraphische Versuche bestimmt. Kommandant war der Korvettenkapitän Stahmer. Unsere Übungen in der Nordsee und in der Ostsee führten uns nach den meisten deutschen Häfen. Dann fuhren wir für eine Zeit nach Norwegen. In Arendal empfingen uns die Bewohner mit großer Begeisterung. Schöne Damen und Mädchen kamen an Bord. Man tanzte. An Land wurde abends weitergefeiert. Die Nationalhymnen stiegen. Beim Abschied winkten zarte Tücher.

Wir hatten einen Ersten Offizier, der nicht ganz richtig im Kopf war und uns arg zusetzte. Er gab Befehle wie: »Alle Mann antreten zum Durchfrieren auf der Back.« Dann mußten wir regungslos in der Kälte strammstehen. Zur Abhärtung. Es hagelte Strafen. Ich kam aber zunächst gut davon. Obwohl ich eines Abends, da ich angeheitert die Barbarossabrücke betrat, beinahe Prinz Heinrich umgerannt hätte.

Einmal fuhren wir den Prinzen Ludwig von Bayern von Bremen nach Helgoland. Ein Graf Zeppelin war unter seinen Begleitern. Der hat mir in späteren Jahren erzählt, daß es auf der »Nymphe« eine große Wuling gegeben hätte, weil der Prinz darauf bestand, daß die bayrische Standarte gehißt würde. Der

Kommandant aber wollte diese teure Flagge nicht extra für diese Fahrt anschaffen. Ich merkte damals davon nichts. Ich hatte nur die Ehre, als Signalgast dicht neben dem hohen Herrn zu stehen und ihm einmal eine Hanfmatte unter die Füße zu schieben, wobei er mich »sehr ungeschickt« nannte. Von Helgoland fuhren wir nach Hamburg. Ein Sturm der Entrüstung erhob sich, als der Kommandant uns Stadturlaub verweigerte. Daraufhin erhielt ein Teil der Mannschaft Urlaub. Von dem andern Teil entfernten sich viele heimlich, indem sie an der Ankerkette herunter in ein Zivilboot kletterten. Da sich sogar die Fälle von Desertionen mehrten, verließ das Schiff nach zwei Tagen Hamburg und fuhr nach Kiel.

Als Signalgast mußte ich auf der Brücke alles beobachten, was ringsum auf dem Wasser und an Land vorging. Das war sehr abwechslungsreich und spannend. Da sah ich morgens das Bäckerboot, das den vielen verankerten Schiffen die Semmeln brachte. Das Boot kenterte, und nun schwamm der Bäcker zwischen Hunderten von Semmeln. Andermal passierte ein Boot, das mit Huren besetzt war. Als es dicht an uns vorbeiruderte, hoben die Weiber ihre Röcke hoch und zeigten uns ihren Hintern.

Wenn sich nachts unser Routineboot von Land zurückkommend näherte, mußte ich es durchs Megaphon anrufen: »Boot ahoi!« Der Bootsführer rief dann zurück: »Nein! Nein!« Das hieß: Ich bringe nur Mannschaften. Oder er rief: »Ja! Ja!« Das hieß: Es ist ein Offizier im Boot. Oder: »Nymphe!« Das hieß: Wir bringen den Kommandanten. Wäre der Kaiser auf dem Boot gewesen, so hätte die Antwort »Standart« gelautet. Solche und hundert andere Dinge mußte ich beherrschen.

War die »Nymphe« Wachschiff im Hafen, so hatte sie mittags um zwölf Uhr einen blinden Schuß abzufeuern, nach dem sich alle Schiffsuhren richteten. Das mußte äußerst pünktlich geschehen. Manchmal verzögerten aber die Geschützführer den Schuß ein wenig, um ein ahnungslos vorbeifahrendes Zivilboot mit dem Knall zu erschrecken. Denn die Schnelladekanonen tönten gewaltig. Wenn die Kriegsschiffe im Hafen bei feierlichen Anlässen Salut schossen, bebten in ganz Kiel die Fensterscheiben.

Sehnlich wurde die tägliche Post erwartet. Grüße und Neues von daheim. Mein Bruder Dipl.-Ing. suchte eine Stellung als Bergdirektor. Ottilie studierte Musik am Konservatorium. Mutter sandte mir Butter aufs Brot und Putzpomade für mein Geschütz. – Ich las Auerbachs Spinoza und was mir sonst der Zufall in die Hände spielte. Einmal besuchte mich mein Schulfreund Adam, der auch zur Marine gegangen war. Wir sprachen unter anderem von dem dritten Seemann aus unserer Klasse, dem genialen Mitschüler Harich. Als ich einmal auf einem Schiff in Hamburg ankam, erkannte ich ihn auf einem auslaufenden Schiff. Wir winkten einander zu und tauschten einen frohen Zuruf. Harichs Schiff ging dann unter, er ertrank.

Wir beschossen zu Versuchszwecken alte, ausrangierte Torpedoboote, die man mit Kork gefüllt hatte. Andermal war ein großes Scheibenfloß das Ziel. Der Sturm zerbrach es. Wir zimmerten die Balken am Strande der dänischen Insel Aroe wieder zurecht. In dem dänischen Ort Gjedser entfernte ich mich heimlich und unbemerkt und brachte meine Bluse voll schöner Äpfel zurück, die mir ein hübsches Landmädchen geschenkt hatte.

Zwischen den normalen Arbeiten auf »Nymphe« wurden immer wieder und ganz plötzlich die wichtigsten Bordmanöver geübt. »Feuerrolle«, »Klar zum Gefecht«, »Schotten dicht«. In der Kieler Bucht gewahrte ich weit draußen einen Menschen, der ganz unerklärlich hoch aus dem tiefen Wasser ragte. Ich rief sofort »Mann über Bord«. In wenigen Minuten wurde der Mann an Deck gebracht. Es war ein Student, der sich aus einem gekenterten Segelboot auf eine Life-Boje gerettet hatte. Er war sehr lange im Wasser herumgetrieben.

Zur Kieler Woche hatten wir Signalgäste heiße Stunden auf der Brücke. Der Hafen lag voll von Kriegsschiffen, die über die Toppen geflaggt hatten. Denn der Kaiser war anwesend, und man erwartete ein englisches Geschwader mit dem König von England. Jedes Schiff wollte die englische Königsjacht zuerst entdecken. Auch ein dänisches Geschwader hatte Kiel besucht. Die glaubten die englische Jacht zu sehen und schossen Salut, und einige von unseren Schiffen fielen ein. Aber die Meldung stimmte nicht, und so wurde ein halber Salut umsonst verpufft. Abends war ein Bankett im Jachthaus. Als der Kaiser seinen Toast auf den König von England ausbrachte, wurde der ganze Hafen und wurden sämtliche Schiffe durch einen einzigen Knips märchenhaft illuminiert. Ich hatte Wache auf der Brücke und öffnete in diesem Moment eine halbe Flasche Sekt. Die trank ich feierlich ohne Glas, nicht auf das Wohl des kings.

An den nächsten Tagen fanden die großen Ruderregatten statt, für die wir monatelang trainiert hatten.

Es war stets ein Fest für mich, wenn ich einmal mit studierten oder künstlerisch orientierten Leuten zusammenkam. So besuchte mich Vaters Freund, Herr Gerlach, der Spezialzeichner der Leipziger Illustrierten Zeitung. Er traf mich an Bord, als ich gerade meine Hose ausgezogen hatte, um eine diskrete Stelle daran zu flicken. Komischerweise war mir das vor dem Gast sehr peinlich.

Andermal wurde »Nymphe« zur Verfügung des Flottenvereins nach dem Seebad Warnemünde kommandiert. Abends trieben sich die Matrosen zwischen den Strandkörben herum. Sie trugen weiße Paradehemden und siegten damit. Nur ich wanderte lange allein herum. Bis mich zwei Rostocker Studenten ansprachen und zum Bier einluden. Einer von ihnen schenkte mir beim Abschied eine Rose. Dieses Erlebnis erfüllte mich sehr.

Es fanden die großen Manöver statt. Weil der Kaiser zugegen war, herrschte eine fieberhafte Nervosität. Die wellte von den hohen Instanzen anschwellend nach den tieferen und brandete bei uns einfachen Soldaten.

Es folgte ein Landungsmanöver bei Wismar. Die Schiffe näherten sich, soweit es die Meerestiefe erlaubte, dem Lande. Dann fuhren die Boote, soweit sie konnten, und dann mußten wir durchs Wasser waten, zum erstenmal infanteristisch und feldmarschmäßig ausgerüstet, mit Tornister, Gewehr und leichten Geschützen. Die Offiziere ließen sich von Matrosen auf den Schultern an Land tragen. Ich bot mich einem Oberleutnant an, den ich nicht leiden konnte, weil er so liebedienerisch nach oben war. Wenn der Kronprinz in Kiel im Segelboot zehnmal an unserer Nymphe vorbeikreuzte, brüllte dieser Leutnant sich die Lunge aus dem Hals: »Oberdeck stillgestanden! Front nach Backbord!« Nur um beim Kronprinzen angenehm aufzufallen. Diesen Oberleutnant nahm ich auf die Schultern und ließ es sich ereignen, daß ich stolperte und wir beide der Länge nach ins Wasser fielen.

Nach Schluß der Manöver verlas man uns eine Kaiserliche Order, die Allerhöchste Anerkennung aussprach und jedem Unteroffizier eine Mark, jedem Matrosen fünfzig Pfennige bewilligte. Unser Kommandant hatte einen Orden mehr.

Im September stellte »Nymphe« außer Dienst. Nach siebenmonatigem Borddienst war ich froh, wieder einmal in die Kompanie zu kommen. Dort hauste ich gemütlich mit alten Soldaten zusammen. Dem langweiligen Kasernendienst entzogen wir uns mit allen Schikanen der Drückebergerei.

Mein Vater schrieb mir, daß er sein Atelier aufgebe und daß er sich überhaupt künftig mehr der Schriftstellerei widmen wolle.

Nach wenigen Tagen wurde ich wieder an Bord kommandiert. Auf das Artillerie-Schulschiff »Carola«. Es war dasselbe

Leben wie auf der »Nymphe«, in manchem besser, in manchem schlechter.

Ich erhielt meine erste Strafe, weil ich einen Befehl nicht schnell genug ausgeführt hatte. Dafür mußte ich nach dem Gutenacht-Kommando »Hängematten weg!« noch eine Stunde im Mondschein an Deck strammstehen und dabei meine zusammengezurrte Hängematte halten, die wie eine Riesenwurst aussah.

»Nur noch achtundvierzig Tage bis zur Entlassung!« sagten wir, wenn wir aufwachten, und am nächsten Morgen: »Nur noch siebenundvierzig Tage!« Reservistenlieder erklangen in der Kantine. »Reserve hat Ruhe!« und »Ach, wie wohl ist dem zumut, der die letzte Wache tut.«

Ich wurde zum Obermatrosen befördert, mußte mir noch einen gelben Winkel zu meinem schwarzweißroten Einjährigenwinkel auf den Oberärmel nähen. Aber jede solche Kleinigkeit schmeichelte einem doch.

Mir wurden ein Paar Schuhe gestohlen. Ich erwischte den Dieb und verprügelte ihn, verstauchte mir aber dabei den Daumen. Nachts brach die Leine am Kopfende meiner Hängematte. Ich fiel mit dem Ellbogen sehr hart auf die Ankerkette.

Einmal entdeckte ich erwachend eine tote Flunder, auf der ich geschlafen hatte. Ich ließ mir nichts anmerken, sondern packte den Fisch in eine andere Hängematte. Acht Tage später gab es einen Skandal. Ein Matrose hatte diese schon halb verweste Wanderflunder in seiner Hängematte entdeckt und stellte nun einen Verdächtigen zur Rede.

Aus dem eisernen Schiffsraum, wo unsere Schlafschaukeln hingen, wurde manchmal nachts mit Kanonen geschossen. Das kolossale Dröhnen vermochte mich nicht im Schlafe zu stören. Wenn aber ein leichtes Pfeifensignal ertönte, das mir galt, so war ich im Nu hoch. Derart müde waren wir, und derart dressiert.

Sturm und Kälte bei Übungsfahrten bei Helgoland. Zu Weihnachten auf Urlaub daheim, in der schmucken Uniform im Binnenland sehr angesehen.

Am 3. Januar 1905 wurde ich entlassen mit der Beförderung zum Bootsmannsmaat.

Kaufmannslehrling und Kommis

Ruberoid G.m.b.H., Hamburg, Dovenhof. Von dieser Firma wurde ich als Lehrling aufgenommen. Weil ich schon zweiundzwanzig Jahre alt war, schenkte man mir das übliche dritte Lehrjahr. Ich lernte also zwei Jahre lang praktisch den Kaufmannsberuf. Das begann mit Botengängen und Adressenschreiben. Nach und nach wurde ich in höhere Büroarbeiten eingeführt. Schreibmaschine schreiben, Briefe ablegen, Führung des Kartenregisters, Buchhaltung, Spedition usw. Meine Schrift war außergewöhnlich schlecht und unsicher, obwohl ich schon zweimal Nachhilfestunden in Schreibinstituten genommen hatte. Das war mir recht hinderlich. Aber Herr Meyer, mein Chef, und meine anderen Vorgesetzten übten Nachsicht. Der erste Direktor der Firma hieß Alfeis. Ich bewunderte ihn als einen genialen und großzügigen Geschäftsmann und als gerechten Vorgesetzten. Von den jüngeren Angestellten war Freudling der Tüchtigste, ein siebzehnjähriger Kommis, mit dem ich eng befreundet wurde. Unter den weiblichen Angestellten tat sich das sprachkundige Fräulein Benecke hervor.

Es waren viele Angestellte in den einzelnen Abteilungen beschäftigt. In den weiten und bequemen Geschäftsräumen herrschte während der Arbeitsstunden emsige und ernste Betriebsamkeit. Waren die Abteilungschefs einmal nicht zugegen, dann benahmen sich die anderen freier und lauter, dann spielten auch manchmal die Mäuse. Und wenn ich zuweilen spät abends dort noch Briefe frankierte und sonst niemand mehr zugegen war als der eifrige Freudling, der still über seinen Büchern saß, dann spielten auch vierbeinige Mäuse, und es raschelte zwischen den Frühstückspapieren in den Papierkörben.

Bald war ich eingelebt, kannte die Leute und ihre besonderen Eigenheiten. Es war ein großes Stück Gemütlichkeit in diesem Kontorleben.

Die Firma war sowohl in ihrem geschäftlichen Gebaren wie auch in ihrer Haltung zum Personal hamburgisch vornehm. Einmal wurde ein Dampfer für uns gechartert, auf dem wir eine lustige und luftige Tagespartie unternahmen. – Ich erhielt als Lehrling kein Gehalt, aber zum ersten Weihnachten eine große und zum zweiten Weihnachten eine noch größere Gratifikation.

Herr Alfeis bewilligte mir auch Sonderhonorare für eine Zeichnung und für einen Aufsatz, die ich in meiner Freizeit angefertigt hatte. Zeichnung wie Aufsatz stellten eine Propaganda für das Bedachungsmaterial Ruberoid dar und wurden zur Reklame verwendet.

Mit der Fabrik kam ich nicht in Berührung, aber man gab mir auf Wunsch Gelegenheit, das Dachdecken mit Ruberoid zu erlernen. Später wurde ich dann manchmal zur Kontrolle von Dacharbeiten in die nähere und weitere Umgebung gesandt. Das war jedesmal eine willkommene Abwechslung, bei der ich mich sehr wichtig fühlte.

Ich wohnte in der Großen Reichenstraße bei einer Frau Blome, die auch einen Privatmittagstisch führte. Meine ersten Ölbilder entstanden, ein Dachpanorama und ein Kriegsschiff. Ich dichtete und bekam die Gedichte von der Jugend, vom Kladderadatsch, von den Fliegenden Blättern meistens zurück, obwohl ich meine Begleitschreiben bald stolz, bald neckisch, bald überbescheiden, versuchsweise fast jedesmal anders abfaßte.

Mein Vater zahlte mir ein regelmäßiges Monatsgehalt und ermöglichte mir, daß ich abends eine Handelsschule besuchte, um mein Pidgin-Englisch zu verbessern und Spanisch zu lernen.

Auch Klavierstunde nahm ich. Bei einem alten Pianisten. Der hatte einen großen Kater. Als ich den einmal in den Schwanz zwickte, schob mich der Lehrer zur Tür hinaus und sagte, ich möchte nie wieder zu ihm kommen.

Nach dem Hafen und zu Seidlers ging ich immer seltener. Freudling hatte mich in eine neue Gesellschaft eingeführt, die in einer anderen Gegend hauste. Das waren ehemalige Kunstmaler, die nun als Anstreicher ihr Brot verdienten. Im übrigen aber ein freies Künstlerleben führten. Lustige Mädchen nahmen daran teil, so die Gärtnerstochter Tetsche aus dem letzten Hause Hamburgs, die auf der Vorortbahn zum Vergnügen die Notbremse zog und dann so unbezwingbar lachen konnte, daß ihr die Beamten verziehen.

Von den Malern war Hein Mark der Mittelpunkt. Eines Tages bekam er einen Auftrag. Alles jubelte, denn wenn Hein Mark Geld erhielt, dann hatten alle zu trinken und zu essen. Hein Mark hatte den Auftrag, einen Schrank einer Bordellwirtin gelb anzustreichen.

Ich bat ihn, mich als Gehilfen mitzunehmen. Er lieh mir einen Malkittel und gab mir einen Farbtopf in den Arm. So zogen wir ins Bordell. Da die Wirtin aber noch schlief, mußten wir lange bei den Mädchen warten. Die bewirteten uns nun als Privatbesuch sehr gastlich mit Kaffee und Kuchen, und es war interessant, sie von der anderen Seite kennenzulernen.

In der Handelsschule wurde ich mit Willy Telschow bekannt. Er war Lehrling in einer Kaffeefirma. Wir schwänzten gemeinsam die Stunden, schimpften auf den knöchernen Direktor Beiden und trieben allerhand Allotria. Ich brachte ihn zu Freudling und Hein Mark. Wir lebten lustig und schwärmten begeistert.

Meiner Seemannsliebe Meta war ich inzwischen ganz entfremdet. Ich weiß nicht mehr, ob wir im Zwist geschieden waren oder ob ich sie einfach gemieden hatte. Einmal sah ich sie flüchtig wieder, ohne sie aber anzusprechen. Das war, als die Michaeliskirche abbrannte, das von den Hanseaten und von allen deutschen Seeleuten geliebte Wahrzeichen der Stadt Hamburg. Am 3. Juli 1906. Da war ich im Menschengewühl dicht vor der brennenden Kirche auf dem Kraienkamp. Neben mir stand die Frau des Türmers und winkte zum Turm hinauf zu ihrem Mann, der, durch die Flammen abgesperrt, von einer Brüstung herabwinkte. Bis er verbrannte.

Ich hatte die vorgeschriebene Kontrollversammlung versäumt und erhielt Nachricht, daß ich deswegen mit vierundzwanzig Stunden Arrest bestraft würde. Ein Unteroffizier in Waffen führte mich Zivilisten den weiten Weg nach Altona zum Militärgefängnis. Da aber an dem Tag die Zellen dort alle besetzt waren, ließ man mich wieder gehen und vertröstete mich auf andermal. Bei dem andernmal holte mich ein gemeiner Soldat ab. Der fragte, ob ich einverstanden wäre, daß er mich abtransportiere. Ich könnte als Unteroffizier ja eigentlich einen Unteroffizier verlangen. In seiner Abteilung wäre aber gerade kein Unteroffizier frei. Es lockte mich, den Gemeinen abzulehnen. Er war aber so hilflos und gutmütig, daß ich mit ihm ging. Unterwegs beschwatzte ich ihn, mit mir verbotenerweise in einer entlegenen Schenke einzukehren. Dort besoff er sich auf meine Kosten so sehr, daß er, nachdem er mich im Arrestlokal unter vorschriftsmäßigem Zeremoniell abgeliefert hatte, selbst abgeführt wurde. Man nahm mir die Hosenträger ab, damit ich mich nicht erhängen könnte. Ich verbrachte vierundzwanzig abscheuliche Stunden bei Wasser und Brot. Kaum erträglich, obwohl meine Phantasie viele Spiele in der kahlen Zelle erfand.

Mit Telschow zusammen nahm ich 1906 Tanzunterricht bei Herrn Eckardt. Polka, Rheinländer, Menuett, Moulinette, Quadrille, Walzer. Ach Walzer! Ich gab mir die erdenklichste Mühe, aber Walzer lernte ich nie. – Als der Unterricht soweit fortgeschritten war, daß wir zum erstenmal mit den Damen zusammen tanzten, verliebte sich Telschow sofort in die gleiche Dame wie ich. Wir schwuren uns, es ehrlich abzuwarten und zu ertragen, für wen von uns »Schwälbchen« sich entscheiden würde. Es stand schlimm für mich, denn ich hatte krumme Beine, eine lange Nase und einen Gang, der ebenso unsicher war wie meine Handschrift. Telschow dagegen war ein stattlicher Bursche, der sich mit einer spaßigen Eitelkeit kleidete und pflegte. Schwälbchens Schwester nahm auch an dem Tanzkursus teil. Die beiden pflegten nach der Stunde mit dem Alsterdampfer heimzufahren. Um nun Schwälbchens Meinung über uns zu ergründen, steckten wir uns hinter Freudling. Der richtete es so ein, daß er zur gegebenen Zeit auf dem Dampfer neben unsere Tanzdamen zu sitzen kam. Da hörte er zwar, wie diese über uns sprachen und daß sie mich den »kleinen Frechen« nannten. Aber eine Stellungnahme war aus dem Gespräch nicht zu entnehmen. Und das einzige Resultat dieses Manövers war, daß Freudling künftig an unseren Liebeserlebnissen mit Schwälbchen als Dritter teilnahm.

Eine unbändige Tanzwut überfiel uns. Als der Eckardtsche Kursus beendigt war, machten wir alle öffentlichen und privaten Bälle mit. In den verschiedenen Sälen des Etablissements Sagebiel fanden allabendlich mehrere statt. Wie besuchten sie alle, indem wir uns hineinschlichen oder hineindrängten. Dann fielen wir häufig sehr auf, besonders ich, der ich den Walzerschritt nicht begriffen hatte und statt dessen höchst sonderbare und kühne Sprünge machte.

Mein bergmännischer Bruder richtete sich eine Wohnung in Lüneburg ein, weil er in der Heide nach Kali bohren sollte. Da zog ich denn zu ihm, und wir führten zusammen nachts ein flottes Junggesellenleben. Ich mußte morgens sehr früh aufstehen, um den Schnellzug nach Hamburg zu erreichen. Mein Bruder als Älterer und wohlbestallter Bergdirektor bezahlte, was wir im Wirtshaus verzehrten. Um mich dankbar zu zeigen, brachte ich ihm eines Nachts ein Mädchen aus Hamburg mit. Er schlief aber schon und nahm das Geschenk nicht an.

Im Januar 1907 wurde ich Kommis und ließ mich nach Leipzig versetzen, wo ein Herr Kirchner die Ruberoidgesellschaft vertrat. Der wohnte mit seiner jungen Frau in einer hübschen Wohnung. Mir wurde dort ein Zimmer als Büro eingerichtet, wo ich nun auf der Maschine klapperte und andere Arbeiten verrichtete. Mit der prickelnden Aussicht auf ein Fenster vis-à-vis, hinter dessen durchsichtiger Gardine sich zuweilen eine schöne Dame unbeobachtet glaubte und an-und auszog.

Herr Kirchner war ein seriöser Reserve-Offizier. Er liebte das Reiten und reiste auch geschäftlich zu Pferd.

Ich meinte, die Tätigkeit eines Reisenden würde auch mir liegen und richtete an die Stammfirma nach Hamburg sehr bald den Vorschlag, man möchte:

Erstens. Mein Gehalt erhöhen (ich nannte eine verhältnismäßig hohe Summe).

Zweitens. Eine Stenotypistin neben mir engagieren, damit ich mich gelegentlich auch als Reisender betätigen könnte.

Drittens. Mir zu diesem Zweck ein Motorrad zur Verfügung stellen.

Ehe ich dieses Schreiben absandte, legte ich es Herrn Kirchner vor. Der meinte, ich wäre verrückt, die Herren in Hamburg würden mich auslachen. Aber er konnte und wollte auch nicht verhindern, daß ich den Brief absandte. Ich täuschte mich nicht in der Großzügigkeit des Herrn Alfeis. Die Antwort der Ruberoidgesellschaft besagte, daß mein Gehalt wesentlich erhöht und daß eine Stenotypistin zu meiner Entlastung engagiert würde. Herr Kirchner könnte mich auf Reisen schicken. Von einem Motorrad sehe man ab, weil ein staubbedeckter Motorfahrer nicht repräsentativ erschiene. Alles sehr einleuchtend. Ich freute mich. Herr Kirchner sandte mich auf Reisen, und ich erzielte einige nette Erfolge.

Ich wohnte nicht bei meinen Eltern, sondern hatte mir im Musikviertel nahe vom Büro ein Zimmer gemietet. Abends dichtete ich, malte oder schwärmte mit meinen früheren Bekannten, mit Martin Fischer, mit Bodensteins und dem wissensdurstigen Bruno Wille. Unser Verein, das »Nachtlicht«, existierte noch wichtig mit vollen Idealen. Ich hielt dort einen Vortrag über die Heilsarmee.

Leider muß ich aus Rücksichtnahme einige lustige Anekdoten aus dieser Zeit unterdrücken.

Es muß in dieser Zeit gewesen sein, daß ich einen langgehegten Wunsch erfüllte, mich an der Universität immatrikulieren ließ. Bei meiner geringen Vorbildung kam nur Kameralia in Frage. Ich stand mit einer kleinen keramischen Zeitung in Verhandlung, die mich eventuell als Redakteur engagieren wollte. Durch die Hoffnung auf diesen Verdienst ermutigt, meldete ich mich an der Universität an und war nach dem feierlich dem Rektor geleisteten Handschlag Student. Schneiderofferten regneten auf mich herab. Studentenverbindungen luden mich als Gast ein und versuchten, mich zu keilen. Ich war selig. Als mein Vater von diesem Schritt erfuhr, machte er mir freundliche Vorwürfe. Wovon ich solch teures Studium bezahlen wollte und wozu es mir dienen könnte. Ich hörte nicht auf ihn, der es wirklich gut mit mir meinte. Weil der derzeitige Rektor der Leipziger Universität, Georg Rietschel, ein Verwandter von uns war, erwirkte mein Vater, daß meine Immatrikulation rückgängig gemacht wurde. Über diese Nachricht war ich so traurig, daß ich, von der elterlichen Wohnung zurückfahrend, auf dem Perron der Trambahn dicke Tränen weinte.

Am 14. September 1907 wohnte ich der Hochzeit meines Bruders in Freiberg i.S. bei. Das wurde eine umfangreiche, lustige und reiche Feier. Sowohl mein Vater wie auch ich hatten Tafellieder dazu verfaßt. Mein Bruder war tief ergriffen davon, daß ihm die Feuerwehr ein Ständchen brachte.

Ich wurde auf Wunsch nach der Frankfurter Filiale versetzt. Da hatte ich wie zuvor einen Chef über mir und eine lustige Stenotypistin neben mir. Das Geschäft lag in der Stiftstraße. Ich fand nebenbei in der Kleinen Eschenheimer Gasse ein freundliches Zimmer bei der freundlichen Wirtin, Frau Müller.

Die Häuser und Häuschen dieser Gasse waren altmodisch und hatten steile, ausgetretene Treppen. Die Wendeltreppe in meinem Haus führte kein Geländer, sondern es hing dafür ein loser Strick durch ihren Schacht herab.

An dem düsteren Ende der Kleinen Eschenheimer Gasse führten zwei heruntergekommene, verrufene Mädchen einen Tabakladen. Die lernte ich kennen und besuchte sie in der Folgezeit oft. Sie hatten nie Geld, aber auch fast keine Ware, so daß ich ihnen manchmal fünf oder zehn Zigarren mitbrachte, die sie dann wieder verkauften. Sie schliefen in einem engen, trostlosen Raum hinterm Laden. Dabei war das eine Mädchen hochschwanger. Der Schuster gegenüber und dessen Anhang führten einen dauernden Kampf gegen die armen Dinger, warfen ihnen Stinkbomben in den Laden und schikanierten sie auf häßlichste Weise.

Ich war wieder mit Büroarbeiten beschäftigt, reiste auch in der Umgegend, wodurch ich den Taunus und viele hessische Orte kennenlernte. So fuhr ich nach Fulda und saß andermal auf einem Dach in Wiesbaden.

Einmal hatte ich auf einem Neubau Dachdecker zu beaufsichtigen. Als ich auf dem obersten Holzsteg des Gerüstes am

Dach entlang schritt, löste sich eine Planke unter mir. Ich stürzte in die Tiefe, blieb in Parterrehöhe hängen. Die Planke schlug mir auf den Kopf. Niemand hatte den Vorfall bemerkt. Als ich aus meiner Ohnmacht erwachte, war niemand zugegen. Es war nichts Ernstes geschehen. Meine Nase blutete Aber daß mein Hut zerschlagen und daß meine Kleider blutig und zerrissen waren, das bekümmerte mich sehr. Ich erzählte mein Unglück dem Chef. Der war sehr aufgeregt. Nicht aus Besorgnis um mich, sondern weil mich die Stenotypistin noch nicht zur Versicherung angemeldet hatte.

Ich mußte meine Reiseberichte nach Hamburg senden. Die waren im Stil oft mehr literarisch als kaufmännisch. Man lächelte in Hamburg darüber. Einmal besuchte ich als Reisender in irgendwelchem Ort eine Weißbierbrauerei. Der Direktor hatte keinen Bedarf für Ruberoid. Aber er empfing mich sehr zuvorkommend, zeigte mir alle Einrichtungen der Fabrik und erklärte genau den Werdegang seines Bieres. Dabei tranken wir sehr viel von diesem Bräu. Ich verfaßte noch in gehobener Stimmung meinen Geschäftsbericht und schilderte darin sehr anschaulich alles, was ich soeben gehört hatte. Das Bestätigungsschreiben aus Hamburg enthielt dann einen leichten Hinweis, daß ich über Weißbier nicht ganz Ruberoid vergessen möchte.

Meine Wirtin war dahinter gekommen, daß ich bei den Zigarrenmädchen verkehrte, und machte mir ernste Vorhaltungen.

Ich hatte inzwischen reizvolle Kneipen entdeckt, wo es köstlichen, billigen Apfelwein gab. Dahin ging ich nun abends. Manchmal sangen oder spielten dort italienische Mädchen und Männer, die von Lokal zu Lokal zogen. Ich stieg einmal solch schwarzhaarigem Mädchen nach. Da bemerkte ich, daß diese Italiener alle in derselben Gegend wohnten und sehr treu zusammenhielten. Das flößte mir Respekt ein. Ich verfolgte das Mädchen nicht weiter.

Meinen Freund Telschow hatte das Schicksal auch in die Nähe Frankfurts geführt, nämlich nach Eltville. Er war dort in der Sektfirma Mattheus Müller beschäftigt. Ich besuchte ihn jeden Sonntag. Wir saßen am Rhein, hörten den Nachtigallen zu, begeisterten uns an köstlichem Müller Extra und trieben angeheitert dann soviel Unfug, daß die Bürger des Städtchens sich über uns aufhielten. Wir wollten den Leuten einen Streich spielen und verabredeten etwas. Es war noch ein dritter Kommis, namens Krämer, im Bunde.

Telschow und Krämer verbreiteten bei den Redaktionen der beiden Lokalblätter und überall, daß am kommenden Sonntag der Kalif von Bagdad Eltville besuchen würde. Telschow beauftragte den Bahnhofskellner, dem Kalifen bei der Ankunft ein Tablett mit zehn Glas Bier zu präsentieren. Diese Aufmerksamkeit hatte ich einmal in Leipzig beim Empfang König Alberts beobachtet. Außerdem sandte ich einen versiegelten Brief nach Eltville mit der Aufschrift »Seiner Hoheit, dem Kalifen von Bagdad bei seiner Ankunft zu übergeben«.

Telschow schrieb, daß ihm niemand Glauben schenkte. Trotzdem fuhr ich am 14. Juni 1908 nach Eltville. Zunächst vierter Klasse nach Wiesbaden. Im Waschraum des Bahnhofs beschmierte ich mir Gesicht und Hals erst mit Vaseline, dann mit Indianerbraun. Ich setzte einen Turban auf, bestehend aus zusammengesteckten Windeln, die ich mir von den Zigarrenmädchen geliehen hatte. Von dem Turban herab wallte ein Stück violette Seide über meinen Überzieher. In die Seide war eine halbe Möwe eingestickt, eine Arbeit, die ich einmal nach chinesischem Vorbild versucht, aber ihrer Schwierigkeit wegen bald aufgegeben hatte. Ich trug weiße Glacéhandschuhe und darüber einen Ring mit einem pfenniggroßen Diamanten. Zum Schluß besteckte ich Turban und Mantel mit Medaillen aus meiner Sammlung. Als ich so maskiert den Perron betrat, erregte ich großes Aufsehen. Es war Hochsaison, und der Bahnhof voll von Menschen. Gruppen bildeten sich, die über meine Persönlichkeit stritten. »Das ist das Türkische Großkreuz«, sagte jemand und deutete auf eine Medaille an meinem Turban, die in Wirklichkeit das Münchner Kindl zeigte.

Das kurze Stück bis Eltville fuhr ich erster Klasse. Und war ganz allein im Abteil. Es war der Kölner D-Zug, der nur eine oder zwei Minuten in Eltville hält. Als wir dort einbogen, beugte ich mich weit aus dem Fenster. Ganz Eltville war am Bahnhof versammelt. Krämer und Telschow standen im Frack auf dem Bahnsteig. Der Zug hielt.

Krämer öffnete die Coupétür. Ich entstieg.

Telschow überreichte mir einen Blumenstrauß mit einer langen Ansprache, die ich selbst entworfen hatte. »... Kalifen von Bagdad, desser hoher Ahne uns schon aus den Märchenbüchern unserer Kindheit ...«

Der Stationsvorsteher zog sich weiße Handschuhe an und schielte ängstlich nach der Uhr.

Als Telschow endlich ausgeredet hatte, wollte ich mit einer englischen Rede erwidern. Mir fiel aber vor Aufregung kein Wort ein und so quatschte ich ein sinnloses Kauderwelsch.

Der Stationsvorsteher wandte sich salutierend an Telschow. Ob der Zug weiterfahren dürfte? Telschow genehmigte, und er und Krämer geleiteten mich nun zu einer bereitstehenden Mietequipage. Derweilen war vielerlei passiert, was wir erst hinterher erfuhren. So hatte ein Vater seine Töchter geohrfeigt, weil sie über mich gelacht hatten.

Wir fuhren durch die Straßen. Die Menge stob hinter uns davon, um uns an einer anderen Ecke nochmals zu sehen. Gar zu gern wären wir in einem Restaurant abgestiegen. Aber es war ein sehr heißer Tag, meine Vaseline kam ins Rinnen, und mein Indianerbraun griff schon auf den Stehkragen über. So fuhren wir ans Ende des Städtchens, wo Telschow bei lustigen Damen wohnte. Mit denen feierten wir das Erlebnis mit Müller Extra, nachdem ich mich wohl zwanzigmal abgewischt und gewaschen hatte. Aber ich mußte mich häufig verstecken, denn nun pilgerten viele neugierige Leute herbei. Die Reporter der beiden Lokalblätter fanden sich ein. Der Briefträger brachte das Schreiben an den Kalifen, und der Bahnhofskellner entschuldigte sich, weil er die zehn Glas Bier nicht überreicht hatte. Krämer und Telschow erklärten, der Kalif wäre bereits per Auto weitergereist. Sie unternahmen Streifen durch die Lokale des Ortes und berichteten dann, was man über mich sagte. Es war interessant festzustellen, wieviel in solchen Fällen erlogen wird. Da war z.B. jemand, der behauptete, in meinem Coupé mit mir zusammen gefahren zu sein. Und er schilderte seine Unterhaltung mit mir.

In der Dunkelheit begleiteten mich die Freunde zum nächsten Ort. Ich fuhr nach Frankfurt zurück.

Eine der Eltviller Zeitungen brachte eine verärgerte Notiz: Es hätten sich junge Burschen einen dummen Spaß erlaubt, einer braun angepinselt. – – Dann brachte die Rheinisch-Westfälische Zeitung unter dem Stichwort »Eine Köpenickiade« eine ausführliche, humoristische Schilderung des Vorfalls. Die war etwas entstellt oder ausgeschmückt. Zum Beispiel hieß es da u.a.: »Seine Hoheit, der Emir, beabsichtigte die benachbarte Virchowquelle zu besichtigen.«

Dann veröffentlichte ich folgendes Poemchen:

An die Eltviller
Habt Dank, ihr Bürger von Eltville.
Ihr kamt so höflich mir entgegen.
Es war schon längst mein hoher Wille,
Euch einmal etwas aufzuregen.

Ihr habt so freundlich mich gepriesen.
Und wenn die Stadt auch nicht geflaggt hat,
Hat sie doch ohnedies bewiesen,
Wie hoch man schätzt den Herrn von Bagdad.

Habt Dank! Aus eurem Wortgemunkel
Zieh' ich die Konsequenz mit Lachen:
Man braucht sich nur ein wenig dunkel,
Um euch mal etwas weiszumachen.

Einige Tage später saß ich mittags in meinem hochgelegenen Zimmer. Da rief meine Wirtin hinauf: Es wolle mich ein Herr sprechen. Ich trat aus der Tür und beugte mich über den Schacht der Wendeltreppe. Da sah ich unten einen vollbärtigen alten Herrn. Der hielt das Tau umklammert, war von den Stufen abgeglitten und pendelte nun an dem Tau. Ich eilte ihm zur Hilfe, geleitete ihn nach oben und fragte, was mir die Ehre verschaffe. Als er zu Atem kam, berichtete er, daß er schon bei Herrn Telschow gewesen wäre, der aber noch im Bette lag und nicht aufzuwecken war. Es handelte sich um folgendes. Der vollbärtige Herr war der Direktor der Virchowquelle. Er meinte, unser Kalifenstreich und der Artikel in der Rheinisch-Westfälischen Zeitung wären von einer Konkurrenzfirma aufgezogen und gegen seine Quelle gerichtet. Ich schwur, daß ich von der Existenz einer Virchowquelle erst durch jenen Zeitungsartikel mir unbekannten Verfassers erfahren hätte. Aber er glaubte mir nicht recht. Es rührte mich, daß ein alter Herr sich so erregt zu mir bemühte, und es schmeichelte mir, daß man unseren Scherz so ernst nahm. Deshalb versprach ich, eine berichtigende Erklärung in verschiedenen Zeitungen zu publizieren. Das tat ich dann auch, sehr ungern.

 Das Leben war lustig, aber mein Frankfurter Chef war kein Hamburger, und ich wünschte mich fort.

(Ich nehme jetzt an gegebener Stelle wieder den Faden der Erzählung auf »Das Abenteuer um Wilberforce«.)

»Das Abenteuer um Wilberforce«
(Schluß)

Ich wog die Freuden und Sorgen meiner Seefahrten gegeneinander ab, dachte an die wechselvollen Erlebnisse in fremden Orten, auch an Hull, an Blooms cook und an das Abenteuer mit dem geschminkten, nach Himbeeren duftenden Girl, das ich am Wilberforce – ich wußte inzwischen, wer Wilberforce war –, das ich am Wilberforcedenkmal angesprochen hatte.

Eine unbändige Sehnsucht nach Hull erfaßte mich. Ich kündigte plötzlich meine Stellung, und fünfzehn Tage später war ich reisebereit.

Meine Eltern sollten nichts davon erfahren. Weil mir aber nach Begleichung der Miete und verteilter anderer Schulden nur noch ein paar Mark verblieben, wandte ich mich telegraphisch an meinen besten, eigentlich einzigen Freund Martin Fischer mit der Bitte, mir zehn Mark zu leihen. Ihm wäre das leicht gefallen. Auch war es das erstemal, daß ich ihn um eine solche Gefälligkeit anging.

Aber ich erhielt weder Geld noch Antwort und schrieb dem Freund nie wieder und sah und hörte von ihm nichts mehr.

Nun suchte ich zunächst Telschow in Eltville auf, der mir zwar auch nicht zu Geld verhalf, aber sich sonst sehr freundschaftlich zeigte und von meinem Vorsatz, nach England zu reisen, begeistert war. Noch einmal ließen wir unsere Freundschaft und unsere Begeisterung in unserem Leibsekt »M.M.« treiben.

Ich hatte mir ausgesonnen, mich zu Fuß mit meiner Mandoline als fahrender Musikant bis nach Holland durchzuschlagen und dann per Dampfer nach Hull zu fahren. Dieser Plan war insofern phantastisch und frech, als ich von Natur aus durchaus unmusikalisch war, niemals Mandolinenunterricht genossen hatte und auf diesem Instrument mit Mühe und Not nur fünf Lieder ganz dilettantisch und kindlich spielen konnte. Von Noten, von Akkorden wußte ich nichts.

Dennoch machte ich mich auf den Weg, an einem Abend, da Hunderte von Nachtigallen am Ufer sangen, und mein Freund gab mir ein Stück das Geleit.

Ich trug einen grünen Lodenanzug, ein Jägerhütlein, in einem Wachstuchfutteral meine Mandoline und in einem dürftigen Köfferchen aus Segeltuch einen überlangen Gehrock sowie etwas Wäsche. Den Rhein abwärts von Dorfkneipe zu Dorfkneipe.

Ich spielte »Wie die Tage so selig verfließen«, dann »Hans und die Ella saßen im Keller«, dann »Santa Lucia«, dann »Daß ich so klein und niedlich bin, das hab' ich von meiner Mama«, und bevor ich das fünfte, das letzte Lied, mein Lieblingslied »La Paloma« zugab, sammelte ich ein.

Die Bauern, mehr oder weniger von der Musik gerührt – es kam vor, daß dem einen oder anderen Tränen in den Augen standen –, gaben mir Kupferpfennige und Wein, und in den Gasthöfen, wo ich übernachtete, forderten die Wirte keine oder höchstens geringe Bezahlung. In größeren Orten, in vornehmen Restaurants, eleganten Gartenlokalen, setzte ich mich bescheiden in einen Winkel, holte mir auch zuvor beim Wirt die Erlaubnis zum Spielen ein. Die Gäste dort, gerührt oder belustigt durch mein kläglisches Geklimper, legten Fünfer oder Zehner in meinen Teller und spendeten mir im Übermaß Essen und Trinken. Solcherweise geriet ich auch in Hochzeiten und sonstige Festlichkeiten, da ich denn noch freigebiger beschenkt wurde.

Meine Hosentaschen waren voll und schwer von Münzen. Es gewährte einen wundersamen Reiz, mit beiden Händen darin zu wühlen. Ich war meines Glückes voll bewußt. So reich, so frei und dabei ein Landstreicher zu sein, den niemand beneidete noch ausnutzte, dem alle Wohlwollen oder Mitleid entgegenbrachten, dem schlimmstenfalls mißtrauende Menschen auswichen.

Nur wenige Male ereignete es sich, daß ein Landgendarm mir bedeutete, es wäre nun an der Zeit, mich weiterzuscheren. Ich sah auch bald sehr nach Landstraße aus. Mein Gewand, meine Schuhe waren abgenutzt, verschwitzt und verstaubt. Haar und Bart ließ ich wachsen, wo und wie sie wollten.

Bei den Schlächtern und Milchhändlern, die mein Kleingeld gegen größere Münzen einwechselten, zu welchem Zwecke ich die Pfennige, Fünfer und Groschen hübsch gleichmäßig in Häufchen auf den Tisch zählen mußte, erhielt ich nachdem fast jedesmal ein Zipfelchen Wurst, einen Trunk frischer Milch.

Es waren malerische Straßen, die ich zurücklegte. Da mein Geld wuchs und mir die Gelegenheit, es zu verausgaben, meist gastfrei abgeschnitten wurde, so konnte ich mir's bald leisten, für längere Strecken die Rheindampfer zu benutzen, und auch auf diesen Fahrten schlug ich Geld aus meinen wimmernden Saiten.

Vor Rotterdam ballten sich Besorgnisse in mir. Ob man mich an der Grenze anhalten und ausforschen, für einen Stromer halten und zurückweisen würde. Aber alles verlief dann gut. Ich überschritt mit Herzklopfen, doch unbehelligt die Grenze und bezog ein Quartier in einem schlichten Gasthaus, wo ich die Miete für eine Nacht im voraus entrichtete.

Am nächsten Morgen forderte ich im Büro der Wilson-Line ein Ticket zweiter Klasse nach Hull für einen Dampfer, der noch am selbigen Abend abdampfen sollte. Das Billet kostete fünfzehn Schillinge; dar über hatte ich mich bereits in Frankfurt orientiert.

Der Herr am Schalter sprach gut deutsch. Bevor er mir den Fahrschein einhändigte, fragte er, wieviel Geld ich bei mir hätte. So oft am Tage hatte ich meine Schätze überzählt, ich wußte bis auf den Pfennig, was ich besaß. Ich antwortete prompt und lustig: »Neunundvierzig Mark und zweiundzwanzig Pfennige.«

Der Schalterbeamte zuckte die Achseln. »Ich bedaure«, sagte er, »Sie können nicht reisen. Sie müssen in England fünf Pfund, also hundert Mark, vorweisen können. Ich darf Ihnen den Fahrschein nicht ausliefern.«

Es gab ein Hin und Her von Reden, die meinerseits entrüstet, flehend, verbittert klangen. Der Angestellte der Wilson-Line blieb ruhig und höflich und unerschütterlich. Ich wankte hinaus durch Straßen, nach dem Hafen.

Der Anblick der Schiffe und alles, was mich sonst seemännisch hätte anheimeln müssen, ließ mich nun kalt, war beschattet von dem Gedanken, daß ich so nahe am Ziel wieder umkehren sollte. Ich sann auf einen Ausweg. – Der Herr am Schalter war nicht allein höflich, sondern sogar herzlich gewesen. Ich wollte ihn noch einmal bestürmen.

Er hörte mich freundlich an. Er überlegte. Mir ward heiß vor Hoffnung. Er fragte: »Haben Sie noch einen anderen – einen besseren Anzug?«

»Jawohl!« sagte ich eisern, und mein Gehrock, ein schneeweißes Hemd und ein nagelneuer Kragen blähten sich in meinem Hirn.

»Ich will nichts gesagt haben«, sprach der Herr weiter und ließ seine Stimme sinken, »aber wenn Sie erster Klasse fahren, dann kostet das Billett dreißig Schillinge, und Passagiere erster Klasse hält man in England nicht an.«

Ich flog davon, wusch mich, als wäre ich in Tinte gefallen, legte neue Wäsche und den überlangen Gehrock an. Darauf ließ ich mir von einem Friseur Haare und Bart stutzen, und wenn dieser Mann mich fragte: »Wünschen Sie Puder –« oder: »Soll ich etwa – –«, dann unterbrach ihn mein sicheres »Certainly!«

Mit koketten, kurzen Tänzelschritten betrat ich wieder die Geschäftsräume der Wilson-Line, verbeugte mich steif und gemessen vor meinem lächelnden Gönner und empfing das Billet erster Klasse nach Hull.

Als ich mich einschiffte und die Stewards mich fatal entgegenkommend empfingen, hatte ich einen peinlichen Stand, den Eindruck gentlemanlike und mein Köfferchen aus Segeltuch in Einklang zu bringen. Ich kam mir wie ein Hochstapler vor und war viel zu naiv, um etwa einfach den Spleenigen zu spielen.

Das Schiff war in der Hauptsache Frachtdampfer und führte nur wenige Kabinen. Außer mir war auch nur noch ein Passagier, eine Dame, an Bord, deren elegante und interessante Erscheinung Aufsehen erregte. Es lockte mich unwiderstehlich, ihre Bekanntschaft zu machen. Als uns in dem luxuriösen Salon gemeinsam serviert ward, stellte ich mich kühn vor, womit sie, vermutlich aus Langerweile, zufrieden schien.

Sie kam aus Venedig, und wir plauderten über diese auch mir bekannte Stadt. Und während ich im Laufe der sich vertiefenden Unterhaltung durch meine englischen Unkenntnisse viel Sprachunheil und komische Mißverständnisse anrichtete, gerieten wir in eine warme, nahezu vertrauliche Stimmung. Es war mir sehr angenehm, daß wir später auf das nur spärlich beleuchtete Promenadendeck übersiedelten. Denn dort brauchte ich nicht mehr meine Beine krampfhaft übereinanderzuschlagen, um ein Zigarettenbrandloch zu verdecken, brauchte nicht immer wieder meine zu Boden gerutschten Gehrockschöße zu raffen und die Raffe zwischen Stuhl und Gesäß festzuklemmen. Auch war ich endlich den neugierigen Blicken der Stewardeß entzogen.

Wir räkelten uns in Faulenzerstühlen. Es war eine unvergeßliche, erfrischende Nacht. Der Himmel leuchtete sternenlos in weitem Grau. Das Meer war schwarz und brausend bewegt, und das Schiff stampfte, von Wellenschaum wie von einem Spitzenkragen umgeben. Ich saß als Passagier erster Klasse neben der reizenden, etwas sentimentalen Miß. Wenn sie geahnt hätte, daß ich keine zwölf Schillinge mehr besaß!

Sie wird viel mehr gemerkt und geahnt haben, als ich damals annahm. Wie aber legte sie sich das wohl aus? Im guten oder im bösen Sinne?

Es ward kein Roman aus unserem Zusammensein. Als sie sich zurückzog, verabschiedeten wir uns befriedigt höflich. Sie trug noch ein Shakespeare-Zitat in das Schiffsgästebuch ein, ich dichtete selbst ein Verschen darunter, und dann ging ich noch lange mit unruhigen, süßen Gedanken auf Deck auf und ab.

Als anderen Tags die Zollbeamten mein Gepäck revidiert hatten und ich mit diesem, um die Stewards herumlavierend, von Bord ging, sah ich meine Dame auf dem Landungssteg noch einmal wieder. Ich verabschiedete mich von ihr, auffallend laut. Sie reichte mir noch ihre Visitenkarte. Darauf stand: »Azubach Hines, Wakefield.«

Und niemand hielt mich an. Ich stand in Hull mit weiter Brust. Ein zerlumpter Gassenbube bot sich mir aufdringlich als Gepäckträger an. Ich fragte, ob er ein billiges Zimmer für mich wüßte. Er ließ sich einen Schilling vorauszahlen und geleitete mich in eine Pension Huttstreet 22, wo auch der deutsche Pastor logieren sollte.

Ein Fräulein Scott leitete dieses Privatlogierhaus. Sie wies mir ein Zimmerchen an, daß six shilling six pence pro Woche kostete, und ich war beglückt darüber, ein Stück Seife vorzufinden.

Durch Erfahrungen belehrt, hatte ich mir fest vorgenommen, vor allem und sofort mich nach Arbeit umzutun. Es durfte nicht geschehen, daß ich wieder heimlich und voll Angst zwischen Zementsäcken schlief. Aber als ich gewaschen und frisiert die Pension verließ, konnte ich mich noch nicht bezwingen, sondern schlug die Richtung nach Blooms Haus ein.

Das Boardinghouse Bloom nach sechs Jahren einmal wiederzusehen, war doch das Ziel meiner Reise gewesen. Hatte ich nicht deshalb meine Frankfurter Stellung, meine neue, gesicherte Stellung aufgegeben?

Ich eilte, von einem heimwehähnlichen Gefühl getrieben, dem Prospectplace zu.

Und doch bog ich unterwegs unwillkürlich vom direkten Kurse ab und stand wenige Minuten später Wilberforce gegenüber.

Das Denkmal war selbstverständlich noch da. Es war nicht gestohlen.

Ich starrte den berühmten Philanthropen, den großen Menschenfreund lange an. Ich bemühte mich dabei, seinen Namen in der Art und Weise einer englischen Frauenstimme auszusprechen. – –

Blooms Haus war verschlossen und hatte die Fensterläden wie Augenlider niedergeschlagen. Ich trat in den Ausschank, wo ich einst täglich für Mistreß Bloom heimlich Stout, Ale und Whisky besorgt hatte.

Ich hörte, Blooms wären seit Jahren verzogen, aber wohin, wäre unbekannt.

Andere Nachbarn erinnerten sich nicht einmal mehr. Die Frau eines Polizisten erkannte mich als Blooms cook. Sie wußte nur, daß Blooms seit Jahren weitab wohnten. Sie nannte mir den Namen der Straße und beschrieb den Weg. Ich sollte dort nach Blooms garden fragen.

Im Laufschritt legte ich den Weg zurück. Blooms garden bestand aus zwei schmalen Gemüsebeeten und aus einer Bretterbude, darin Herr und Frau Bloom Sodawasser verkauften. Beide waren zugegen, aber ich erschrak über ihr verblödetes Aussehen und über ihren heruntergekommenen Zustand. Sie erkannten mich nicht, und als ich, um ihr Gedächtnis wachzurufen, Einzelheiten von damals berichtete, nickten sie »yes« und »yes«, aber ich merkte, daß sie sich auf nichts besannen. Ich bestellte und bezahlte zwei Flaschen Sodawasser, die ich unberührt ließ, und entfernte mich mit verlegenem Gruß.

Und hockte später lange, ohne mich zu rühren, wie ein kranker Vogel in meinem kahlen Stübchen in der Huttstreet.

Sonnenschein weckte mich frühzeitig. Durchs offene Fenster trug eine leichte Brise salzige Luft, die brachte mir wieder Unternehmungslust. Es galt, so schnell wie möglich eine Verdienstquelle zu ermitteln, bevor meine Barschaft zu Ende ging.

Meine Mandoline kam nicht in Frage, das hatte ich bereits erkundet. Fahrende Musikanten durften nur auf offener Straße spielen. Ich stieg also wie einst von Schiff zu Schiff, bekam aber weder Anstellung noch vorübergehende Arbeit. Indessen geschah es wieder mehrmals, daß mir von den Matrosen, die Blick und Verständnis für hungrige Menschen haben, Speise und Trank verabreicht wurde, ohne daß ich darum anging. Denn aus Grundsatz bettelte ich nie, was schon insofern ein unnötiger Stolz war, als ich zweifellos manchmal viel Fragwürdigeres beging.

Der Anblick der vielen Arbeitslosen und zerlumpten, oft stockbetrunkenen Weiber, die sich mir um einen Priem anboten, sowie der Gedanke an Blooms Schicksal erfüllten mich mit hetzender Angst. Ich bot mich im Shakespeare-Hotel und in sämtlichen Hotels und sonstigen Gaststätten als Kellner an. Vergeblich.

Es war der Hospital-Saturday. Überall sperrten mir schöne Damen den Weg, mich um einen Penny ersuchend, und ich gab, jedesmal seufzend, viele Pennys hin.

An die Frucht-Exporthäuser und andere merkantile Büros wandte ich mich, empfahl mich zu gröbsten wie zu den besseren Arbeiten, je nachdem bald meine Muskeln, bald meine Intelligenz hervorhebend. Dann tat ich etwas, was ich bisher aus Sparsamkeit hinausgeschoben hatte; ich gab in der »Daily Mail« ein

Inserat auf: »Intelligent German looks for a situation as clerk or correspondent, adress ...« usw.

Und in den nächsten Tagen offerierte ich mich schriftlich und persönlich bei den Kleinkaufleuten als Verkäufer und bei den Zeitungen als Reporter. Alles ohne den geringsten Erfolg. Jeden Abend kehrte ich enttäuschter und zermürbter in die Pension zurück.

Ich schrieb an Miß Hines nach Wakefield einen kitschigen und verlogenen Brief. Ob sie eine Rettung für mich wüßte, sonst müßte ich mich erschießen. Ich ließ nichts unversucht. Der Kantor der deutschen Kirche, dem ich meine Lage vertraute, nachdem ich zuvor dem Gottesdienst beigewohnt hatte, wies mich an verschiedene Adressen, aber überall wurde ich freundlich vertröstet oder liebenswürdig weiterempfohlen. Es blieb immer das gleiche: ermüdende Wege, verlorene Zeit. In der Berlitz-School, wo ich mich um eine Stellung als deutscher Lehrer bewarb, riet man mir, im nächsten Monat nochmals vorzusprechen, weil dann ein zweiter deutscher Lehrer eingestellt würde.

Ich ging zum deutschen Konsul, jenem Konsul, der mir vor Jahren das Porto und das Briefpapier berechnet hatte. Er beteuerte, wie gern er seine Landsleute unterstützen möchte. Aber die Konjuktur wäre gegenwärtig unter dem Hund. Viele Schiffe lägen auf. – –

Ich lebte nurmehr von Käse und Brot. Einem einzigen Luxus vermochte ich nicht zu entsagen: Ich rauchte die besten englischen und ägyptischen Zigaretten bis zuletzt, bis ich außer der Wochenmiete für mein Zimmer kein Geld mehr besaß. Da traf es sich, daß ich mir zufällig zwei Penny verdiente, indem ich einem Manne einen Korb Salzgurken heimtrug. Auf dem Rückwege hielt ich vor einem Torweg, wo ärmliches Volk, Frauen, Männer und auch Kinder die neuesten Zeitungen gegen Bezahlung in Empfang nahmen.

Mit dem Augenmerk der Arbeitslosen überflog und erfaßte ich die Angelegenheit, mischte mich unter die kümmerlich eifernden Leute und erstand für zwei Penny sechs Exemplare der »Daily Mail«. Wie ich's an anderen täglich beobachtet hatte, so stürmte nun auch ich durch die Straßen und schrie laut aus: »Daily Mail half penny!« Ja, ich ahmte sogar den Jargon der Huller Zeitungsjungen nach: »Dehlimehl hepenny!« Weil ich dadurch komisch wirkte und mich, erfreut über meinen neuen Beruf, sehr dreist benahm, ward ich meine Ware im Umsehen los, raste zurück, kaufte nun für drei Penny neun Zeitungen und brachte diese ebenso schnell an den Mann, daß ich nochmals neue beschaffen konnte und am Abend einen netten Gewinst errechnete. Ich schlief zum erstenmal im Hause Scott zufrieden ein.

Aber meine Einnahmen wuchsen in der Folgezeit nicht progressiv, wie ich das kalkuliert hatte. Und ich gab das neue Metier und gab meine Pläne, meinen Stolz und Hull und mich selber auf.

Weder auf das Inserat noch auf den Brief an Miß Hines war eine Antwort eingetroffen. Ich zahlte die Wochenmiete, da sie fällig war, und schickte mich beklommenen Herzens an, meinem Zimmernachbarn, dem deutschen Pastor, einen Besuch abzustatten, um ihm mein Herz auszuschütten und ihn zu bitten, mir zu einer freien Überfahrt nach Antwerpen zu verhelfen.

Leider habe ich den Namen des Pastors vergessen. Er sprach ruhig, sachlich, ehrlich und aus gutem Herzen. Er wäre überlaufen von deutschen Stellungs- und Obdachlosen. Er sei nicht in der Lage, so vielen Menschen ausreichend zu helfen. Aber der Pastor schenkte mir aus eigener Tasche vier Schillinge und gab mir einen verschlossenen Brief an den Kapitän eines nach Antwerpen bestimmten Dampfers mit. Daraufhin gewährte man mir bereitwilligst freie Überfahrt.

Ich nahm mir vor, dem Pastor die vier Schillinge mit einem Zeichen meiner dankbaren Hochachtung, sobald ich irgend vermöchte, zurückzusenden. Das habe ich dann nie getan.

In Antwerpen erging es mir noch schlechter als in Hull. Zwar ließ man mich in einfachen Kneipen Mandoline spielen. Aber die Zuhörer verlachten und verspotteten mich, und nur selten warf mir jemand eine Münze zu.

Wieder lief ich von früh bis spät nach Arbeit, lief mir die Sohlen und die Seele wund. Ich wohnte in einem winzigen Dachstübchen. Durch die zerbrochenen Fensterscheiben rann das Regenwasser in mein Bett. Das Bett war eine Kiste mit einem Strohsack und einer Wolldecke.

Schließlich war ich durch Entbehrungen, Enttäuschungen und Anstrengungen so zermartert, daß ich nicht mehr die Kraft aufbrachte, das Bett zu verlassen und mich nurmehr von Marmelade ernährte. Tagelang. Wie in Grimsby auf dem Fischdampfer »Columbia«, nur daß ich damals aus Übersättigung nichts anderes anrührte und diesmal nichts anderes hatte.

Und ich sann bitter und ungerecht über mein Schicksal nach und war darauf gefaßt, dort wie ein verstoßener Hund zu verrecken. Weder meine Eltern noch meine Freunde konnten ahnen, wo und in welcher Verfassung ich war. Aber wen hätte meine Lage 'bekümmert, fragte ich mich und dachte an Martin Fischer und dachte an alle schlechten Menschen und an jedes Mißgeschick, das mir widerfahren war, und dann – allmählich in Schlaf und Träume verfallend – an Besseres und Gutes, an edle Menschen, an den Schweizer Drasdo in Basel, an die Lady auf den Zementsäcken in Hull, – an – –

Nach einem langen Ausruhen erhob ich mich endlich mit Energie, wusch mich von oben bis unten, zertrümmerte, um meine Kraft zur Kühnheit anzufachen, mit einem Fußtritt die linke Bretterseite meiner Bettkiste und begab mich zu einem kleinen Barbier, den ich fragte, ob er mir für die letzten mir verbliebenen Geldmünzen Haar und Bart oder beides schneiden wollte. Er ging auf alles ein mit einem scheinheiligen Eifer und horchte mich dabei neugierig aus. Oh, er wüßte jemand, der mir beistehen würde, und er wollte mich zu dessen Haus führen, ohne Entgelt, und er wünschte mir alles Beste.

Tatsächlich begleitete er mich vor das Haus des deutschen Pastors in Antwerpen.

Auch dessen Namen weiß ich nicht mehr. Ich kam übrigens zu unrechter Stunde. Der Herr war nicht zu sprechen, war erst mittags und dann erst abends und dann erst morgen zu sprechen.

Ich trug meine Geschichte offen vor und fragte, ob er mir zu einer bescheidenen Anstellung verhelfen könnte oder sonst zu einem Schiff, das mich gegen Arbeitsleistung nach Deutschland mitnähme.

Auch dieser Pastor war ein stiller Mann. Er nickte nur während meines Vortrages, schrieb dann einen Brief, den er verschloß und adressierte. Ich sollte diesen Brief unverzüglich persönlich abgeben und auf Antwort warten.

Ich sprudelte Dankesworte heraus und eilte davon und übergab dem Adressaten erwartungsvoll das Schreiben. Der las es und ließ mich unverzüglich – ins Gefängnis werfen.

In ein richtiges Gefängnis, in eine Einzelzelle mit wenig Licht, das durch ein unerreichbar hoch angebrachtes, vergittertes Fenster einfiel. Eine Pritsche und ein Wasserkrug standen dort. Meine Mandoline, mein Köfferchen und alles, was ich in den Taschen trug, ja sogar Hosenträger und Kragenknöpfe hatte man mir vorher, während ich unter Beaufsichtigung in ein Bad steigen mußte, stillschweigend weggenommen.

Das war alles so plötzlich und schnell über mich hereingebrochen, daß ich erst zur Besinnung kam, als die Zellentür ins Schloß fiel.

Offenbar war ich das Opfer einer Verwechslung. Ich pochte, schlug, trat gegen die Tür. Da nahten Schritte. Eine schmale Klappe in der Tür ward aufgetan, und das rohe Gesicht eines Wärters grinste mich an. Er brummte ein paar flämische Flüche, und ich stammelte ungelenk französische Worte. Ich verfügte an sich nur über geringe Kenntnisse der französischen Sprache, nun aber war ich vor Aufregung völlig verwirrt. Der Wächter schlug wütend die Klappe zu. Seine Schritte verhalten. Ich bebte vor Zorn.

Aber der Irrtum mußte sich aufklären. Ich hatte ja Papiere bei mir, darunter meinen Militärpaß mit der Bestätigung, daß ich einjährig-freiwillig gedient hatte. Und ich hatte ein reines Gewissen. Und ich konnte mir auch sofort telegraphisch Geld verschaffen. Von den Eltern oder von Bekannten.

Mit welchem Recht war ich verhaftet worden? Das konnte nur auf einem Mißverständnis beruhen. Es war doch nicht auszudenken, daß der deutsche Seelsorger, um mich loszuwerden, mich so schändlich und hinterlistig verraten hatte.

Mittags wurde ein Napf Suppe durch die Klappe geschoben. Ich rief: »Pardon, monsieur, je – –.« Die Klappe schlug zu. Der Wärter schritt lachend weiter.

Abends ward ein Brot durch die Klappe geschoben. Ich beschwor den Wärter mit flehenden Worten und Gesten. Ihn rührte das nicht.

Nachts tobte ich wohl eine Stunde lang in höchster Wut gegen die Tür, bis ein Nachtwächter an dem Klapploch erschien. Ich verlangte »Monsieur le directeur« zu sprechen. Der Wärter äffte meine Worte höhnisch nach und schlug die Klappe zu.

Es vergingen Minuten, Stunden, die Nacht und ein Tag. Es vergingen noch Tage, qualvolle Tage. Ich war vergessen, betrogen, begraben. Was sollte ich beginnen, um nur einmal angehört zu werden. Den Wärter ermorden, mir selbst die Pulsader durchbeißen oder Nahrung verweigern, Hungers sterben? Ich raste.

Ich weinte. Ich betete. Ich aß von dem Brot, trank aus dem Krug, schlief auf der Pritsche. – Ich ward stiller. Ich fügte mich.

Eines Morgens endlich ward nicht die Klappe, sondern die ganze Tür geöffnet. Es war ein unbeschreiblich spannender Moment. Nun hatte man den Irrtum erkannt, wollte mich herausholen und würde sich entschuldigen.

Aber das traf nicht zu. Alle Gefangenen wurden eine Stunde ins Freie gelassen.

Der runde Garten war wie eine Torte in schmale spitze Dreiecke eingeteilt. Für jeden Gefangenen gab es solch ein umgittertes Dreieck. Darin durften wir nun eine Stunde lang in der Sonne auf und ab gehen. Dann trieb man uns in die Zellen zurück.

Und wieder einmal öffnete sich meine Tür, und man führte mich durch lange Korridore zum Arzt. Der sollte meinen Fingerabdruck nehmen. Es war ein älterer Herr von vertrauenerweckendem Äußeren, auch sprach er deutsch, war sogar möglicherweise ein Deutscher.

Während ich seine Anweisungen befolgte und meine Daumen in Ruß drückte, bat ich ihn in dringendsten Worten um Beistand.

Ich sprach in den Wind. Der Arzt mochte mich für geistesgestört oder für einen Betrüger halten. Er war es wahrscheinlich in seiner Praxis gewohnt, daß Gefangene ihn derart beschwatzten. Schweigend vollzog er seine Aufgabe. Dann schloß man mich wieder ein.

Ich meinte, ich müßte in Wahnsinn enden. Nahe daran muß ich wohl gewesen sein.

Ich weiß die Reihenfolge und die Einzelheiten der nächsten Ereignisse nicht mehr. Ich ward mit anderen Gefangenen abtransportiert. Es gab eine Fahrt im offenen Wagen zwischen brutalen Schutzleuten, die ihre Befehle mit Püffen und Fußtritten begleiteten. Es gab ein Übernachten in einem stinkigen Raume, wo man die Gefangenen einzeln wie Vögel in Gitterkäfige sperrte, und dann eine lange, entsetzliche Eisenbahnfahrt.

Meine Leidensgenossen waren sehr unterschiedliche Leute, zcrlumpte Gestalten, Handwerksburschen und verkommene, gehetzte, gesuchte, verzweifelte arme Teufel, rohe, verbitterte, witzige Kerle, auch stumm verschlossene, undefinierbare Menschen und daneben solche, die kein Hehl daraus machten, daß sie etwas auf dem Kerbholz hatten. Wir wurden nach Deutschland abgeschoben, sollten der deutschen Behörde übergeben werden. Einige von uns erlebten das nicht zum ersten Male. Sie klärten uns auf.

In Brüssel legte man uns Handschellen an. So wurden wir von Polizisten an Ketten über die Bahnsteige durch die neugierig gaffende Menschenmenge gezogen und abermals in einen Zug verladen.

Das wurde eine grausige, nicht endenwollende Fahrt. Wir saßen, jeder gesondert, in schwer verschlossenen, fensterlosen Zellen auf Klosettsitzen und konnten uns wegen der dicken Wände und bei dem lauten Geratter der Wagen nicht besser untereinander verständigen, als daß wir stundenlang solidarisch mit taktmäßigen Fußtritten gegen die Türen donnerten. Ungeduld, Hitze und Durst folterten uns in unerträglicher Weise.

Mir ward ein Wunder zuteil. Indem ich, um die Zeit, die schreckliche Zeit zu vertreiben, meinen Anzug untersuchte, stieß ich im Rockfutter auf den Rest einer englischen Zigarette. Und nicht nur dies, sondern ich fand sogar ein Stückchen Zündholz mit Kuppe, englisches Zündholz, das sich überall anstreichen ließ. Himmlische Fügung! Ein langentbehrter Genuß winkte mir.

Aber ich geduldete mich, bis meine Aufregung sich legte, bis mein Atem ruhiger ward. Dann entzündete ich das Schwefelholz vorsichtig an der Schuhsohle. Es blitzte auf, es glimmte, es brannte. Ich hielt es schräg, bis die Flamme sich vergrößerte.

Dann näherte ich es bedächtig der Zigarette und sog einen köstlichen Zug Tabakrauch tief in die Lunge ein, ganz langsam. Allzu langsam, denn als ich einen zweiten Zug tun wollte, war das Feuer der Zigarette erloschen.

Nach einer Ewigkeit hielt der Zug. Wir wurden ausgeladen. Man händigte uns unsere Habseligkeiten aus, mir das Köfferchen und die Mandoline im Wachstuchfutteral und Hosenträger und Kragenknöpfe. Dann gruppierte man uns zwei und zwei zu einem Zug, und so marschierten wir, links und rechts von vielen Bewaffneten bewacht, der nahen deutschen Grenze bei Herbesthal zu.

Dort, schon von weitem sichtbar, erwartete uns ein einziger deutscher Wachtmeister. Dem brachten wir, als wäre es vorher verabredet und eingeübt, ein donnerndes Hurra aus.

Die Belgier übergaben ihm unsere Personalien und die Überweisungsakten und zogen sich dann unter unseren Verwünschungen und unserem Hohngelächter zurück. Wir mußten dem deutschen Polizisten zur Wachstube folgen.

Jetzt kam für einige von uns der schlimmste, für andere ein kritischer und für mich der goldene Augenblick.

Als mich der verhörende Polizeioffizier erstaunt befragte, wie es möglich wäre, daß ein Mann von meiner Vorbildung in solch eine Situation geriete, war ich wohl einen Moment beschämt. Aber der Wunsch, erlöst zu sein, war brennender, und so beschränkte ich mich auf eine knappe Erklärung, betonte nur wiederholt, daß ich mir sofort von meinen Eltern Geld beschaffen würde.

»Gut, Sie können gehen.« – Ach, wie das klang!

Ich depeschierte an meine Frankfurter Wirtin um Geld. Und dann saß ich gewaschen und im Gehrock im Hotel und dinierte und trank Champagner, bis das Frankfurter Geld eintraf. Es war das zu spät, um noch am selben Abend weiter nach München zu fahren. So übernachtete ich in dem Hotel, ging aber nicht zu Bett, sondern ließ mir eine zweite Flasche aufs Zimmer bringen.

Und saß dort sentimental, betrunken von Freiheit und Champagner.

Und unternahm in Gedanken noch einmal die Reise von Frankfurt nach Hull. Ich bereute sie nicht. Ich meinte, ich hätte auch unterwegs, auch in der schlimmsten Zeit sie nie bereut.

Die schlimmste Zeit war die in den belgischen Gefängnissen gewesen. Aber das alles war vorbei, und ich hatte Erfahrungen gesammelt und Neues gelernt. Und diese Reise hatte mich einmal aus dem bösen Alltag des gleichbleibenden, geborgenen Sattwerdens herausgerissen. Und mir war doch auch vieles Erhebende und Herrliche zugestoßen. Das Freiheitsgefühl als fahrender Musikant. Die Nachtfahrt mit Miß Hines. Am schönsten war gewesen – das Erlebnis mit dem geschminkten, nach Himbeeren duftenden Mädchen vom Wilberforcedenkmal. – Nein, noch schöner – das allerschönste war – das andere Abenteuer – das eigentlich nie gewesen war, das versäumt und verträumt war. Das erträumt und versäumt bleiben sollte. – »Ten o'clock Wilberforce-Monument.«

München und Buchhalter

Frau Müller sandte prompt Geld, so daß ich mein Hotel bezahlen und langsam vierter Klasse nach München reisen konnte.

Ich wußte, daß Telschow inzwischen dort eine Anstellung gefunden hatte. Er nahm mich freudig in seiner Wohnung auf, bis ich eine Stellung fände. Er war ein anhänglicher Mensch und ein spaßiger Kauz. Noch immer pflegte er seine Kleider aufs peinlichste und brachte jeden Morgen eine halbe Stunde damit zu, seine gelben Schuhe mit Milch zu behandeln. Er kaufte sofort eine Flasche Müller Extra.

Telschow wohnte im Osten der Stadt, wo die kleinen Leute hausen. An deren bescheidenen Freuden nahmen wir nun teil.

Wir tranken in den großen Kellern unsere Maß, aßen Radi dazu und versuchten den Dialekt und die derbe bayrische Gemütlichkeit nachzuahmen. Sonntags gingen wir in die Berge oder auf die Schwammerlingsuche.

Es gab in München ein Revolverblatt, betitelt »Grobian«. Dieser Zeitung sandte ich satirische Gedichte und Witze ein. Alles wurde sofort abgedruckt. Als ich wochenlang das Blatt en masse beliefert hatte, ohne bisher ein Honorar erhalten zu haben, meinte ich nun, mir ein gutes Sümmchen abholen zu können und machte mich auf den Weg. In einem Haus am Stachus fragte ich nach der Redaktion. Man wies mich nach einer kleinen Baracke im Hinterhof. Dort stand ein Arbeiter vor einer Druckmaschine. Der bewegte unaufhörlich einen Hebel vor und zurück.

»Verzeihung, können Sie mir sagen, wo ich den Chefredakteur des ›Grobian‹ finde?«

»Das bin ich selbst«, sagte der Arbeiter mürrisch, ohne seine Arbeit zu unterbrechen. »Was wollen Sie?«

Ich nannte meinen Namen und brachte mein Anliegen vor.

»Honorar? Honorar?« sagte er voll Verachtung. »Nun, meinetwegen.« Damit drückte er mir fünf Mark in die Hand.

Zwei Tage lang war ich Stadtreisender für eine kleine Kaffeehandlung. Man gab mir zwei Probedosen mit Kaffeebohnen in die Hand, und ich mußte damit treppauf und treppab von Tür zu Tür gehen, um den Leuten eine Bestellung auf ein Pfund oder zwei Pfund Kaffee abzuringen. Mir war ein Stadtgebiet zugewiesen, wo sehr arme Leute hausten. Man sammelte derzeit für den Wiederaufbau des abgebrannten Zeppelin.

»Guten Tag«, sagte ich, wenn die Tür geöffnet wurde. »Sie haben doch sicher von der Zeppelin-Kollekte gehört?« Die Leute zogen schon ein langes Gesicht.

»Nun, damit habe ich gar nichts zu tun. Sondern ich wollte Ihnen nur empfehlen, ein Pfund von diesem oder jenem billigen Kaffee zu kaufen.«

Damit hatte ich ein paarmal Erfolg. Aber die armen Leute taten mir leid, und da meine Prozente sowieso ganz minimal waren, gab ich die Tätigkeit wieder auf.

Ich trat dem Handelsgehilfen-Verein bei, denn ich wollte mich um eine kaufmännische Stellung bewerben. Dazu mußte ich einen Fragebogen ausfüllen. Gewissenhaft gab ich an, was ich gelernt hatte, welche Fächer ich berherrschte und welche nicht. Aber Telschow zerriß das Formular und sagte: »So macht man das nicht. Du mußt alles können.« Ich füllte also ein neues Formular derart aus, daß ich einfache Buchführung, doppelte Buchführung, amerikanische Buchführung, kurz gesagt, nahezu alle Fächer beherrschte.

Dadurch kam ich im August 1908 zu der Stellung eines Buchhalters und Korrespondenten im Reisebüro von C. Bierschenk am Karlsplatz.

Herr Bierschenk war Vertreter der Red Star Line und anderer Schiffahrtslinien. Außer mir war nur noch ein Lehrling angestellt. Der verstand mehr als ich von der Buchführung und konnte mir vieles erklären, wenn sich heimlich Gelegenheit dazu fand. Aber diese Gelegenheit fand sich leider nur selten, da Herrn Bierschenks Stehpult neben meinem stand. Als der Chef mir zwei Billetts zum Eintragen gab und dann zusah, wie ich, hilflos nach dem Lehrling schielend, das große Hauptbuch von vorn nach hinten durchblätterte, da sagte er mir auf den Kopf zu, daß ich meinem Posten nicht gewachsen wäre, und kündigte mir für März.

Ich glaube, Herr Bierschenk war schon vorher immer mürrisch zu mir gewesen. Von nun an war er es jedenfalls. Zu Weihnachten beschenkte er nur den Lehrling und hatte auch kein freundliches Wort für mich. Sein Verhalten war zu verstehen, da ich mich wirklich bei ihm blamiert hatte. Weniger nett aber fand ich es, daß er sehr ungehalten über mich war, als ich einmal sechs Stunden im Garderoberaum blieb, weil meine Nase so lange ununterbrochen blutete. Auch hätte er mich ja nach einer Aussprache über das, was zu machen war, freundlich unterrichten können. Denn das war in ein paar Stunden zu erlernen. Und ich hätte dann mit einem Eifer gearbeitet, den ich nun nicht aufbrachte.

Nebenbei dichtete ich humoristische Sachen. Die einzigen, die darüber lachten, waren Telschow und ich. Ich hatte mir das Pseudonym Fritz Dörry zugelegt, in Erinnerung an meinen verehrten Lehrer im Tollerschen Institut.

Telschow teilte alle Freuden und Leiden mit mir. Wir hatten uns Mandolinen angeschafft. Und dann kam auch unser gemeinsamer Freund Freudling zu Besuch nach München. Der war selbst ein geborener Münchner und machte uns mit lustigen Kerlen bekannt.

Wir wagten uns nun auch in bessere Lokale. Da war eine Bar in der Sonnenstraße. Wir gingen am Nachmittag vor dem Eingang auf und ab und überlegten, was man wohl da drinnen tränke. Und ob es erschwinglich für uns wäre. Weil aber eine so süße Musik lockte, traten wir ein. Wir waren die einzigen Gäste. Drei Musiker spielten. Wir bestellten Mokka. Der Ober stellte uns eine Kaffeemaschine hin, entzündete darunter eine Spiritusflamme und zog sich diskret zurück. Da saßen wir nun sehr beklommen, weil die Einrichtung so vornehm war. Wir bemühten uns zwar auch, recht vornehm und sicher auszusehen, dachten aber schweigend darüber nach, was geschehen würde, wenn wir den Mokka nicht bezahlen konnten. Die Technik der Kaffeemaschine war uns unbekannt. Plötzlich explodierte diese Maschine laut und bespritzte unser weißes Tischtuch und unsere Anzüge und zwei weitere Tischtücher in der Nachbarschaft mit

Mokka. Der Ober sah unser Entsetzen. Er riß die Tür auf, und ohne Geld zu fordern, rief er: »Marsch, hinaus, ihr Lausbuben!«

An einem anderen Nachmittag schlenderten wir durch die Türkenstraße. Da lasen wir ein gelbes Plakat an der Tür eines Restaurants: »Simplizissimus-Künstlerkneipe«, illustriert durch einen roten Hund, der eine Sektflasche zu entkorken suchte.

Künstlerkneipe! Künstlerleben! Das war ja, was wir ersehnten. Wir wagten uns hinein. In dem spärlich beleuchteten Zimmer standen die Stühle noch auf den Tischen. Eine Kellnerin gab uns Auskunft. Die Künstler und Gäste kämen erst abends gegen zehn Uhr.

Wir fanden uns abends wieder dort ein. Das Lokal war brechend voll, so daß wir im vorderen Zimmer bleiben mußten. An den Wänden hing Bild an Bild, und an den Tischen saß Gast an Gast, dicht gedrängt, meistens Studenten. Die Wirtin in Bauerntracht begrüßte die Neuankommenden und redete alle, auch uns, mit »Du« an. Man nannte sie Kathi. Sie war eine stattliche Frau und schien überaus liebenswürdig zu sein.

Eine dreiköpfige Kapelle spielte Wiener Lieder. Dann verteilte Kathi den Text zu einem Simplizissimuslied, das vom Freiherrn von Osten-Sacken verfaßt war. Wir tranken Bowle und gerieten in wonnige Stimmung.

Am nächsten Abend eilte ich nach Geschäftsschluß wieder dorthin. Lockend und verheißend winkte die rote Lampe vorm Eingang, vor dem eine lange Reihe von Privatautos angefahren war. Wieder war das Lokal übersetzt. Ein schmaler Gang führte nach dem Hinterzimmer. Es gelang mir so weit vorzudringen, daß ich dieses übersehen konnte. Künstler, Studenten, Mädchen, elegante Herrschaften. Das saß eng gepreßt um weiß gedeckte Tische. Auf einem dieser Tische stand ein schmächtiger Mann mit wildem Vollbart, stechenden Augen und feinen Händen. Der trug ein Gedicht vor. »War einmal ein Revoluzzer.« Ich fragte einen neben mir stehenden Studenten, wer der Vortragende sei.

»Das wissen Sie nicht? Sie sollten sich schämen!«

Ich schämte mich wirklich. Ein herumgehendes sehr ältliches Blumenmädchen klärte mich auf. Der Herr auf dem Tische wäre der Edelanarchist Erich Mühsam.

Am dritten Abend saß ich bereits im Hinterzimmer. Und von da an verbrachte ich jeden Abend dort und gab all mein Geld dort aus, obwohl ich nur die einfachsten Getränke bestellte und sehr lange an einem Glase schlürfte. Das Milieu war gar zu schön. Es war aufregend schön. Es war mir etwas ganz Neues.

Ich lernte im Laufe der Zeit das Lokal, seine Wirtin, seine Stammgäste, ich lernte dort Tausende von Menschen kennen.

Die Wirtin in Chiemgauer Bauerntracht hieß Kathi Kobus und war ein Bauernkind aus Traunstein. Sie trug nicht immer dies Kostüm, sondern erschien auch in städtischen, kostbaren Garderoben und mit wertvollem Schmuck behangen. Immer sah sie repräsentativ und bestrickend aus, so daß sich viele Männer und Frauen in sie verliebten, obwohl sie damals schon etwa 55 Jahre alt war und eine Perücke trug. In der Weinstube »Dichtelei« war sie eine beliebte Kellnerin gewesen. Die Künstler, die dort verkehrten, hatten ihr zugeredet, selbst eine Kneipe aufzumachen. So gründete sie den »Simplizissimus« und erwarb sich als Plakat auf eine komische Weise den von Th. Th. Heine gezeichneten roten Hund.

Heine, Rudolf Wilke, Wedekind und andere berühmte Leute verkehrten dort und jüngere Maler, Dichter und Schauspieler, die zum Teil später auch zu Ruhm und Geld kamen. Die alle unterstützten die Kathi, indem sie ihr Bilder schenkten oder gegen freie Zeche hingaben, Dekorationen entwarfen und einen ausgelassenen Betrieb aufzogen.

Der »Simpl« war der Mittelpunkt der Boheme und war weltbekannt geworden. Wer in München lebte oder studierte, ging dorthin. Wer durch München reiste, kehrte bei Kathi ein. Ja, es kamen Leute aus Amerika und anderen Ländern weit her, nur um sie und ihre Künstlerkneipe kennenzulernen.

Die jungen Künstler sangen zur Laute oder zum Klavier. Andere tanzten, führten Theaterszenen, Zauberkünste vor, jede Art künstlerischer Unterhaltung ward geboten. Anfangs geschah das improvisiert, später, als die Kathi dadurch viel Geld gewann, nach Vereinbarung und gegen Bezahlung, allerdings sehr spärliche Bezahlung. Auch Wedekind hat dort vorgetragen.

An den Wänden bis zur Decke hingen bunt durcheinander Bildnisse von Brettlgrößen. La belle Otéro, Marya Delvard, Danny Gürtler, Sylvester Schaeffer. Dann Photos, Ölgemälde, Aquarelle, Zeichnungen, Radierungen von Uhde, O. Seidel, Kaulbach, Segantini, Harburger, Vautier, Weisgerber, Futterer, Acbé und anderen. All diese Bilder hatten ihre humoristische oder ernste Geschichte. Acbé, genannt »Professor Nämlich«, war unter den ersten der treueste Stammgast gewesen. Man erzählte, er hätte sich im »Simpl« zu Tod gesoffen.

Im Hinterzimmer war die Bühne, ein schmales Podium mit einem Klavier links und einem Harmonium rechts. Das Klavier bediente ein langhaariges Faktotum namens Klieber. Der alte Klieber brummte sonderbar vor sich hin, wenn er spielte. Er trank auch gern, und sein Lieblingsthema war Chemie.

Der »Simplizissimus« war jeden Tag überfüllt. Waren alle Stühle besetzt, so wußte die Kathi doch noch immer für neue Gäste Platz zu schaffen. Es wurden Hocker in die Gänge gestellt. »Bitt' schön, rückt ein wenig zusammen!« sagte Kathi in ihrem Dialekt. Dabei legte sie bittend die Hände zusammen und ließ einen madonnenhaften Augenaufschlag wirken. Eine Minute später schimpfte sie in der Küche ein Lehrmädchen mit den gröbsten bayrischen Flüchen zusammen. Zu ihrer organisatorischen Begabung gehörte eine rücksichtslose Energie. Man erzählte sich, einmal wäre der deutsche Kronprinz inkognito im »Simpl« gewesen, und die Kathi hätte nach Polizeistunde zu ihm und ein paar anderen Säumigen gesagt: »Werd's hoam gehn, Saupreiß'n verdammte.« Häufig wurden Studenten, die im Suff skandalierten, von Kathi eigenhändig und gewaltsam an die Luft gesetzt.

In dieses Milieu war ich also geraten, und es bannte mich mit dem Zauber der Neuheit. Mein Freund Telschow war nicht mehr in München. Ich saß allein, klein, in einem bescheidenen Winkel, lauschte den Vorträgen und starrte nach dem Ecktisch, wo die Künstler sich um ihren Löwen, den faszinierenden Dichter Ludwig Scharf gruppierten. Sehnlichst wünschte ich mir im stillen, mit zu diesem Kreis zu zählen und einmal auch auf der Bühne dort vortragen zu dürfen.

Ich lernte die Namen kennen. Louis Staller trug zu eigener Begleitung prickelnd mondäne Chansons vor. »Erst kamen die seidenen Kleider und dann die Jupons voller Plis ...«

Erich Mühsam, der damals manchmal in gemieteten Sälen politische Versammlungen »Für alle Unzufriedenen« veranstaltete. Frau Scharf, eine liebenswürdige und geistreiche Dame. Kubasch, der Komiker. Heinz Lebrun, ein sehr dicker Herr, der erstaunlich viel aß, unaufhörlich redete, aber auf dem Podium entzückend sang. »Ich hatte einst ein schönes Vaterland.« Manchmal sang er im Duett mit der beleibten und beliebten Muki Berger. Die hatte selbst eine sehr sympathische Stimme und trug ihre Lieder mit einer bestrickenden Natürlichkeit vor. Da sie zudem ein guter Mensch war, mochte jedermann sie leiden. »Ich gehe meinen Schlendrian« oder »In meiner Heimat«. Zu einer größeren Karriere fehlte ihr Energie. Auch Mary Irber sang dort manchmal. »Das Bettelprinzeßchen.« Die Behörde machte ihr damals Schwierigkeiten, weil sie auf der Bühne zu frei gekleidet erschiene. Julius Beck rezitierte. Jenny Hummel rezitierte auch und trug einen Hut, so groß wie ein Wagenrad. Dunajec, ein ungarischer Geiger, der seine schmeichelnden Töne reichen Damen ins Ohr spielte. Die gutmütige Mary Wacker, über deren unfreiwillige Komik viel gelacht wurde. Hugo Koppel, ein Mann mit einem Liszt-Kopf improvisierte am Harmonium, vertonte zum Beispiel die Speisekarte. Bobby Weiß und der sonnige Pollinger-Max tanzten Machiche und Cake-walk, was schon aus Platzmangel ein Kunststück war.

Kathi Kobus übte die Conférence und sorgte für Ruhe. »Silentium für Anni Trautner!« – »Seid's doch stad!« Sie trug auch selber vor, Dialektgedichte von Julius Beck, und sie unterbrach ihre Vorträge ungeniert mit geschäftlichen Bemerkungen. »Anni, gib doch Obacht! Der Herr will zahlen!« – Oder, wenn sie am Eingang neue Gäste sah: »Kommen Sie nur herein, es ist noch viel Platz da.« Erich Mühsam brachte beißende Satiren. Zum Schluß erhob sich unter allgemeiner Spannung Ludwig Scharf. Von seinem Platz aus, stehend, und auf eine Stuhllehne gestützt, trug er seine eigenen Gedichte vor. »Ich bin ein Prolet, was kann ich dafür.«

Es ging ein Witzwort um: Was ist der Unterschied zwischen Mühsam und Scharf? – Scharf dichtet mühsam, und Mühsam dichtet scharf. Das »mühsam« wollte in diesem Falle nur besagen, daß Ludwig Scharf in gewissenhafter und weiser Selbstbeschränkung nur wenig publizierte.

Die Schauspieler vom Theater kamen. Durchreisende Künstler gastierten. Auch Damen oder Herren aus dem Publikum betraten auf Kathis süßes Flehen hin oder aus eigenem Antrieb die Bühne und ernteten Applaus, Dakaporufe oder Gelächter. Immer waren illustre und elegant gekleidete Gäste anwesend. Dazwischen verstreut hockten Literaten und Malweiber, die alles

Echte und Unechte skizzierten. Die ewig junge Blumenfrau bot Rosen an und sagte im Davongehen lieblich lächelnd stets dieselben Worte: »Das nächstemal wieder.« Der fliegende Schokoladenhändler sah aus wie ein australischer Buschneger.

Nun war obendrein noch Fasching, und so strömten Dominos und Masken vom Deutschen Theater und von den Redouten herein. Es war ein buntes Bild, und es war eine tolle Stimmung.

Hausdichter im Simplizissimus

Eines Nachts faßte ich den Mut, die Kathi zu fragen, ob ich einmal ein Gedicht vortragen dürfte. Sie willigte gern ein. »Silentium, ein Gast ist so freundlich, uns eigene Gedichte vorzutragen.«

Ich weiß nicht mehr, ob ich Lampenfieber hatte, als ich das Podium betrat und ein paar lyrische Gedichte von mir vortrug. Jedenfalls wurde es ein völliger Mißerfolg. Nur aus Mitleid klatschten ein paar Hände. Ich verkroch mich kleinlaut.
Ging aber weiterhin jeden Abend zum »Simpl«. Nach ein paar Tagen versuchte ich mich abermals auf der kleinen Bühne, fand aber auch diesmal keinen Anklang. Dies wurmte mich sehr. Ich dichtete ein langes humoristisches Gedicht, das auf die Lokalverhältnisse Bezug nahm und Kathis stehendes Wort brachte »Es ist noch viel Platz, nur immer herein.« Dieses Poem lernte ich auswendig und trug es vor. Der Beifall tobte. Kathi bedankte sich überschwenglich. Julius Beck und Hugo Koppel machten mir Komplimente.

Den »Simplizissimustraum« – so hieß das Gedicht – trug ich nun allabendlich vor. Er wurde stürmisch verlangt. Ich dichtete neue Lokalverse hinzu. Kathi stellte mich Herrn und Frau Scharf und den übrigen Künstlern vor, und nun saß ich, wie ersehnt, am Künstlertisch. Jeden Abend bis drei Uhr nachts. Hugo Koppel setzte es durch, daß ich die zwei Schoppen Magdalener, die ich trank, nicht mehr bezahlen mußte und ich später sogar eine Tagesgage von einer Mark erhielt. Dafür mußte ich zweimal je vier bis fünf Gedichte hersagen.

Mitunter wurde ich von Gästen eingeladen. So erging es uns Künstlern allen. Manchmal schwammen wir in Sekt. Es kam ein Direktor oder Vertreter von Deutz und Geldermann. Der hatte geschäftliches Interesse daran, eine gute Zeche in seiner Sektmarke zu machen. Er ließ uns Künstlern den Sekt nicht glasweise, sondern flaschenweise vorsetzen. Und Kathi trank mit. Und Klieber trank mit. Und die Kassiererinnen tranken mit. Und der Zentralustralier trank mit. Bis wir kaum noch konnten. Dann schleppte ich zwei volle Flaschen in die Küche. Aber die Köchin und die Küchenmädchen winkten mir ab, auch sie waren schon voll von Deutz und Geldermann. Koppel ging mit mir beiseite. Wir wollten den Spendern einen Dank servieren. Ich dichtete rasch ein Verschen und Koppel intonierte es in Variationen am Harmonium.

> Hast du einmal viel Leid und Kreuz,
> Dann trinke Geldermann und Deutz,
> Und ist dir wieder besser dann,
> Dann trinke Deutz und Geldermann.

Drei Herren aus der Schweiz zogen mich an ihren Tisch. Und die Rede kam auf das Thema »Schenken«. Ein Baseler sagte zu mir: »Wie ich so alt war wie Sie, junger Mann, da habe ich's dankbar angenommen, wenn mir jemand fünfzig Pfennige schenkte.«

»Selbstverständlich, warum auch nicht?« erwiderte ich.

»Nun«, fuhr der Baseler leise fort, indem er mir unauffällig etwas in die Hand drückte, »dann dürfen Sie auch diesen Taler annehmen.« Ich bedankte mich verwirrt und versenkte den Taler in meine Hosentasche. Als die Herren den »Simpl« verließen, ging ich zur Toilette und besah mir das hochwillkommene Geschenk. O großes Glück: Es war ein Hundertfrankenstück in Gold. Ich war heiß gerührt und nahm mir vor, die schöne Münze nie auszugeben. Diesen Vorsatz hielt ich bis zum nächsten Tage.

Ich fing an, mir durch Gelegenheitsdichtungen Geld zu verdienen. Ich schrieb Chansons für Soubretten und Vortragskünstler. Ein Mäzen kaufte mir Prosa ab, die er unter seinem Namen veröffentlichte. Kathi Kobus zahlte mir zehn Mark für eine Trauerrede zum Begräbnis des Prinzen Karneval. Diese Feier fand in ihrer Villa in Wolfratshausen statt, wohin sie uns Künstler öfters mitnahm.

An dem großen öffentlichen Faschingsfestzug beteiligte sich die Kathi mit ihrem Gefolge von Künstlern, Stammgästen und Matschackerln in mehreren geschmückten Wagen. Sie selbst als Serenissima pompös gekleidet in einem Vierspänner voran. Ich als ihr Hausdichter – so wurde ich allgemein genannt – trug einen schwarzen Sammetanzug und um die Stirn einen Lorbeerkranz. Und ich saß auf dem Kutscherbock. In allen Straßen wurde Kathi, wurde auch schon ich vom »Volk bejubelt«. Auf einem der vier Rosse ritt Lygia Romero in spanischer Tracht.

Dieses Mädchen stammte aus Nymphenburg, aber sie gab sich gar zu gern als Spanierin aus, auch wenn ihr richtige Spanier vorgestellt wurden. Dabei war sie nie in Spanien gewesen und verstand kein Wort Spanisch. Allerdings war sie eine dunkle Schönheit und höchst temperamentvoll. Bei einem kleinen Wortstreit schlug sie ihrem Geliebten eine Gitarre auf den Kopf. Andermal begleitete sie mich auf einer Drehorgel, als ich im »Simpl« improvisierend eine Moritat auf der Bühne vortrug. Lygia mußte dabei so über mich lachen, daß sie auf einmal in einer Lache stand. Wieder andermal wollte ich sie in der Wohnung ihres Geliebten besuchen. Ich fragte das Dienstmädchen:

»Ist Fräulein Romero da?« Das Dienstmädchen antwortete: »Ja, aber sie brennt.« Es war so. Lygia hatte aus Ärger über ihren Freund sich mit Spiritus begossen und angezündet. Der Freund löschte sie.

Nach mehrfachem Wohnungswechsel war ich endlich in die Arcisstraße zu einer Nenntante gezogen, die die Witwe des namhaften Malers Julius Kleinmichel war. Eine sehr scharmante Dame, die mich liebevoll aufnahm und in jeder Weise für mich sorgte, obwohl sie eine alte, kranke und dabei höchst eigensinnige Mutter zu betreuen hatte. Diese Mutter litt an einem Lungen-Emphysem und spuckte unaufhörlich sehr unappetitlich in einen Napf, bekam auch immer wieder Erstickungsanfälle. Da sie dauernd jemanden um sich haben mußte, aber nicht das geringste Geräusch, nicht das Umblättern einer Buchseite duldete, war es eine Tortur, bei ihr zu sitzen. Aber hier konnte ich nun tagüber Frau Kleinmichel ablösen und mich so für freie Wohnung und Verpflegung, für tausend Freundlichkeiten dankbar zeigen.

Es bestanden große Unterschiede zwischen Mutter und Tochter. Die Mutter war eine ernste, erfahrene Frau, deren klugen Worten ich unter anderen Umständen gern zugehört hätte. Aber sie stellte herbe Ansprüche an ihre Umgebung und war von unerbittlicher Strenge. »Seelchen« – so wurde ihre Tochter genannt – war dagegen eine frohe Natur mit weichem Gemüt und immer bemüht, andere zu erfreuen. Wenn ich über sie lachte, weil sie so gern und meist falsch Fremdwörter anbrachte, – »Honnymalypangs« – »o contrario« – oder wenn ich mich über ihren Medizinfimmel lustig machte, dann lachte sie herzlich mit.

Seelchens Kleidungsstücke und Schuhe und Handschuhe paßten mir genau. So lieh ich mir manchmal eine Weiberperücke und verkleidete mich als Dame. In dieser Maske besuchte ich ein Café nach dem andern am hellen Tag, und es war mir höchst interessant, die Welt aus der Frauenperspektive anzusehen. Ich wurde oft poussiert und brachte einmal vierzehn Veilchensträußchen mit heim. Daß sich Homosexuelle gern in Damenkleidern zeigen, wußte ich damals noch nicht. Es gab einen bekannten Maler in München, der sich auch oft als Frau verkleidete, und ich war, als ich ihn das erstemal so in einem schönen, weit dekolletierten Faschingsgewand sah, auf ihn hereingefallen, hatte ihn sogar zu Wein eingeladen.

Als Dame verkleidet ging ich dann auch abends manchmal in den »Simplizissimus« und hinterher noch auf Bälle oder zu Atelierfesten.

Seelchen war mir beim Anziehen ihrer Kleider und Wäschestücke mit Eifer und Vergnügen behilflich gewesen, hatte mir wohl auch beim Abschied noch ein Geldchen zugesteckt. Wenn ich dann aber im Morgenlicht mit zerzausten Haaren und abgetretenen Kleidersäumen heimkehrte, wandte sie sich mit sehr komisch geäußertem Abscheu von mir weg.

Der Hauptmann von Köpenick besuchte den »Simpl« und verkaufte Autogramme. Wir zogen ihn an den Künstlertisch. Er hielt eine Ansprache, die sehr bescheiden anfing, bis man merkte, daß sie ein auswendig gelernter Aufsatz war.

Drei g'scherte Bauern in Dachauer Tracht erschienen und benahmen sich so laut und unmanierlich, daß andere sich darüber beschwerten. Es stellte sich heraus, daß es der geniale Maler Weisgerber und zwei andere verkleidete Künstler waren.

Häufig gastierten echte Bauerntruppen, Schlierseer, Tegernseer, Tiroler. Sie schuhplattelten, jodelten, und Kathi tanzte mit ihnen einen meisterhaften Dreher.

Unter anderen interessanten Gästen tauchte eine russische Schauspielerin auf. Die war so schön, daß wir alle dort, Damen wie Herren, einstimmig erklärten, nie eine schönere Frau gesehen zu haben. Wir Künstler huldigten ihr entflammt. Hans Steiner vom Schauspielhaus deklamierte vor ihr, mehrere Maler zeichneten sie, ich dichtete sie an, Dunajec geigte sie an, und jemand anderes pumpte sie an. Zuletzt brannten wir uns alle mit der Zigarette Löcher in die Hand, alles für die schöne Ludmilla.

Drei Erlebnisse kennzeichnen den Tumult, der im »Simpl« herrschte.

Um den Nachtlärm vor der schlafenden Nachbarschaft abzudämpfen, blieben die Fenster im Sommer wie im Winter geschlossen und waren mit Filz gepolstert. Ich sah einmal, wie dieser Filz an einem weggeworfenen Zündholz Feuer fing. Ein schmaler Feuerstreifen lief von unten nach oben und erlosch dann gleich zum Glück. Aber niemand außer mir hatte das bemerkt. Andermal entlud sich ein Revolver, den ein Herr hinten in der Hosentasche trug. Der Schuß ging in den Fußboden. Aber nur die Umsitzenden hatten ihn vernommen.

Drastischer war der dritte Fall. Spät nachts gab es immer eine sehr begehrte Knödelsuppe. Als nun einmal, wie das so oft vorkam, an einem Tisch eine Schlägerei entstand, erhoben sich die anderen Gäste und drängten sich neugierig oder Partei nehmend um das Drama. Da beobachtete ich einen Betrunkenen, der die Situation dazu benutzte, heimlich mit dem Schöpflöffel Knödelsuppe aus Kathis Terrine zu langen. Nicht für sich. Nein, er schüttete die Suppe ganz stillvergnügt löffelweise den Stehenden an die Hosen und Röcke.

Um zur Garderobe zu gelangen, mußte ich durch die Küche. Ich gab mir immer Mühe, die Köchin und ihre Mädchen, die anstrengenden Dienst hatten und schlecht bezahlt wurden, durch einen Spaß oder ein Scherzwort zu erheitern. Eines der Küchenmädchen mochte das vielleicht anders aufgefaßt haben. Jedenfalls sie liebte mich, ohne daß ich es wußte. Ich erfuhr erst davon, als ich eines Morgens heimwandernd in meiner Manteltasche einen Klumpen Butter und Wurstscheiben fand. Da die

Geberin über kein Einschlagpapier verfugte, trug mein Mantel fortan einen Butterfleck, von Herzen kommend.

Immer mehr Leute lernte ich kennen, beziehungsweise ich wurde ihnen vorgestellt. Wedekind, die Duncan, Roda Roda, Max Dauthendey, die Gebrüder Reinhardt, den Maler Reznicek, Ludwig Thoma, Ganghofer usw. neben anderen, die keinen oder noch keinen bekannten Namen hatten. Abgesehen von den vielen Studenten.

Mit manchen dieser Gäste verlebte ich unvergeßliche, schöne, interessante oder lustige Stunden, so zum Beispiel mit dem weichherzigen polnischen Dichter Przybyszewski. Einige schenkten mir ihre Photos mit Unterschrift. Die rahmte ich ein. Ich fing damals an, Autographenjäger zu werden, scheute mich nicht, Ernst von Possart eine Minute vor seinem Auftritt im Künstlerzimmer aufzusuchen und um ein Autogramm zu bitten.

Als zu Ehren Gerhart Hauptmanns ein Bankett gegeben wurde, drängte ich mich kühn in die Gesellschaft und bat den Meister in gereimten Worten, die ich sehr aufgeregt hersagte, um ein Autogramm. Er schrieb in mein Album »Kunst ist Religion«. Roda Roda schrieb dahinter »Kunst ist Prostitution«. Auf die folgende Seite schrieb Wedekind »Sünde ist ein mythologischer Begriff für schlechte Geschäfte«. Dann folgte irgendein unanständiger oder zynischer Vers von Erich Mühsam und darunter schrieb mein Vater, sichtlich verstimmt, »Mit brutaler Ehrlichkeit bringt's der Maler schwerlich weit.«

Mein Vater war einmal auf der Durchreise in München und im »Simplizissimus«. Meinen Vorträgen konnte er wegen seiner Schwerhörigkeit nicht recht folgen, aber es freute ihn, daß ich Applaus hatte und daß er selbst Dichter und »Leutnant von Versewitz« von Kathi und den Künstlern geehrt wurde. Besonders gut verstand er sich mit Ludwig Scharf.

Ludwig Scharf war ein vernünftiger, froher Mensch. Ich verehrte ihn und liebte seine Gedichte. Kathi war stolz auf ihn, und er war zu ihr sehr anhänglich. Aber als sie einmal wie so oft eine der kleinen schlecht bezahlten Vortragskünstlerinnen anschnauzte, weil diese angeblich nicht genug vorgetragen hatte, da wurde Scharf sehr aufgebracht: »Kathi, wie kannst du deine Künstler so behandeln! Sie verspritzen ihr Herzblut für dich.« Koppel lachte über diese Bemerkung, obwohl gerade er zu denen gehörte, die ihr Herzblut dort verspritzten. Koppel machte sich auch über den alten Hauspianisten Klieber lustig, ohne zu ahnen, daß er später einmal froh sein durfte, dessen Nachfolger am Klavier zu werden. Er war ein wenig verbittert. Aber wenn er in Laune kam, sprühte er von witzigen Einfällen und konnte sehr pointiert wahre Geschichtchen erzählen, etwas behindert durch einen Sprachfehler, den er nur auf der Bühne singend ganz überwand. Vor allem war dieser Jude ein hochanständiger Charakter. Er lebte ganz ärmlich, obwohl sein Onkel ein reicher bekannter Großindustrieller war. Aber der wollte von dem Neffen nichts wissen, und der Neffe darum nichts vom Onkel haben.

Es kam häufig vor, daß die Künstler sich mit Gästen anbiederten und diese schließlich anpumpten. Koppel tat das nur, wenn er in äußerster Not war. Und dann auch immer nur um eine Mark. Er beugte sich dann tief zu seinem Opfer herab und rang in Verlegenheit und Aufregung peinlichst mit seinem Sprachfehler. »V-V-Verz-Verz-Verz-Verzeihen –« Plötzlich platzte er dann heraus: »Ganz egal, nur eine Mark!«

Einmal reiste er mit einem Schmierenensemble durch die Provinz. Der Direktor brannte mit der Kasse durch. Die Tingelbrüder saßen in einem kleinen Ort fest. Otto Fritsche, ein Komödiant alter Schule, überredete Koppel: »Hugo, du mußt uns helfen. Du mußt uns Reisegeld verschaffen. Hier ist ein Fall, da du mit ruhigem Gewissen von deinem reichen Onkel fünfzig Mark erbitten kannst. Ich werde dich telephonisch verbinden.« Fritsche brachte das Ferngespräch zustande: »Herr Generaldirektor, Ihr Neffe Hugo Koppel möchte Sie sprechen, einen Moment bitte.« Koppel trat an den Apparat in höchster Aufregung: »P – P – – K – K – – Qu – Qu – –.« Plötzlich wütend: »Ganz egal, nur eine Mark.« Und wütend über diesen für seinen Onkel ganz unverständlichen Satz hängte Koppel den Hörer ein. Die Rettungsaktion war gescheitert.

Im »Simpl« lernte Koppel einen Herrn kennen, der Tschernowitz hieß und ebenfalls stotterte. Die gegenseitige Vorstellung klang wie Lokomotive. Aber beide Herren lachten selber über die Situation. Es gab große Pumpgenies im »Simpl«. Um Kunst und Geld geschah viel Lustiges, manchmal auch Peinliches. Ein Mitglied der Milliardärfamilie Astor betrat das Lokal und wurde erkannt. Da fuhr eine gewaltige Aufregung in die jungen Künstler und Mädchen. Aber als er zum Sekt eine Zigarre verlangte und sofort mehrere Hände mit in die Importenkiste griffen, stand der junge Astor stolz auf, zahlte und ging.

Im März trat ich aus dem Geschäft Bierschenk aus, der Chef stellte mir ein freundliches Zeugnis aus.

Ich war im »Simpl« ein Star, in München populär geworden. Zeitungskritiken nannten mich »den einzigen wahren Boheme« oder »poète attitré de Mme Kathi Kobus, rimeur amusant et alerte.«

»Das ist der Hausdichter!« flüsterten sich die Leute zu, wenn ich um zehn Uhr abends in den »Simpl« trat. Ich hatte inzwischen die berüchtigten Bowlen der Kathi und ihre Sekthausmarke und alles und jedes dort bedichtet, auch eine kleine Broschüre zusammengestellt, die dort verkauft wurde. Ich kriegte Prozente von dem Erlös. Den Text hatte ich nach Kathis Kopf schreiben müssen. Das war ein recht läppisches Geschreibsel geworden. Max Halbe äußerte sich ernst abfällig darüber, als er im »Simpl« das Heftchen durchblätterte.

Tabakhaus zum Hausdichter

Gelegenheitsdichtungen brachten mir erfreuliche Einnahmen. Ich schrieb Gedichte und Liedertexte für Vortragskünstler, Vereine und festliche Veranstaltungen. Ein Bauersmann zahlte 40 Mark dafür, daß ich ihm einen Kartoffelnamen erfand. So hatte ich mir nach und nach fünfhundert Mark zusammengespart, mit denen ich nun etwas unternehmen wollte.

In der Zeitung wurde ein Zigarrengeschäft angeboten. Das kostete ungefähr soviel, wie ich besaß. Ich kaufte es.

Ein Laden in der Schellingstraße Nr. 23, also ganz nahe vom »Simplizissimus«. Die Einrichtung bestand aus einem Regal, einem Ladentisch und zwei großen Wandspiegeln. Das lieh mir eine Zigarettenfirma, deren Fabrikate ich dafür bevorzugen mußte. Die gute Tante Seele stiftete Stühle, Haushaltsgegenstände, und was ich sonst noch zu meiner Bequemlichkeit gebrauchen konnte.

Ich machte mich nun daran, den Laden recht originell auszustatten. Das tat ich in ebenso kindischer wie geschmackloser Weise. Das Ladenschild ließ ich gelb anstreichen und darauf mit blauen Buchstaben schreiben: »Tabakhaus Zum Hausdichter.« An der Tür las man »on parle français«, »english spoken«, sowie einige Phantasiezeichen, die so taten, als verstünde ich Chinesisch. Ein stud. med. lieh mir ein menschliches Gerippe. Das legte ich ins Schaufenster, wo es zwischen Zigarrenkisten und Zigarettenschachteln herumwühlte. Dazu einen Riesenkäfer, ferner künstlich ausgestopfte Gebilde, die wie exotische Tiere aussahen, Bilder, Stiche »verkäuflich« und Totenköpfe aus Gips. Das Innere des Ladens schmückte ich ebenfalls aus mit Bildern, Photos, Büchern, läppischen Inschriften und Trophäen aus meiner Seefahrtszeit. Dazu ließ ich Karten drucken: »Haben Sie schon das merkwürdige Geschäft gesehen Tabakhaus Zum Hausdichter

Schellingstr. 23?« Diese Karten steckte ich frech und heimlich im Münchner Glaspalast an die ausgestellten Gemälde.

Im März 1909 wurde der Laden eröffnet. Dunajec wimmerte auf seiner Geige. Lygia Romero, Mary Wacker und ein paar andere Künstler saßen bei mir. Es gab Kognak. Die ersten Kunden stellten sich ein, meist wohlhabende Bekannte aus dem »Simpl«, die groß einkauften. Es ließ sich alles gut an. Draußen auf der Straße staute sich eine neugierige Menge, die das Gerippe bestaunte und Hoffmanns Erzählungen lauschte.

Aber bald tauchten die ersten Sorgen auf. Eine ältere adlige Dame stellte sich als Besitzerin des Hauses vor. Sie war sehr aufgebracht darüber, daß ich ihren Laden bezogen hätte, ohne mich ihr vorzustellen. Und das gelbblaue Ladenschild müßte abgeändert werden, da sie nur schwarzgoldene an ihrem Hause duldete. Dann kam der Hausmeister, der nebenher Meyers Konversationslexikon vertrieb. Auch er hatte Beschwerden, deutete aber an, daß er ein Auge zudrücken könnte, wenn ich Meyers Lexikon auf Abzahlung bestellen würde. Dann kam die Polizei. Es ginge nicht an, daß ich eine Volksansammlung verursache, die den öffentlichen Verkehr störte. Ich mußte das Gerippe entfernen. Dunajec durfte nicht mehr spielen. Dann kamen Malerchen und Dichterlinge, um mich reichen Geschäftsmann anzupumpen.

Ich litt unter diesen Kalamitäten sehr, weil ich sie ernster nahm, als sie es verdienten, und weil ich nervös war.

Denn nach Ladenschluß mußte ich in der Arcisstraße Seelchens Mutter Gesellschaft leisten, der kranken, mißtrauischen Dame aufmerksam und mäuschenstill zuhören, während ich doch Gedichte und Tabakbestellungen im Kopfe hatte. Um zehn Uhr abends ging ich dann zum »Simpl«, trug vor, schwärmte, lachte, redete, lernte Menschen kennen, wurde eingeladen, liebte und haßte.

Die offizielle Polizeistunde war drei Uhr. Häufig aber saßen wir dann noch hinter verschlossenen Türen bis zum hellen Morgen, um mit einem splendiden Sektgast weiterzuzechen oder über die Zwischenfälle zu klatschen, die sich im Verlauf der Nacht ereignet hatten. Es kam Kathi nicht auf die Geldstrafe an, die sie zahlen mußte, wenn der böse, unbestechliche (nicht der gute, bestechliche) Schutzmann uns erwischt hatte.

Im Mai wurde das siebenjährige Stiftungsfest gefeiert. Kathi verstand es meisterlich, ihr Lokal zu füllen. Sie fand immer wieder neue Jubiläen heraus oder sonstige Anlässe, die gefeiert werden mußten. Um die Popularität zu erhalten und zu steigern, die sie und ihr Lokal längst hatten, besuchte sie alle anderen Münchner Lokale und die Theater und Konzerte und Ausstellungen. Weil sie dabei nicht allein sein mochte, nahm sie sich immer ein paar von ihren Künstlern mit, die sie dann auswärts mit Sekt, auf der Oktoberwiese mit Brathühnern und Starkbier bewirtete.

Sie brauchte mehrere Stunden und mancherlei Hilfsmittel, um sich herzurichten und anzukleiden. Weil sie sich für die Abendbeleuchtung schminkte, sah ihr Teint am Tag auf der Straße ein bißchen ordinär aus. Aber ihre repräsentable Erscheinung, ihre prächtige Kleidung und vor allem der Scharm ihrer Augen machten das wieder gut. Sie wurde überall froh empfangen, Hunderttausende kannten und verehrten sie. Viele beschenkten sie mit Schmuck und anderen wertvollen Dingen, die Maler mit Bildern, von denen manche später wertvoll wurden. Kathi nahm uns Künstler auch oft mit nach ihrer Villa Kathis-Ruh in Wolfratshausen.

Aber das weitverbreitete und von ihr selbst geschickt genährte Gerücht, daß sie eine Mäzenin sei und arme Künstler unterstütze, entsprach nicht der Wirklichkeit. Kathi Kobus schenkte niemals jemandem etwas, ohne Gegenleistung zu fordern oder ohne geschäftlichen Vorteil daraus zu ziehen. Und sie nutzte die

Kräfte, die in ihrem Dienste standen, bis aufs äußerste aus. Vielleicht mußte das so sein. Anders hätte sie ihr Unternehmen wohl nicht so hoch gebracht.

Eines Abends kam der begabte Maler Constantin Holzer mit einem Freund ins Lokal. Holzer rief: »Kathi, mein Freund und ich wollen heute nacht um elf Uhr nach Paris fahren. Willst du mir vierzig Mark leihen?«

»Leihen nicht, aber schenken. Du schenkst mir dafür ein paar Bilder.«

Kathi zahlte ein Auto, damit Constantin einen Stoß seiner Bilder herbeischleppen konnte. Sein Freund freute sich, daß die Sache klappte, und bestellte indessen bei der Kellnerin eine Flasche Sekt. Constantin brachte die Bilder. Kathi, die einen guten Instinkt für Kunst hatte, wählte sich die besten aus und zahlte dem Holzer vierzig Mark. Der bestellte vor Freude darüber die zweite Flasche Sekt. Es mag sein, daß Kathi die dritte spendierte. Aber die vierte zahlte wiederum Constantin. Um zwei Uhr nachts saßen die zwei Freunde noch im »Simpl«. Beide hatten ihr Geld dort verjubelt und waren statt nach Paris in einen großen Rausch gefahren.

Mein Interesse an dem Zigarrengeschäft ließ allmählich nach. Das Geschäft ging immer schlechter, ich selbst war mein bester Kunde. Es kam vor, daß ich den Laden für zwei Tage im Stich ließ, ohne die Tür abzuschließen oder auch nur zuzuklappen. Niemals wurde mir in der Zeit etwas gestohlen.

Später engagierte ich eine Verkäuferin, ein braves, ehrliches Mädchen, zu dem auch ich brav war und blieb, obwohl sie angeblich oft geträumt hatte, daß ich sie geküßt hätte. Ich war überhaupt im Laden nie der dreiste und übermütige Mensch wie im »Simpl«, sondern fühlte mich im Geschäft ganz als kleiner, bescheidener Zigarrenverkäufer. Als mein Bruder einmal nach München kam und mich drei Tage im Laden vertrat, war er zu meiner Verkäuferin keineswegs so schüchtern wie ich. Aus der Buchführung ersah ich dann, daß er in den drei Tagen nur fünfzig Pfennige Umsatz gemacht hatte.

Wenn nach Polizeistunde im »Simpl« noch eine lustige Runde beisammen war, die gern weiterzechen wollte, zogen wir manchmal mit Schnapsflaschen und Hockern im Gänsemarsch über die Straße nach meiner Tabaksbude.

Am 7. August 1909 fuhr ich zur Hochzeit meiner Schwester nach Leipzig. Eine ordentliche Hochzeit mit kirchlicher Trauung, mit Equipagen und Festmählern. Als ich meine Tischdame abholte, die mir zu mager war, bat ich sie gleich um die Erlaubnis, mich gar nicht um sie kümmern zu müssen, sondern mich anderen Damen widmen zu dürfen. Sie erwiderte, das entspräche ganz ihrem eigenen Wunsche.

Für den Wolfratshausener Verschönerungsverein hatte ich zu einer Festlichkeit ein längeres Gedicht geschrieben, das die Verschönerungsvereine verulkte. Das sollte ich mit Koppel in Wolfratshausen vortragen. Nachdem ich es aber dem Vorstand zunächst einmal privat vorgelesen hatte, zahlte mich dieser aus und riet mir, schleunigst abzureisen.

München war damals keine borniete, sondern eine lebendige, schöne Stadt. Das Königshaus lebte und ließ leben. Man zog fremde große Künstler und Gelehrte nach München, und das wirkte sich nach allen Seiten im besten Sinne aus. Man war fleißig und vergnügt. Damals ging's im »Simpl« dementsprechend zu.

Kathi hatte viel Humor, und sie lebte und ließ leben. Sie konnte dabei zwischendurch ein Vampyr, ein Löwe, ein Drache sein Einmal riß ihr ein bekannter Maler vor Wut coram publico die Perücke vom Kopf. Es kamen unerhörte Schlägereien im »Simpl« vor. Der serbische Bildhauer Wingo zertrümmerte die großen Fensterscheiben – Und wieviel Gläser zerschellten dort in Begeisterung oder Empörung.

Eines Nachts saßen zwei Damen mit Riesenhüten und malerischen Schultertüchern dort schüchtern im Gedränge. Ich überreichte ihnen zwei Rosen und ward so bekannt mit ihnen. Zwei Baltinnen aus Riga. Sie nannten sich Wanjka und Fanjka. Fanjka war eine Lehrerin, spießbürgerlich und hysterisch, worüber ich mir aber erst viel später klar wurde; Wanjka eine sehr begabte, arme Malerin, der ein Stipendium die Reise nach München ermöglicht hatte. Für beide war der Besuch im »Simpl« ohne männliche Begleitung ein verwegener Entschluß und ein ungeahnt künstlerisches Erlebnis. In Riga wäre das aus gesellschaftlichen Rücksichten nicht möglich gewesen. Ich lud die Damen ein, mich doch einmal in meinem Tabaksladen zu besuchen. Das taten sie denn auch, aber es kostete sie viel Überwindung. Dann befreundeten wir uns etwas und mehr und mehr, und ich besuchte sie in Dachau, wo sie Natur und Menschen studierten, skizzierten und sich amüsierten. Mit Pinsel und Klampfe in der bayrischen urwüchsigen Gemütlichkeit und Derbheit.

Nachts nach dem »Simpl« fuhr ich noch nach Dachau und nahm ein Zimmer im Gasthof Ziegler. Weil ich dort, bevor ich die Baltinnen aufsuchte, auf der Terrasse dichten konnte, mit einem weiten Blick auf herrlichen Sonnenaufgang.

Hinterher besuchte ich Wanjka und Fanjka. Sie zeigten mir, was sie gemalt hatten, und führten mich zu neu entdeckten Motiven, die sie malen oder zeichnen wollten. Auch malten sie mich selbst.

Ich wußte, daß das nicht leicht war. Alle Maler im »Simpl« und auch fremde hatten sich an mir versucht. Meine lange Nase und mein zackiges Profil reizten zur Karikatur. Aber mir scheint, daß die meisten Maler über der Karikatur das Porträt vergaßen.

Wanjka, Fanjka und ich zogen mit Mohnblumen geschmückt durch die Dorfstraßen. Längst nannten wir uns du. Wir sangen, und ich trieb allerlei Übermut, der die Mädchen genierte und doch gleichzeitig amüsierte. Die dunkeläugige Wanjka rauchte eine Zigarette nach der anderen.

Wir lagerten uns im Grünen. Die Mädchen erzählten von ihrer Heimat, von ihrer Kindheit, von der Revolution, die sie in Riga erlebt hatten. Fanjkas Bruder war als Knabe von einem Letten »aus Laune« ermordet worden.

Beide Mädchen hatten keine Eltern mehr und mußten sich selbst ernähren. Fanjka und Wanjka waren tapfere und bescheidene Menschen.

Einmal saß ich wieder bei Aufgang der Sonne auf der Zieglerschen Terrasse. Um diese Stunde war kein anderer Gast dort.

Da stürzten von zwei Seiten zwei Gendarme herein und packten und befühlten mich mit dem Rufe: »Haben Sie Waffen bei sich?«

»Ja, einen Bleistift.«

»Haben Sie einen Ausweis bei sich?«

»Nein.«

Ich wurde zur Wache geführt, von einem Wachtmeister ins Verhör genommen. Ich fragte, was ich verbrochen haben sollte.

Ja, es wäre doch verdächtig, daß jemand jeden Morgen so früh nach Dachau käme und soviel auf Zettel schriebe.

Man holte telephonisch Auskunft über mich ein. Dann wurde ich entlassen.

Neue Bekannte im »Simpl«: Erna Krall, eine Philologie studierende Freundin von Wanjka.

Die aparte Lotte Pritzel, deren geschätzte Puppen gar keine Puppen, sondern grazile Kunstwerke waren. Sie und. die ernste, tiefsinnige Dichterin Emmy Hennings trugen damals schon Pagenfrisur.

Walter Foitzick, ein witziger Kunsthistoriker und ein unterhaltender Gesellschafter.

Die begabten Maler Max Unold und R.J.M. Seewald. Unold besaß einen köstlichen Humor. Er konnte entzückend erzählen und vortragen.

Es hatte sich ein Konkurrenzlokal aufgetan, der »Serenissimus«. Ich schrieb ein Serenissimuslied dafür. Honorar dreißig Mark.

Exotische Prinzen, berühmte Verleger, bedeutende Kaufherren tauchten im »Simpl« auf.

Vergeblich versuchte ich, meinen Tabaksladen zu verkaufen. Es fand sich kein Käufer. Da ich für noch zwei Monate die Miete zahlen mußte, so wollte ich diesem Unternehmen, das ich so fröhlich begonnen hatte, auch einen lustigen Schwanz geben. Ich lieferte deshalb von nun an alle geforderten Waren gratis. Wenn ein Kunde zehn Queen verlangte, erhielt er zehn Queen (solange der Vorrat reichte). Fragte er: »Was kostet das?« so sagte ich: »Nichts!«

Die Wirkung dieser Geschäftsführung war ebenso amüsant wie interessant. Es gab Kunden, die empört waren und auf mich einhauen wollten. Was mir einfiele; sie ließen sich nichts schenken. Andere Kunden waren gerührt. Es kam vor, bis zu Tränen gerührt. Und sie kehrten bald zurück, nicht um nochmal so billig einzukaufen, sondern um mir Gegengeschenke zu bringen. Meistens Bilder oder Bücher, weil sie aus der Ladeneinrichtung schlossen, daß ich Liebhaber davon wäre. Fälle von Ausnutzungen waren zu meiner Verwunderung recht selten. Witterte ich aber etwas dergleichen, dann reagierte ich lustig-sauer.

Hinter der Schaufensterscheibe hing eine Gardine, die für mich von innen durchsichtig war, mich aber den Straßenpassanten verdeckte. Zwei Studenten blieben stehen. Der eine sagte: »Du sieh mal, ... das ist ein ganz verrückter Kerl. Wir wollen einmal hineingehen und eine Zigarette verlangen, die es gar nicht gibt.« Das hörte und sah ich. Rasch war ich hinter der Theke. Die Studenten traten ein.

Was steht zu Diensten? Einer der Studenten sagte ungefähr so: »Ich möchte zwanzig Wapipa.«

Wapipa gab es natürlich nicht. Aber ich führte eine billige Blanko-Zigarette, die keine Inschrift trug. Davon packte ich zwanzig Stück ein.

»Was kostet das?«

Ich antwortete kurz, streng und vornehm: »Nun, das wissen Sie doch als Kenner der Wapipa, – zehn Mark!«

Und fasziniert von meinem vornehmen Blick zahlte der arme Dachs die hohe Summe von zehn Mark.

Am 31. Dezember 1909 erlosch meine Firma »Tabakhaus Zum Hausdichter«. Ohne Musik.

Einflußreiche neue Freunde

Wieder kam der Fasching mit wilden Festen und Bällen. Da war der Schwäbische Ball, auf dem Kathi und wir Künstler alle in echten Trachten erschienen. Seele hatte von ihrem Mann noch wertvolle Kostüme für mich. Dann folgten der Russenball, der Presseball, der Gauklerball, ein Ball nach dem anderen, auch solche in Privathäusern. Dann veranstaltete Kathi ihren eigenen Hausball in dem Lokal »Die Blüte«. Ich ging durch all den Taumel als ihr poeta laureatus.

Längst schon hatte ich mir eine Künstlermähne wachsen lassen. Und saß nachmittags interessant im Café Stefanie mit anderen Größenwahnsinnigen zusammen. Aber das Treiben in der rauchigen Luft des »Simpls« widerte mich schon an.

Zänkerei und Eifersüchtelei verfeindeten die Vortragenden untereinander. Anni Trautner ward ohnmächtig, weil die goldige

Mucki Berger mehr Applaus als sie hatte. Ich mußte die Bewußtlose in einer Droschke heimfahren und ihr unterwegs das Korsett zerschneiden. Die Goldgier und die Rücksichtslosigkeit der Kathi empörten bald den einen, bald den andern von uns. Einer war immer mit ihr böse. Eine Art Bajazzogefühl kam über mich.

Während dieser wachsenden Verbitterung lernte ich neue Menschen kennen, die mir viel zu denken gaben, indem sie mir Bitteres oder Freundliches sagten.

Oskar Dolch war ein Kunsthistoriker, der vom Kunsthandel lebte. Trotz seiner jungen Jahre galt er schon als ein hervorragender Kenner alter Malerei. Wenn er auf Kunstauktionen auf irgend etwas bot, spitzten die erfahrensten Sachverständigen. Sein kluges, bescheidenes Wesen zog mich sehr an. Auch hatte er eine eigene scharmante Art, ebenso mit Damen wie mit den einfachsten Mädchen zu flirten.

Dr. Milk bekleidete eine hohe Beamtenstelle. Kam er in den »Simpl«, so geschah das gewissermaßen nur inkognito. Er dichtete auch, hatte schon Bücher herausgegeben, die mich ebenso fesselten wie seine durchdachten, etwas mystifizierten Gespräche.

Es revoltierte etwas in mir. Ich war als Sachse und von meinen Lehrern, auch von meinen Eltern aus, ich war durch mein ganzes bisheriges Leben mit einem Wust von Vorurteilen angefüllt. Wenn ich nun etwas als anders erkannte, so schoß meine Bewunderung oder meine Verachtung oft gleich weit übers Ziel.

Ich las Hebbels Tagebücher. Das regte mich an, mir selbst laufende Notizen über meine Erlebnisse zu machen. Ich las zum erstenmal Hamlet. Frau Dora Kurs schenkte mir die Schlegel-Tiecksche Shakespeare-Ausgabe. Mit Dr. Walter Eitzen hatte ich schon in meinem Tabaksladen lange philosophische Gespräche gehabt, die ich meinerseits schriftlich führen mußte, weil er taub war. Nun empfahl er mir Dr. August Messers »Geschichte der Philosophie«. Dieses Buch wurde mir eine anstrengende, aber aufregende Lektüre. Ich wurde grüblerisch. Im April 1910 hörte ich Joseph Kainz rezitieren. Das war ein großer Eindruck. Als er mit Wedekind ernst den Saal verließ, sagte jemand neben mir: »Der Kainz lebt nicht mehr lange.«

Der geniale Hochstapler Peter Anter, für den ich einen Operettentext geschrieben hatte, teilte mir mit, daß mein Text unbrauchbar wäre, und nahm Abschied von mir auf fünf Monate Gefängnis.

Meine Eltern schrieben, Ottilie hätte ein Töchterchen geboren. Im übrigen waren sie besorgt um meine Zukunft. Mutter riet mir ernstlich, ein Handwerk zu ergreifen, etwa Schuster zu werden. Aber ich wollte doch ein Dichter werden. Das war mein glühender Wunsch. Papa hatte irgend was an Paul Heyse auszurichten und sandte mir einen verschlossenen Brief, den ich persönlich Herrn Heyse übergeben sollte. Wahrscheinlich hoffte mein Vater, daß bei dieser Begegnung etwas Günstiges für mich herausspringen könnte.

Herr Heyse wohnte vornehm und sah höchst gelehrt und würdig aus. Ich genierte mich sehr vor ihm. Er ließ mich Platz nehmen und fragte, ob ich seine Dichtungen kennte.

»Ja«, sagte ich, obwohl ich nur das Lied vom schönen Sorrent kannte.

»So? Was kennen Sie zum Beispiel?«

»Wie die Tage so golden verfließen ...«

»Woher kennen Sie das?«

»Wir haben es oft auf See gesungen.«

»Wie haben Sie es gesungen?«

Darauf wußte ich nichts Rechtes zu antworten.

»Singen Sie es einmal vor!« sagte Heyse wie ein Schulmeister.

Ich und singen?! Ich wurde immer verlegener. Aber Heyse ließ nicht locker, und schließlich blieb mir nichts übrig, als das Lied heiser und zitternd vorzutragen. Dann wurde ich entlassen.

Ich dichtete viel, lyrisch und sentimental. So schrieb ich einen Roman »Ihr fremden Kinder«. Den bot ich mehreren Verlagsanstalten an. Niemand wollte ihn drucken. Zuletzt brachte die Zeitschrift »Guckkasten« ein Kapitel daraus.

Im »Simpl« machte ich Paul Linckes Bekanntschaft. Das war der Komponist, der so viele Volkslieder geschaffen hatte, die meine Kindheit begleiteten. Er war übermodern gekleidet und trug auch seinen Schnurrbart in einer extraschicken Fasson. Ferner lernte ich kennen den Lustspieldichter Carl Rößler, Bruno Frank, Hans von Olden, Willy Seidel, den Fabeldichter Etzel und den E. Th. A. Hoffmann-Forscher Carl Georg von Maassen und andere.

Der Verlag Schreiber-Eßlingen brachte im Juni 1910 ein Bilderbuch für Kinder mit Text von mir heraus unter dem Titel »Kleine Wesen«. Gleichzeitig erschien zum erstenmal eine Prosaarbeit von mir in der »Jugend«. Das erfüllte mich mit stolzer Freude. Ich kaufte und verschenkte viele Exemplare dieser Jugendnummer. Ich sah mir immer wieder an, wie sich das gedruckt ausnahm: »Die wilde Miß vom Ohio.« Und ich wurde heimlich aufgeregt, als ich im Kaffeehaus den genialen Maler und geistreichen Menschen Vorel nach jener Jugendnummer greifen sah.

Aber bald sank ich wieder in meine deprimierte Stimmung zurück. Ich fragte bei meiner in Berlin lebenden Tante Liese an, ob sie mir pekuniär ermöglichen wollte, daß ich mein Abitur nachholte, um dann ein Studium zu ergreifen. Denn ich litt bitter darunter, daß fast alle meine Bekannten studiert hatten oder doch gebildeter waren als ich. Der Pflegedienst bei Seeles kranker Mutter einerseits und das Nachtleben im »Simpl« andererseits ließen mir keine Zeit, mich selber weiterzubilden. Tante Liese antwortete abschlägig.

Ich ärgerte mich bis zum Haß über Kathi Kobus und lief ihr einmal davon. Aber sie holte mich wieder. Wenn es ihr darauf ankam, verstand sie es ja so gut, jemanden zu bestricken, und da sie mir dazu fünfzig Pfennige mehr pro Abend bewilligte, blieb ich nun weiter bei ihr.

Ich wurde dem Baron Thilo von Seebach vorgestellt, der ein außergewöhnlich tiefes Wissen auf den meisten geistigen Gebieten besaß. Er stand einem bibliophilen Kreis nahe, der sich um C.G. von Maassen scharte und dem Unold, Graf Klinkowstroem, die Balten Arthur Knüpffer, Helmut von Schulmann, die Gebrüder von Hoerschelmann sowie andere Herren angehörten. Seebach führte den Spitznamen Biegemann.

Der Baron ließ mich anfangs genauso seine geistige und gesellschaftliche Überlegenheit fühlen, wie es die anderen taten, Maassen, wenn er mich auslachte, weil ich nicht wußte, was »prophylaktisch« bedeutete; wie es sogar der gutmütige, aber geistig völlig unbelastete H.v.L. tat, wenn er mir etwa sagte: »Das geht aber nicht, mein Lieber, daß du zum Smoking einen weichen Kragen trägst.« Doch waren sie alle dabei liebenswürdig und gastfrei, und ich lernte von ihnen allen, profitierte insbesondere in bezug auf Geschmack und Manieren. Meine Zuneigung zu Seebach wuchs rasch, führte zu einer innigen Freundschaft.

Am 28. Juli 1910 erschien mein erstes Buch im Hans-Sachs-Verlag in München. Ein dünner Band lyrischer Gedichte. Gedichte, wie sie von Tausenden junger Schwärmer gedichtet werden, aber in ehrlichen Stimmungen mit unbeschreiblicher Leidenschaft geschrieben. Dr. Milk überraschte mich dabei, wie ich die Korrekturbogen in der traulichen Weinstube Bavaria-Osteria mit innerlicher Aufregung durchlas. Er sah mir ins Blatt und sagte nach einiger Zeit, den Finger bedeutungsvoll hebend: »Ich sage Ihnen, Ihre Linie geht nach oben.«

Das Buch hatte ich meinem Vater gewidmet. Der freute sich darüber, wohl schon deswegen, weil damit endlich einmal etwas Positives aus meiner Lebensweise kam. Pekuniär lag das zwar anders. Mein Vertrag war so: Alle Unkosten trägt der Verlag. Bei etwaiger dritter Auflage würde ich Prozente erhalten.

Bei einem öffentlichen Preisausschreiben für das beste Studentenlied ging ich textlich als Sieger hervor mit einem wenig originellen Gedicht »Mit dabei«. Als man in einer zweiten Konkurrenz die Entscheidung über die beste Komposition dazu austrug, war ich zugegen. Über tausend Studenten sangen meinen Text in verschiedenen Kompositionen. Da ich aber zu dieser eindrucksvollen Veranstaltung nicht geladen war, noch mich vordrängen wollte, ließ ich mich ganz allein dort in einem versteckten Winkel nieder. Monate danach wagte ich endlich einmal anzufragen, worin nun eigentlich mein erworbener Erster Preis bestünde. Daraufhin erhielt ich eine Postanweisung über fünf Mark.

Seebach unterrichtete mich jetzt täglich in Latein, Geschichte, Literaturgeschichte und anderem. Er war zehn Jahre älter als ich. Einen Beruf hatte er nicht, hatte er nach seinen Studienjahren wohl nie gehabt. Er stellte selbst die Scherzfrage: »Das Erste ist flüssig, das Zweite ist flüssig und das Ganze ist überflüssig? – Antwort: See – Bach.« Wovon er lebte, wurde mir nie ganz klar. Die ihm ausgezahlten Erbanteile mußten längst verbraucht sein. Wohl beobachtete ich, daß er gelegentlich Inkunabeln oder eine wertvolle Münze verkaufte. Er war als Bibliophile ebenso versiert wie als Numismatiker. Die Miete blieb er jahrelang schuldig. Trotzdem mahnte ihn seine Pensionswirtin nie, blieb unverändert nett zu ihm. Er war immer gediegen angezogen. Sein inneres wie sein äußeres Wesen waren betont aristokratisch. Mir gegenüber lachte er aber darüber, wie er denn überhaupt in mir nur das Menschliche suchte. Er las tagsüber, abends trank er viel billigen Schoppenwein und rauchte billige Zigaretten dazu. Angeheitert beschimpfte er laut rücksichtslos und mit einem scharf geschliffenen Humor den Wirt und die Gäste, wo immer er saß, warf ihnen Feigheit, Ignoranz oder jüdische Gesinnung vor. Mit anderen Leuten bändelte er freundschaftlich an, aber ebenso deutlich und auffallend. Saß er allein in einem Lokal, so forderte er wohl auch plötzlich eine ihm fremde, seriöse Gesellschaft auf, mit ihm das Lied zu singen »Im Nachttopf ist es still und kühl«. Oder er schnüffelte umher und sagte auf einmal mit tiefernster Stimme vor sich hin: »Und immer dieser Blutgeruch!« Das geschah immerhin in einer so komischen Manier, daß ihm kluge Leute nicht so leicht böse wurden. Nur mit den jungen Studenten bekam er immer Händel.

Wenn ich Biegemann mittags besuchte, lag er und blieb er noch im Bett. Und las in einem Buch. Von diesem Buch ging er dann aus in seiner belehrenden Unterhaltung. Manchmal wurde dieser Unterricht dadurch unterbrochen, daß ein Kartellträger sich einstellte, um dem Baron eine Forderung zu überbringen. Das kam aber immer darauf hinaus, daß solch ein Student zuletzt versöhnt mit Seebach im Wirtshaus saß. »Ich werde mich in meinem Alter doch nicht mehr schlagen!« sagte Seebach. Er war ehedem ein schneidiger Fechter gewesen.

Als ich mit Biegemann aus dem berühmten Frühlokal Donisl kam, sah ich einen Mann mit erhobenem Stock auf ihn eindringen. Ich kam zuvor und hieb mit meinem Stock auf den Kerl ein. Seebach beteiligte sich nicht, sondern schrie nur immerzu und suchte mich zurückzureißen. Nun hörte ich, was er schrie: »Halt ein! Du schlägst meinen liebsten Freund tot!« Der andere, ein Studienfreund von Seebach, hatte diesen in einer Fechterstellung begrüßen wollen. Bindet die Klingen.

Bruno Frank kam häufig in den »Simpl«. Er ging dann nach Polizeistunde noch mit mir zum Hauptbahnhof, wo man im

Wartesaal Kaffee trinken konnte, wenn man pro forma eine Fahrkarte löste. Bruno Frank imponierte mir sehr. Er benahm sich in allem ausgesucht ästhetisch und war als Schriftsteller bereits so arriviert, daß er für die Zeitschrift »Simplizissimus« schrieb, was wir Jungen alle anstrebten. Außerdem bewohnte er im besten Hotel ein teures Zimmer mit vornehmem Bad und verkehrte im Hause Thomas Mann. Über diesen schrieb er verschiedentlich.

Frank sagte mir, es wäre sein höchster Wunsch, einmal ein Dichter wie Thomas Mann zu werden. Jene langen, anregenden Nachtstunden auf dem Hauptbahnhof waren frohe und herzliche.

Die Zeitschrift »Licht und Schatten« schrieb eine Preiskonkurrenz aus für die beste ernste oder heitere Novelle. Thomas Mann war einer der Preisrichter. Bruno Frank war überzeugt davon, daß er den Ersten Preis erhielte. Dann traf ich Willy Seidel. Der war überzeugt davon, daß er den Ersten Preis erhielte.

Ich verbrachte drei Tage in Oberammergau, sah mir die Festspiele an. Der Lazarus hatte mich im »Simpl« dazu eingeladen. Ich wohnte bei ihm. Es war die letzte Vorstellung der Saison. Kaum war sie vorüber, so bot der Ort einen drolligen Anblick. Überall auf den Dorfstraßen klapperten Scheren. Die Oberammergauer ließen sich Bärte und Langhaare scheren.

Im Oktober schloß der Verlag R. Piper & Co. einen Buchvertrag mit mir.

Ich hatte kleine Ulkreime geschrieben, zu denen der Maler Seewald entzückende Illustrationen zeichnete. Nach diesen Verschen von mir ist dann später so häufig gesagt worden, ich lehnte mich an Morgenstern an. Aber damals, als ich sie schrieb, hatte ich noch keine Zeile von Morgenstern gelesen.

Um diese Zeit wurde auch mein Schiffsjungentagebuch angenommen. Der Verlag »Die Lese« feierte gerade ein Jubiläum und gab seinen Autoren ein Frühstück in einer Privatvilla. Auch ich als jüngster Autor war dazu geladen. Ich gab mich sehr würdig in dieser Gesellschaft. Bis ich an einer chinesischen Decke hängen blieb und dabei acht Gläser Champagner auf dem Flügel umstieß.

In der »Lese« war ein kleines Tippmädchen angestellt, namens Marietta. Dies zierliche Ding trat nachdem im »Simpl« in Erscheinung, indem sie dort Gedichte hersagte und mit einer scharmanten Frechheit aller Herzen gewann.

Ich wurde sehr krank, mußte eine Drüsenoperation durchmachen, lag längere Zeit ganz lebensmüde zu Bett. Bruno Frank besuchte mich, brachte mir weiße Rosen. Seebach, Dr. Milk und andere besuchten mich, brachten mir Wein, Zigaretten und Bücher. Und Seelchen pflegte mich aufopfernd. Als ich endlich wieder in den »Simpl« konnte, wurde ich dort herzlich empfangen. Man hatte mich vermißt. Das tat mir wohl. Auch daß mir Scharf erzählte, ihm und Dauthendey hätte meine kleine Skizze »Sie steht doch still« gut gefallen.

Man nahm mich schon ein wenig ernster. Die »Woche« trat an mich heran, bat um eine neue Arbeit. Aber die Freude über solche kleinen Fortschritte hielt nie lange an. Denn andererseits wuchs auch mein Gefühl für Kritik und Selbstkritik.

Biegemann verreiste, um sich mit einer Baroneß Nolcken zu verloben, der auch ich einmal auf einem Bal paré vorgestellt war.

Ich sah Ibsens »Nordische Heerfahrt«, aber das Stück gefiel mir nicht. Ich las alles, was Bruno Frank schrieb oder was er mir empfahl, z.B. eine Novelle seines Freundes Willy Speyer »Wie wir einst so glücklich waren«. Die schien mir nun zwar reichlich stark von Thomas Mann beeinflußt, aber ich beneidete doch Frank wie Speyer um solche Erfolge. Ich fühlte mich weit hinter diesen soviel jüngeren Menschen zurück. Sie hatten die Bildung, die Zeit zum Schreiben. Sie hatten Geld. Geld schien mir auf einmal der Schlüssel für alles. Geld zum Gesundwerden. Geld zum Arbeitenkönnen. Geld zum Lernen. Geld zum Reisen. Ich fing an, Lotterie zu spielen. Ohne den geringsten Erfolg. Als ich eines Nachts in eine Roulette spielende Gesellschaft geriet und mich mit einem kleinen Einsatz beteiligte, gewann ich hundert Mark. Die mußte mir ein reicher Herr auszahlen. Er vergaß es aber, und ich wagte aus Respekt nie ihn zu mahnen.

Sehr oft gingen wir, Seebach, ich, die baltischen Freunde und was sich sonst gerade dazufand, noch in später Nacht zu Herrn von Maassen. Der besaß eine behagliche, originelle Wohnung und eine große, interessante Bibliothek, hauptsächlich Bücher der Romantiker.

Maassen stammte aus Hamburg. Er war ein hochgebildeter Mann von mitreißendem Humor, und er bot seinen vielen Bekannten liebenswürdige Gastfreundschaft. Die Burgundergläser klirrten, und der aufgeregte Rabe Jakob durfte mittrinken, wurde auch wie wir, nur noch schneller animiert. Manchmal briet Maassen sogar im »Lucullus« eine Gans. Er und die anderen Herren dort verstanden sehr viel vom Schlemmen und Kochen. Sie waren auch alle einmal in Paris gewesen, hatten alle einmal in Monte Carlo gespielt. So sprach und stritt man auch zumeist über Bücher, Kunst und Gastrosophisches. An die Nächte in diesem geistvollen und ausgelassenen Junggesellenheim denke ich mit dankbarem Vergnügen zurück.

So kam ich dazu, die besten Bücher zu lesen. »Tristram Shandy« – »Gargantua und Pantagruel« – »Simplicius Simplicissimus« – Gontscharows »Oblomow«.

An einem Februarmorgen 1911 ging ich müde und verkatert heim. Da hörte ich meine Tante – mit der ich mich derzeit gerade etwas überworfen hatte – bitterlich schluchzen. Ihre Mutter war nun endlich gestorben.

Ich tröstete Seelchen, so gut ich es konnte. Da die Leiche nach bayrischer Sitte noch am selben Tage aus dem Hause mußte, um dann einen Tag lang öffentlich ausgestellt zu werden, nahm ich der Tante die nötigen Gänge zum Arzt, zur Totenfrau, zur Polizei usw. ab. Als die Leichenfrau die tote Mutter wusch und einkleidete, gab die Leiche einen grausigen Laut von sich, über den Seelchen und ich im Nebenzimmer sehr erschraken. Es gelang mir, die Tante mit einer falschen Erklärung zu beruhigen.

Meine Nerven waren derart herunter, daß ich Halluzinationen hatte und mich morgens fürchtete, durch den dunklen Treppenflur zu gehen.

Dora Kurs sandte mir die »Renaissance« von Gobineau, ein Buch, das mir sehr mißfiel. Vater schenkte mir den Roman »Aus der alten Fabrik« von dem Dänen Bergsöe. Dieses Buch hatte ich schon zehnmal mit Rührung und Genuß gelesen. Es war auch ein Lieblingsbuch meines Vaters.

Ich hörte einen Vortrag des Polarforschers Nordenskiöld. Ich sah Wallenstein und andere Theaterstücke.

Die Zeitschrift »Simplizissimus« lehnte meine Geschichte »Durch das Schlüsselloch eines Lebens« ab, ermutigte mich aber diesmal durch einige beifällige Bemerkungen. Als ich die kurze Erzählung an Thomas Mann einsandte mit der Bitte um Beurteilung, schrieb mir dieser: »Die kleine Sache ist recht artig vorgetragen.«

Ich sehnte mich nach Freiheit. Im »Simpl« hielt ich es nicht mehr aus. Längst schon wollte ich die Nachtstellung dort aufgeben, aber ich war völlig energielos geworden. Außerdem schuldete mir Kathi Kobus noch Geld, und sie verzögerte die Herausgabe, weil sie meine Absicht durchschaute und genau wußte, daß sie mich, wenn ich diesmal fortginge, nicht wieder zurückholen könnte. Endlich redete ich ihr doch ein, daß ich gesundheitlich Erholung brauchte, da gab sie mir Urlaub und mein Geld. Der Schriftsteller Ferdinand Kahn war dabei, als ich den »Simpl« verließ. Auf der Straße spannte ich einen nagelneuen Regenschirm auf und sprang vor Vergnügen mit beiden Füßen hinein. Freiheit!

Seebachs Braut hatte mich auf das Gut ihrer Eltern nach Kurland eingeladen. Biegemann selbst erwartete ein paar tausend Mark, die ihm ein Geschäftsmann verschaffen wollte. Mit diesem Geld gedachte er nach Kurland zu reisen, um zu heiraten. Ich hatte Biegemann manchmal ein kleines Geldchen zugesteckt. Aus Dankbarkeit wollte er mich nun auf seine Kosten mit nach Kurland nehmen. Wir verabredeten, daß ich ihn in Kufstein erwarten sollte. In zwei bis drei Tagen wollte er mich dort abholen oder mir Nachricht geben. Ich hatte noch für etwa sechs Tage zu leben. Also gab ich ihm meinen Paß, um das Visum zu besorgen, und fuhr nach Kufstein.

Ich bezog das beste Hotel und lebte gar nicht sparsam, weil mir Seebach gesagt hatte, ich sollte nur anschreiben lassen. Er würde mich auslösen.

Nun bot sich mir die Zeit zum freien Dichten, die ich mir so lang gewünscht hatte. Aber ich schrieb nichts. Die herrliche Umgebung lockte zu Spaziergängen. In einer sternenlosen Nacht geriet ich im Wilden Kaiser in einen Wolkenbruch mit furchtbarem Gewitter. Ich befand mich gerade in einem finsteren Walde und hatte den Weg verloren. Da mußte ich schließlich auf allen vieren kriechen und, nachdem ich sechs Revolverpatronen verschossen hatte, für jeden Schritt den kurzen Schein der Blitze ausnutzen, die links und rechts von mir in die Bäume schlugen. Später konnte ich mich davon überzeugen, welchen gefährlichen Weg ich da passiert hatte. Als ich frierend, naß und müde eine Hütte erreichte, machte ich mir keine Hoffnung, dort noch Leute wach anzutreffen oder gar ein Unterkommen zu finden. Ich klinkte. Die Tür gab nach. In einem hellen Raum saßen Touristen beim Wein, eine Harfe erklang, von einem Tiroler in kurzer Wichs gespielt. Zwei von den Gästen schrien gleichzeitig auf:

»Der Hausdichter von der Kathi!« Ich erfrischte mich an einem Sahnengericht, das man Maibutter nannte, und es wurde eine fröhliche Nacht. Andern Morgens marschierte ich weiter, stieg bis zum Stripsenjoch hinauf. Die Hütte dort war auf der einen Seite ganz vereist. Von der anderen Seite blühten liebliche alpine Pflanzen.

Ich erkor mir den Hilfsarbeiter Alex zum Freund, weil ich Gesellschaft in Kufstein vermißte. Alex war auch Wilderer, im übrigen unsagbar dumm und faul, jedoch ein hübscher Bursche. Wir unternahmen Ausflüge. Eines Nachts lud ich ihn feierlich zu einer Flasche Sekt ein, um mit ihm Brüderschaft zu trinken, dann streiften wir durch einen dunklen Wald. Da kamen wir auf Mord und Totschlag zu sprechen. Plötzlich blieb Alex stehen, drückte mir treuherzig die Hand und sagte in seinem Dialekt: »Das eine kannst mir glauben, daß ich dich nie von hinterwärts erstechen werde.«

Ich liebte mein Hotelzimmer und ging gern zu den Bauern und in deren Ställe. Es waren vier bis fünf Tage vergangen, ohne daß Seebach etwas von sich hören ließ. Aber ich vertraute eisern auf ihn. Ein Honorar half mir weiter. Ich lernte neue Bekannte kennen, so einen lustigen Herrn Busch, der früher in Afrika gewesen war und jetzt künstliche Blumen fabrizierte. Durch ihn wurde ich Stammgast in der bekannten Weinkneipe Schicketanz. Der langbärtige Schicketanz hatte einen Hund, der Pfeife rauchte.

Kufstein wurde mir zu teuer. Ich gab mein Hotelzimmer auf. Als ich die Rechnung bezahlen wollte, fehlten mir noch sechs Kronen. Verlegen schützte ich einen Spaziergang vor, wanderte vor die Stadt und ließ mich in einem Garten nieder. Da hatte ich ein kleines Erlebnis, das mich später in Träumen verfolgte. Im Sande kroch ein Tier, das so aussah wie ein großer Tausendfuß. Ein vorbeitrottender Bernhardiner machte einen spielerischen Satz und quetschte dabei mit seiner Tatze die eine Hälfte des

Tieres im Sande fest. Nun arbeitete das halb verschüttete Tier mit den Beinen, die es noch frei hatte, verzweifelt um sich.

Als ich bedruckst nach dem Hotel zurückging, las ich in einem Trafik, daß ich für wenig Heller im Lotto dreißig Kronen gewonnen hatte. Im Hotel erwartete mich eine zweite Überraschung. Ein Honorar, das ich allerdings erwartete, war telegraphisch eingetroffen.

So reiste ich mit fünfzig Mark nach Straß im Zillertal, wo ich unter unfreundlichen Menschen acht verregnete Tage verbrachte. Zwar fing ich eine kleine Liebelei mit der Postexpedientin an und sah ferner zu, wie man mit österreichischen Militärhengsten ländliche Stuten belegte. Aber das bäurische Postmädchen war blöde, und das Belegen dauert auch nicht ewig. Ich war froh, als mich Seele nach ihrer Sommerfrische ins Ötztal einlud. In Lengenfeld wohnte sie. Eine schöne Gegend. Aber dumm! Infolge Inzucht gab es unter den Einwohnern viele Idioten. Ich konnte mich stundenlang mit den idiotischen Kindern unterhalten. Seele war reizend zu mir. Ich lachte sie freundlich aus, weil sie die Manie hatte, auf Ausflügen so viel Blumen und Zweige abzurupfen, daß sie vor Schlepperei nie zu einem vollen Genuß kam. Aber sie liebte und pflegte die Blumen daheim zärtlich. Als ich auf einem Spaziergang ganz unnötigerweise, nur um kühn zu sein, in einer schmalen und kurzen, aber ganz steilen Felsspalte hochkletterte, von Busch zu Busch, mußte ich – da ich nicht mehr umkehren konnte – durch den Kadaver einer abgestürzten Kuh kriechen. Das war entsetzlich.

Ich wollte endlich wissen, wie es um Seebach stand, und fuhr nach München. Ich wußte, daß er ins Hotel Wagner übersiedelt war. Als ich nun dort sein Zimmer betrat, traf ich nur eine fegende, ältliche Zimmerfrau. Der Baron wäre soeben fortgegangen. Sie wüßte nicht, was der Baron eigentlich hätte. Er sagte immer was von Blutgeruch. Die Zimmerfrau hielt im Fegen inne und schnüffelte nach allen Seiten: »I riach fei nix!«

Biegemanns Geldangelegenheit hatte sich verzögert. Ein paar Tage logierte ich bei einer zärtlichen, klugen Frau, dann fuhr ich mit meinem Gepäck nach dem Hotel Wagner. Seebach und ein Oberkellner, Seite an Seite, waren gerade damit beschäftigt, unter laut anfeuernden Rufen und gleichmäßigen Stößen den Deckel eines überfüllten Rohrplattenkoffers zuzudrücken. Beide waren vor Anstrengung und Frühschoppen krebsrot im Gesicht.

Wir reisten ab. Zunächst nach Berlin, wo wir zwei Tage im Hotel Töpfer wohnten. Dann für einen Tag nach Danzig, wo Seebach seine Mutter besuchte, mit der er nicht sonderlich herzlich stand. Dann weiter nach Riga.

Halswigshof

Ich war schon lange darauf bedacht gewesen, meinen Wäschebestand zu ergänzen. Seelchen hatte mir einen weißen Anzug gekauft und einen Chapeau claque. Sogar einen Frack besaß ich. Den hatte mir ein Simplgast, der Rechtsanwalt Siegfried Herzberg geschenkt.

Unterwegs bekam ich zum erstenmal Streit mit Seebach. Ich flüsterte ihm im Speisewagen zu, daß ich mir sechs Schachteln Zigaretten in die Unterhose gesteckt hätte, die ich durch den Zoll nach Rußland einschmuggeln wollte. Biegemann war darüber empört. Das wäre unvornehm. Das wäre ein Betrug. Daraufhin zog ich beleidigt die Schachteln aus der Unterhose, was sich gewiß sehr komisch ausnahm, und warf sie aus dem Fenster.

In Riga stiegen wir aus. Ich suchte mir ein kleines Hotel mit dem vertrauenerweckenden Namen Parkhotel.

Ich wollte, daß Biegemann beim Wiedersehen mit seiner Braut allein wäre. Deshalb reiste er verabredeterweise voraus nach dem Gute Halswigshof. Er wollte mich nach zwei Tagen telephonisch abrufen.

Das Parkhotel kam mir bald sehr merkwürdig vor. Ein unheimlicher Wirt oder Portier hatte mir ein kahles Zimmer angewiesen und verhielt sich in jeder Weise mißtrauisch zu mir. Tagsüber war das Hotel totenstill. Nachts aber schlugen Türen zu, flüsterten, lachten, weinten Stimmen. Und ich war dumm genug, daraus keine Schlüsse zu ziehen.

Allerdings trieb ich mich den ganzen Tag über neugierig in der fremdartigen Stadt umher, die soviel Neues für mich und die drei Sprachen und drei Gesichter hatte.

Ich war zunächst nach dem Vorort und Badeort Bilderlingshof gefahren, um meine Freundin Fanjka zu überraschen, die dort mit ihrer Schwester ein Sommerhäuschen bewohnte. Sie wurde rot und blaß vor Aufregung, als ich an der Tür stand. Ich glaube, sie liebte mich. Fanjka war Lehrerin und hatte derzeit gerade Ferien. Auch ihre Schwester empfing mich herzlich, eine gesunde natürliche Dame, die bei der russischen Behörde angestellt war.

Die Schwestern führten mich ans Meer, zeigten mir den im Abendlicht rotglühenden Dünenwald, die Kiefern, die ich schon einmal nach einem Gemälde von Wanjka bedichtet hatte. Wanjka war noch in München. Sie hatte geschrieben, wie sehr sie bedauerte, nicht dabei sein zu können, da ich nun ihre Heimat kennenlernte.

Dicht am Strande lag das Wrack eines kleinen Schoners. Den hatte die See im Sturm über mehrere Sandbänke hinweg dorthin geschleudert. Wir erkletterten das Wrack. Und Fanjka erzählte, wie sie schon einmal, gleich nach jenem Sturm auf diesem Schiff gewesen wäre, keinen Menschen angetroffen, aber im Spind noch einen Rollmops gefunden habe.

Am nächsten Tage durchstreifte ich wieder die Stadt nach allen Seiten. Es gab hochelegante Lokale und Menschen. Ich saß einsam glücklich im Wörmannschen Park und hörte russische sentimentale Weisen spielen. Huren und Kokotten sprachen mich an, unglaublich zerlumpte Gestalten bettelten mich an. Ein Weib warf sich vor mir in den Staub, umklammerte meine Beine und rief: »O lieber Herr Baron, schenken Sie mir nur eine Kopeke!«

Es war der 18. Juni 1911 nach russischer Rechnung, als ich in meinem Hotelstübchen Tagebuch schrieb. Bei einem Wachslicht, weil ich für eine Petroleumlampe täglich 25 Kopeken bezahlen sollte. Ich hatte fast kein Geld mehr, war darüber voller Sorgen. Fünf Tage waren in Riga vergangen, ohne daß Seebach etwas von sich hören ließ. Hatte ich die Verabredung mit ihm falsch verstanden? Oder sollte er mir noch zürnen wegen des Streites im Eisenbahnzug? Es fiel mir ein, daß ich zuletzt auch noch mit Seelchen einen Zwist gehabt hatte, der zwar beiderseits versöhnlich beigelegt war. War ich wohl ein zänkischer Mensch?

Im Hinterhof vor meinem Fenster klang eine Ziehharmonika auf. Ich dachte wehmütig an ferne, längst vergangene Tage, da ich auch so ohne Geld dagesessen hatte.

Weil ich nun gar nichts mehr zu essen hatte, ging ich durch mehrere Bordelle und las den Mädchen ihr Schicksal aus den Karten und aus den Handlinien. Wenn man mich heute fragen würde, ob ich das denn konnte und kann, so käme ich in Verlegenheit und müßte eigentlich antworten »ja« und »nein«. Jedenfalls wußte ich, wie erpicht solche Mädchen aufs Wahrsagen sind, und ich verdiente mir einige Rubel.

Endlich rief ich telephonisch das Gut Halswigshof an, um Seebach zu sprechen. Seine künftige Schwiegermutter kam an den Apparat. Sie sprach herzlich und mit einer sympathischen Stimme. Warum ich mich nicht längst gemeldet hätte. Seebach hatte den Namen meines Hotels vergessen. Man erwartete mich sehnlichst. Ich sollte sofort in den Zug steigen und bis Plattform 59 fahren. Dort würde mich ein Wagen abholen. Wo ich denn nun eigentlich wohnte?

»Im Parkhotel.«

»Wo?«

»Im Parkhotel.«

»Wo?« Sie fragte noch mehrmals, und ich schrie immer wieder den Namen »Parkhotel« ins Telephon, hatte immer noch nicht gemerkt, daß dieses Hotel ein berüchtigtes Absteigequartier war.

Fanjka lieh mir Geld. Ich fuhr nach Plattform 59, verpaßte aber infolge eines Irrtums den Nolckenschen Wagen. So reiste ich auf einem Bauernkarren neben einem Butterfaß bis an den Strand der Düna. Unter großen Sprachschwierigkeiten bewog ich einen Fischer, mich über den Strom zu setzen. Ich erreichte Halswigshof, wurde dort aufs freundlichste empfangen.

Das kurländische Gut Halswigshof an der Düna bestand aus einem stattlichen Herrenhaus mit verwirrenden Gängen und Türen und vielen, um einen Park verteilten Nebengebäuden. Der alte Baron lebte nicht mehr. Seine Witwe war eine etwas korpulente, energische und gesellschaftlich ebenso sichere wie umsichtige Dame mit graumeliertem Haar und viel Temperament. Sehr praktisch, sehr fleißig und von einer frauenhaften Güte. Gesund, natürlich und liebenswürdig wie sie war auch die Baronesse, die damals neunzehn Jahre alt sein mochte. Wer sie kannte, der konnte Seebach nur beglückwünschen. Es war zu hoffen, daß sie besonders in bezug aufs Trinken von bestem Einfluß für ihn sein würde. Sie und ihren älteren Bruder, einen langen, schlanken Herrn, hatte ich im Deutschen Theater im Münchner Fasching kennengelernt. Der Bruder war ein raffinierter Lebemann, Landbaron wie Stadtbaron. Er hatte ein wenig Glatze, ein wenig Grau im Haar und sah gut aus.

Jedes Familienmitglied wohnte in einem anderen Haus. Das Gesinde bestand aus lettischen Familien, deren Verhältnis zur Familie Nolcken der Leibeigenschaft sehr nahe kam. Nun war aber Halswigshof nicht nur Baronei und Gut mit großer Landwirtschaft und Viehwirtschaft, sondern auch Sanatorium. Und so wohnten und wechselten dort immer viele zusammengewürfelte, meist russische Familien und Einzelpersonen.

Ich erhielt ein Zimmer im Hause des Gärtners. Der Diener servierte Eier und Heidelbeeren. Zigaretten standen zu Hunderten bereit, echt russische Zigaretten mit kurzem Tabakrohr und langem Pappmundstück. Der schöne Park war übersät mit solchen weggeworfenen Zigarettenresten.

Ich machte dem Baron Nolcken einen Besuch, bekam einen Schnaps »Nolckin« vorgesetzt. Dann gingen wir mit den anderen Nolckens und mit Seebach nach dem Erdbeerpavillon auf den Müffelberg. Obwohl es schon zehn Uhr abends war, leuchtete der Himmel noch in Sonnenglut. Es wurde eine stille Plauderstunde mit Neckereien und Komplimenten um das Liebespaar Ingeborg-Biegemann.

Bis die Baronin ihre Kinder auf die Stirn küßte und sich zurückzog. Auch ich verabschiedete mich, ging auf mein Zimmer, um mein Gepäck auszupacken und Briefe von meinen Eltern zu lesen. Die Gärtnersfamilie schlief bereits. Eine erquickende Ruhe herrschte. Durchs offene Fenster drang schwerer Erdgeruch.

Am andern Morgen frühstückte ich als Nachzügler, weil ich verschlafen hatte. Aber ich konnte tun, was ich wollte. So ging ich an die Düna und bestieg ein Ruderboot. Der Strom war breit und reißend. Große Flöße trieben vorbei mit Strohhütten darauf, und das Holz duftete weithin.

Wie köstlich schmeckte die Freiheit, schmeckten mittags an der großen Tafel Suppe, Schaffleisch und Erdbeeren. Nach Tisch begleitete ich das Brautpaar auf einem Waldspaziergang. Der steife, altersmüde Jagdhund Lord und die freche Terrierhündin Tipsi nahmen daran teil. Hinterher badete ich mit Seebach in der Düna. Ingeborg wollte nicht mittun. Das Wasser war ihr zu reißend und zu schmutzig.

Nach dem Abendessen gingen wir alle nach einer mit Laub geschmückten Scheune. Es war der Tag des Johannisfestes. Das Gesinde huldigte der Baronin. Gruppenweise näherten sich die festlich gekleideten Leute, küßten der Baronin und den Baronen und der Baroneß die Hand und nahmen Geschenke entgegen. Wir alle bekamen Kränze aufgesetzt, die Baronin gleich sechs auf einmal. Dann besangen die Leute in ihrer Sprache die Vorzüge des Nolckenschen Gutes und der Herrschaft im Gegensatz zu anderen Gütern. Und immer kehrte der melancholische, langgezogene Refrain wieder: »Ligo – – Li – – g – o –!«

Danach begann ein tolles Tanzen auf Brettern, die über den Sandboden gelegt waren. Ich wählte mir ein lettisches Schulmädchen, das durch eine Krankheit die Haare verloren hatte, aber einen schönen Kopf und einen sehr anziehenden Trotz besaß. Geige und Ziehharmonika tönten. Ein Faß Bier war aufgelegt.

Ich stahl mich davon. Auf den Feldern brannten Johannisfeuer. Im leuchtenden Orange des Himmels stand ein blasser Mond. Am jenseitigen Ufer der Düna lag ein Boot. Von dort zog traurig über das Wasser das Ligolied.

Der Hunger trieb mich noch spät nach dem Herrenhaus, wo mir die Frau des Verwalters eine Piroge verschaffte.

Zum Nolckenschen Gut gehörten weite Felder, tiefe Laub- und Nadelwälder, Ententeiche, Forellenbäche, ein bunter Garten und leider sehr viel Fliegen. Es gab der Unterhaltung genug. Liegestühle, ein Flügel, ein Billard, Schach und andere Spiele, ein Tennisplatz, ein Segelboot und mehrere Ruderboote standen zur Verfügung. Aber Punkt zehn Uhr war Ruhestunde. Da mußte jeder Lärm verstummen, durfte sich niemand mehr im Park aufhalten. Der Arzt und die Baronin übten strenge Aufsicht.

Nachts ging ich wieder zu Tanz. Der Gärtner feierte seinen Namenstag. Die Tischlerfamilie, das Serviermädchen Hedwig und die Diener und Köchinnen waren geladen. Man saß zwischen Sträuchern an einem großen Tisch. Um eine Lampe herum standen Berge von belegten Brötchen und Wein, Bier und Schnaps.

Man behandelte mich ausgesucht höflich, obwohl ich mich so natürlich wie möglich gab. Zwei Leute erzählten ihre Erlebnisse aus dem Russisch-Japanischen Krieg. Ein Jude spielte den Dolmetscher. Dann wurde auf einer holprigen Wiese hinterm Gärtnerhaus getanzt. Wilde Polkas bis morgens um zwei Uhr. Da ich zwischendurch viele Wodkas trank, wurde ich betrunken. Einige Nimmermüde wollten mich noch weiter mitnehmen. Aber am Kreuzweg kaufte ich mich mit einem Rubel von ihnen los. Als ich einschlief, klang mir's noch ferner ins Ohr: »Ligo – Li – g – o –!«

Es wurde eine Art Kabarett auf dem Müffelberg arrangiert, wobei ich mich rege mit allerlei Darbietungen und Rezitationen beteiligte, auch Mandoline spielte. Von Ingeborg war ein lustiges Plakat entworfen. Sie hatte in München Malerei studiert. Sie erzählte aus dieser Zeit sehr amüsant, wie ihre Pensionsmutter einen Pensionär bei Gericht verklagt hatte, weil er immer die Haut vom Pudding abschöpfte.

Die Mittagstafel war immer ganz offiziell. Geschulte Diener und Serviermädchen warteten auf. Es herrschte ein etwas zurückhaltender, dennoch vergnügter Ton. Ich lernte bald die einzelnen Kurgäste kennen. Eine Exzellenz soundso und deren Gesellschafterin Fräulein von Brockhusen, Herr Weiß aus Riga, ein Fräulein Benois. Eine alte Dame, die ihre Augen kaum so weit aufmachte, um sich selber sehen zu können. Die hatte ich heimlich »Das schlafende Jahrhundert« getauft. Der Name blieb.

Nach Tisch leistete ich manchmal noch der blinden Mrs. Clark Gesellschaft, aus Mitleid, und um mein Englisch aufzufrischen. Ferner war ein spitzbärtiger russischer Marineoffizier an der Tafel.

Das Gespräch drehte sich selten in meinem Beisein um Kunst. Man erzählte lieber anderes. Die Krebspest hatte die ganze Gegend heimgesucht. Die Düna hatte nachts eine Leiche an Land getrieben. Der Baron wollte die Schereien vermeiden, die mit solchem Fund verbunden waren. Er ließ die Leiche wieder in den Strom stoßen. Sie landete auf der anderen Seite in einer livländischen Baronei. Dort stieß man sie wieder ab, und nun landete sie wieder auf kurländischem Gebiet, irgendwo.

Ich zog mit Biegemann und Fräulein Brockhusen einem Jungen zuliebe auf Käferjagd aus.

Ich half der Hausdame, Fräulein Dieckhoff, Fliegen töten. Mit der Gießkanne und heißem Wasser machten wir das.

Ich schrieb eine kurze Skizze »Gepolsterte Kutscher und Rettiche«.

Einmal am Tage wurde die Post vom Kutscher zehn Werst weit aus dem Orte Friedrichstadt geholt. Friedrichstadt war nur von Juden bewohnt.

Zu den wenigen, die etwas freiere Meinung hatten, zählten Olga und Wera, zwei zarte russische Studentinnen. Wera Iwanowna hatte ein Herzleiden. Mit ihr unternahm ich nachts im Regen einen langen Ausflug, und wir führten ernste, lange Gespräche, obwohl Wera ebensowenig Deutsch verstand wie ich Russisch. Abends war Tanz. Alles erschien im Frack und Balltoilette. Die Baronin saß am Flügel, und der Baron kommandierte französisch sehr gewandt eine Quadrille.

Ich las Bismarcks Briefe an seine Frau. Dann gab mir Biegemann das Buch »Bismarck in der Karikatur des Kladderadatsch«. Nebenher trieb ich etwas Geschichte und Geographie.

Die Baronin riet mir, die Heilbäder auszunutzen, die sie im Hause hatte, und mich täglich von den zwei angestellten Finnländerinnen massieren zu lassen. Massieren ließ ich mich nicht. Ich geniere mich. Ich badete täglich in der Düna, obwohl das Ufer schilfig und unsauber war.

Der Jude Abramowitsch führte einen Kaufladen in Halswigshof. Er verkaufte an die Letten billigen Kram für die nötigsten Bedürfnisse. Zu ihm kamen auch die Flößer, wenn sie wegen Sturm die Fahrt unterbrechen mußten. Denn die Düna konnte sehr böse sein. Sie trugen Wasserstiefel und dicke Schafspelze und kauften bei Abramowitsch Kringel. Dann lagerten sie sich am Ufer, zündeten nach herkömmlichem Strandrecht ein Reisigfeuer an und kochten Tee. Die Düna barg schon bei ruhigem Wetter tückische Stromschnellen und Strudel.

Ich traf den Fischer Mathison, wie er Angeln einzog. »Fische nicht gebissen«, sagte er, »Mond scheint. Fische schlafen, wenn Mond scheint.« Mathison war schon nahe den Fünfzigern, und nun mußte er zehn Werst weit zu Fuß gehen, um von der russischen Polizei eine Prügelstrafe zu empfangen. Weil man ihn kürzlich in Trunkenheit erwischt hatte. Mathison war auch ein geschickter Tischler und baute Kanus.

Ich hatte eine Sanatoriumsballade verfaßt. Die trug ich mit Erfolg bei einer der engeren Gesellschaften vor, die bald in Ingeborgs Wohnung, bald im Hause des Barons oder im Kontor oder sonstwo improvisiert wurden.

Es wurde mir zum Sport, jeden Mittag mit einer anderen Krawatte zu erscheinen und dazu eine entsprechende Blume im Knopfloch zu tragen. Auch half ich Ingeborg gern, wenn sie die Blumen für die Mittagstafel wählte und arrangierte. In dem üppigen Garten wuchs alles, was Land und Zeit zu geben vermochten. Obst und Beeren konnte ich pflücken, soviel mir behagte. Manchmal zupfte ich mir ein frisches Salatblatt ab, bestrich es mit Butter und salzte es. Das schmeckte gut.

Ich fuhr Herrn und Frau Agricola im Segelboot spazieren.

Auf Anregung Ingeborgs wurde ein Wohltätigkeitsfest für ein achtjähriges, musikalisch begabtes Judenmädchen gegeben. Wir maskierten uns alle. Ingeborg erschien als Sektflasche mit wechselnden Etiketts. Mathison hatte das Kostüm geschickt aus Pappe gefertigt. Der russische Doktor war als Dame verkleidet, das heißt, er hatte alles, was er an Damenkleidern erwischen konnte, unlogisch übereinander angezogen. Nun war er so dick, daß er auf zwei Sesseln sitzen mußte. Jeder hatte sich etwas Kurioses ausgedacht. Der Kaufmann Behrends aus Petersburg brachte einen Toast auf das Haus Nolcken aus. Das jüdische Wunderkind spielte Mendelssohn und »Die Spieluhr«. Die finnischen Masseusen Marta und Hilja führten einen Nationaltanz auf. Es tat sich was. Und die Baronin schenkte dem Judenkind noch extra ein dressiertes Huhn.

In solch reicher Freiheit und süßem Nichtstun spannen und verstrickten sich natürlich allerlei Liebesfäden. Ich überraschte Wera, als sie auf der Treppe den hinkenden Studenten Werschisloff küßte. Fräulein Kronmann, die mir russischen Unterricht gab, fing an, mit »Ja wosch lublu«. Auch Fräulein Matern zeichnete mich aus. Und am Springbrunnen belauschte ich – –.

Ich fuhr mit der Baronin in einem zweirädrigen Wagen nach Friedrichstadt. Tipsi jagte vor uns her und biß einen lettischen Bauern ins Bein. Der forderte eine neue Hose. Aber wir verstanden kein Lettisch und rasten weiter. Es gab auf dem Weg ein paar schwierige Passagen. Ich hatte Angst, daß der Wagen umkippte. Ich hatte auch jedesmal Angst, wenn der Jagdwagen auf der Fähre über die Düna gerudert wurde. Die Fähre war nicht viel breiter als der Wagen und hatte nur eine zerbrechliche Barriere. Die Pferde scheuten vor dem Wellenschlag. Es lag die Gefahr nahe, daß sie Wagen und Menschen in die Tiefe rissen. Ich glaube, daß es mir sonst nicht an Courage fehlte. Aber wenn es sich um Pferde handelte, zeigte ich mich immer ängstlich und feig.

Die Baronin lachte mich aus. Sie selbst war von Jugend auf mit Pferden vertraut. Wenn ein Pferd erkrankte oder wenn eine Kuh kalbte, ging sie selbst in die Ställe und legte mit Hand an.

Ich schenkte Fräulein Dieckhoff zum Geburtstag ein aus Kletten geformtes »D«, das mein Porträt umrahmte. Ich hatte ja in dem reichen Hause nichts anderes zu schenken als solche kleinen erdachten Scherze, ein bißchen Unterhaltung und Zuvorkommenheit.

Frau Dora Kurs hatte mir fünf Rubel gesandt, auch erwartete ich ein Honorar vom »März«, der meine Geschichte »Durch das Schlüsselloch eines Lebens« akzeptiert hatte. Meinen Geburtstag feierte ich verschwiegen.

In irgendwelcher Gesellschaft ging ich mit dem Fischer Irber zum Forellenfang. Das Ergebnis von dreizehn Forellen überreichte ich der Baronin in einer mit Rosen geschmückten Gießkanne und mit einem Vers.

Die Apfelbäume klopften mit schweren Früchten ans Fenster. Ich lag lang ausgestreckt, den Blick zum Himmel, im Boot, ließ mich dünaabwärts treiben.

Auf dem Müffelberg hatten wir zwischen bunten Lampions einen bayrischen Abend. Bier und Radi. Ingeborgs Einfluß war oft zu erkennen: Biegemann trank mit Maß. Manchmal auch wieder Maß für Maß.

Und tausend Blumen dufteten. Nachts quakten die Frösche, stellten Lord und Tipsi einen Igel, nagte in meiner Zimmerdecke eine Maus.

Als ich mit Fräulein Matern spazieren ging, stürzte sie in einen Steinbruch und schlug sich ein Loch in die Schläfe. Sie nahm das aber tapferer hin, als ich wünschte. Wir ließen uns photographieren, wie ich vor ihrem Fenster ihr die Cour schnitt und der dazukommende Vater mich mit einem Stock bedrohte. Es ging heiter zu in Halswigshof.

Als ich nachts auf leisen Sohlen zum Boot ging, erschrak ich sehr. Denn plötzlich sprangen hinter einem dunklen Gebüsch zwei Kerle vor und hoch durch die Luft. Russische Flößer turnten am Rundlauf.

Ich ließ mich im Luftbad vom Doktor massieren. Ein Picknick in großem Stil wurde veranstaltet. Beim Pilzesuchen sprach ich mich endlich einmal mit Gretchen Saalfels aus. Das war ein niedliches, eigensinniges, aber auch eigenartiges Mädchen, ein wenig wie ein Äffchen. Sie trug sich lustig-liederlich, immer hing eins ihrer Schuhbänder lose herab. Ich nannte sie »Das possierlich-appetitliche Schnupperschnäuzchen«. Aber der hübsche Mund, nach dem ich sie so nannte, war jetzt nach dem Picknick gerade über und über mit Heidelbeerkuchen verschmiert. Wir lachten zusammen. Ich machte mir einen Bart aus grauem Moos. Wir lachten zusammen. Wir flüsterten zusammen.

Nebel lag über der Düna. Ein Segel glitt gespenstisch vorbei, knarrte leise durch den stillen Abend.

Um Mitternacht weckte ich Seebach. »Biegemann, machst du mit? Eine Bootspartie gegen den Strom bis Friedrichstadt?« Aber Seebach wollte weiterschlafen. So zog ich allein los. Mein Proviant bestand aus einer Flasche Wodka, Limonade, Schokolade, Bonbons und Zigaretten.

Wallende Nebel rückten die Ufer bald näher, bald ferner. Plötzlich ein Zuruf, erschreckend nah. Ein Ruder knarrte. Auf einem Floß brannte ein offenes Feuer, glitt rasch vorbei. Am großen Stein am rechten Ufer unterbrach ich die Fahrt. Ich zog das Boot ein Stück ans Land, wickelte mich in einen Regenmantel und zündete eine Pfeife an. Eine neugierige Elster besuchte mich, ich erwachte, als es schon dämmerte. Mich fröstelte. Ich stärkte mich mit Wodka und ruderte mich heiß gegen die starke Strömung. Dunkelviolett floß die Düna dahin und leise rauschend. Aber dieses leise Rauschen hörte jäh auf, und während einer unheimlichen Stille wurde mein Boot in rasendem Tempo seitwärts zurückgerissen und gegen einen Steinblock gedrückt. Ich war in einer der Stromschnellen. Nochmals versuchte ich mit höchster Kraft vorwärtszurudern. Aber ein Ruder zerbrach dabei. Es blieb nichts übrig, als das Boot am Ufer watend an der Stromschnelle vorbeizuziehen. Ich fand ein anderes Boot am Strand und stahl mir daraus einen Riemen. Dann ruderte ich weiter, mit solcher Anstrengung, daß ich dabei die ganze Schnapsflasche austrank, ohne betrunken zu werden. Ich umfuhr die Insel, die ich mir so oft als ein Geschenk vom Gouverneur erträumt hatte. Das Boot rauschte durch blühendes Schilf. Wieder mußte ich Stromschnellen durchkämpfen. Die Sonne ging auf. Raben pickten am Ufer. Ich sang und fühlte mich sehr froh ob meiner sportlichen Leistung. Kurz vor Friedrichstadt badete ich und zog meinen eleganten weißen Anzug an. Ich landete zwischen Ruderbooten und badenden Menschen, brachte mein Boot in Ordnung und meldete vom Gasthof aus meine Ankunft nach Halswigshof. Herrlich war die Rückfahrt. Ich ließ das Boot treiben, saß nahezu nackt in der heißen Sonne und trieb schnell und glatt durch die Stromschnellen.

Was war das für ein faules, schönes Leben. Jeden Tag gab's neue Unternehmungen, neue Gesellschaften. Zur Abwechslung beizutragen, war meine einzige Aufgabe. Ich errichtete im Park ein Raritätenkabinett, und ich malte ein Gemälde mit Fliegenleim, das erst durch Fliegenleichen zur Geltung kam. Vier polnische reisende Musikanten meldeten sich, wohnten vier Tage auf dem Gut und unterhielten uns während der Mahlzeiten von der Veranda her mit Musik. Immer hatte irgend jemand Geburtstag. Man kam aus den Festlichkeiten nicht heraus.

Ich stand nun in einem idyllischen Liebesverhältnis zu Schnupperschnäuzchen. Nacht für Nacht trafen wir uns hoch im Wipfel einer Kiefer, deren untere Zweigstümpfe bequeme Sprossen zum Aufstieg boten.

Wir hockten dort auf einem Ast, der ihr Kleid und meine Hosen mit Harzflecken stempelte, und wir redeten viel, ein wenig aneinander vorbei, aber beiderseits verliebt. Nur wenn die Baronin kontrollierend den Park durchstreifte, verhielten wir uns mäuschenstill und stießen einander lächelnd an.

Theatervorführungen. Ein Whiskyfest mit Kaviar beim Baron anläßlich der Einweihung eines neuen Altans. – Fräulein Dieckhoff erkrankte. – Ein Ausflug mit Herrn Weiß nach dem nächsten Krug in Badehosen und mit Spazierstöcken. Ein Abenteuerchen mit zwei Liebespärchen durch Fenster und dunkle Korridore unter dem Stichwort »Samuel erscheine«. – Ein Feuersbrünstchen in der Wäschekammer. Himbeeren, Artischocken, Astern, Mohn, Nelken, Rosen, Sonnenblumen, Gurken, Mangold, Chrysanthemen und Stockrosen in allen Farben. Mir will scheinen, als hätte das alles gleichzeitig geblüht und Früchte geboten.

Nachts wimmerte im Walde ein Judenmädchen, das in Krämpfe gefallen war.

Meine Mutter sandte eine Tasche, die sie aus Perlen für Ingeborg gestickt hatte.

Mittags hatten wir Männer viel Schnäpse getrunken. Hinterher wollten Biegemann und ich baden gehen und einmal den Versuch unternehmen, quer über die breite Düna zu schwimmen, was wegen der starken Strömung noch niemand dort versucht hatte.

Die andern warnten uns, aber wir zogen die Kleider aus und sprangen nackt ins Wasser. Mitten im Strom versagten Seebach die Kräfte. Er schrie mir zu, daß er einen Herzklaps bekäme. Ich schwamm mit großen Stößen an seine Seite. Glücklicherweise passierte gerade ein Floß. Das erreichten und erkletterten wir. Während sich mein erschöpfter Freund erholte, unterhielt ich mich mit dem alten Flößer, brachte die Brocken Russisch an, die Fräulein Kronmann mich gelehrt hatte. Ich sang ihm ein russisches Volkslied vor »Serenki Koaslik«. Und der Flößer nickte lächelnd. Aber derweilen trug uns die Strömung weiter und weiter. Biegemann und ich sagten dem Russen Adieu, sprangen ins Wasser und schwammen ans Ufer. Wir mußten zu Fuß stundenweit zurückwandern, nackt und ohne Geld, was uns aber nicht davon abhielt, unterwegs in einem simplen Gasthof einzukehren.

Kurgäste kamen und gingen, Leute von Adel, Bankiers, Kaufleute, ein amerikanischer Billardvirtuose, der uns etwas vormachte.

Ich überlegte mir, daß es wohl unschicklich wäre, die mir gebotene Gastfreundschaft noch länger auszunutzen, und wurde sehr betrübt im Gedanken an ein Scheiden. Der Baron war seit einiger Zeit oft recht unfreundlich zu mir. Als er meine Novelle gelesen hatte, die im »März« erschienen war, machte er eine geradezu rohe Bemerkung darüber. Er war allerdings, was Geist anbetrifft, ein armer Trottel. Seebach hatte mich oft vor ihm verteidigt, war aber jetzt viel zu sehr mit seiner bevorstehenden Hochzeit beschäftigt. Ich fühlte mich manchmal recht einsam. Die Baronin, von Seebach verständigt, überredete mich herzlichlustig zum Bleiben.

Süße Erlebnisse mit Schnupperschnäuzchen. Auch sie mußte eines Tages abreisen, wurde mit einem eingeführten Zeremoniell verabschiedet, wobei die Mandoline, ein Tränenhandtuch und eine Dichtung von mir eine Rolle spielten. Ich hatte sie liebgehabt, unsere nächtlichen Zusammenkünfte waren von märchenhaftem Reiz gewesen.

Noch immer trug ich zu jeder Mahlzeit eine neue Blume im Knopfloch, gelegentlich auch ein Kohlblatt, einen Hobelspan oder ein längliches Steinchen.

Der September kam. Die Jagdzeit begann. Der Baron hatte schon acht Feldhühner erlegt, und Biegemann hatte, wie man sagte, als er auf einen fliegenden Bussard anlegte, ein Häschen erlegt.

Ich wanderte mit Wera durch den schönen Laubgang längs der Düna. »Wera, warum benutzen Sie keine Serviette? Warum kommen Sie immer zu spät zu Tisch und grüßen dann niemals?«

»Nun ja, wir sind nicht von die Gesellschaft.«

Sie sagte das deutsch sehr rührend. Ihre Gesinnung war eine durch und durch revolutionäre. Andrerseits litt sie ein wenig an Verfolgungswahn. Da sie kränklich und still war, mochte ich sie leiden.

Endlich traf das Honorar vom »März« ein. Heiß er sehnt, denn ich wollte dafür Geschenke für alle Nolckens besorgen, um mich auch einmal erkenntlich zu zeigen. Ich fuhr also nach Riga und erstand zwei Flaschen alten Ungarweines für die Baronin, sowie andere Sachen für den Baron, für Ingeborg, Fräulein Dieckhoff und Biegemann. Das packte ich in eine Handtasche. Dann traf ich mich mit Wanjka, die inzwischen aus München zurückgekehrt war, und mit Fanjka. Lachend und scherzend stiegen wir in den Vorortszug nach Bilderlingshof, setzten uns – plumps – auf eine Bank, Fanjka, Wanjka, meine Handtasche und ich. Wir hatten viel zu erzählen. Im Coupé roch es sonderbar, obwohl nicht schlecht. Auf einmal entdeckte Wanjka, daß sie hinten naß war. Auch Fanjka. Auch ich. Zwei Flaschen Ungarwein waren zerbrochen. In dem Holzhäuschen in Bilderlingshof hängten wir unsere nassen Kleider zum Trocknen auf und amüsierten uns kostümiert. Auf der Rückfahrt schnauzte mich der Schaffner an, weil ich ahnungslos im »Nichtraucher« rauchte. Ich antwortete auf all seine Reden nur mit den drei mir geläufigsten russischen Vokabeln »Nichts – Bleistift – Großmutter«. Darüber wurde er noch wütender und übergab mich in Riga sofort einem Schutzmann. Der brachte mich zur Wache. Ein Dutzend Polizisten saßen dort. Die wußten nichts mit mit mir anzufangen, weil sie mich nicht verstanden. »Protokoll Protokoll!« riefen sie schließlich und legten mir ein Papier vor. Darauf schrieb ich ein Zitat: »Ich weiß von nichts. Mein Name ist Hase.« Dann bot ich ihnen Zigaretten an, die nahmen sie erfreut, und ich ging bedankt davon. Wanjka und Fanjka hatten draußen gewartet. Wir besorgten neuen Ungarwein.

Nolckens freuten sich über meine Kleinigkeiten. Seebach war geradezu gerührt. »Ich war in letzter Zeit schlecht zu dir«, sagte er. Ich liebte Biegemann sehr. Abends am einsamen Ufer schrieb ich vor dem leuchtenden Kupfer der Kiefern ein Gedicht über Freundschaft.

Seebach reiste nach Königsberg, um eine Wohnung für sich und Ingeborg zu suchen und einzurichten. Ich war dadurch wie verwaist.

Das Laub färbte sich herbstlich. Ich hatte mit Ingeborgs Malgerät zwei kleine Ölbilder gemalt, davon eins Gartenland, das andere ein Stück Düna zeigte. Diese Bilder sandte ich auf eine lettische Ausstellung nach Friedrichstadt. Verkaufspreis zweihundert Rubel und fünfzig Rubel. Als ich dann einmal nach Friedrichstadt kam, sah ich mir die Ausstellung an. Sie war in der Hauptsache eine landwirtschaftliche. Meine Bilder hingen sehr dunkel über einem Glas mit konservierten tuberkulösen Gedärmen.

Eines Morgens hörte ich, daß es »heute keine Post« gäbe, weil die Kutscher anderweitig beschäftigt wären. Ich war darüber ungehalten, weil ich sehr auf gewisse Briefe wartete. »Fahren Sie doch allein nach Friedrichstadt«, sagte die Baronin.
»Ich?!«
»Ach, Lieberchen, ein bißchen kutschen kann doch jeder.«
Es half nichts. Ich wurde in den zweirädrigen Einspänner gesetzt. Der Knecht, der meine Pferdeangst kannte, machte sich den Spaß, dem Pferd noch eins mit der Peitsche aufzubrennen, daß es in wilden Sprüngen davongaloppierte. Ich hielt krampfhaft die Zügel fest und sah mich im Geiste schon im nächsten Graben liegen. Aber auf der freien Chaussee verfiel das Tier in einen ganz langsamen Schritt. So langsam, daß ich zu Fuß schneller vorwärts gekommen wäre. Das ertrug ich auf die Dauer nicht. Ich schnalzte mit der Zunge. Half nichts. Ich rief: »Mischka, he! – Hoppla! – Hallo, Mischka! Vorwärts! – Marsch! Sei brav, Mischka!« Half nichts. Ich griff – wollte nach der Peitsche greifen. Aber sowie ich sie nur berührte, machte Mischka sofort einen aufsässigen Seitensprung. Ich mied die Peitsche und ergab mich, ließ das Pferd wandern, so langsam es wollte. Es kannte ja den Weg. Spät erreichte ich Friedrichstadt und holte die Briefe von der Post. Für mich war nichts dabei. Dann trat ich die Heimfahrt an. Wieder war das Pferd nicht von seinem Zeitlupenschritt abzubringen. Ja, ich schwöre, daß es sogar gelegentlich sich nach mir umsah und lachte. Es wurde Nacht. Mischka fand auch im Dunkeln den Weg. In Halswigshof umringte mich spöttische Heiterkeit.

Die kleinen Kalkunen, die ich als Küken gefüttert hatte, waren groß und hochmütig geworden. Die Abende wurden kalt, man heizte bereits.

Für die bevorstehende Hochzeit wurden umfangreiche Vorbereitungen getroffen. Mathison zimmerte Kisten für das Umzugsgut und drechselte einen Aufsatz für die Bettstellen. Die Baronin schnitzte heimlich an einem Schrank. Alle arbeiteten insgeheim an Überraschungen. Während ich acht Tage bei Fanjka und Wanjka gewesen war, hatte man schon das Umzugsgut für Ingeborg verpackt. Biegemann schrieb aus Königsberg, daß er eine nette Wohnung gefunden und manch hübsches Möbelstück erworben hätte. Karling, eine treue Dienerin, sollte als Dienstmädchen mit nach Königsberg ziehen.

Es gab einen klein-häßlichen Klatsch, der bei der Baronin eine gewisse Mißstimmung gegen mich hinterließ, die ich hätte beseitigen können, wenn ich meinerseits wieder einen klein-häßlichen Klatsch entrollt hätte.

Die meisten Kurgäste waren bereits abgereist. Man hatte den alten Lord erschossen, weil er sich nicht mehr bewegen konnte. Scheckige Kastanien lagen auf der Allee. »Als Kinder haben wir damit Kühe gespielt«, sagte Ingeborg. Auf den schwarzen Dachschindeln lag gelbes Laub, in der Sonne: Als hätte es Goldstücke geregnet. Ingeborg schenkte mir ein Zigarettenetui aus Kirschbaumholz. Auf den Deckel hatte sie ihr Wappen mit den drei Nelken gemalt.

Das Hochzeitsgut wurde in vier geschmückten Wagen nach Römershof geführt. Meine Mischka war am schönsten aufgeputzt.

Ich ging mit Mathison nachts zum Fischen. Auf Lachsforellen war es abgesehen. Vorm Bug des Bootes brannte auf einer Eisengabel ein Holzfeuer, bei dessen Schein man die schlafenden Fische erkennen und dann mit einem grausamen Fünfzack spießen konnte. Wie fingen ein großes Tier, das an zwanzig Pfund wog.

Die Düna schwoll. Es war Ende Oktober. Seebach kam zurück. Zum Polterabend führte ich ein selbsterdachtes, lang vorbereitetes Theaterstück auf, bei dem außer mir nur eine künstliche Tipsi und ein künstlicher, ausgestopfter Seebach mitspielten. Ort der Handlung war Biegemanns neue Ehewohnung. Die Lampe, der Tisch, die Stühle, Vasen, das ganze Mobiliar ging zum Schluß in Trümmer, Splitter und Scherben, wie es zum Polterabend gehört. Ich hatte mir schon wochenlang vorher aus Speichern und Kellern zerbrochene Gegenstände gesammelt. Mit der Aufstellung und der geheimen Einstudierung hatte ich viel Mühe gehabt. Nur Fräulein Dieckhoff hatte mich unterstützt.

Der Baron fand die Idee taktlos. Er hatte immer häufiger etwas an mir auszusetzen. Ich kam mir sehr gedemütigt vor und verbohrte mich tief und heimlich in diese Stimmung. Die andern aber hatten vor Arbeit keine Zeit, das zu bemerken.

Zur Hochzeit war der Hauptsaal mit Girlanden aus Immergrün geschmückt. An hundert Kerzen brannten. Um zwölf Uhr erschien der Pastor und las eine Predigt ab.

Seebachs »Ja« vor dem improvisierten Altar klang in ein heiseres, verkatertes Räuspern aus. Dann Choral, Ringewechseln, Segen und Gebet.

Der Pastor hatte seine schlitzäugige Frau mitgebracht, die wir heimlich »die fidele Robbe« tauften. Außerdem waren Gäste aus Riga erschienen, unter anderem der Baron Kampenhausen, der so hübsch auf dem Parkett Schlittschuh laufen und einen Eisenbahnzug nachmachen konnte. Ich hatte drei Nelken ins Knopfloch gesteckt, das Wappenzeichen derer von Nolcken.

Fräulein N. weinte am Klavier. Die junge Ingeborg in silbrigweißem Kleide mit langer Schleppe und behängt mit einem myrtengeschmückten Schleier sah bezaubernd aus. Hilja hatte ihr ganz früh schon auf den Pantoffel gespuckt und zehn Kopeken hineingelegt. Überhaupt wurde zahllosen abergläubischen Bräuchen Rechnung getragen. Die Tafel war phantastisch beladen und verziert. Es gab die raffiniertesten Speisen und Getränke. In scheinbar endloser Folge. Gleich zu Anfang wurde ausgemacht, daß keine Toaste ausgebracht werden sollten, damit kein offizieller Ton aufkäme. Worauf Tante Mary die Baronin, die Baronin die Gäste, die Braut Biegemanns Verwandte und der Pastor alle Freunde und Bekannten hochleben ließen. Nachdem zuletzt die Telegramme verlesen waren, wurde die Tafel aufgehoben und Kaffee und Zigaretten serviert. Selbstverständlich war für die Dienerschaft und das Gesinde mit gleicher Freigebigkeit gesorgt.

Um sechs Uhr nahm das Brautpaar an der Düna Abschied. Die Fähre und die Equipage darauf waren über und über mit Rosen geschmückt. Die lettischen Leute fidelteten und sangen. Alles winkte den Neuvermählten noch lange nach, und viele hatten Tränen der Rührung in den Augen.

Ich war den ganzen Tag über schweigsam und traurig. Das Benehmen des Barons war so kränkend gewesen, daß ich darüber nicht hinwegkam. Und ich konnte doch nicht mit einer Klage die allgemeine festliche Stimmung trüben. Andererseits hatte in dem Trubel wirklich niemand die Zeit, sich um mich zu kümmern. Nun ging ich bald zu Bett. Am anderen Morgen sandte ich das Gedicht »Freundschaft« an die »Woche«. Gleichzeitig fragte ich an, ob mich die Redaktion gegen ein monatliches Fixum von 200 Mark nach China schicken wollte.

Bilderlingshof

Ich wollte, ich mußte fort aus Halswigshof. Fanjka hatte mir ihr zweistöckiges Sommerhaus in Bilderlingshof zur Verfügung gestellt, das im Herbst und Winter sowieso leer stand. Sie wie Wanjka rieten mir zwar dringend davon ab, dort zu wohnen. Ich würde vor Kälte umkommen. Aber ich hatte darauf bestanden und führte nun schon die Schlüssel in der Tasche.

Der Abschied von Halswigshof war so, wie er ohne Seebach sein mußte. Das Gesinde hatte keine Gelegenheit, mir Zuneigung auszudrücken. Mit der Baronin speiste ich noch einmal an der Bahnstation. Sie war aufrichtig gütig bis zum letzten Moment. Sie war die Perle der Baronei und der Idee Halswigshof.

Auf der Fahrt nach Riga und von dort nach Bilderlingshof sprach ich ein Mädchen an und nahm es mit mir. Austria, eine komische, beschränkte Jüdin. Wir logen uns gegenseitig an, aber spürten dabei eine unraffinierte Sympathie füreinander.

In Bilderlingshof trug mir ein dunkler Mann meinen schweren Rohrplattenkoffer durch Dunkelheit und Dünensand nach dem Holzhaus. Ich fand alles von Fanjka mit liebevoller Fürsorge vorbereitet, packte aber vorläufig nur Frack und Waschutensilien aus, weil ich mich Austria widmen und sie andererseits überwachen wollte. So, wie sie sich nach Laune mit umherliegenden Sachen kostümierte, sah sie reizend aus. Doch sie war märchenhaft dumm. Sie hatte falsches Haar. Ich bestand darauf, daß sie das in eine Tüte verpackte.

Am nächsten Morgen entließ ich Austria mit Geschenken, indem ich eine eifersüchtige Ehefrau vorschützte. Als sie fort war, genoß ich zum erstenmal voll und innig, daß ich allein ein ganzes Haus bewohnte, sozusagen besaß. Ich überheizte den Ofen mit schönen Klötzen von Buchenholz und lief hinaus auf die Straße, die aus Dünensand mit einem Trottoir aus Holzbrettern bestand, um mir »den Rauch meiner Hütte« anzusehen. Und wieder einmal genoß ich zutiefst das Robinsonglück einsamer Freiheit.

Ich packte meine Sachen aus und richtete mich ein. Von den letzten Rubeln kaufte ich mir Leberwurst, Brot und Feuerholz. Einige türkische Zigaretten besaß ich noch. Dann durchforstete ich mein neues Reich, fand eine Spieluhr, die den Faustwalzer spielte. In der Veranda, wo es so kalt war, daß ich meinen Hauch sah, schrieb ich an Biegemann und teilte ihm meine Adresse mit. Draußen regnete es. Ich hörte das Meer brausen und kämpfte vergeblich gegen eine wachsende Melancholie an.

Mitunter fuhr ich nach Riga, meistens um zunächst mal meinen Chapeau claque oder Kleidungsstücke zu versetzen, oder auch wieder einzulösen. Hinterher verlebte ich mit Fanjka und Wanjka frohe Stunden, einmal auch ein Fest in der »Kunstecke«. Das »Fest im Hut« hieß es. Eine Dame, à la directoire gekleidet, tat mir's an. Auf diesem Fest sah ich auch Peter von Osten-Sacken wieder.

Manchmal besuchten mich Fanjka und Wanjka in Bilderlingshof. Ich erwartete sie immer sehnsüchtig. Denn die Einsamkeit ertrug ich nicht lange. Es wohnten ja nur ungebildete und unfreundlich gesinnte Letten um mich, kein einziger Mensch, mit dem ich einmal ein Wort austauschen konnte.

Der Briefträger kam einmal am Tag von weither. Ich erwartete ihn, wie ein Tier im Zoo den fütternden Wärter erwartet. Es gelang mir nicht, mich zum Schreiben zu zwingen. Nur Briefe schrieb ich. Nach München und nach Leipzig und lange, herzliche Briefe an Ingeborg und Biegemann. Dann wartete ich wieder auf Antwort, auf Nachricht, auf Menschen. Ich ging in der Glasveranda wie ein gefangenes Tier auf und ab. Ich ließ die Spieluhr tönen, preßte meine Stirn an die kalte Fensterscheibe und spähte auf die Straße, ob jemand käme.

So verging der November. Von Seebachs kam kein Brief. Ich kam mir oft ganz fern und verlassen vor. Und die Geldsorgen nahmen mir alle Ruhe.

Dezembertage vergingen. Als ich wieder einmal nach Riga fuhr, zeigte mir Fanjka einen Zeitungsausschnitt. »Etwas Trauriges«, sagte sie. Ich las, daß die Freifrau Ingeborg von Seebach, geborene Nolcken, in Königsberg verschieden sei. Ganz langsam kam eine tiefe Trauer über mich. Was war das für ein rätselhafter Tod. Lag da ein Unglücksfall vor, ein Selbstmord? Ich telephonierte an die Baronin Nolcken, ob ich zu ihr kommen dürfte.

Am nächsten Tag war nach deutscher Rechnung der Heilige Abend. Ich war von Schmerz erfüllt. Auch besaß ich gar kein Geld mehr.

Wanjka und Fanjka besuchten mich. Sie brachten mir liebevolle Überraschungen, auch einen Kiefernzweig als Christbaumersatz. Wir gingen an den Meeresstrand. Dort lag noch das Wrack, schon etwas zerfallen, und nun vereist. Wir lagerten uns in der Nähe, steckten brennende Lichter in den Schnee und sprachen Gutes. Als wir dann gingen, sahen wir uns noch oft nach diesen Lichtern um.

Fanjka lieh mir drei Rubel, daß ich nach Halswigshof fahren konnte. Von Plattform 59 aus benutzte ich einen Bauernschlitten, der mich bis Jungfernhof fuhr. Dort ließ ich mich über die Düna setzen und legte die letzte Strecke zu Fuß zurück. Durch dick verschneiten Wald. Weihnachten war es.

Ich traf den Kaufmann Abramowitsch. Er erzählte, der Sarg mit der toten Ingeborg sei soeben angelangt, mit Tannenreisern verziert. Der Sarg wäre aus doppeltem Zink, und Nolcken und Seebach hätten ihn in einem Boot von Königsberg bis Halswigshof gefahren. Dann begegnete ich dem Gärtnerspaar und drückte den guten Menschen die Hände. Sie waren damit beschäftigt, in der Kuhallee links und rechts Tannenbäume aufzustellen.

Im Musikzimmer saß die Baronin mit Seebach und Fräulein Dieckhoff. Seebach erwiderte meinen Händedruck »Sag' nichts«. Ich konnte auch nichts sagen. Dann kam die Krankenschwester mit dem Baron.

In dem Zimmer, wo noch vor kurzem ein Traualtar gestanden hatte, stand nun der Sarg. Mit einem weißen Damast bedeckt, der mit Tannenreisern und Nelken bestreckt war. Auf einem

Aufbau dahinter brannten Kerzen in großen Leuchtern und leuchteten Blumen, die niemand freuten.

Alle Dienstboten begrüßten mich freundlich. Ich fragte Karling, wie Biegemann mit Ingeborg gelebt hätte. »O glücklich, o sehr glücklich!« sagte sie. Dann erzählte mir die Baronin ungefragt Näheres. Herzlähmung, nachts plötzlich Erbrechen, Kopf- und Brustschmerzen. Inges Augen fingen an zu flackern. Seebach holte einen Arzt, der aber nichts Bedenkliches fand. Biegemann mußte ihn aber bald nochmals holen und einen zweiten Arzt dazu. Ingeborg erkannte Seebach nicht mehr, verlor das Bewußtsein, war auf einmal tot. Seebach depeschierte an die Baronin »Ingeborg schwer erkrankt«. Und dann »Alles aus«, und dann nach Danzig an seine eigene Mutter »Mutter komme! Ingeborg eben gestorben.«

Die treue Karling saß mit Biegemann am Sarg, las im Gesangbuch. Seebach sagte: »Geh schlafen.«

Karling warf sich schluchzend über den Sarg. »Ich kein Schlaf.«

»Jetzt will ich es einmal umgekehrt machen«, sagte Biegemann und küßte der Dienerin die Hand. Dann schickte er sie fort. Er war selbst zum Umfallen erschöpft. Ich löste ihn ab, hielt die Totenwache von ein Uhr nachts bis acht Uhr früh, und ich steckte eine Nelke von dem Sarg zu mir.

Um acht Uhr gesellte sich mir wieder Seebach zu. Wir sprachen noch eine Weile zusammen. Ingeborg – von ihren Angehörigen streng behütet – war eine heimliche Trinkerin gewesen. Sie hatte, was niemand, auch Biegemann vor der Hochzeit nicht wußte, Eau de Cologne getrunken.

»Biegemann, warum habt ihr mir nicht einmal ein Wort geschrieben?« fragte ich nicht ohne Bitterkeit.

»Ich weiß nicht, wir lebten wohl zu sehr im Glück. Als Mangolds Teppich ankam, haben Inge und ich noch im Nachthemd darauf getanzt.«

»Biegemann, du hast ein gutes Herz. Aber es hat keine Flügel.«

»Ja, mir mußte alles mißlingen. Nun war ich in meinem Leben endlich einmal dazu gekommen, einen Beruf anzufangen.«

Mittags trafen Kampenhausen, Preston und andere Freunde ein, auch der Pastor.

Nach der Andacht wurde der Sarg vom Baron Nolcken, Seebach und anderen Freunden durch die verschneiten, mit Tannengirlanden verzierten Alleen nach dem Waldfriedhof getragen und dort bei Fackelschein versenkt. Ich warf ein grünes Zweiglein in die Grube und ging zu Fuß mit den Letten hinter dem Schlitten her zurück.

Andern Tags nahm ich stillen Abschied von Seebach und den anderen. Der Baron Nolcken konnte zum Schluß noch eine häßliche Bemerkung nicht unterdrücken, die meine Totenwache betraf. Aber die Baronin gab mir ein Tannenbäumchen mit und hausschlachtene Wurst, und sie sagte noch: »Ich danke Ihnen für Ihr warmes Herz.«

Es war der Tag nach der Wasserweihe. In meinem Coupé saßen vier Soldaten in bauschigen, kamelbraunen Mänteln. Sie knackten wie Maschinen Haselnüsse im Mund und lachten roh übers ganze Gesicht. Daneben ein dick vermummtes, lettisches Weib mit runden Backen und einem großen, mißförmigen Bündel auf dem Schoß.

In Bilderlingshof brachte ich ein Zimmer durch starkes Einheizen auf dreizehn Grad Kälte. Ich hupfte währenddessen von einem Bein aufs andere und mußte von Zeit zu Zeit meine Hände in den Hosentaschen wärmen.

Ich fuhr nach Riga, besuchte Fanjka und bestieg dann den Vorortszug, um zurückzufahren. In meinem Coupé saß zwischen lettischen Arbeitern ein älteres Ehepaar, das ich an ihrer Sprache als reichsdeutsch erkannte. Als der Zug sich in Bewegung setzte, wußte ich, daß es nach deutschem Kalender die Silvesterstunde war. Ich sagte halblaut »Prosit Neujahr«. So lernte ich zwei nette Menschen namens Böttcher kennen, die in meiner Nähe wohnten.

Es wurde noch kälter. Nun verstand ich Fanjkas und Wanjkas Warnung, nicht in das kalte Holzhaus zu ziehen. Ich heizte den Ofen. Ich zündete einen Petroleumofen und alle Kerzen an, die ich fand. Ich heizte mein Bett, indem ich nachts alle aufzutreibenden Decken und Vorhänge über mich zog und erst einmal minutenlang luftabgeschlossen hauchte. Das Brot war wie Stein. Die Butter bröckelte wie Sand. Der artesische Brunnen im Hof war zugefroren. Wenn ich Kaffee oder Würstchen kochte, dann zunächst nicht in Wasser, sondern auf Eis. Eis hatte die Wasserflasche zersprengt. Morgens war die Ofentür festgefroren. Den Klosettdeckel mußte ich jedesmal mit dem Beilrücken losschlagen. Vom Petroleumofen war das einzige in Frage kommende Zimmer mit Rauch und Gestank angefüllt. Aber ich wagte nicht zu lüften.

Und immer mal wieder kein Geld. Ich wartete. Ich wartete. Auf Wanjka und Fanjka, die mir immer wieder aushalfen, so gut sie's vermochten. Und auf den Briefträger, der meist nicht das brachte, worauf ich wartete. Kam dann ein Geld, von Seelchen, oder ein Honorar, dann fuhr ich eiligst nach Riga, löste meinen Chapeau claque oder die goldenen Manschettenknöpfe wieder ein und zahlte geliehene Gelder zurück. Dann genoß ich noch ein wenig das Leben unter gebildeten Menschen und kehrte mit dem letzten Zug in mein selbstgewähltes Exil zurück.

Es gab eine Wirtschaft in Bilderlingshof, aber im Winter verkehrten dort nur die ansässigen Letten, die gegen ihre deutschen und russischen Bedrücker feindselig eingestellt waren. Sonst nur ein paar unsaubere Handelsjuden.

Dem Schuster Pix brachte ich meine Schuhe zur Reparatur. Er bewohnte eine armselige, verqualmte Bude, in der tausend Gegenstände umherlagen und hingen, darunter eine Trommel, eine Gitarre, eine Mandoline. Während er meine Schuhe reparierte, spielte ich Mandoline, mit wildem Temperament. Nur um mich zu erwärmen.

Es wurde noch kälter. Mit Hammer und Kerzenflamme mußte ich morgens die angefrorene Ofenklappe freimachen. Ich war körperlich sehr zäh. Aber innerlich litt ich unter dem Warten auf Geld und dem Grübeln über die Zukunft.

Ein Haus in der Nachbarschaft brannte ab. Ich entnahm einem Gerede, daß es sich um Brandstiftung handelte. Zwei Rubel trafen ein. Ich fuhr nach Riga und sah mir im Russischen Theater »Der lebende Leichnam« an. Alle Mitwirkenden spielten gleich gut, so daß ich keinen Moment außer Bilde war, obwohl ich den Text nicht verstand.

Dann war ich wieder irgendwo mit Wanjka und Fanjka und deren Freunden zusammen. Es gab russische Fastengerichte, gebratene »Nigger« oder so ähnlich und »Baslick« oder so ähnlich und »Gurken-Nieren-Suppe« oder so ähnlich.

Der »März« akzeptierte »Gepolsterte Kutscher und Rettiche«. Das Gedicht »Freundschaft« wurde von allen Redaktionen abgelehnt.

In meinen derzeitigen, nicht täglichen, aber doch häufigen Aufzeichnungen steht folgende Notiz, die ich mir absolut nicht mehr ausdeuten kann: »Neues Haus. Blut auf der Treppe. Austern. Melitta eine Estin.«

Austern? Mir gar nicht aus der Zeit erinnerlich. Ich hatte einen Mäzen. Einen Metzgermeister, der einmal in der Woche aus Edingburg zum Markt herüberkam und ein Reichsdeutscher war.

Wenn ich an dessen Stand trat, um eine Kleinigkeit zu kaufen, begrüßte er mich lebhaft deutsch, sagte aus weitem Herzen rauh: »Landsmann, willst du was Schweinernes? Ein Kotelett?« Und schon hieb er mit großen Beilschlägen fünf Rippen aus einer Schweinebrust. Reichte sie mir ohne Papier und reichte mir seine große, blutbefleckte Tatze. »Kostet nichts, Landsmann; auf Wiedersehen.«

Wie war ich manchmal reich in Armut.

Ich wartete dringend auf zweihundert Mark, die mir der Maler Seewald aus München schicken sollte und die meinen Honoraranteil für die »Schnupftabaksdose« darstellten.

Wieder einmal versetzte ich meine Manschettenknöpfe in Riga, um mit Fanjka und Wanjka und deren Freundin Säuberlich ein Maskenfest mitzumachen. Als Zigeunerin hatte ich mich verkleidet, trug eine schwarze Perücke und am Arm ein Körbchen mit Knöpfen, Zwirnsrollen und Nähnadeln. Davon hatte ich schon auf der Fahrt nach Riga einiges an lettische Arbeiter verkaufen müssen, weil sie mich für echt hielten und ich sie nicht enttäuschen mochte. Einigen mußte ich sogar wahrsagen. Ich tat das gern und gutgespielt, weil ich froher Stimmung war. Als ich aber am nächsten Morgen müde und in meinen dünnen Kleidern sehr frierend und durch allerlei Mißgeschick verärgert nach Bilderlingshof zurückkehrte und unter den lettischen Frühaufstehern Aufsehen erregte, belästigt und wiederum verteidigt wurde, da hatte das Maskenspiel ein häßliches Ende und erfüllte mich mit Abscheu und Reue.

Frau Dora Kurs in Eisenach kümmerte sich nach wie vor eifrigst um mein Schicksal. Nun schrieb sie, daß sie durch die Zeitung eine Stellung für mich als Privatbibliothekar ermittelt hätte. Sie hatte einem Grafen Yorck von Wartenburg meine Adresse mitgeteilt, damit er sich direkt an mich wenden könnte.

Auf dieses Schreiben wartete ich nun aufgeregt. Und es traf eines Tages ein, das heißt nur ein leerer Briefumschlag, aus dem gräflichen Fideikommiß. Ich fragte den Briefboten, wo der Inhalt des Kuverts wäre. Er zuckte die Achseln.

Wanjka lachte, als ich ihr die Geschichte erzählte. »Gib ihm fünfzig Kopeken«, sagte sie.

Am nächsten Tage zeigte ich dem Briefträger nochmals das leere Kuvert und schenkte ihm fünfzig Kopeken. Am übernächsten Tag hatte er den Brief zu dem Kuvert gefunden. Graf Yorck von Wartenburg fragte nach meinen Vorkenntnissen und erbat Zeugnisse. Die ließ ich mir aus München zuschicken. Auch Seebach stellte mir ein Empfehlungsschreiben aus.

Ich hungerte und fror. Wanjka und Fanjka veranlaßten Freunde, mir diskret zu helfen. So kam ich in den Besitz eines kostbaren Schlittenpelzes aus Persianerfell. Du lieber Gott, ich zog ihn morgens zum Holzhacken und Heizen, zum Aufwaschen und Scheuern an. Er war so herrlich warm.

Ein Redakteur einer deutschen Zeitung in Riga forderte mich auf, doch einmal ein Feuilleton für sein Blatt zu schreiben, irgend etwas aus meinem Leben in Bilderlingshof. Das feuerte mich an. Ich verfaßte eine Skizze »Von Schuster Pix bis zum Nordpol«. Zwei Tage arbeitete ich daran. Der Redakteur schrieb mir, daß es ihm sehr leid täte, mir nur acht Rubel dafür zahlen zu können, denn er sehe wohl, daß ich seinen Auftrag viel zu schwer genommen und statt einer journalistischen Plauderei ein Dichtwerk geliefert hätte.

Acht Rubel waren viel für mich, aber sie schmolzen in meinen Schulden rasch dahin. Ich konnte die lettische Waschfrau noch immer nicht bezahlen. Auch nicht, als ich aus Deutschland einen Zwanzigmarkschein erhielt. Denn den Arzt, den einzigen Deutschen in der Gegend, der mir den Schein hätte umwechseln können, traf ich am Vormittag nicht an. Mittags schickte die

Waschfrau fünf lettische Männer mit Knüppeln in mein Haus. Ich sah sie kommen, versteckte mich und öffnete nicht, solange sie auch läuteten. Sie aber ersahen aus den Schneespuren, daß ich ins Haus gegangen war und es nicht wieder verlassen hatte. Sie fluchten wild und versuchten, die Tür mit Fußtritten einzuschlagen. Ich hörte es zitternd in bösem Gewissen. Die Tür war solid, und die Letten zogen endlich ab.

Ich wartete auf die zweihundert Mark von Seewald, preßte die Stirn gegen die kalte Fensterscheibe, spähte nach der Straße. Ließ den Faustwalzer spielen, ging stundenlang in der Veranda auf und ab und kam mit meinen Grübeleien auf mißtrauische Gedanken, die dem redlichen Seewald sehr unrecht taten.

Die Korrespondenz mit dem Grafen Yorck spann sich weiter. Wieder traf ein leeres Kuvert von ihm ein. Diesmal gab ich dem Briefträger sofort fünfzig Kopeken, und er zog sofort ganz schamlos den fehlenden Brief hervor. Ich nahm ihm das nicht einmal übel. Durch die Post nur konnte meine Rettung aus dieser tödlichen Einsamkeit kommen.

Sonntags wurde keine Post ausgetragen. Da ging ich zu Fuß an den Eisenbahnschienen entlang, drei Werst weit bis Majorenhof. Vor dem Posthaus traf ich den jungen Postgehilfen an, wie er nasse Holzstückchen aus dem Schnee auflas. Da er deutsch sprach, fragte ich, was sein Tun bedeute. Holz war doch so billig im Baltenland, daß man sogar die Lokomotiven mit Buchenholz heizte. Der Gehilfe klärte mich auf. Selbstverständlich stand seinem höheren Chef ein Geldfonds für Heizmaterial zur Verfügung. Selbstverständlich unterschlug dieser Chef dieses Geld. Ich ging in Gedanken den Weg von oben nach unten bis zu dem leeren Kuvert.

Nichts hatte ich mehr zum Versetzen. Mit Mühe brachte ich so viel Geld zusammen, daß ich nach Riga fahren konnte, um Wanjka nochmals anzupumpen, was mir nachgerade sehr peinlich wurde. Ich traf sie nicht an. So irrte ich den ganzen Nachmittag trostlos in den Straßen umher. Abends begegnete mit Wanjka. Sie war in Begleitung ihres Freundes. Ich genierte mich, mein Anliegen vorzubringen und tat auch so, als wäre ich eben angekommen und gar nicht in Wanjkas Wohnung gewesen. Wanjka aber unterbrach mich erstaunt und sagte laut vor dem Baron: »Warum lügst du denn? Ich weiß doch, daß du bei mir warst. Wahrscheinlich brauchst du Geld. Das kannst du doch offen sagen.«

Wanjka war ein Mädchen, ist heute eine Frau und nach wie vor eine treue Freundin von mir, der ich nicht eine einzige Lüge nachweisen könnte, nicht mal eine Lüge aus Höflichkeit oder Rücksicht.

Ich wartete auf die zweihundert Mark, auf die ich doch ein ehrliches Anrecht hatte.

Ich depeschierte an Seewald, lustig, dann dringend, dann drohend.

Ein vorwurfsvoller und doch gütig beherrschter Brief meines Vaters traf ein. Fanjka, die selbst nichts mehr für mich tun konnte, hatte heimlich an ihn geschrieben, meine Lage geschildert und ihm nahegelegt, mir doch das Geld für die Rückfahrt nach Deutschland zu schicken. Vater teilte mir mit, daß er seinen Rigenser Freund, den Bankier und Dichter Julius Meyer, beauftragt hätte, mir das Reisegeld auszuzahlen. Fanjka hatte in bester Absicht gehandelt, aber ich war sehr aufgebracht darüber, daß sie das hinter meinem Rücken getan hatte. Ich sandte meinem Vater ausführliche Erklärungen über meine Lage, erwähnte die zweihundert Mark vom Piper-Verlag und meine sichere Aussicht auf eine Stellung als Bibliothekar. Ich dankte ihm für das Geld und versprach, es ihm pünktlich zurückzuzahlen.

Dann suchte ich Herrn Meyer auf. »Der durstige Meyer« wurde er genannt, weil er einen guten Tropfen liebte. Er hatte auch gute Gedichte geschrieben. Sehr freundlich und wohltuend humorvoll nahm er mich auf und führte mich sogar abends in einen Klub ein, der sich Krakenbank nannte. Bei jeder Sitzung mußte ein Mitglied seinen Geburtstag feiern, ganz gleich, ob das zeitlich stimmte oder nicht, und bekam dann eine ehrenvolle Halskette leihweise umgehängt. Das Vereinslokal lag unter der Erde, die Wände waren mit Seeungeheuern bemalt. Auf einem hohen Bord standen heilig bewahrt die Stammkrüge verstorbener Mitglieder.

Die Briefe des Grafen Yorck waren von ausgewähltester Höflichkeit. Ich bemühte mich, es ihm gleichzutun und redete ihn in meinen Antworten mit Erlaucht und in der dritten Person an, obwohl ich herausgebracht hatte, daß ihm das gar nicht zukam.

Ich wurde als Bibliothekar au pair bei ihm engagiert.

Klein-Oels

Es war am 4. Februar 1912, da mich eine Equipage auf dem Bahnhof in Ohlau abholte und nach dem Schloß Klein-Oels rollte. Ein Diener brachte mich auf mein Zimmer, das letzte Zimmer im rechten Flügel des hufeisenförmigen Baues. Alles, was ich sah, war so vornehm, daß mich die Frage beklommen machte, wie ich mich dem anpassen könnte.

Abend war's. Der Diener servierte mir eine Platte, auf der vier Schnitzel à discrétion lagen. Die aß ich alle vier auf.

Der Hauslehrer Otto besuchte mich, gab mir die ersten Anweisungen. Zu den Mahlzeiten erschiene man stets in Schwarz.

Am nächsten Morgen führte mich Herr Otto umher. Es war alles da, was zu einem feudalen und kulturvollen Schloß gehörte. Die Bibliothek war auf fünf Räume verteilt. Herr Otto brachte mich zum Rentmeister Dannenberg, der lang und knochig war und eine mollige Frau hatte. Dann zum Privatsekretär Neugebauer. Und dann in eine Wirtschaft im Dorf, wo sich außer dem Wirt Lorke noch der Kantor Panke und eine lustige Gesellschaft zum Wellfleischessen eingefunden hatte.

Der oberste Diener, der alte Hausmeister Tietze, erkundigte sich nach meinen Wünschen, führte mich ins Gewölbe, erklärte mir, daß jener Teil des Schlosses ein ehemaliges Malteserkloster wäre, usw. Dann meldete er mich der Gräfin. Sie war eine geborene von Berlichingen, war in ihrer Statur eine Germaniafigur, aber von frauenhafter Sanftmut und stillen Wesens.

In der Treppenhalle des Schlosses fielen mir große Porträtgemälde auf. Überall hingen wundervolle Stiche und Reliefs. Neben meiner Zimmertür stand der alte Voltaire als lebensgroße Plastik. Er sah für mich aus wie der Papst, wenn er mal muß. Oder wie Seelchens Mutter.

Ich aß mit der Baroneß Berlichingen, mit der französischen Mamsell, mit dem Kinderfräulein und mit den vielen Kindern des Grafen; es waren ihrer wohl zehn. Nachmittags spielte ich mit ihnen im Schloßhof. Sie hatten einen Totenkopf in den Sand gezeichnet; in der Figur mußte man nach gewissen Regeln auf einem Bein herumhüpfen. Hinterher fuhr ich mit der Komteß Püzze und dem ältesten Jungen Brüder mit einem Ponywagen nach Mechwitz. Als uns das Bierauto begegnete, mußten wir aussteigen, um die scheuenden Ponys zu beruhigen.

Komteß Püzze zeigte mir die Bibliothek, erklärte mir das Schema der Buchführung, dabei unterhielt sie sich fließend französisch mit der sie begleitenden Mamsell. Fast alle Kinder sprachen und lasen Griechisch, auch die Gräfin las Griechisch. Alle sprachen Lateinisch. Ich war innerlich sehr beschämt durch solche Überlegenheit.

Die Möbel meines Zimmers waren reines Empire. An den Wänden hingen tonige Piranesistiche. Auf dem Schreibtisch stand eine Goethebüste. Im Grünen Korridor neben meinem

Zimmer und im anschließenden Roten Gang erstreckte sich eine Flucht von Gästezimmern, von denen jedes in einem besonderen Stil echt und kostbar eingerichtet war.

Im Salon war Rauchs Büste des Generalfeldmarschalls Yorck von Wartenburg aufgestellt. Dessen Sohn hatte die Tiecksche Bibliothek erworben, die der Grundstock zu der umfassenden Bücherei war, für die ich nun arbeiten sollte. Im Arbeitszimmer stand Philologie, im Speisezimmer Deutsch, im Musikzimmer Geschichte. Der größte Bücherraum, die Remise genannt, enthielt unten im Saal Italienisch, Kunst, Naturgeschichte, Rechts- und Staatswissenschaft und Zeitschriften, oben auf der Galerie Französisch, Englisch und Yorcksche Bibliothek. Dann gab es im Korridor des zweiten Stockes noch Familiensachen. Und im Gewölbe, das gleichzeitig Billardsaal war, fand man spanische Literatur und bibliophile Seltenheiten.

Tausend Fragen hatte ich an Otto zu richten. Wann ich wem meine Aufwartung machen müßte. Wie die Situation in bezug auf Wäsche, Post, Anmeldung und Trinkgelder wäre usw. Otto war ein intelligenter Bursche, aber ein Luftikus. Er sollte bald Klein-Oels verlassen. Durch ihn wurde ich beim Pastor eingeführt, der gern und gut aß und trank. Zu den Kindern war Otto lustig nett. »Peter, putz' dir mal die Zähne. Die sehen aus wie eine Wiese.«

Vom Vater wurden die Kinder sehr streng erzogen.

Er verlangte von den Jungen,
Was sein Alter sich errungen,
Und übersah erfahrungssatt,
Das jede Zeit eigne Augen hat.

Mittags überhörte der Graf die Kinder, stellte ihnen ungewöhnliche Fragen: »Seit wann läuten die Glocken?«
»Seit der Schlacht von Lepanto.«

»Wer hat zum erstenmal Salat gegessen?« Wenn dann nicht sofort die Antwort kam: »Nebukadnezar«, dann mußte das nichtwissende Kind die Tafel verlassen oder seine Suppe im Stehen essen, oder erhielt sogar Ohrfeigen. Am ersten Mittag, da ich dort war, bekam eins der Kinder keinen Kuchen, weil es der Juno in der Lindenallee die Nase plattgeworfen hatte.

Es gab kein elektrisches Licht im Schloß, sondern Petroleumlampen, auf die man sehr aufpassen mußte, weil sie manchmal ganz plötzlich stark rußten. Wenn ich in meine Bücher vertieft war, fand ich aufsehend den Tisch und das vornehme Bett und alles mit einer feinen Rußschicht bedeckt. Eines Morgens kam Otto heim, hatte die Nacht durchbummelt, aber, um Fleiß vorzutäuschen, die Lampe brennen lassen. Die hatte die ganze Nacht über geraucht. »Nun lösch' ich sie auch nicht mehr«, sagte Otto und legte sich ins Bett. Der Diener weckte morgens einen halb erstickten Neger. Die Gräfin wußte mittags schon von dem Vorfall. Es ging im Schlosse alles sehr schnell herum.

Die Katalogisierung der Yorckschen Bibliothek war im Laufe der Jahre immer wieder unterbrochen worden. Der Katalog war unübersichtlich durch Zwischenschriften und Anhänge und durch die verschiedenen Handschriften derer, die daran gearbeitet hatten. Tausende von Bänden waren überhaupt noch nicht katalogisiert. Diese und neue Bücher, die der Graf sich erwarb, hatte ich nun bibliothekskundig einzutragen. Durch Maassen und Seebach verstand ich das ja. Graf Yorck hatte mich gleich zu Anfang einer Art Prüfung unterworfen. Unter ausgesucht höflichen Worten – er war im Leben wie in seinen Briefen – führte er mich ins Gewölbe, zog ein Buch heraus und fragte: »Wie würden Sie dies zum Beispiel katalogisieren?« Ich hatte Glück, daß ich dieses Buch nicht nur ganz genau kannte, sondern innig liebte. Es war die Erstausgabe des Simplicius Simplicissimus von Grimmelshausen.

Ich lebte mich rasch in die Beschäftigung ein, mir täglich einen Stoß Bücher zu holen, diese genau nach Verfasser, Titel, Verlag, Seitenzahl und nach vielen anderen Gesichtspunkten einzutragen und mit einem Reiter zu versehen, der die Nummer trug. Gelegentlich besuchte mich dann der Graf in der Bibliothek oder auf meinem Zimmer und kontrollierte meine Arbeit, indem er sich eingehend mit mir unterhielt. Dr. jur. et phil. h.c. Heinrich Graf Yorck von Wartenburg war der belesenste Mensch, den ich je kennengelernt habe. Auf allen Gebieten und durchaus gründlich. Yorck war Mitglied des Herrenhauses. Dort trat er für humanistische Bildung ein. Das war sein Steckenpferd. Und da hatte ich von Anfang an einen höchst schwierigen Stand. Denn zu der vornehmen Gesittung, Höflichkeit und Bildung, die der Graf besaß und zu der er auch mit höchstem Aufwand seine Kinder erzog und erziehen ließ, fehlte ihm, wie ich bald zu bemerken meinte, doch eins: Herz.

März. Die Stare pfiffen. Rentmeisters hatten ein Schwein geschlachtet, luden mich zu frischer Bratwurst ein. Sie waren gutmütige, treue Menschen, und ihr Sohn Hans war ein netter Junge. Drei Inspektoren von den Yorckschen Gütern waren zugegen und der Oberförster und der Dorflehrer, der Pfarrer und Otto. Es wurde spät. Otto und einige andere betranken sich sehr, und ich gab dem jungen Hans Dannenberg zum Schluß drei Zündhölzer und sagte: »Vergiß die drei nicht, Treue, Wahrheit und Sinn für Schönheit.« An der Mittagstafel fragte mich Komteß Püzze anderntags, wie ich das gemeint hätte. So schnell erfuhr im Schlosse jeder und jede jedes.

Nach dem Mittagessen forderte der Graf manchmal Otto und mich zu einer Partie Billard auf. Wir gingen dazu ins Gewölbe, wo uns der Mokka serviert wurde. Der Graf spielte ausgezeichnet. Otto war ihm noch ein wenig gewachsen, aber ich spielte sehr ungeschickt und wurde beim Spiel wie auch in meinem sonstigen Leben dort durch die Erkenntnis meiner Unterlegenheit immer unsicherer. »Sie wollen mich schonen«, sagte der Graf, wenn ich einen besonders schlechten Stoß getan hatte.

Bei Tisch führte der Graf die Unterhaltung, sofern keine besonderen Gäste zugegen waren. Er sprach immer geistvoll, sprudelnd, oft versteckt sarkastisch. »Zahlreiches Gelächter der Wogen«, sagte er. »Klingt das nicht sogar im Deutschen noch so schön wie im Griechischen?« Er war ein glühender Verehrer der Hellenen.

»Wollen Sie nicht einmal etwas edieren?« fragte er mich, »zum Beispiel Briefe von Scharnhorst?« Zunächst gab er mir Briefe und Aktenstücke aus dem Nachlaß des Generalfeldmarschalls Kalckreuth zu ordnen. Das war eine interessante Arbeit. Intime Briefe vom Großherzog von Sachsen-Weimar-Eisenach an Kammerherrn Professor Stanislaus Graf von Kalckreuth, ferner von Ernst von Sachsen-Meiningen. Akten weit zurückliegender Zeit, mit handschriftlichen Randbemerkungen berühmter Leute.

Der Graf lud mich zum Abendessen ein. Ich mochte nicht sagen, daß ich schon bei der Villa-Gräfin gegessen hatte, der gütigen Dame, die in Trauer ging und allgemein beliebt war. Sie war eine Schwester des Malers Graf Leopold von Kalckreuth.

Ich war recht fleißig, aber mein Mangel an Geschichts- und Sprachkenntnissen machte mir zur schaffen, und ich wollte mir doch vor den klugen Leuten und klugen Kindern möglichst keine Blöße geben. Es kam noch hinzu, daß ich oft kein Geld hatte, weil das wenige, was ich mir durch Schriftstellerei nebenher verdiente, nicht ausreichte.

Die Kinder weckten mich mit einem Ständchen. Sie trugen Tannenreiser mit buntem Papier verziert und sangen ein altertümliches Bettellied, wofür ich ihnen Pralinen schenkte. Die beiden Jungen des Grafen, Brüder und Peter, hatten Infanterieuniformen an und ritten auf ihren Ponys spazieren. Ich traf sie hinterm Park. Wir trieben Jux, indem ich vor ihnen entfloh und sie mich mit ihren Pferdchen zu überrennen suchten. Es waren nette Bengels. Der ältere, Brüder, konnte jähzornig werden. Peter war besonders drollig.

Nachts saß ich mit dem gräflichen Stenographen Albrecht und dem Sekretär Paul Neugebauer noch lange in trockener Arbeit über dem Gesetzentwurf betr. Anlegung von Sparkassenbeständen in Inhaberpapieren.

Die Hofmeisterin der Kronprinzessin, eine Exzellenz von Alvensleben, kam zu Besuch.

Ich hatte auf die Beleuchtung meines Korridors verzichtet. Besuchte mich nun jemand auf meinem Zimmer, um ein Buch von mir zu leihen oder eine Auskunft einzuholen, so wiederholte sich oft folgendes: Feste Schritte nahten. Je näher sie kamen, desto unsicherer wurden sie. Plötzlich ein Anprall, und dann laut geschimpft »Der verfluchte Voltaire!«

Von den Kindern war Daja mein Liebling. In ihrem Aufsatz stand der Satz, »Der Biß der Kreuzotter tötet den Menschen, aber dem Igel tut das nichts.« Daja brachte mir Tulpen vom Gärtner. Ich baute und schenkte ihr »Das lustige Pferd«.

Jeden Morgen war etwas Neues grün. Die leuchtenden Wiesenstriche bekamen bunte Krokusflecken.

Neugebauer konnte sehr jähzornig werden. Zu Hause warf er dann mit Gegenständen, Tellern, Löffeln und dergleichen. Seine Frau paßte gut zu ihm. Sie besaß die Kunstfertigkeit aufzufangen. Infolgedessen nahm sich ein Wutausbruch im Hause Neugebauer wie eine artistische Nummer aus und verlief immer harmlos.

Meine Arbeit war sehr interessant. Ich ordnete den Nachlaß des Philosophen Wilhelm Dilthey, seltene Bilder und Zeitschriften kamen mir in die Hände. Ich durchblätterte verschnörkelte

Dekrete, Patente, Urkunden, auf Seide gedruckte Widmungen. Der Kutscher kam zu mir, erbat sich ein Pferdearzneibuch.

Otto und ich schossen Mistelsträuße von den Akazien. Die Villa-Gräfin lud mich zum Tee ein. Ich spielte mit den Kindern. Sie besaßen alles Spielzeug, was es damals gab. Einmal im Jahr mußten die Knaben mit Bleisoldaten in einem besonderen Zimmer die Schlacht bei Leipzig aufführen, und zwar nach Stellung, Regimentern usw. streng historisch.

Tietzefreund, der wundervolle Diener, war mir zugetan. Er tat mir oft sehr leid, wenn der Graf ihn bei Tisch wie einen dummen Jungen abkanzelte. Tietzefreund hatte den Grafen schon betreut, als dieser noch ein Kind war.

Ich erhielt 50 Mark vom Grafen angewiesen, als Entschädigung für meine Reisespesen. Das kam mir sehr gelegen.

Püzze war die älteste Komteß, 13 Jahre alt. Sie brachte mir den Text des Sommersingeliedes, das man mir vor kurzem als Ständchen vorgesungen hatte.

    Rot' Gewand, schöne grüne Linde,
    Suchen wir, suchen wir, wo wir etwas finde.
    Gehn wir in den grünen Wald,
    Da singen die Vöglein jung und alt,
    Da singen ihre Stimm':
    Frau Wirtin, sind Sie drin?
    Sind Sie drin, so kommen Sie 'raus,
    Bringen Sie uns ein Trinkgeld 'naus.
    Wir können nicht lange stehn,
    Wir müssen weitergehn.

    Rote Rosen, rote blühn auf einem Stengel;
    Der Herr ist schön, der Herr ist schön,
    Die Frau ist wie ein Engel.
    Der Herr, der hat 'ne hohe Mützen,

Die hat er voll Dukaten sitzen.
Er wird sich wohl bedenken,
Zum Sommer uns was schenken.
Die goldene Kette geht um das Haus.
Die schöne Frau Wirtin geht ein und aus.
Sie hat 'ne weiße Haube,
Ist schön wie eine Taube.

Weiße Fischlein, weiße,
Schwimmen in einem Teiche.
Der Herr ist schön, der Herr ist schön,
Die Frau ist wie 'ne Leiche.
Sie werden sich wohl bedenken,
Zum Sommer uns was schenken.

Mit den jüngeren Kindern trieb ich allerlei Scherze. Sie waren so verwöhnt, daß nur ein neuer Einfall sie noch interessierte und auch nur so lange, wie er eben neu war. Komteß Devy überbrachte mir geheimnisvoll ein Paket, das Veilchen enthielt. Irgendwo spürte ich doch die Kinderseelen, die so gefährlich mit einem Wust von Äußerlichkeiten und Wissenschaft überschüttet wurden.

Ich stand in der Bibliothek in meinem Staubmantel und blätterte gerade in der ersten Nummer des »Morgenblattes für gebildete Stände«, wo ich ein geistvolles Vorwort von Jean Paul fand. Otto gesellte sich zu mir und klagte mir sein Leid. Er war mit Brüder und Rentmeisters Hans in Ohlau gewesen, wo diese seine Schüler ihr Examen machen sollten. Beide waren aber zum großen Kummer der Gräfin durchgefallen. Der Graf selber war derzeit verreist.

Püzze lud Fräulein Pönitz, Otto und mich zum Kaffee ein. Für die Kinder war etwas abseits ein kleines zweistöckiges Häuschen erbaut, Schwäbische Hütte genannt. Unten war eine komplette Kinderküche darin, alles Gerät schwäbisch und blank im Kinderformat, aber so, daß sie damit richtig kochen konnten. So gaben sie uns Erwachsenen mitunter dort ein Essen. Die Spiele, die sie sonst trieben, waren alle klug und mit Wissen verbunden. Ich fing eine Depesche auf, von Daja an Hans Dannenberg gerichtet: »Habe von Ihrer Flotte gehört und habe auch gehört, daß General Tulubu Seeräuber besiegt hat, und freue mich, daß er es so gut versteht. Mit Gruß Friedrich I.R.« Ich las den Kindern das »Wirtshaus im Spessart« vor und unterhielt sie mit Zauberkunststücken. Abends spielte ich mit dem Rentmeister Schach. Er hatte den Gesundheitsspleen, turnte nackt, aß nach Gesundheitsregeln und sprach immer nur über seine Gesundheit. Mit Apicius' Kochbuch, das ich ihm lieh, wußte er nichts anzufangen.

Irgendeine Hausdame feierte Geburtstag. Peter hatte ihr von seinem Taschengeld eine Brosche für zwanzig Pfennig gekauft. Er ging überall herum und fragte jeden: »Findest du sie schön?«

Otto war entlassen. Er war noch in letzter Nacht total betrunken in einen Kupferstich gestolpert. Der neue Hauslehrer kam, Herr Rommel, ein biederer jüngerer Herr. Ich führte ihn umher, zeigte ihm das Schloß, den Park, auch die großen Stallungen. Die Rinder hatten Namen, die je nach der Jahresklasse mit einem bestimmten Buchstaben anfingen. Also z.B. mit »M«: Mirabeau, Marc Aurel, Molière, Miltiades, meist lateinische Namen. Die Zuchtbullen erhielten Namen von griechischen Wüstlingen, Alcibiades, Dikäopolis, Alkmaion usw.

»Was macht denn Penelope?« fragte der Graf eine Kuhmagd.

»Was? Wer? Wa?«

»Was macht Penelope?« wiederholte der Graf.

»Wer? Wa?« – Die Magd begriff nicht. Der Graf wetterte über die Dummheit der Person. Bis der Inspektor hinzukam und der Magd erklärte, daß der Graf die kranke Kuh meine.

»Ach, die Blesse? Der geht's wieder gut.«

Da der Graf Amtsvorsteher war, hatte er, oder als Vertreter für ihn sein Sekretär Neugebauer, mitunter kleine Gerichtsverhandlungen zu führen. Ich kam einmal dazu. Zwei Dorfbuben hatten eine Eule in die Turmuhr gepreßt und damit wahrscheinlich Uhr und Eule lädiert.

»Gesteht ihr ein?«

»Nein, wir waren es nicht.«

Neugebauer schraubte die Kopiermaschine auf. »Legt eure Hände hier zwischen!« Neugebauer schraubte so weit zu, daß die Bubenfinger leicht angeklemmt wurden. »Gesteht ihr ein?«

»Nein, wir waren es nicht.«

Neugebauer schraubte fester an.

»Ja, wir gestehen ein, wir waren es.«

»So, wollt ihr nun ins Gefängnis, oder soll ich euch fünfundzwanzig hinten drauf hauen?«

»Fünfundzwanzig hinten drauf«, schrien die Buben wie aus einem Munde. Die Exekution begann sofort.

Es gehörte zu meinen Aufgaben, die Kataloge durchzulesen, die von Antiquariaten laufend eingesandt wurden. Ich strich dann das an, was ich dem Grafen zum Ankauf empfehlen konnte und was der Bibliothek fehlte. Eine Bibliothek »Ressource« in der Nachbarschaft wurde aufgelöst. Man bot dem Grafen das gesamte Büchermaterial in Bausch und Bogen an. Er lehnte entrüstet ab, er sei kein Händler, sondern ein Sammler. Aber er wählte sich die wertvollsten Stücke aus. Darüber saßen wir bis tief in die Nacht. Es war sehr aufregend. Denn die Bücherei barg unübersehbare bibliophile Schätze. Nachdem der Graf gewählt hatte, kaufte sich Neugebauer vieles, und aus dem Rest erwarb ich mir noch an tausend Bücher, die ich in Kisten nach München sandte. Nur die französische Literatur schickte und schenkte ich meinem Vater. Dem ging es pekuniär nicht gut. Die Schriftstellerei brachte ihm nicht viel ein. Er hatte ein immenses Wissen und verbrachte jeden Tag noch viele Stunden lesend auf dem Diwan. Nun suchte und fand er an wandernden Bücherständen unter Schund wertvollere Bücher heraus, seltene Doktordissertationen und anderes. Was er so billig erwarb, säuberte er und restaurierte es sachverständig, klebte Vorsatzpapiere ein usw. Dann bot er die Bücher Museumsdirektoren oder Spezialsammlern an, und da er alles hochanständig und bescheiden tat, fehlte es ihm nicht an Käufern. Nun war er allerdings über diesen Strom altfranzösischer Literatur, der sich ihm so überraschend ins Haus ergoß, geradezu erschrocken und schrieb beinahe vorwurfsvoll, er wüßte nicht, wo er den Platz hernehmen sollte, um soviel Bücher aufzustellen. Aber sehr bald freute er sich doch über die herrlichen Erstausgaben und Raritäten und dankte mir begeistert.

Ich machte mir den Scherz, im Gewölbe einige besonders wertvolle Bücher des Grafen zu verstecken und dafür unvollständige oder sonstwie wertlose Bücher aus meinem Besitz hinzustellen. Als ich dann mit dem Grafen und mit Rommel Billard spielte, sagte ich plötzlich zu Rommel: »Was ist das nun für ein alter Museumskram. Man sollte all diese Inkunabeln zerreißen.« Damit zerrte ich zwei von meinen Büchern heraus und riß sie in Stücke. Der Graf und Rommel machten entsetzte Augen, aber ich ließ sie nicht lange auf Erklärung warten.

Der Graf nahm mich mit auf eine landwirtschaftliche Inspektionsreise. Ein Jagdwagen fuhr uns nach den verschiedenen gräflichen Gütern und durch deren Felder. Die betreffenden Inspektoren ritten neben dem Wagen her und standen dabei dem Grafen Rede und Antwort.

»Guten Tag, mein Sohn.« »Guten Tag, meine Tochter.« »Der Klee steht dünn.« »Haben Sie hier nicht nachgesät?« »Das sind

Mäuseflecken.« »Das muß 'raus, nur keine halben Ernten.« »Wieviel Polacken haben Sie?«

Hasen und Fasanen liefen uns über den Weg. Plötzlich griff der Graf nach dem Gewehr und schoß einen Hund tot. »Sie sollen nicht auf die Felder gehen.«

Der Graf war abergläubisch.

Ich liebte Yorck, und ich achtete sein großes Wissen und seinen Fleiß. Hätte er nur mehr Herz gezeigt, so hätte ich ihm gewiß ein junger Freund sein können.

Graf Hasso, ein Vetter des Grafen Yorck, kam zu Besuch.

Ich ging mit Förster-Rudi zur Karnickeljagd. Wir hatten ein Frettchen und den Jagdhund Treff bei uns. Ich schoß eine Eule aus weiter Entfernung.

Große Diners fanden statt. Für den Hauslehrer Rommel, die Hauslehrerin Timm und mich, also für das Unterhaus, war die Situation dann etwas bedrückend.

Krocketspiele im Garten. Fahrten mit dem Ponywagen. Gemütliche Stunden mit Rentmeisters im Garten zwischen weißem Schlehdorn und dunklem Tannengrün. Es ging wie immer. Bald fand ich, das nicht alles Gold war, was glänzte. Es ging wie oft. Zwischen der Hauslehrerin Timm und mir war aus einer sehr schroff gezeigten Antipathie eine Sympathie geworden.

Der Graf nahm mich zu einer Pirschfahrt mit. Er war gut aufgelegt und teilte mir mit, daß er mir künftig ein monatliches Fixum von 50 Mark zahlen würde. Plötzlich schoß er zwischen meinen Beinen durch auf ein Wild.

Ich spielte Mandoline im Grünen Korridor, wo die Akustik mich begünstigte. Aber zwei Schwalben kleksten mir auf das Instrument. Vor diesem Protest zog ich mich zurück.

Frau Dannenberg sorgte für mich, wo sie nur konnte.

Zum Geburtstag der Gräfin führten die Kinder ein Theaterstück auf. »Künstlers Erdenwallen« und »Künstlers Apotheose«.

Ich war Regisseur. Mit der Einstudierung gab es viel Ärger, weil die Kinder keine Lust an der Sache hatten, die eine Idee vom Grafen war. Es interessierte sie viel mehr, daß der Graf sich ein Auto angeschafft hatte.

»Und willst du diesen jungen Mann,
Wie er's verdient, dereinst erheben,
So bitt' ich, ihm bei seinem Leben,
Solang er selbst noch kau'n und küssen kann,
Das Nötige zur rechten Zeit zu geben!
Er fühle froh, daß ihn die Muse liebt,
Wenn leicht und still die frohen Tage fließen.
Die Ehre, die mich nun im Himmel selbst betrübt,
Laß ihn dereinst, wie mich, doch freudiger genießen.«

Das Haus war voller Gäste. Die Komtessen Kalckreuth mit ihrem musikalischen Bruder, der im Schloß Hannekitsch genannt wurde. Sie und ihre Mutter, die Frau des Malers Kalckreuth, waren für mich eine wahre Wohltat.

Jasmin blühte, und Rosen und Heckenrosen. Es gab im Wald und im Garten überall herrliche Wandelgänge, lauschige Plätze, malerische Winkel und verschwiegene Wege. Es gab Baumriesen und andachtsstille Grabstätten mit bedeutungsvollen Inschriften. Vor dem Strohhäuschen in der verwilderten Ecke zwischen einem feinen blauen Gras und wildem Mohn stand der Esel Faserkinn. Abends ging ich in die Dorfkneipe zu Kirzel. Um zwölf Uhr sagte der Schlachter zu den anderen Mehlköpfen am Stammtisch: »Wollt ihr in einer Stunde Wellfleisch essen? Das Wasser ist noch warm, und die Sau wartet.« Die dicke Gertrud hielt mich für verrückt, seit ich ihr erzählt hatte, daß der englische Parlamentsredner Hunt Stiefelwichse fabriziert hatte.

Der Graf pflegte bei Tisch nicht nur an die Kinder, sondern auch an Fräulein Timm und an Rommel und an mich Fragen zu richten, die einem Verhör auf Wissen gleichkamen und die uns mit der Zeit mehr und mehr verstimmten. Als nun auch Graf Hasso seinen Vetter imitierte und uns auf Unwissenheiten festzulegen versuchte, gaben wir unserem Ärger so weit Ausdruck, daß wir uns nach den Mahlzeiten nach dem üblichen Handkuß zurückzogen. Im Salon mit den abscheulichen, orangefarbenen Plüschmöbeln und dem greulichen »S«-Stuhl sammelte man sich zu den Mahlzeiten. Auch dort und bei Gesellschaften hielten wir drei vom Unterhaus uns fortan möglichst beiseite.

Zwischen Fräulein Timm und mir bahnte sich eine schöne Freundschaft an. Wir besuchten uns Nacht für Nacht. Entweder sie mich oder ich sie. Ihr Zimmer lag sehr weit ab neben vielen Gästezimmern, und ich mußte jedesmal die weite Korridorstrecke ganz schnell und lautlos auf allen vieren zurücklegen, um ungesehen ihre Tür zu erreichen. Die öffnete sich auf ein gewisses Kratzen hin schnell. Dann saßen wir lange beieinander und sprachen Gutes und Schönes. Timmi hatte das Zimmer geschmückt und mir Früchte hingestellt. Wenn sie zu mir kam, fand sie auch immer irgendwelche Überraschungen, so zum Beispiel ein Eichhörnchenschwänzchen. Nach diesem nannte ich sie nun Eichhörnchen. Sie kam zur verabredeten Stunde, und mein Herz pochte mit dem ihrigen, bis ich die Tür hinter ihr schloß. Die Lampe hatte ich mit einem blauen Schal verhängt, und eine Flasche Meßwein vom Pfarrer stand bereit. Ich las Eichhörnchen meine Geschichte »Das Gute« vor, und wir knüpften schwärmerische Gespräche daran. Sie war ein lieber Trotzkopf, ein zuverlässiges, korrektes, gescheites Mädchen. Sie war als Hauslehrerin schon in anderen hochadeligen Häusern gewesen, und ihre Kleidung und ihr Benehmen waren gediegen. Vor allem aber hatte sie ein tiefes Herz. Wie lieblich konnte sie lachen! Dann sah man eine Reihe von ganz kleinen Perlenzähnchen. Ich mußte ihr aus meinem Leben erzählen, immer mehr, immer mehr. Wir malten uns aus, wie wir den dicken Post- und Wachtmeister ärgern wollten, indem wir bei ihm etwas recht Schwieriges, recht Kompliziertes aufgaben.

Darüber lachten wir nun wieder. Wir ersannen geheime Ausdrücke für dies und jenes, und wir dressierten das Baby Hänsi, erst »Ä bebeh« zu sagen, ehe wir ihm eine Erdbeere in den Mund steckten. Timmi erzählte von ihrem Bruder und von ihrer rührend guten Mutter, die als Vortragskünstlerin im Lande umherreiste und selber vielen Annehmlichkeiten entsagte, um ihre Kinder versorgt und froh zu wissen. Mutter und Tochter liebten sich innig; wie mir manchmal schien, fast zu übertrieben.

Wieder wurde Theater gespielt. Bei den Proben redeten alle Gräfinnen und die anderen aristokratischen Damen drein. – Rommel und ich unternahmen mit den schwedischen Zofen A. und N. einen Waldausflug. – Rommel und ich stießen auf dem Grünen Korridor zusammen, als jeder von uns heimlich eine bestimmte Tür ölen wollte.

Die Erzieherin Dürchen Moll kam an, von den Kindern stürmisch begrüßt, von Rommel, Timmi und mir skeptisch angesehen, weil ihre Beliebtheit uns stutzig machte. Sie war schon früher im Hause gewesen und hatte auch an dem Bücherkatalog mitgearbeitet. Ihre Intelligenz wurde vom Grafen sehr geschätzt.

Abends wartete ich am Feldmarschallteich mit einer Blendlaterne, um Eichhörnchen zu überraschen. Im Wasser plätscherten kleine Tierdramen. Rote Fische furchten die Wasserlinsen und umkreisten Seerosen.

Ein großes Fest. Rosengeschmückte Tafel, schöne Damen in großer Toilette. Eichhörnchen in Rot mit ihren runden Schultern. Nachts lag eine schwüle Sinnlichkeit in der Luft im Park. Schatten huschten, und ein verabredetes Krähenzeichen ertönte. Dieser Park war zauberhaft schön. Um die Dämmerstunde schwebten Hunderte von Glühwürmchen umeinander wie Sterne im

System auf verwundenen Bahnen. In dieser romantischen Natur führten die Kinder einmal Shakespeares Sommernachtstraum auf. Sonntags stelzte ein grün uniformierter Wächter dort herum.

Ich las so viel, daß meine Augen manchmal versagten.

Ich radelte spazieren, pflückte mir Kirschen von den Bäumen, holte Eichhörnchen ab, und wir wanderten durch den Wald. Die wilden Tauben gurrten, es klang, wie wenn ein Stock gegen Gitter oder über Speichen streift. Alles blühte. Mademoiselle begegnete uns und beklagte sich über die Kinder. Der Postbote brachte mir einen Brief aus China vom Onkel Martin. Das Kuvert war über und über mit Revolutionsmarken beklebt.

Eichhörnchen ging in die Ferien, war voller Sehnsucht nach ihrer Mutter. Auch ich nahm zehn Tage Urlaub, war bei meinen Eltern mit meiner Schwester und meiner Schwägerin und mit Nichten zusammen. Darauf fuhr ich nach München zu Seelchen und den Freunden. Hinterher traf ich mich mit Eichhörnchen in Kosen »Zum mutigen Ritter«. Wir gondelten auf der Saale und fochten mit zwei harten Köpfen einen kleinen Streit aus.

Wieder Klein-Oels. Spaziergänge, Visiten, Erlebnisse, Gelage, Diners, Kaffeegesellschaften. Ich verliebte mich in eine schöne Dame X. von X., die zu Gast war, und da ich auf Gegenliebe stieß, ergaben sich galante und riskante Abenteuer. Nun kamen mir Gewissensbisse in der Frage, wie das enden sollte, wenn Timmi zurückkäme.

Die Stockrosen blühten. Wie in Halswigshof. Eine Tanzlehrerin aus der Schule Hellerau war engagiert, um den Komtessen rhythmischen Unterricht zu erteilen.

Eichhörnchen kehrte an meinem Geburtstag zurück. Rommel und ich empfingen sie im Pelz und mit Strohhüten und überreichten ihr Geschenke. Ich hatte ihr das Buch über die Giftmischerin Gesche Gottfried Timm aufs Zimmer gelegt, die Gräfin Yorck hielt das für roh und entfernte das Buch wieder. Eichhörnchen fand aber nachts meine »Schnupftabaksdose« mit einer Widmung unterm Kopfkissen und eine Flasche Sekt unterm Waschtisch, die ich mir von Tietzefreund erbeten hatte.

Bei der Mittagstafel hob der Graf sein Glas auf mein Wohl. Abends feierte ich mit Rommel bei Rotwein im Dorf. Nachts gestand ich Eichhörnchen meinen Flirt mit X. von X., worauf sie sehr verstimmt wurde. Auch die Rentmeisterin war darüber verstimmt. Ich wußte nicht, wie ich mich von X. von X. mit Anstand losmachen könnte. Notlügengespinste. Dann auf einer weiten Wanderung abends eine Aussprache mit Eichhörnchen, die mir weinend schließlich verzieh. Es folgten Klatschgeschichten. Dann reiste X. von X. ab, und die Ruhe war wiederhergestellt.

Ich richtete es so ein, daß mir verschiedene Personen begegneten, als ich noch spät nachts, mit schweren alten Folianten unterm Arm und einem Leuchter in der Hand, nach der Bibliothek ging. Und wer lange aufblieb, konnte noch beobachten, daß die Kerze den Rest der Nacht über in der Remise brannte, und mußte von mir denken: Der fleißige Bibliothekar arbeitet immer noch. In Wirklichkeit las ich in Eichhörnchens Zimmer meine eben vollendete Novelle vor »Der tätowierte Apion«. Die Hauptfigur darin war ein Professor, mit dem eigentlich der Graf geschildert war. Auch hatte ich sonstiges Wahre mit Dichtung verquickt.

Der Graf nahm mich in seinem Auto mit, als er nach dem polnischen Ort Simmelwitz fuhr, wo er an einer Bezirksausschußsitzung teilnahm. Wir überfuhren mehrere Gänse. »Gehören nicht zu mir«, sagte er weiterfahrend. Während er in Simmelwitz seine Geschäfte erledigte, trieb ich mich müßig herum. In einer offenen Gruft fand ich einen weiblichen Totenschädel, den ich mitnahm und der später einmal Liberia Tut getauft wurde. Dann läutete ich die Sterbeglocke und beging überhaupt lauter Unfug.

Eine scheinheilige, stolze Exzellenz von Boguslawosky oder ähnlich. Mein Gott, was für niedrige hohe Menschen lernte ich kennen! Sie leben vielleicht noch. Ich will viele nicht nennen. Sicherlich habe ich oft auch ganz falsch gesehen.

Nach dem Abendessen las der Graf einer größeren Gesellschaft vor. Euripides, Pandora von Goethe und von dem spanischen Dichter Alarcon. Alle Damen waren entsetzt und nervös, niemand durfte unterbrechen, nicht einmal die alte Gräfin-Mutter.

Der Graf sagte gelegentlich: »Mich interessieren nur Autoren, die mindestens fünfzig Jahre tot sind.«

Mittags lag es oft wie eine Schwüle über der Tafel. Außer dem Grafen sprach eigentlich niemand etwas selbständig. Der Graf redete mit Esprit und Kenntnis, lebhaft und ironisch, wiederholte sich allerdings häufig, wie ich das auch von Seebach her kannte und verständlich fand. Wenn wir andern zehnmal gehört hatten, daß Lamettrie an Trüffelpastete gestorben war, dann vergaßen wir es nimmer.

Es wurden große künstliche Fischteiche angelegt. 135000 stecknadelgroße Fischlein wurden hineingesetzt. Alsbald stellten sich Wildenten und Reiher ein. Das war alles sehr interessant. Herr Neugebauer oder der Gärtner hatte mir eine alte ziselierte Flinte verkauft, die von einem Grafen von Schönaich-Carolath stammte und einen leichten Riß im Rohr hatte, weshalb niemand sich getraute, mit ihr zu schießen. Ich pulverte lustig damit los.

Intrigen, Klatsch, Hühnerjagden. Exzellenz der General Wildenbruch, ein Bruder der Gräfin-Mutter, kam zu Besuch. Es kam viel Besuch, einmal auch der Kardinalfürstbischof D. Kopp.

Eins oder das andere von den Kindern war krank. Die Gräfin lag wieder zu Bett, erwartete wieder ein Kind.

Mitte September. Erntefest für Klein-Oels. Die Leute zogen mit Musik vors Schloß, die alte Schmidten im Rollstuhl. Der Inspektor hielt eine Rede. Er bedauerte, daß die Gräfin nicht erscheinen konnte, wünschte sie und die hochgräflichen Kinder bald in Gesundheit zu erblicken und endete mit einem Hoch auf den Grafen. Der Graf antwortete: Ich danke euch, Kinder, für die Mühe im verflossenen Arbeitsjahr. Der Inspektor hat ganz recht, wenn er sagt, es kommt niemals so schlimm, wie wir gefürchtet, und niemals so gut, wie wir gehofft, aber wir müssen eingedenk sein, daß alles zu unserem Besten von Gott gesandt wird ... Weil diesmal die alte Schmidten nicht tanzt, kann ich hier auch nicht tanzen. Wir wollen altem Gebrauch nach nun alle singen »Nun danket alle Gott« und zuvor – auch altem Brauch nach – eurem Inspektor ein Hoch ausbringen. Dann wurde der Graf bekränzt und verteilte Geld. Auch ich erhielt – – einen Kranz von dem Kuhknecht Petschrenk.

Rommel schlich die hintere geheime Wendeltreppe herab, um den geborstenen Mast herum, an breiten Mauern entlang, um heimlich für einen Trunk zu Lorke zu entwischen. Unten ließ er das Licht stehen. Ich wässerte aus Schabernack den Docht ein, dann folgte ich Rommel. Wir schimpften auf den neuen Kochlehrling, die dicke Bäckergertrud, die uns die faden Frühstücksbrote immer mit der gleichen Wurst belegte.

Ich hatte Akten zu ordnen.

- A. Privatrechtliche Materien. Fideikommißakten. Wirtschaftliche Belege usw.

- B. Öffentliche rechtliche Materien. Urbarien. Rezesse. Polizeiakten. Politische Materien. Wegesachen. Wassersachen. Mühlensachen. Kirchensachen. Eisenbahnen usw.

- C. Akten zur Geschichte der Familie und des Besitzes. Akten, die den Feldmarschall betrafen, usw. und mit Unterabteilungen. Alte Schöppenbücher, Journale und Rechnungsbücher.

Sowie Jahrhunderte alte Akten von Maltesermönchen geschrieben. Entzückend sauber und liebevoll verschnörkelt geschrieben. Auf ein herrliches Papier, das zum Schreiben lockte. Ich riß mir von den unbeschriebenen Seiten einige heraus.

Astern blühten. Das Weinlaub glühte grellrot im Park. Der Wald wurde durchsichtiger. Ich sandte an Seele und an die Eltern Fasanen. Neuer Besuch. Die Gräfin Carola mit einer hübschen Lehrerin. Der Graf hatte seinen ersten Autounfall erlebt, was der Gräfin verschwiegen werden sollte. Er war ein paar Tage lang besonders freundlicher Stimmung.

Eichhörnchen suchte mich auf alle Weise zu erfreuen. So schrieb sie an berühmte Leute und erbat sich Autogramme, die sie mir dann schenkte, z.B. eine reizvolle Federzeichnung von Max Liebermann. Timmi hatte eine klare, feste Handschrift und einen liebenswürdigen Stil. Was sie sich vornahm, führte sie energisch und mit peinlichster Gewissenhaftigkeit durch.

Zänkereien und Stänkereien zur Befriedigung einer schürenden alten Dame, die wir vom Unterhaus »Entenschnabel« nannten. Rommel kümmerte sich zu wenig um die Kinder. Fräulein Timm nähme an dem Frühstück der Kinder nicht teil. Ich triebe gefährliche Albereien mit Daja auf meinem Zimmer und so fort.

Ich fing an, mich bei Tisch in eisiges Schweigen zu hüllen, soweit ich nicht gefragt wurde. Ich mochte auf die übergelehrten, sich selbst verherrlichenden Reden nicht eingehen. Ich konnte Fräulein Molls verworrene Philosophiererei nicht mehr hören. Die dreizehnjährige Komteß Püzze schien mir so unkindlich. Sie hatte auf einer Alpenreise offenbar keinen anderen Genuß gefunden, als sich – allerdings mit Witz und guter Beobachtungsgabe – über fremde Menschen und fremde Einrichtungen zu mokieren. Es bedeutete für mich auch keine Auszeichnung mehr, wenn Graf Ernst, der Bruder des Grafen, oder sonstwer mir gelegentlich zuprostete.

Mein Liebling unter den Kindern blieb Daja. Sie gab sich am einfachsten und ungezierter als die andern. Ich brachte ihr ein Wort bei, das gar keinen Sinn hatte, das ich aber in einem Zuge ganz schnell hersagte. Es war von mir sinnlos erfunden und hieß: »Orotscheswenskiforrestowskiofurchtbariwucharisumaniusambaripipileikakamankabudi babalutschistaneilemamittararakandara.«

Ich hatte Tage dazu gebraucht, um es auswendig zu lernen. Das etwa achtjährige Mädchen konnte es nach wenigen Stunden ohne zu stocken hersagen.

Es gab verwöhnte Angestellte, und gab arbeitsüberlastete Angestellte im Schloß. Der Diener Robert lief treppauf, treppab und sah sehr blaß aus. Ein anderer Diener hatte gekündigt und wurde nun plötzlich frech. Es gab manchenorts Murren über unzureichende Kost. Timmi sprach sich nach langem Entschluß mit der Gräfin aus. Wie die Gräfin ihre Kinder einer Person zur Erziehung geben könnte, die von den gräflichen Eltern als minderwertig behandelt würde.

Die neunzackige Krone und das Hauswappen standen auch auf der täglichen Speisekarte. Ein Menü sah beispielsweise so aus:

3. Oktober 1912
Artischockensuppe
Lachsforellen Sce. Colbert
Rehziemer mit Duchessekartoffeln
Krammetsvögel, Chaudfroid
Perlhühner, Salat, Kompott
Edelpilze
Pflaumenkuchen, Käsebiskuits
1893er Geisenheimer Altbaum
Champagner
1900er Chateau Latour
Dessert

Die gutmütige, kranke Gräfin E. war so ehrgeizig, daß sie weinte und schimpfte, weil sie im Park einen bestimmten Weg nicht wiederfand. – – Meine Kaffeemaschine explodierte zum drittenmal. – – Ich opferte mein Frühstück der stiefmütterlich behandelten Hündin Bella. – – Und das Gewächshaus war neu hergestellt, was für Eichhörnchen und mich eine Rolle spielte. Unsere nächtlichen Zusammenkünfte gestalteten sich immer aufregender. Oft hockten, lauerten wir stundenlang regungungslos zwischen Hangen und Bangen. Waren beinahe erwischt oder wußten nicht, ob wir erwischt wären. Es gab Situationen, wie sie Spione im Feindesland durchmachen. Unser Gehör war aufs feinste trainiert, wußte: Dies Geräusch kommt vom Schloß, dies vom Sofa, dies ist ein leiser, einmaliger Schlucker in der Weckuhr, das ist Holzwurm, dies sind die Schritte des Wächters und, o Gott, das ist »Entenschnabel«.

Graf Yorck von Wartenburg wollte seinem erlauchten Ahnherrn ein Denkmal setzen, und zwar an der Stelle, wo dieser die berühmte Konvention von Tauroggen geschlossen hatte. Er fuhr dazu nach Rußland und verhandelte mit dem Bauern, dem das Grundstück gehörte, und als dieser zu unverschämt forderte, mit dem Gouverneur. Die Verhandlungen zogen sich in die Länge. Einmal war der Gouverneur auch in Klein-Oels zu Gast. Schließlich erhielt der Graf den Platz, den er brauchte. Das Denkmal war ein sehr schöner Stein, vom Maler Kalckreuth und Professor E.R. Weiß entworfen. Es wurde feierlich eingeweiht im Beisein hoher deutscher und russischer Persönlichkeiten. Wir vom Unterhaus waren nicht dabei. Aber ich erfuhr von Teilnehmern hinterher, daß der Graf ein auserlesenes Festmahl gegeben, zu dem die Speisen von Borchardt aus Berlin gesandt wurden. Dieses Essen sei aber später ganz in den Schatten gestellt worden durch das pompöse, üppige und glanzvolle Gegendiner des russischen Gouverneurs.

Die Gräfin besprach mit mir, was man dem Grafen zum Geburtstag schenken könnte. Schließlich bestellte ich die Goethebüste von Schadow aus dem Jahre 1816. Fräulein Moll übte kunstlos und ungeschickt ein Tanzspiel ein. Am Geburtstag brachte Exzellenz eine nette, nicht gerade natürliche Rede aus, deren Schluß die Jugend zum Wort aufforderte, worauf Brüder etwas stockend eine lateinische Rede ablas.

Ich las Dantes Göttliche Komödie in der Witteschen Ausgabe. Mich begeisterte das Porträt, der Kopf Dantes. Aber der Göttlichen Komödie war ich nicht gewachsen. Das packte mich nicht so wie etwa der Faust, von dem ich gerade eine seltene, einzeln erschienene Ausgabe für fünfundsiebzig Mark im Auftrag des Grafen erworben hatte.

Bei großen Gesellschaften spielte unser Unterhaus gar keine Rolle. Sonst im kleineren Kreis – wir mochten meist zehn bis fünfzehn Personen bei Tisch sein – ergaben sich versteckte Reibereien zwischen Unterhaus und Oberhaus. Selbstverständlich führte die Gräfin dem Platz nach das Präsidium. Sie war still und korrekt; wenn sie in die Unterhaltung eingriff, belesen und versöhnlich. Es kam aber vor, daß sie die Tafel unter verhaltenen Tränen verließ. Daneben saß der Graf und leitete das Gespräch auf irgendwelche hochwissenschaftlichen Themata. Das Unterhaus schwieg. Die Rede kam auf irgendwelche verstorbenen oder fernstehenden Personen, und das Wort Ignoranten fiel. Das Unterhaus schwieg. Im Oberhaus kam die Rede auf Titulationen usw. Der Graf sagte gelegentlich: »Seiner Hochgeboren« muß man ausschreiben. Man kann dergleichen Titulierungen überhaupt negieren, wenn man das aber nicht tut, muß man korrekt sein.

Vielleicht hatte er damit recht. Vielleicht hätten wir vom Unterhaus, oder wenigstens Eichhörnchen und ich vieles negieren müssen. Vielleicht hätten wir zu einem gewissen Zeitpunkt energisch, höflich unser Handwerkszeug hinlegen und gehen müssen.

Aber dieser gewisse Zeitpunkt war nie nackt da, und wir wußten nicht, ob er schon überschritten war oder kommen sollte.

Die von mir so verehrten Kalckreuths waren wieder zu Besuch da. Den Kindern war ein Kanarienvogel entflogen und hatte sich in einen Baumwipfel vorm Haus geflüchtet. Nun standen die Mädchen und ein paar alte Damen ratlos um den Baum, und ich wollte gern der Retter der Situation werden. Ich erkletterte den Baum. Ehe ich aber noch nach dem Vogel greifen konnte, flog dieser auf und davon in der Richtung zum Park. Die Verfolgung wurde als aussichtslos aufgegeben, und ich fühlte, daß man mich wieder einmal für einen dummen Tölpel hielt. Das wurmte mich. Als es dunkel war, durchstreifte ich den Park und wedelte mit einem Taschentuch alle Büsche ab. Und auf einmal flatterte der Piepvogel auf und ließ sich sofort wieder im nächsten Busch nieder, durch sein gelbes Gefieder deutlich erkennbar. In großer Aufregung warf ich mein Taschentuch nach dem Tier. Das Glück war mir günstig. Ich konnte den Vogel ergreifen und im Taschentuch nach dem Schloß tragen. Ein paar Damen saßen noch mit den Kindern zusammen. Ich gesellte mich klein dazu, fragte, ob der Vogel inzwischen gefunden wäre. Nein, natürlich nicht. Einige von den Kindern waren richtig betrübt über den Verlust. Da trat ich an den leeren Bauer, legte mein Taschentuch hinein und sagte: »Hier ist der Piepmatz wieder.« Wie ein Napoleon stand ich auf einmal da. Die goldige Gräfin Kalckreuth knickte sofort eine junge, vielleicht kostbare Palme ab und überreichte sie mir.

Im Dorf grüßte mich alles. Ich wurde hie und da zu Eisbeingesellschaften oder Kuchenessen eingeladen.

Jagdhörner weckten mich. Im Hof wimmelte ein Hofstaat. Uniformierte Kutscher, Jäger und Lakaien. Jagdwagen. Viele Gäste waren erschienen. Auch die Gräfin Veronika und Herr und Frau von Klitzing.

Fasanen, Schnepfen, Hasen und Karnickel. Rommel und ich waren zur Jagd nicht aufgefordert. Rommel kam deshalb auch nicht zu dem Jagddiner. Ich kam wohl, aber spielte den Beleidigten. Der Graf entschuldigte sich verbindlich und lud mich für die nächste Treibjagd ein. Er toastete auf den schlechtesten Jäger des Tages, Herrn Dr. von Katte.

Als ich an der Teichbank auf Eichhörnchen wartete, kam ein richtiges Eichhörnchen zu mir, dann aber auch das unrichtige.

Eine Mondscheinnacht. Die Luft war draußen wärmer als in den Zimmern. Ich saß mit Timmi oben im Kochhäuschen, wo man nach vier Seiten hin über die helle Wiese sah. Ich beklagte mich darüber, daß mich alle für dumm hielten. Eichhörnchen tröstete mich. Es wüßte niemand, daß ich ein Künstler wäre. Und dann weinte sie über den Gedanken, daß sie sich einmal von mir trennen müßte.

Ich hatte in der Doublettenkammer zu tun. Im Kirchgang sah ich ein meterhohes Krähennest.

Dann wieder ein großes Diner mit frostiger Konversation. Abends zog ich mit Eichhörnchen auf blätterüberschütteten Wegen nach dem Fischteich. Wo die kleine Hütte aus Teerpappe stand, ließen wir uns nieder. Ich steckte einen Rechenstiel in die Erde und befestigte einen brennenden Papierlampion mit einer Haarnadel daran. In dieser Beleuchtung las Eichhörnchen Kiplings »Das Licht erlosch«, und ich dichtete. Auf dem Heimweg erzählte sie mir sehr anschaulich vom Verlauf der gestrigen Jagd. Von den sprühenden Federn in der Luft. Von der geifernden Mordlust oder Schießlust des Jagdkönigs Rittmeister von Tschirschky.

Generäle und andere neue hohe Gäste kamen. Zum Diner um halb acht Uhr war Frack befohlen. Jeder Herr mußte zwei Damen zu Tisch führen. Es gab unter anderem einen ganz seltenen Wein, von dem wir Unterhäusler nichts abbekamen. Sonst war ich aber äußerst vergnügt und hatte Eichhörnchen hinterher viel zu berichten, und auch sie hatte Merkwürdiges an der Tafel erlebt.

Wieder weckte mich Hörnerweckruf vom Hof und vom Korridor her. Die Sonne schien auf bereifte Dächer. Ich zog meinen Sportanzug an und steckte ein Eichhörnchenschwänzchen an mein grünes Hütchen. Der Fürstengruß wurde den ankommenden Jägern dargebracht. Dann ging es los. Erster Trieb. Die Reihe der Treiber und darunter komisch vermummte Weiber mit hohen Stiefeln schwärmten aus. Ich kam mit Neugebauer hinter den Grafen Bassewitz und dessen Büchsenspanner zu stehen. Ein paarmal rasselte Schrot bedenklich nahe an mir vorbei. Eine Kette von Fasanen flog auf. Piff-paff. Nun sah ich die sprühenden Federn in der Luft und sah getroffene Kaninchen sich überschlagen.

Später half ich dem Gärtner Pohl an der Strecke. Er wollte aus totem Geflügel und Wild einen Basse formen, das Wappentier des Grafen von Bassewitz.

Ich ging zum Kaffee zum Förster. Lahme und wunde Fasanen suchten mit letzter Kraft zu entfliehen, wurden aber meist von den Weibern des Nachtriebes gepackt und totgeschlagen. Als man die Jagd abblies und die Scheiterhaufen um die Strecke auflodderten, schlich ich mich von der Gesellschaft hinweg, streifte traurig und lange durch den Wald. Tietzefreund hatte Rommel und mir bereits angedeutet, daß wir zum Diner diesmal überflüssig wären. Der gute Alte brachte uns das so zart und ungern bei. Er hatte selber ja einen viel schwereren Stand als wir.

November, Eichhörnchen lief weinend zur Rentmeisterin. Die Rentmeisterin lief weinend zum Rentmeister. Der Rentmeister war aufgeregt. Ich war aufgeregt. Viele waren aufgeregt. Folgendes war geschehen: Ich hatte seit einiger Zeit den Auftrag, gewisse Arbeiten an vielen Aktenbündeln im Büro des Sekretärs zu erledigen, weil dort ein großer Tisch freistand. Das paßte Herrn Neugebauer nicht recht, und da war es nun über einer Lappalie zu einem Wortstreit zwischen uns gekommen, und aus dem Wortstreit war eine regelrechte Prügelei entstanden. Gerade zu einer Stunde, als zwei wegen tätlichen Angriffs angeklagte Bauern im selben Zimmer von Neugebauer verhört werden sollten. Das ergab nun alles mögliche Kleinliche und Große. Rommel, der für mich hätte zeugen können, zeigte sich nicht. Eichhörnchen weinte und schwur, sie würde sofort gehen, wenn ich gehen müßte. Ich tröstete sie und stellte mich fröhlich und las ihr und Rentmeisters meine neue Novelle »Das Grau und das Rot« vor. Fräulein Moll war zugegen und bemerkte etwas spitz, daß diese Geschichte, in der ich einige Charakteristika des Rentmeisters und sonstiger Personen vom Schloß verwandt hatte, recht instruktiv wäre. Ich war überzeugt, daß sie das dem Grafen brühwarm überbringen würde, hatte aber durchaus kein böses Gewissen. Eichhörnchen und Frau Rentmeister suchten auszukundschaften, wie Neugebauer gestimmt wäre und ob er die Angelegenheit dem Grafen melden würde. Sie hielten mich durch kleine Privattelegramme auf dem laufenden. Den Rentmeister bat ich, meinetwegen nichts bei dem Grafen zu unternehmen. Ich ließ meine Akten aus dem Sekretariat auf mein Zimmer schaffen und schickte Neugebauer zwanzig Mark zu, die ich ihm noch für Bücher schuldete.

Der Graf kam von auswärtiger Jagd zurück. Nun mußte die Entscheidung fallen. Es war der Geburtstag des jungen Grafen Peter. Draußen stieß der Sturm in das raschelnde dürre Laub. Ein Dohlenschwarm umkreiste kreischend den Turm. An der Villa stand noch blauer Kohl vor einem Hintergrund von rotblättrigem Gesträuch. In der Abendsonne tanzten Mücken ihren Totentanz.

Ein paar Tage lang schnitt mich der Graf. Dann ließ er mich rufen. Er drückte sein Bedauern über den Vorfall aus und sagte in verbindlicher Form, daß er sich die Angelegenheit ein paar Tage lang überlegen wolle. Rommel hatte gegen mich gezeugt.

Als der Graf von einer kurzen Reise wieder zurückkehrte, kündigte er mir per 1. Januar. Er kleidete das in äußerst liebenswürdige und scharmante Worte und drückte mir nahezu bewegt die Hand. Ich war ganz gefaßt und in vieler Beziehung sogar froh. Aber das liebe Eichhörnchen weinte tagelang, und auch die Rentmeisterin war ehrlich betrübt.

Die treue Seele schrieb, ich wäre ihr in München herzlich willkommen.

Schwärmerische, liebeswarme Zusammenkünfte und Ausflüge mit Timmi. Fast niemand genoß wohl den herrlichen Park, den Garten und alles dort so wie wir. Mit wem sonst konnten wir darüber reden? Wenn uns beiden das Herz davon voll war, erinnerte der Rentmeister plötzlich an die zu bestellende Wringmaschine, oder die Rentmeisterin kam auf das Huhn zu sprechen, das auf den Baum geflogen war.

In meiner derzeitigen Stimmung machte mir das Buch »Braut von Rörvig« von Bergsöe großen Eindruck. Ich hatte so etwas wie Sehnsucht nach Seefahrt. Nachts weinte ich an Eichhörnchens Brust, und derweilen rußte wieder die Lampe, und alles, alles war auf einmal schwarz punktiert. Eichhörnchen wischte weinend.

Im Salon erzählte Timmi sehr lustig, wie sie einmal eine Weste mit einem Regenschirm geflickt und dann den Regenschirm wieder mit der Weste geflickt hatte. Ich wartete sehr auf Geld vom »März«, weil ich mir nicht sicher war, ob mir der Graf zu Weihnachten ein Geldgeschenk machen würde. Timmi wollte Weihnachten bei ihrer Mutter verleben. Sie hatte der Gräfin einen Wunschzettel eingereicht, den ich in einen Vers kleiden mußte. Sie wünschte sich Geld, aber dieser Wunsch wurde ihr abgeschlagen.

Kalte, verschleierte Mondnächte. Am 19. Dezember schrieb ich oder wollte ich an eine versteckte Wand in meinem Zimmer schreiben:

Hier wohnte ich und dachte dem nach,
Was ich gesehen, was jeder sprach.
Mein Auge strahlte, mein Auge ward naß
Und wurde wohl blind in zielwirrem Haß.

Der Graf stöberte in meinem Zimmer herum unter dem Vorwand, Bücher zu holen. In Wirklichkeit interessierte er sich offenbar sehr für meine Novelle »Das Grau und das Rot«. Er fragte mich gelegentlich, nachdem er mir ein paar ungewöhnlich freie Witzchen erzählt hatte: »Sie haben doch eine Novelle geschrieben und bei Rentmeisters vorgelesen? Sie sind mit Rentmeisters ziemlich intim? Auch mit Fräulein Timm? Sie duzen sich?«

Die letzten Abende mit dem Grafen verliefen sehr nervös. Auch wenn die Gräfin dabei war, die sich ja immer nur vornehm ihrem Mann anpaßte oder schwieg. Ich hatte noch viel Arbeit mit Luther-Erstausgaben der 1520 er Jahre, die dem Grafen billig aus Rouen angeboten waren. Mit Eichhörnchen zusammen führte ich noch eine längst geplante Bescherung für Tietzefreund aus. Wir bauten blitzschnell ein Tischleindeckdich für den rührenden Alten auf.

Ich sagte dem Grafen, daß ich gern am nächsten Montag abreisen würde. Es schien mir dabei fast so, als habe er die Kündigung längst bereut und als hätte er gewünscht, daß ich stillschweigend weiter dort bliebe. Er kam auch jetzt gleich auf Shakespeare zu sprechen.

Ich hatte in Breslau für Eichhörnchen ein Medaillon aus Gold herstellen lassen, ein einfaches Herz, das nur die Worte »Schloßtage 1912« und ein Geheimzeichen enthielt. Wir packten unsere Sachen, waren beide sehr nervös. Ich sandte Kisten mit Büchern voraus an Seele und kaufte auch noch Enten, Hasen, Fasanen.

Meine Erzählung »Der tätowierte Apion« war endlich im »März« erschienen. Der Graf war von der Novelle derart begeistert, daß er einen ganzen Stoß von dieser »März«-Nummer kaufte und verschenkte. Er las die Erzählung seiner Frau und Fräulein Moll und aller Welt vor.

Die Frage, ob mir der Graf eine Gratifikation schenken würde, wurde immer aktueller. Denn der »März« sandte das Honorar nicht, und ich hatte kein Geld zur Abreise. Der Rentmeister meinte, einer Andeutung entnommen zu haben, daß mir der Graf eine Pelzmütze schenken würde. Ich verfluchte diese Pelzmütze im voraus. Ich wollte sie auf die Zeus-Büste von Otricoli stülpen. Aber nun traf das »März«-Honorar doch ein. Hurra!

Ich gab mir Mühe, meine Arbeiten für den Grafen noch recht anständig zu erledigen. Am 22. Dezember 1912 fuhren Eichhörnchen und ich ab, Eichhörnchen in Urlaub zu ihrer Mutter und ich nach München. Eichhörnchen wollte vom Urlaub aus kündigen. Wir hatten es so eingerichtet, daß wir bis Forst zusammen fuhren. Die uns von der gräflichen Familie mitgegebenen Pakete, die wir erst zu Weihnachten öffnen sollten, rissen wir im Coupé sofort auseinander und tauschten lachend die Gaben aus, die sie enthielten. Bismarcks Erinnerungen, ein Etui, ein Kragenbeutel, Gebäck.

Die Trennung in Forst war innig-traurig.

Ich besuchte nun zunächst meinen Bruder in Döbern und dankte von dort aus dem Grafen für die Geschenke und alles mir erwiesene Gute. Auch an Rentmeisters schrieb ich. Sie antworteten mir, der Graf hätte sich intensiv nach etwaigen Schulden erkundigt, die ich hinterlassen hätte und die er gar zu gern bezahlt hätte.

Der Rote Münchhausen

Ich trat am 1. Januar 1913 wieder in Stellung. Bei dem Freiherrn Börries von Münchhausen, Dr. jur., auf Apelern und Windischleuba, Herzoglich Altenburger Kammerherr, Hannover.

In der Landschaftsstraße Nummer 2 wohnte dieser liebenswürdige und bedächtige Herr mit seiner Frau, einer Hausdame und Dienstmädchen. Ich sollte gegen freie Station seine Kunst- und Büchersammlungen ordnen. Die waren zwar nicht annähernd von dem Ausmaß und dem Wert wie die in Klein-Oels, aber originell. Alte und neue Literatur, Bilder, Münzen, schmiedeeiserne Sachen und Kruzifixe in allen Größen.

Auch in dem Zimmer, das man mir zum Bewohnen gab, hingen Kruzifixe, und sie machten das Zimmer nicht heller. Ich war nun freilich von Klein-Oels her verwöhnt. Hier war in meiner Fensterscheibe ein Loch, das einen kalten Zug hereinließ. Ich machte das Zimmermädchen darauf aufmerksam. Daraufhin erschien sie am nächsten Tage verlegen, um das Loch mit Papier zu verkleben. Man hatte eine Holzplatte über zwei Böcke gelegt. Das war mein Tisch.

Der Baron und die Baronin empfingen mich mit einer Freundlichkeit, hinter der ich bald eine ehrliche Herzlichkeit erkannte. Sie erzählten mir, daß sie meine Bewerbungsbriefe zuvor graphologisch untersucht hätten. Wir nahmen die Mahlzeiten gemeinsam ein, wobei auch die langjährige, fürsorgliche Hausdame und sozusagen Adjutantin des Barons zugegen war. Die Unterhaltung entfaltete sich lebhaft und natürlich. Die Baronin war eine liebe, gebildete Dame. Sie sammelte Spitzen. Der Baron interessierte sich trotz seiner vorgerückten Jahre auch für moderne Literatur. Sein Sohn war der bekannte Balladendichter gleichen Namens. Wenn auch meine Ansichten in manchem von denen des Kammerherrn abwichen, so blieb das doch ohne Belang für die Harmonie zwischen uns.

Den Roten Münchhausen nannten ihn seine Standesgenossen, nicht wegen seiner politischen Gesinnung – er war Welfe –, sondern seiner Haare wegen. Außer dem Hause in der Landschaftsstraße besaß er noch Güter in Apelern und Windischleuba.

Zwischen und in den arg verstaubten Büchern – ich mußte niesen, wenn ich sie herauszog – fand ich zu meinem Erstaunen einen abscheulichen Mist von Makulatur, Briefen, leeren Kuverts, Reklameschriften usw. usw. Z.B. auch zahllose Etiketts von Selterwasserflaschen. Sie pflegte der Baron im Wirtshaus abzulösen und mitzunehmen. »Man kann alles eventuell noch einmal gebrauchen«, sagte er. Ich aber warf den ganzen Dreck ins Feuer.

Als ich mich in meinem Zimmer, so gut es ging, eingerichtet hatte, schickte der Kammerherr das Mädchen zu mir, ob ich noch irgendeinen Wunsch hätte. Ich bat um einen Papierkorb. Nach einiger Zeit kam das Mädchen zurück und reichte mir, wieder verlegen, ein seltsames Kunstwerk. Der Baron hatte aus Pappe eine Tüte gedreht, das spitze Ende eingedrückt und mit Hilfe von Musterklammern das Ganze zu einem Papierkorb gestaltet. Ich boxte diese unförmige Mißgeburt sofort in den Ofen, was wegen der engen Ofenklappe nicht leicht war; das Stubenmädchen half mir lächelnd.

Morgens zum Frühstück aß der Baron Äpfel. Äpfel aus seinen eigenen Gärten. Da er aber die faulen Äpfel nicht umkommen lassen wollte, aß er immer nur faule Äpfel. Er hatte eine spaßige, krankhafte Sucht, nichts umkommen zu lassen, alles aufzubewahren. Die Apfelkerne, die Zigarrenasche, die verbrauchten Zündhölzer wurden in großen Kupferkübeln gesammelt. Da trat ich denn ziemlich revolutionär auf.

Ich ließ mich nicht davon abbringen, mittags in Schwarz zu erscheinen. Von einem Geflügel blieb dort nichts übrig als ein meisterhaftes anatomisches Präparat. Von jeher hatte ich eine Vorliebe für Soße. Wenn aber der Kammerherr sagte: »Mein lieber, junger Freund, tunken Sie doch die Soße mit Brot auf, sie ist ja das Beste«, dann lehnte ich das entschieden ab. »Ich würde mir nie erlauben, an Ihrer Tafel, Herr Kammerherr, die Soße aufzuwischen.« Solchen Oppositionskampf führte ich aber in heiterer und, ich glaube, auch nicht in respektloser Weise. Der Baron nahm ihn mit weisem Humor auf. Es schien eine erfreuliche Privatsonne über seinem Hause.

Gewöhnlich besuchte er mich abends auf meinem Zimmer, besprach dann die bibliothekarischen Angelegenheiten, plauderte über dies und jenes oder las mir begeistert Gedichte seines Sohnes vor, wobei seine Blicke immerzu fragten: Ist das nicht schön?

Um mir Geld zu verschaffen, schrieb ich aufs Geratewohl Reklamegedichte über alle möglichen Fabrikate, die ich unaufgefordert an die betreffenden Firmen sandte. Ich schrieb über Persil; als Dank sandte mir die Firma eine Kiste Waschpulver zu, mit dem ich gar nichts anfangen konnte. Ich schrieb über eine bestimmte Automarke und wartete mit einem Schimmer von Hoffnung darauf, daß eines Tages ein geschenktes Kabriolett anrollen würde. Statt dessen erhielt ich einen Autostraßen-Atlas.

Eine Sektfirma sandte mir für ein Gedicht eine Präsentkiste mit sechs Flaschen Sekt, die mir für meinen armen Pegasus eine hochwillkommene Anfeuerung bedeutete. Als der Baron mich zur Abendstunde besuchte, blieb er fast erschrocken in der Tür stehen, da er mich vor einer Flasche Sekt sitzen sah. Ich stellte mich, als ob ich sein Erstaunen gar nicht bemerkte: »Guten Abend, Herr Kammerherr.«

»Haben Sie Geburtstag?«

»Nein. – Hier habe ich ein höchst interessantes Buch – –«

»Ja, was ist denn das??« Der Baron zeigte auf den Sekt.

»Sehr interessantes Buch. Sehen Sie, hier, Herr Kammerherr, im Avantpropos – –«

»Sie trinken Champagner?«

»Das Zeug schmeckt nicht recht«, sagte ich blasiert, »wenn ich aber Herrn Kammerherrn ein Glas anbieten –«

Er wehrte ab.

Einmal morgens sah ich ihn aufgeregt vorm Spiegel stehen und seinen Anzug ordnen. Er trug seinen Staatsfrack mit dem Kammerherrnschlüssel am rechten Rockschoß und um den Hals einen Orden mit leuchtendem Band. Ich war grausam genug, das völlig zu übersehen und gar nichts zu fragen. Bis er von selbst erzählte, warum er so offiziell gekleidet war. Er hatte im Namen des Herzogs einen Kranz am Grabe eines verstorbenen Adligen niederzulegen.

Ich ließ mich für ein paar Wochen beurlauben, weil mein Vater schwer erkrankt war. Ich fand Papa im Bett liegend, mager, blaß und elend. Meine Mutter und meine Schwester, die ihn seit Tagen pflegten, hatten ihn bereits aufgegeben und waren selbst durch die aufreibenden Tag- und Nachtwachen ganz apathisch geworden. Vater erkannte mich für kurze Zeit. Ich beugte mich nieder, um ihn zu küssen, aber er winkte mir ab mit einer Gebärde des Ekels vor sich selbst, weil er unrasiert war. Dann verfiel er wieder in Fieberträume und redete unaufhörlich verworren vor sich hin.

So wachte ich oft an seinem Lager und lauschte seinen verschlungenen Phantasien. Mitunter sprach ich selber sanft und langsam etwas hinzu, was der Kranke auch manchmal auffing und in seinen Reden weiterspann. »Glaubst du an Gott?« fragte ich einmal.

»Ach, das ist ja alles dummes Zeug«, sagte er. Aber so, wie er das sagte, klangen seine Worte durchaus nicht überzeugt, sondern nur rührend hilflos. Dann ging er gleich auf anderes über, und von Zeit zu Zeit klang der gutmeinende Oppositionsgeist heraus, den er gerade mir gegenüber so oft gezeigt hatte.

Einmal zeichnete ich meinen Vater, da er schlief. Eine kleine Skizze, die ich selber liebgewann.

Ich bat den langjährigen Arzt und Freund meiner Eltern, den Doktor Riemer, um offene Meinung. Er sagte, das Schlimme wäre, daß der Patient jede Nahrung verweigere und sogar den stärkenden Wein sei nes geliebten und verehrten Freundes Johannes Trojan zurückweise. Wenn man ihn dazu bringen könnte, wieder Speise und Trank anzunehmen, würde er sich vielleicht noch einmal erholen.

Als ich wieder allein am Krankenlager saß und Vater gerade einen lichten Moment hatte, schenkte ich ein Glas von Trojans Wein ein und sagte: »Willst du den? Ich glaube, der taugt nichts, der ist von Johannes Trojan.«

»Trojan? – – Trojan! Oh, der ist ein Weinkenner!« flüsterte Vater lächelnd, griff nach dem Glas und trank etwas. Dann ging ich auf die Straße und grub unter dem schmutzigen Stadtschnee eine Handvoll sauberen Schnees heraus. Den hielt ich meinem Vater an die Lippen, und er bewegte diese Lippen und schlürfte von dem Schnee. Von da an war er wieder zum Essen zu bewegen.

Ich mußte abreisen. Aber Mutter, Ottilie und die Freunde brachten Vater mit aufopferungsvoller Pflege und Liebe wieder zur Genesung.

Während meines Urlaubs war die Frau des Barons von Münchhausen gestorben. Dadurch war die Situation in trauriger Weise so verändert, daß ich nun auch nicht mehr lange bei dem Baron blieb, sondern sein Haus am 1. April 1913 verließ. Er gab mir beim Scheiden ein vornehmes Geldgeschenk und, was noch rührender war: Er hatte in stundenlanger Arbeit die verschlungenen Initialen meines Namens nach eigenem Entwurf säuberlich gezeichnet und aufgemalt, als Dedikation für mich.

Eisenach und Lauenstein

Mit Eichhörnchen traf ich mich in Northeim. Wir genossen freiheitsgoldene Ausflüge und sahen in Hannoversch-Münden Hauptmanns »Fuhrmann Henschel«, von einer Wandertruppe hervorragend gespielt.

Wo Werra sich und Fulda küssen, da gab es einen guten Klang.

Dann fuhr ich nach Eisenach, lernte Timmis tapfere Mutter kennen und hörte sie auch einmal eine Skizze von mir in einem Pensionat vorlesen.

Ich besuchte Frau Dora Kurs. Die leitete ein Pensionat, darin sie junge Mädchen zu Sprachlehrerinnen ausbildete. In gewissen Fächern unterstützte sie ein Professor Schill, der mehrmals in der Woche aus der Salzmannschen Erziehungsanstalt Schnepfenthal herüberkam und mitunter zwei hübsche Töchter mitbrachte.

Das Haus in der Burgstraße, eine kleine Villa, stand auf schrägem Gelände am Fuße der Wartburg. Frau Dora Kurs war eine erfahrene, lebenslustige Dame. Sie besaß organisatorisches Talent, zähe Energie und eine verblüffende Überredungskraft, war etwa von dem Typus der Kathi Kobus. Ihre Weltanschauung war eine freiere, als man sie sonst bei Vorsteherinnen findet. Dadurch hatten die Schülerinnen, die jedes Jahr wechselten, ein ungezwungeneres, modernes Leben. Frau Kurs verlangte dafür – unausgesprochen –, daß die Mädchen alles Erleben mit ihr teilten. Sie wollte sogar über Familienverhältnisse und am liebsten auch über Liebesgeschichten orientiert sein. Da sie das allzu indiskret betrieb, behielten die Schülerinnen doch ihre letzten Geheimnisse für sich.

Mich hatte Frau Kurs einmal als Gast im »Simpl« in München ins Herz geschlossen. Daraus hatte sich ein Briefwechsel ergeben, und nun war ich bei ihr zu Gast. Sie hatte künstlerischen Stil, künstlerischen Schwung, künstlerische Begeisterung und künstlerischen Unternehmungsgeist. Ganz langsam erst merkte ich, daß alles ein literarisches Gebaren von Einbildung, ein unnatürlicher Selbstbetrug, ein Bluff war.

Die Herzen der Mädchen gewann ich im Husarensturm, einfach, weil ich ein Mann, der einzige Mann im Hause, zudem übermütig lustig war und mit meinen Tollheiten die Traditionen und Schranken, die es selbstverständlich auch dort gab, frech durchbrach. Als ich einmal dem Literaturunterricht beiwohnte, warf ich die Frage auf, ob den Damen das ernste schöne Gedicht von Goethe bekannt wäre, worin das Wort Rinderbrust vorkäme.

An den Mond
Füllest wieder Busch und Tal ...
. . . .
Selig, wer sich vor der Welt
Ohne Haß verschließt,
Einen Freund am Busen hält
Und mit dem genießt,
Was von Menschen nicht gewußt
Oder nicht bedacht,
Durch das Laby
Rinderbrust
Wandelt in der Nacht.

Damit rief ich Gelächter der Schülerinnen und Empörung der Lehrerin hervor.

Als Frau Kurs einmal verreist war, bestellte ich die ganze Mädchenbande in mein Stammlokal »Zum Rodensteiner«. Ich setzte ihnen Wein vor, und sie sangen zur Gitarre und gaben sich so anspruchslos froh, wie es Eisenacher Pensionskindern verboten war.

Aber Frau Kurs war eine versöhnliche Natur und wirklich großzügig. Da ich zudem für einen Novellenband »Ein jeder lebt's« von Albert Langen einige hundert Mark Vorschuß erhalten hatte, so jubilierten wir alle. Dort und auf Spaziergängen zur Wartburg und in die weitere Umgebung. Frau Kurs war, soweit sie konnte, sehr gastfrei zu mir. Pekuniär hatte sie selber schwer zu kämpfen.

Ich muß übrigens die Bemerkung über mein Husarenglück bei den Schülerinnen doch einschränken. Da war z.B. ein Mädchen, das mich am meisten interessierte: Daisy, ein schönes, apartes Rehfigürchen mit anscheinend lesbischen Veranlagungen. Die aber mochte mich gar nicht leiden.

Doch mit einem anderen Mädchen kam ich nett zusammen. Sie war sehr kurzsichtig und trug ein schwarzes Sammetkleid. Deshalb taufte ich sie Maulwurf. Wenn sie mir Beethoven vorspielte, mußte sie sich tief über die Tasten beugen. Wir verabredeten uns heimlich, gestanden einander im Thüringer Wald unsere Zuneigung und erzählten unsere Schicksale. Maulwurf war die einzige Tochter einer Bäuerin, die einen Lokomotivführer zum Manne hatte, ein Häuschen in Ludwigshafen am Rhein und ein kleines erspartes Vermögen besaß. Die Mutter sollte streng, schlau und praktisch, der Vater lieb und lustig sein.

Maulwurf und ich trieben Geheimnisse und verliebten Ulk. Sie stickte ein Band für meine Mandoline, ein blaues Band mit einem Maulwurf darauf. Am 15. Mai 1913 vormittags verlobten wir uns am Fuße der Wartburg. Ich wollte nach Ludwigshafen fahren, um bei den Eltern um ihre Hand anzuhalten. Das war etwas ganz Neues und schon deshalb Lockendes für mich. Wir meinten, Frau Kurs würde sich sehr über unser Bündnis freuen und wollten sie und die Mädchen mittags bei Tisch damit überraschen, daß wir auf ein Stichwort hin uns plötzlich per »Du« anredeten. Als das nun geschah und wir uns danach als verlobt vorstellten, geriet Frau Kurs zunächst außer sich vor Empörung. Sie nahm es sehr übel, daß wir ohne ihr Wissen und Zutun einander gefunden hatten. Es gab keine größere Freude für sie, als zwei Menschen zusammenzubringen, aber es mußte durch ihre Vermittlung geschehen. Dennoch war Frau Kurs bald wieder versöhnt und unterstützte nun sogar eifrig und teilnahmsvoll unser Vorhaben. Maulwurf schrieb einen Geständnisbrief an die Eltern, und ich reiste einen Tag hinter dem Brief nach Ludwigshafen mit den rosigen Gefühlen eines Brautwerbers, außerdem mit unternehmungslustiger Neugier.

Ich stellte mich dem Lokomotivführer und seiner Frau vor und hielt um Maulwurfs Hand an. Ich sagte, daß ich keinerlei Geld besäße, noch zu erben oder zu erwarten hätte; daß ich nicht einmal versprechen könnte, in absehbarer Zeit Geld zu verdienen, daß ich aber die Tochter liebte. Die Antwort war zwischen den Eltern schon vor meiner Ankunft ausgewogen und ausgestritten. Nein! Das ginge unter solchen Umständen leider nicht.

Ich nahm Abschied von der sachlichen Bäuerin. Der Vater gab mir das Geleit. Wir kehrten in einem Wirtshaus ein, tranken neuen Pfälzer Wein und redeten über Lokomotiven, Kesselexplosionen usw. Dann sprachen wir wieder von Maulwürfchen, und der Vater bedauerte außerordentlich, daß er mir einen Korb geben müßte. Wir schüttelten einander immer wieder die Hände, tranken weiter neuen Pfälzer Wein und weinten zuletzt beide in einer simplen Harmonie und in Liebe zu Maulwürfchen. Vom Zug aus winkte ich dann dem braven, schlichten Manne noch lange zu.

War nun auch zwischen Maulwurf und mir keine Verlobung zustande gekommen, so blieben uns doch Erinnerungen an ein trauliches Verliebtsein und eine Photographie, die uns beide zeigt, wie wir hoch zu Esel zur Wartburg emporritten. Außerdem wurden wir fürs ganze Leben Freunde.

Ich lernte den Burgkommandanten der Wartburg kennen, einen Herrn von Cranach, ferner einen Arzt in Eisenach, Dr. Höpfner. Der war Psychotherapeut in einer berühmten Heilanstalt. Aber mir schien, als befasse er sich lieber mit Kunst und Literatur. In einer burschikosen, schwärmenden Freundschaft saßen wir manche Stunde beisammen, aßen Herobohnen und tranken Doornkaat dazu. Mit künstlerischen Gesprächen. Dazwischen lud ich wieder einmal Maulwurf oder Frau Kurs oder andere Mädchen in die »Süße Ecke« ein oder in andere Konditoreien, bis mein Honorar für »Ein jeder lebt's« dahin war. Auch nach Waltershausen war ich gekommen und hatte den Thüringer Wanderdichter Trinius besucht. Der kannte meinen Vater, besaß ein blondes Teufelchen von Tochter und einen tauben Wachhund.

Nun kam eine Verabredung zustande, daß ich einige Monate lang auf der Burg Lauenstein bei freier Station verbringen durfte, dafür die Bibliothek des Burgherrn Dr. Meßmer ordnen und den Fremdenführer Höde gelegentlich bei Rundführungen unterstützen sollte. Es war wohl mehr auf diese Führungen abgesehen, denn in der Bibliothek fand ich höchstens fünf Bücher vor. Ehe ich von Eisenach abreiste, hatte ich noch die Flinte von Schönaich-Carolath versetzt.

Die Burg Lauenstein lag hoch und stolz auf einem steilen Berg in Oberfranken in der Nähe von Probstzella. Dr. Meßmer hatte sie als Ruine ganz billig erworben und allmählich restaurieren lassen, wobei er ungeahnte Kunstschätze aufdeckte. Z.B. herrlich geschnitzte Zimmerdecken, die man übertüncht hatte und die er nun wieder bloßlegte. Er war dann in der Umgegend herumgereist und hatte wertvolle Möbel und andere Altertümer von den Bauern billigst aufgekauft. Man erzählte, er hätte sie manchmal mit »Freibilletts zur Besichtigung seiner Burg« bezahlt.

Es war eine große richtige Ritterburg. Die Zugbrücke hatte man durch eine stabile steinerne ersetzt. Aber man sah noch die Pechnase überm Tor. Und es gab Mauern, Zinnen, Rittersaal, Burghof, Folterkammer, Burgverlies, geheime Gänge, geheime Türen, historische Wandgemälde und Hunderte von Museumsstücken. Leider hatte Dr. Meßmer zu den vorgefundenen und erworbenen Altertümern noch Neues nach altem Muster anfertigen lassen und damit viel Kitsch in die Burg gebracht. Aber immerhin war diese sehenswert, und es kamen auch viele Menschen von nah und weit, um sie zu besichtigen. Außerdem wurden die meisten von den altluxuriösen Räumen an Sommerfrischler vermietet. Die fühlten sich sehr wohl, denn man lebte dort abgeschlossen in Höhenluft und Ruhe.

Der Fremdenführer Höde war ein gutmütiger, schon älterer Herr mit einer roten Nase. Er trank gern und oft. Gemütlich zeigte und erklärte er mir alles, und ich begleitete ihn, wenn er Fremde durch die Burg führte und lauschte seinen eingelernten Erklärungen, bis ich diese selber in richtiger Reihenfolge auswendig konnte. Von da an löste ich Höde nach einer freundschaftlichen Verabredung umschichtig ab und führte nun selber Besucher herum. Ich trug eine kurze Lederhose und ein handgewebtes leinenes Hemd, eine altfränkische Tracht.

Lange Zeit waren die Rundführungen sehr amüsant. Dann kam ich auf den Punkt, wo Höde schon lange war, da ich mein Hauptinteresse darauf legte, zu erfassen, wer von den Herumgeführten wohl für ein Trinkgeld in Frage käme. Und wie man denen beibrächte, daß wir Fremdenführer das einerseits gern annähmen, es andrerseits aber auch gern in einer unserer Bildung entsprechenden Höhe empfingen. Dann wurde mir auch das zuwider, und ich begann die Sache mit Humor und experimentell anzugreifen.

Ich war nicht imstande zu beurteilen, wieweit das, was die gedruckte Burgbeschreibung und was wir Rundführer erzählten, auf Wahrheit oder bewußter oder unbewußter Täuschung beruhte. Jedenfalls gefiel es mir von nun an, gelegentlich das Blaue vom Himmel herunterzulügen. Ich hatte inzwischen die dort wohnenden Kurgäste kennengelernt, mit einigen mich intimer angefreundet. Da waren z.B. eine schöne, kluge Dame, Luise Reichardt, Krankenschwester von Beruf, und deren Freundin

Musmann, eine arme Malerin. Manche von den neuen Bekannten begleiteten mich gern auf meinen Rundführungen, indem sie sich so stellten, als wären sie selber Neulinge. Sie lachten dann innerlich über die Späße und Lügen, die ich mir erlaubte, besonders wenn das Publikum aus einfachen oder unkundigen Provinzlern bestand.

»Das ist der älteste Teil der Burg«, begann die vorgeschriebene Erklärung, und dabei mußte ich im Burghof auf ein verwittertes Ruinchen zeigen. Wenn es sich aber gerade ergab, daß eine alte Frau unter den Besuchern war, pflegte ich wie zufällig erst einen Moment auf die zu zeigen. Derlei Wippchen flocht ich dann, von Zimmer zu Zimmer führend, ganz ernsthaft viele ein. Manchmal unverschämt weitgehend. »Mit dieser Lichtschere wurde Katharina von Medici erwürgt.« In der Folterkammer war meiner Phantasie ein grausiger, unübersehbarer Spielraum geboten. Dann kamen wir zum Burgverlies. Ich hob eine Art dörflichen Klosettdeckels hoch, und man sah in einen tiefen dunklen Schacht, sah Loch, Dunkelheit, weiter nichts. Aber ich fügte mit gehobener Stimme hinzu: »Sie sehen in der Tiefe zwei Gerippe, die durch einen goldenen Ring miteinander verbunden sind.« Alles drängte sich vor, starrte ernst hinunter. »Sehen Sie es?« fragte ich einen der Neugierigen.

»Nein!« sagte er ehrlich.

»Sie müssen sich hierher stellen. – – So – Dort unten! – Sehen Sie es?«

»Ja!« sagte er nickend. »Ja!«

Suggestion, manchmal vielleicht auch nur Ausrede, um von mir freizukommen.

Der gute Höde war über meine Frechheiten ehrlich entsetzt, obwohl auch er sich heimlich darüber amüsierte. Er hätte nie so etwas gewagt. Trotzdem habe ich einmal einen viel größeren Spaß an ihm gehabt. Ich begleitete ihn, als er führte und dabei stockbetrunken war. Wenn er da auch sonst alles richtig und wie am Schnürchen hersagte, geschah es doch, daß er zwei Zimmer verwechselte und nun gewohnheitsmäßig zeigend und sprechend die komischsten Ausdeutungen gab. »Dieser Spiegel«, sagte er und deutete auf einen Ofen, »dieser Webstuhl« und deutete auf ein Gemälde.

Den Dr. Meßmer machte mein Unfug mit der Zeit nervös. Aber die Stammgäste beruhigten ihn immer wieder. Dr. Meßmer war eine Art Don-Quijote-Natur. Groß, hager, spitzbärtig, trug einen Radmantel und blies in Mondscheinnächten auf dem Söller die Trompete. Er hatte zwei lange Kinder, einen Sohn, der in der Burg eine moderne Tischlerei betrieb, und ein eigenartiges, schönes Mädchen namens Lukarda. Meßmers erste Frau war – (ich weiß nicht mehr genau). Die derzeitige Frau war ein resolutes Weib. Sie ging am liebsten mit Pferden und Bauernburschen um und dann aufs Ganze. Als sie bei einem Unfall den Arm gebrochen hatte und mit Gipsverband und Tanzverbot vom Arzt zurückkehrte, fuhr sie noch selbigen Tages im Zweispänner mit mir aus, lenkte die durchgehenden Pferde an steilen Abhängen einer Serpentine entlang und tanzte abends mit den Bauernburschen im Dorf.

Ins Dorf gingen die Reichardt, die Musmann und ich auch gern. Musmännchen zeichnete den Bürgermeister. Wir halfen alle drei beim Korneinbringen auf den Feldern und aßen hinterher in der Familie Kartoffelklöße. Die beiden Mädchen durchkosteten Sommerfrische, wollten lachen und wieder lachen. Einmal schlenderten wir zur Dämmerzeit durchs Dorf und guckten von draußen durch die Fenster, um zu sehen, wie die Bauern schlafen gehen. Da war zum Beispiel eine Frau Ameis. Sie stand im Nachthemd aufrecht zu Fußende in ihrem Bette, mit dem Gesicht nach uns zu. Auf dem Nachttisch neben dem Kopfende brannte eine Kerze. Die alte Frau Ameis murmelte etwas vor sich hin, betete vielleicht, wir konnten die Worte nicht hören. Dann ergriff sie zwei Zipfel des Federbettes und ließ sich plötzlich steif wie ein Stock hinten überfallen. Von dem Luftzug erlosch die Kerze.

Nur einmal geschah es, daß ein Herr von dem Publikum, das ich herumführte, mit meinen Erklärungen und meinem eingeflochtenen Unsinn unzufrieden war. Obwohl viel »bestes Publikum« dorthin kam, z.B. ein Adjutant vom Kaiser. In diesem Falle aber setzte mich ein sehr bescheiden auftretender Herr mit offenbar großer Sachkenntnis und leisem, liebenswürdigem Tadel so in Verlegenheit, daß ich kapitulierte und ihn beschämt um Verzeihung bat.

Obwohl ich nun Dr. Meßmers kitschig-romantisches Gebaren allein und mit den klügeren Stammgästen verlachte, muß ich doch gestehen, daß ich selber dem Zauber der Romantik seiner Burg erlag und auch manche der Gerüchte, die um diese Burg gingen, sehr ernsthaft nahm. Nicht die »Weiße Frau von Orlamünde«. Aber z.B. hieß es, daß die Burg durch einen unterirdischen, inzwischen verschütteten Gang mit einer anderen weit entfernten Burg verbunden wäre. Diesen Gang wollte ich wieder aufdecken. Ich schaufelte in den kalten Kellergewölben tagelang durch schweres steinernes Geröll. Endlich stieß ich auf modrige Erdschichten mit Knochenresten und Scherben von alten, wunderschönen Glasfenstern. Aber ich mußte diese Arbeit doch schließlich aufgeben, weil sie für einen einzelnen Menschen aussichtslos und ich so überanstrengt war, daß ich meinen krummen Rücken noch tagelang hinterher nicht aufrichten konnte.

Es war eine schöne Burg, dies Lauenstein, mit vielen Heimlichkeiten. Und es spukte dort auf erklärliche und auf unerklärliche Weise.

München vor dem Kriege

Als der Sommer vorbei war, reiste ich noch für kurze Zeit wieder nach Eisenach und dann weiter nach München.

Diesmal konnte ich nicht bei Seelchen wohnen, weil sie ihre freien Zimmer schon vermietet hatte. So zog ich zu meinem lieben Freunde Oskar Dolch, der in seiner halb einfach, halb kostbar, mit Geschmack eingerichteten Wohnung ein Zimmer und ein Bett für mich übrig hatte.

Ich packte meine Bücher aus, die ich in Klein-Oels aus der Ressource-Bibliothek erworben hatte und die ich nun weiterverkaufen wollte. Das Ordnen und Katalogisieren nahm Tage und Wochen in Anspruch. Abends trat ich im »Simpl« auf, wo ich mit Hallo empfangen worden war und noch den alten Ruf genoß.

Dolch fuhr nach Paris in kunsthändlerischen Interessen und ließ mich allein in seiner Wohnung zurück. Das war eine interessante und lustige Parterrewohnung Ecke Barer- und Adalbertstraße. Sie lag zu ebener Erde, und Dolch war wie gesagt ein großer Frauenkenner und Frauenfreund. Daher kam es, daß ich schon in der ersten Nacht nach seiner Abreise kaum zum Schlafen kam. Weil immer wieder von mehr oder weniger zarten Fingern ans Fenster geklopft wurde. Ich schob die Gardine beiseite und winkte herein. Das nächstemal winkte ich ab. Das dritte-, vierte-, fünftemal reagierte ich überhaupt nicht. Das sechstemal winkte ich wieder herein. Ich lernte auf diese Weise sehr viele Mädchen aus verschiedenen Ständen kennen. Oftmals war ich besorgt, daß sie etwas stehlen könnten. Denn Dolch besaß außer großen, seltenen holländischen Ölgemälden auch kleinere und ganz kleine Kunstwerke, alte Meistergeigen, Miniaturen usw.

Es trat auch ein Fall von Diebstahl ein. Der verlief so: Abends, da ich es sehr eilig hatte, begegnete mir bei strömendem

Regen ein ärmliches Mädchen, das mir durch sein hilfloses und verhungertes Aussehen auffiel. Nur deshalb sprach ich sie an. Sie erzählte, daß sie in Augsburg gewesen und nun zurückgekehrt wäre, aber in das Haus ihrer Tante, bei der sie wohnte, nicht hereinkönnte, weil die Tante anscheinend verreist wäre. Da ich zum Abendessen zu C.G. von Maassen eingeladen war und andererseits an Dolchs Kunstschätze dachte, sagte ich: »Liebes Kind, du kannst bei mir schlafen, aber ich muß ausgehen und muß dich einschließen.« Damit war das junge Ding dankbar einverstanden. Nachdem ich ihr noch etwas zu essen und zu trinken gegeben hatte, legte sie sich in mein Bett und schlief sofort wie ein todmüder Mensch ein. Ich schloß die Wohnung hinter ihr ab und eilte zu Maassen. Dort ergab sich wieder eines von den übermütigen Gelagen auf der Basis von Aristokratie, guter Kinderstube, Kunst, bibliophiler Literatur, Geist, Witz, politischem Unverständnis oder Uneinigkeit und Geschmack. Das alles verschieden auf die einzelnen verteilt. Aber das Zusammensein war bestimmt nicht langweilig. Das Fest, für uns damals ein Allnachtsvergnügen, dauerte bis etwa acht Uhr morgens. Ich schlenderte heim und fand in meinem Bett das inzwischen vergessene Mädchen noch in tiefem Schlaf. Da ich mich ein wenig in der Wohnung umsah, entdeckte ich, daß mir ein paar unbedeutende Gegenstände fehlten. In einer offenen Schachtel hatten zwei Paar Manschettenknöpfe gelegen. Das eine, aus schönem, chinesischem Gold hatte mir Onkel Martin einmal geschenkt, und ich hing daran und hänge heute noch daran, und es hängt heute auch noch an mir. Das also fand ich noch vor. Aber zwei andere wertlose, plumpe Manschettenknöpfe fehlten, große Stücke aus Zinn, Rennpferde in Peitschenverzierung. Leise durchsuchte ich die dürftigen Kleider der Schlafenden. Ich fand in ihrer poweren Handtasche zwei Schlüssel, meine Pferdeknöpfe und ein Notizbuch, in dem nichts weiter stand als »Ich wandle wie im Traum einher dem Paradiese zu«. Ich war sehr zornig über diesen Vertrauensbruch, weil ich ja von dem Mädchen nichts verlangt und gehabt, sondern ihr nur gegeben hatte. Ich wollte sie schlagen. Natürlich nicht im Schlaf, aber doch war ich damals so, daß ich, wenn auch in bester Absicht, sehr hartherzig vorging. Ich weckte sie, ließ sie sich waschen und ankleiden und frühstückte mit ihr. Dann sagte ich: »Halte einmal deine Hand auf. Ich will dir etwas schenken.« Da ließ ich aus meiner geschlossenen Hand jene Pferdeknöpfe in ihre Hand fallen. Das Mädchen sank in die Knie. Ich gab ihr eine Ohrfeige und sagte: »Die Polizei ist benachrichtigt und wird gleich kommen. Du hast mich belogen, ich weiß alles.« Sie weinte sehr und gestand, daß sie ihrer Mutter entlaufen wäre usw. Hier hätte ich spätestens abbrechen sollen, aber ich meinte, daß ich den Schreck, den ich ihr zur Lehre einjagen wollte, noch steigern müßte. So ging ich hinaus auf den Korridor, klingelte, markierte eine Flüsterunterhaltung und sagte zurückkehrend: »Die Polizei ist da, komm.« Da fiel das Mädchen steif wie ein Stock um. Ich hob sie auf und sagte: »Kind, tu so etwas nie wieder. Diesmal geschieht dir nichts, du bist jetzt frei.« Da flog sie davon, selig wie ein freigegebenes Vögelchen. Ich sah ihr durchs Fenster nach, und mein Herz klopfte noch lange in Aufregung.

Auch aus dem »Simplizissimus« verschleppte ich Weiber nach Villa Dolch. So eine englische Admiralsfrau, die den verstorbenen Maler Leistikow verehrte und mich in ihrer Betrunkenheit zuletzt mit ihm verwechselte und unaufhörlich sagte: »Poor little Leistikow« Ich gab mich in solchen Fällen als Maler, wollte die betreffende, sich geschmeichelt fühlende Dame porträtieren, zeigte in der Wohnung auf die holländischen Meisterbilder an den Wänden mit der Bemerkung, daß das meine letzten oder frühere Arbeiten von mir wären. Dann drang ich darauf, daß die Dame den Busen entblößte, der ganz besonders schön wäre, also auch zuerst gezeichnet werden müßte. Ich fand bei Dolch große Pappstücke und auch Zeichenkohle. Mit ein paar einfachen Strichen skizzierte ich die Frauenbusen, dann brach ich meine porträtistischen Arbeiten ab. Als Dolch wieder von Paris zurückkehrte, fand er zu seiner Verwunderung hinter einem Schrank eine Menge Pappstücke, auf denen Kugelpaare gezeichnet waren.

Manchmal zogen wir – Freunde und Freundinnen mit Weinflaschen und Gitarren – zu dritt, zu fünft, zu zehnt noch spät nachts nach dieser Wohnung. Dort spielten sich dann phantastische Orgien ab, tanzten nackte Mädchen auf Tischen, während gleichzeitig gewisse Gruppen über Kupferstiche gebeugt, kunstverständig und gebildet diskutierten. Bis die roten Köpfe dampften und die Fensterscheiben blau wurden.

Endlich hatte ich die Aufstellung und Katalogisierung meiner Bücherei beendet. Maassen und andere bibliophil interessierte Freunde kauften mir einige anständig ab. Das andere bot ich einem Antiquar an. Der kam, riß die sorglich geordneten Bücher auseinander, warf auf einen Haufen diejenigen, von denen er sagte, daß sie noch einigermaßen zu gebrauchen wären, und bot mir schließlich dafür einen so niedrigen Preis, daß mich Zorn, Schreck und Enttäuschung darüber völlig verblüfften und ich die Bücher für dieses Schandgeld hingab. Auf ähnlich traurige Weise ging dann auch der Rest dieser schönen Büchersammlung auseinander.

In einem Hotel am Stachus wohnte die Königin von Neapel. Ich sah sie einmal, da sie vorm Portal aus ihrer Equipage stieg. Sie trug ein prächtiges Blumenbukett. Das schenkte sie einer ärmlich uniformierten Ritzenschieberin, die gerade dort stand, und schritt dann majestätisch ins Hotel. Das kleine, blöde Trambahnschienenweiberl sperrte wortlos den Mund auf und blickte ratlos auf die Blumen.

Ich zog wieder zu Seelchen in mein altes, behagliches Zimmer, und die goldige Tante sorgte für mich wie für einen Sohn, lud auch gelegentlich meine Freunde ins Haus. Nachts tingeltangelte ich im »Simpl«.

Einmal wollte ich einem Kinde als Geburtstagsgeschenk einen Beutel voller Kupferpfennige schenken. »Aus Alaska.« Ich hatte mir hundert bis zweihundert Pfennige zurückgelegt und fragte nun in einer Drogerie, wie ich diese Münzen blank machen könnte. Man gab mir Salzsäure. Ich saß in meinem Stübchen, hatte die Pfennige in eine Glasschale geschüttet und goß die Salzsäure darüber. Sofort füllte sich das Zimmer mit beißendem Rauch. Ich öffnete das Fenster, wollte die Glasschale auf den äußeren Fenstersims stellen, verschüttete etwas von dem Inhalt auf die Tischdecke, weil die Schale heiß war. Mittels einer Zange bugsierte ich sie etappenweise auf einen Stuhl, auf den Fußboden, auf den Waschtisch, dann aufs innere und dann aufs äußere Fensterbrett. Überall dabei die alles zerfressende Säure verspritzend. Als ich endlich den Hexenkessel mit Wasser zur Ruhe gebracht hatte, waren von den Kupfermünzen nur noch papierdünne Blättchen übrig.

Seelchen pflegte Verkehr mit Damen aus den Ersten Kreisen. Dadurch kam ich dazu, bei einer Wohltätigkeitsveranstaltung mitzuwirken. Der König von Bayern hatte sein Erscheinen zugesagt. Unter anderem wurde ein berühmtes Freskengemälde als Lebendes Bild gezeigt. Das stellte St. Franziskus einem Partner gegenüber dar. Und ich spielte darin, oder richtiger gesagt, ich stand schweigend, regungslos darin als Heiliger Franziskus. Kurz vor dem Auftritt wurden mein Gesicht, meine Hände und was sonst von mir nicht durch eine weiße Toga verhüllt blieb, mit einer weißen Flüssigkeit bestrichen. Der Vorhang ging auf. Ich dachte regungslos an den König. Ich merkte, daß die weiße Schminke ein kleines Bläschen auf meinen Lippen bildete. Um das zu entfernen, öffnete ich unauffällig ein wenig den Mund, worauf aus dem Bläschen eine große Blase wurde. Der König kam aber um diese kleine Komik, weil eine ungeschickte Regie einen Harfenspieler so vor mir postiert hatte, daß er mich völlig verdeckte.

Man lebte in München damals sorgenlos und machte sich deshalb unbewußt künstliche Sorgen, indem man überkritisch oder übermütig wurde und am Kleinlichsten herummäkelte.

Ich suchte nach einem Beruf, ließ mich in Lewalters Kunstschule für Schaufensterdekoration für einen Kursus aufnehmen. Ein ziemlich trauriger Unterricht. Ein bißchen Theorie um den Goldenen Schnitt. Dann ein bißchen Praxis. Wir kriegten Kleiderstoffe, die wir drapieren mußten, oder Taschentücher oder Attrappen. Das Ganze zog sich kümmerlich so etwa zwei Monate hin. Ich bestand lächelnd das Examen, erhielt ein Zeugnis und auch sofort einen praktischen Auftrag.

Ich Schaufensterdekorateur sollte das Ladenfenster eines Delikateßhändlers in der Kaulbachstraße weihnachtlich dekorieren. Das wurde mir nach Vereinbarung bezahlt. Großen Eindruck machte es mir, daß mich der Ladenbesitzer während meiner Arbeit in ein Hinterzimmer rief, mir eine Riesentasse Kaffee und ein reichliches Essen vorsetzte und sagte: »So, lieber Mann, jetzt stärken Sie sich erst mal.« Da er mir im übrigen völlig freie Hand ließ, glaubte ich nun, außer den erlernten technischen Kenntnissen auch meinen persönlichen künstlerischen Intuitionen freien Schwung geben zu können. Ich türmte Würstchendosen übereinander, kippte sie um, warf zwischen diesen gewollten Trümmerhaufen kunstvoll spielerisch verstreut Tannenzweiglein. Ich ließ eine Zervelatwurst wie ein Dornröschen verstrickt in Lametta hängen, ich verfolgte Perspektiven, unterbrach einen strengen Pyramidenbau aus Käsen plötzlich durch einen Teller niedlicher Pfeffergürkchen. Ich verlegte den Goldenen Schnitt um die Länge einer Gänsebrust, warf aber dafür sanfte Flocken von Watteschnee auf ein schweinisches Durcheinander von schamlosen Schinken. Als ich fertig war und mein Geld und obendrein Dank erhalten hatte, besah ich mir das Ganze noch einmal von außen. Da erkannte ich, daß es ein abscheulich kleinliches Kitschgebilde geworden war. Ich habe nie wieder ein Schaufenster dekoriert, aber ich respektiere diese Kunst.

Heiliger Abend. Weihnachten bei Seelchen, Weihnachten unter Junggesellen im »Simpl« bei Kathi Kobus. Weihnachten bei Grammophon, Schlagermusik und Tanz in großer Zechgesellschaft bei von Maassen. Der Weihnachtsbaum dort war nicht mit vergoldeten Nüssen und Lametta, sondern mit ausgeschnittenen und rückseitig obszön bemalten Figuren aus Modejournalen verziert. Maassen hatte immer überraschende Einfälle, und wie man zu denen auch stehen mochte, so war doch schon Maassens Eifer anerkennenswert.

Wieder kam ein Fasching, und als er zu Ende war, feierten wir in Schwabing ihn inoffiziell weiter. Immer neue Menschen lernte ich kennen. Außer dem »Simpl« gab es eine florierende Künstlerkneipe »Der Bunte Vogel«. Das Plakat dazu war von Weisgerber entworfen. Er hatte auch lustige Puppen geschnitzt, mit denen Unold, Foitzick und ich auf einer improvisierten Bühne Kasperletheater spielten. Die Wirtin Hedy König war eine temperamentvolle, beliebte Dame. Sie stand in einem freundschaftlichen Verhältnis zu einem sehr intelligenten Studenten namens Cortüm, einem kleinen, höchst schneidigen Burschen, der auch viel dazu beitrug, daß im »Bunten Vogel« ein ausgelassenes Tohuwabohu herrschte.

Und immer neue Menschen lernte ich kennen. Da war ein Offizier a.D. namens Utsch, der sein ganzes Leben damit verbrachte und darauf aufgebaut hatte nachzuweisen, daß ein Ahne von ihm jener »Jäger aus Kurpfalz« gewesen war.

Dann hielt Erich Mühsam wieder eine seiner politischen Versammlungen ab, zu denen man wie in ein Lustspiel ging. Andermal hatte Mühsam ein paar halbreife Burschen veranlaßt, eine mit Pulver und Nägeln gefüllte Blechbüchse vor dem Rathaus zur Explosion zu bringen. Resultat: Von einem Rathausbaustein war eine Handvoll Mörtel abgefallen. Die Münchner Neuesten Nachrichten brachten einen Leitartikel »Das Bombenattentat Erich Mühsams«. Solche Sorgen hatte man damals dort.

Ich wurde Mitglied des Vereins Süddeutscher Bühnenkünstler. Maassen, Unold, Weisgerber, Hoerschelmann, Vegesack, der Maler Körting, Foitzick, Emil von Lilienfeld, Mühsam, Schulmann, Floerke, Queri, Roda Roda, Kubin, Hoerhammer und viele andere waren dabei oder zu Gast, nur selten ein Schauspieler und noch seltener ein Süddeutscher.

In einer kleinen Weinstube am Viktualienmarkt kamen wir zusammen, tranken viel Schoppenwein und führten brausend und wild improvisierte Opern auf, bis Polizeistunde. Die photographischen Blitzlichtaufnahmen aus jener Zeit zeigen, welch unerhört lebendige und überschäumende Besoffenheit uns beherrschte. Von dort zog man weiter. Die Straßen waren schon leer. Ein armseliges Strichmädchen stand im Schatten. Wir machten alle abfällige Bemerkungen über die »Alte Schlampe«.

Ein Betrunkener oder ein Handwerksbursche lag schlafend unter einem Torbogen. Emil von Lilienfeld ging zurück und steckte dem Schlafenden Geld in die Hosentasche. Wir andern folgten diesem Beispiel.

Einer von uns trennte sich, wollte nach Hause gehen. An der nächsten Ecke nahm ein zweiter Abschied, weil er sehr früh wieder aufstehen müßte. Bald danach sagte auch ich Adieu, ließ die anderen weitergehen, vermutlich in die Wohnung von Maassen, wo die Raben, die Burgunderflaschen und der Mokka warteten. Ich aber stieß zufällig mit den beiden anderen Freunden zusammen, die sich vor mir verabschiedet hatten. Wo? Im Schatten bei der alten Schlampe.

Der schlafende Bettler und die alte Schlampe: Das erlebten wir nicht in der gleichen Nacht. Aber wir erlebten jede Nacht etwas.

Und immer bis zum hellen Morgen. Von dem Bier- und Weißwurstlokal Donisl, das früh um fünf eröffnete, ging man zu einem Café am Marienplatz, wo es schlechten Kaffee gab, aber wir blieben doch wenigstens zusammen. Man unterhielt sich mit dem selbsterfundenen Geographiespiel, bei dem die Verlierenden 10 Pfennige in eine Vereinskasse zahlten. Damit wir eines kommenden Tages einmal im Smoking vornehm bei Böttner zu Abend speisen konnten. Oder Emil mußte uns das rührende Vergißmeinnichtlied vorsingen. Das tat er gern und ärgerte sich doch trotzdem jedesmal, weil wir nicht über das Lied weinten, sondern vor Lachen über Emil prusteten.

Ungefähr dieselben Leute, die zum Verein Süddeutscher Bühnenkünstler gehörten, hatten eine Geheimverbindung »Hermetische Gesellschaft« gegründet. Auch ich wurde dort aufgenommen, nachdem ich gewisse, mir vorgelegte Examensfragen beantwortet hatte. Allerdings so ungenügend beantwortet hatte, daß ich nicht als vollwürdig, sondern nur als »kleiner mittlerer Seitenvater Appendix« aufgenommen wurde. Ich war auch in dem anderen Verein und überhaupt in dieser Gesellschaft nicht so ganz voll angesehen.

Die »Hermetische Gesellschaft« war eine sehr gelehrte und mystische. Sie hatte nahezu eine eigene Sprache, hatte eigene Gebräuche, eigene, selbst gezeichnete Bilder an den Wänden, eine eigene Münzführung, eine geheime Kasse, geheime Namen und ein geheimes Sitzungsbuch. Etwas in mir sträubt sich, mehr zu verraten. Denn die »Hermetische Gesellschaft« ist nie formell aufgelöst worden, und wenn ich zuviel verriete, fürchte ich Rache. Eins will ich nur noch sagen: Daß wir es unserer Überzeugung nach waren, die eine damals gegründete Zeitschrift »Der Turmhahn« (Otto Ernst) zum Kentern brachten. Und daß wir es unserer Behauptung nach waren, die den Weltkrieg hervorriefen.

Da feierte einmal einer von uns, der Maler Körting, die Taufe seines jüngsten Kindes und lud dazu die ganze Hermetische Gesellschaft ein. Es ging sehr festlich zu. Nach dem Taufakt setzte man sich zur Tafel, und der Pastor wünschte in einer milden Rede Glück und Segen für das getaufte Kind und dessen Eltern. Er mußte aber sehr erstaunt sein, als sich bald danach Unold ernst erhob und eine lange Rede, teils in lateinischen, teils in hermetischen Worten hielt, wonach wir anderen hermetischen Väter unter sonderbaren Zeremonien sonderbare Geschenke und Urkunden für den Täufling niederlegten, ich eine Kette mit einem Schweinszahn. So begann dieses Fest, und es endete mit einer sehr peinlichen Schlägerei. Im Morgengrauen wanderte ich mit einer Gruppe heim. Jemand sagte zu mir: »Kleiner mittlerer Seitenvater Appendix, so wie das heute zuging: Das bedeutet Krieg.«

Ich blieb der kleine mittlere Seitenvater auch im Café Glasl, wo wir einen Nachmittagsstammtisch und eine dicke Stammkellnerin Tina, sogar eine kleine originelle Bibliothek hatten. Die Unterhaltung bestand aus einer übersättigten Witzelei, der ich wegen zu langsamen Denkens meist nicht nachkam. Erich Mühsam brachte etwa einen neuen Schüttelreim, sogar einen Schleifenreim:

> Das war das schöne Fräulein Liebetraut,
> Das an den Folgen einer Traube litt.
> Da wurden ihr im Magen Triebe laut,
> Worauf sie schnell in eine Laube tritt.

Und Maassen hatte sogar eine neue Dichtungsform gefunden, das Hugonott genannt, weil es mit Hugo beginnen mußte.

»Hugo«, sprach ich. Hugo nieste.
»Hugo«, sprach ich. Hugo spießte
Eine Filzlaus mit dem Pfeil.
»Hugo«, sprach ich, »Weidmannsheil!«

Politisches wurde hauptsächlich abends und besonders spät nachts erörtert, wenn die Köpfe vom Alkohol erhitzt waren. Die Affäre des Leutnants von Zabern gab Anlaß, dann die Ansprache des Kronprinzen: Ich freue mich auf den Tag, wo ich an der Spitze meines Regiments gegen Frankreich reiten werde. – Erregte stundenlange Debatten über die Möglichkeit und Aussichten eines Krieges. Maassen, der einen schneidigen Husarenoffizier zum Bruder hatte, war der festen Überzeugung, daß wir im Falle eines Krieges unseren Gegner mächtig verdreschen würden. Wenn Maassen sich in Begeisterung darüber ausließ, konnte man ihn sich vorstellen, wie er aus seiner schönen Bücherei herausritt in gestreckter Karriere, mit eingelegter Lanze, um an der Spitze seines Regimentes – –. Als schärfster Gegner dieser Ansicht trat der besonnene Dolch auf, der Sozialdemokrat und gegen den Krieg war. Zwischen ihm und Maassen kam es zu hitzigen Wortgefechten. Ich stand mit Kopf und Herz ganz auf Dolchs Seite. Wir drei pendelten nachts oft noch stundenlang zwischen der Haustür des einen und der Haustür des anderen hin und her, um auszustreiten.

Es lag etwas in der Luft. Und uns ging es so gut.

Seelchen reiste nach Lengenfeld zur Sommerfrische. Ich blieb allein in ihrer Wohnung zurück.

Nach vierundzwanzig oder achtundvierzig durchzechten Stunden gingen Maassen, Unold und ich einmal zunächst ins Ungererbad und dann durch den Englischen Garten, wo wir alles, was uns an Weiblichkeiten begegnete, jung oder alt, arm oder reich, schön oder häßlich, ansprachen und für einen bestimmten vordatierten Nachmittag in Maassens Wohnung zu Kaffee und Kuchen einluden. Als dieser Nachmittag anbrach, stand eine gedeckte Tafel mit reichlich Kaffee und Kuchen bereit. Wir hatten angenommen, daß von den dreißig geladenen Frauen zirka vierzehn kommen würden. Ich glaube, es erschienen sechs. Darunter waren eine dreiste Kokotte, ein sehr unsicheres Dienstmädchen und eine Witwe aus Berlin, die eine Heilkräuteressenz fabrizierte, im übrigen aber eine gutmütige, arme und krampfadrige Person war.

Es lag etwas in der Luft. Und wir lebten zu gut.

Der Mord in Sarajewo wurde bekannt. Dem folgten die weiteren weltpolitischen Publikationen. Die Leute sammelten sich vor den Zeitungsgebäuden und vor den angeschlagenen Extrablättern. Man nahm Stellung. Man erregte sich. Im Café Fahrig erhoben sich plötzlich die Gäste und zerschlugen die Fensterscheiben, weil eine serbische Kapelle spielte.

Neue Mädchen lernte ich kennen, lustige, perverse, rührende. Einsame wie z.B. die schwindsüchtige Margot Fichtner.

Die Amseln pickten vor meinem Fenster in dem Futter, das ich ihnen gestreut hatte. Sie kamen von dem nahen Friedhof herüber, wo sie in den schönen Bäumen nisteten und flirteten. In diesem Friedhof lag Seelchens Mutter begraben.

Aber die Amseln nahmen nicht alles von dem Futter. Käserinden lehnten sie ab. Sie waren wählerisch und verwöhnt. Es war Juli. Juli 1914.